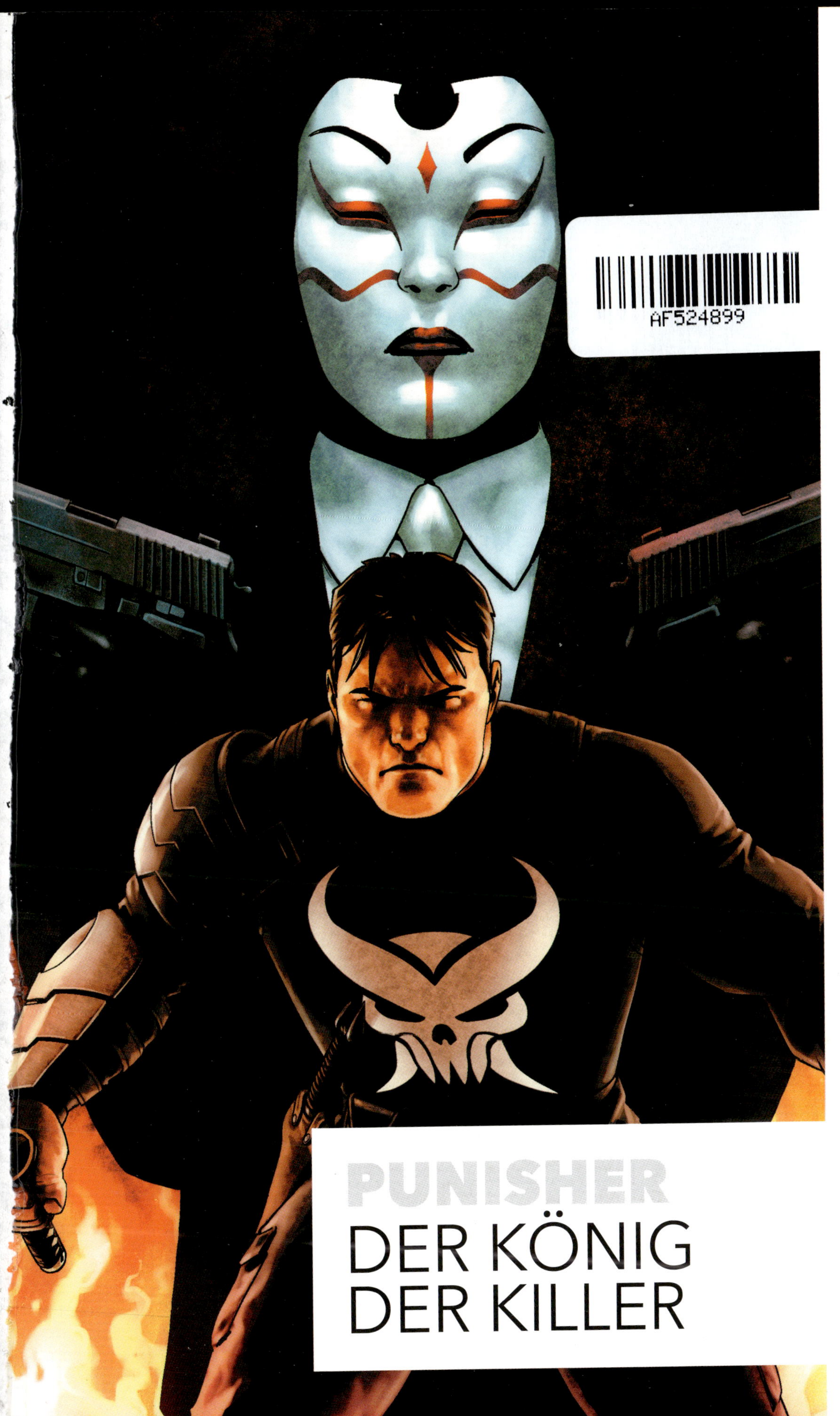

AF524899

PUNISHER
DER KÖNIG DER KILLER

PUNISHER

DER KÖNIG DER KILLER, BUCH 1, KAPITEL 1: DIE SEGNUNGEN DES KRIEGES

The King of Killers, Book 1, Chapter 1: The Blessings of War
Punisher (2022) 1
Mai 2022

DER KÖNIG DER KILLER, BUCH 1, KAPITEL 2: EINE HAND OHNE FAUST

The King of Killers, Book 1, Chapter 2: A Hand Without a Fist
Punisher (2022) 2
Juni 2022

DER KÖNIG DER KILLER, BUCH 1, KAPITEL 3: FRANKS ERSTES SAKRAMENT

The King of Killers, Book 1, Chapter 3: Frank's First Sacrament
Punisher (2022) 3
Juli 2022

DER KÖNIG DER KILLER, BUCH 1, KAPITEL 4: DER WEG DES BESTRAFERS

The King of Killers, Book 1, Chapter 4: The Way of the Punisher
Punisher (2022) 4
September 2022

JASON AARON
STORY

PAUL AZACETA
JESÚS SAIZ
ZEICHNUNGEN & TUSCHE

DAVE STEWART
FARBEN

ASTARTE DESIGN
LETTERING

BERND KRONSBEIN
ÜBERSETZUNG

MARTIN BIRO
ANNALISE BISSA
TOM BREVOORT
REDAKTION USA

C. B. CEBULSKI
CHEFREDAKTEUR USA

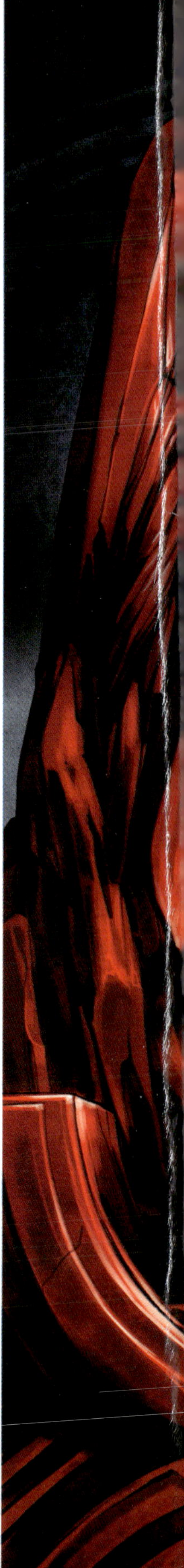

PUNISHER erscheint bei **PANINI COMICS**, Schloßstraße 76, D-70176 Stuttgart. Druck: Centro Poligrafico Milano S.p.A., Casarile (MI). Pressevertrieb: Stella Distribution GmbH, D-22297 Hamburg. Direkt-Abos auf **www.paninicomics.de**. Anzeigenverkauf: BLAUFEUER VERLAGSVERTRETUNGEN GmbH, info@blaufeuer.com. Es gilt die Anzeigenpreisliste Nr. 19 vom 01.10.2021. Geschäftsführer **Hermann Paul**, Publishing Director Europe **Marco M. Lupoi**, Finanzen/Logistik **Felix Bauer,** Marketing Director **Holger Wiest**, Marketing **Fabio Cunetto**, Vertrieb **Alexander Bubenheimer**, PR/Presse **Steffen Volkmer**, Publishing Manager **Lisa Pancaldi,** Redaktion **Carlo Del Grande**, **Christian Endres**, **Harald Gantzberg**, **Christian Grass**, **Anja Seiffert**, **Kristina Starschinski**, **Ilaria Tavoni**, **Daniela Uhlmann**, Übersetzung **Bernd Kronsbein**, Proofreading **Tomislav Subasic**, Lettering **Astarte Design**, grafische Gestaltung **Marco Paroli**, **Cristina Idà**, Art Director **Alessandro Gucciardo**, Redaktion Panini Comics **Annalisa Califano**, **Beatrice Doti**, Prepress **Cristina Bedini**, **Silvia Bernini**, **Andrea Lusoli**, Repro/Packager **Alessandro Nalli** (coordinator), **Anna Boselli**, **Mario Da Rin Zanco**, **Valentina Esposito**, **Luca Ficarelli**, **Linda Leporati**. Deutsche Edition bei Panini Verlags-GmbH unter Lizenz von Marvel Characters B.V. Cover von **Jesús Saiz**, *Punisher* (2022) 1. Variant-Cover von **Inhyuk Lee**, *Punisher* (2022) 1 Variant-Cover-Edition.

Digitale Ausgaben:
ISBN 978-3-7367-9070-4 (.pdf) / ISBN 978-3-7367-9068-1 (.epub) /
ISBN 978-3-7367-9069-8 (.mobi)

Bibliografische Information der Deutschen Nationalbibliothek
Die Deutsche Nationalbibliothek verzeichnet diese Publikation in der Deutschen Nationalbibliografie; detaillierte bibliografische Daten sind im Internet über dnb.d-nb.de abrufbar.

© 2022 MARVEL

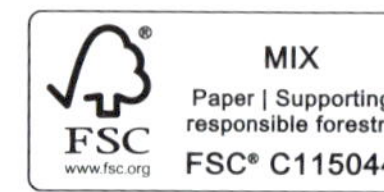

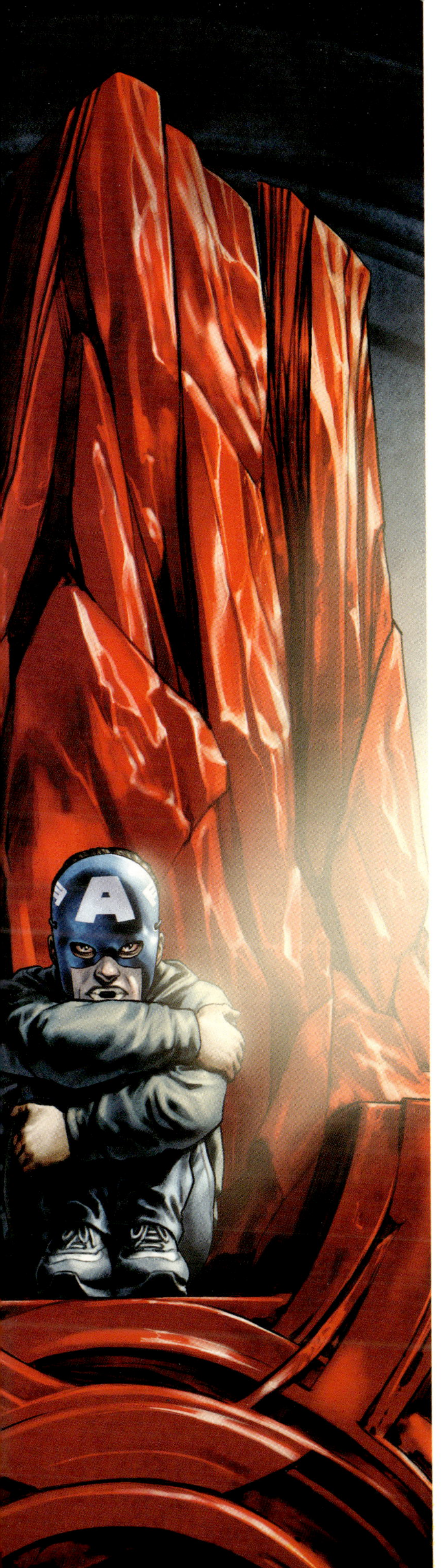

Der **Punisher** debütierte 1974 im klassischen Heft *Amazing Spider-Man* 129 von Autor **Gerry Conway** und Zeichner **Ross Andru** – mit Input von Marvels damaligem Art Director **John Romita Sr**. Aus der anfänglichen Nebenfigur mit dem riesigen Totenschädel-Logo auf der Brust wurde bald schon ein eigenständiger Antiheld und Fanliebling, der 1986 seine erste eigene Comic-Serie erhielt. Im Mittelpunkt der düsteren Legende des „Bestrafers" steht **Francis „Frank" Castle**, geborener Castiglione. Eines Tages besuchte der ausgezeichnete Vietnamkriegsveteran, der als Kind ein Bewunderer von **Captain America** war und den Supersoldaten auch später stets respektierte, mit seiner Frau **Maria**, seiner Tochter **Lisa** und seinem Sohn **Frank Jr.** den New Yorker Central Park. Dort starb seine Familie im Kreuzfeuer einer Mafia-Hinrichtung, woraufhin Frank seinen Kampf als waffenstarrende, gnadenlose Ein-Mann-Armee gegen das Verbrechen begann. Kreative wie **Steven Grant**, **Mike Zeck**, **Klaus Janson**, **Mike Baron**, **Carl Potts**, **Jim Lee**, **Chuck Dixon**, **John Romita Jr.**, **Garth Ennis**, **Steve Dillon**, **Greg Rucka**, **Marco Checchetto**, **Becky Cloonan** oder **Matthew Rosenberg** prägten den Comic-Mythos vom Punisher, der auch erfolgreich in Film und Streaming adaptiert wurde. Keine Frage: Frank Castle ist eine von Marvels finstersten Legenden! Doch das hatte seinen Preis. Reale Söldner und politisch extreme Gruppierungen in den USA eigneten sich das Logo von Marvels Bestrafer an. Im Jahr 2022 ist deshalb nun eine Neudefinition von Franks Vergangenheit, Gegenwart, Zukunft und nicht zuletzt der Symbolik der Figur nötig. Inszeniert wird die aufregende, coole Neuausrichtung in dieser Serie von Marvels langjährigem Top-Autor **Jason Aaron**, der Anfang der 2010er bereits eine herausragende PUNISHER MAX-Saga über eine eigene Wirklichkeit realisierte. Ihm zur Seite stehen die hochtalentierten Zeichner **Jesús Saiz** und **Paul Azaceta**. Gemeinsam machen sie sich daran, die Geschichte vom Punisher neu zu schreiben und den Marvel-Antihelden in die nächste Ära zu führen …

Christian Endres

DER KÖNIG DER KILLER, BUCH 1, KAPITEL 1: DIE SEGNUNGEN DES KRIEGES

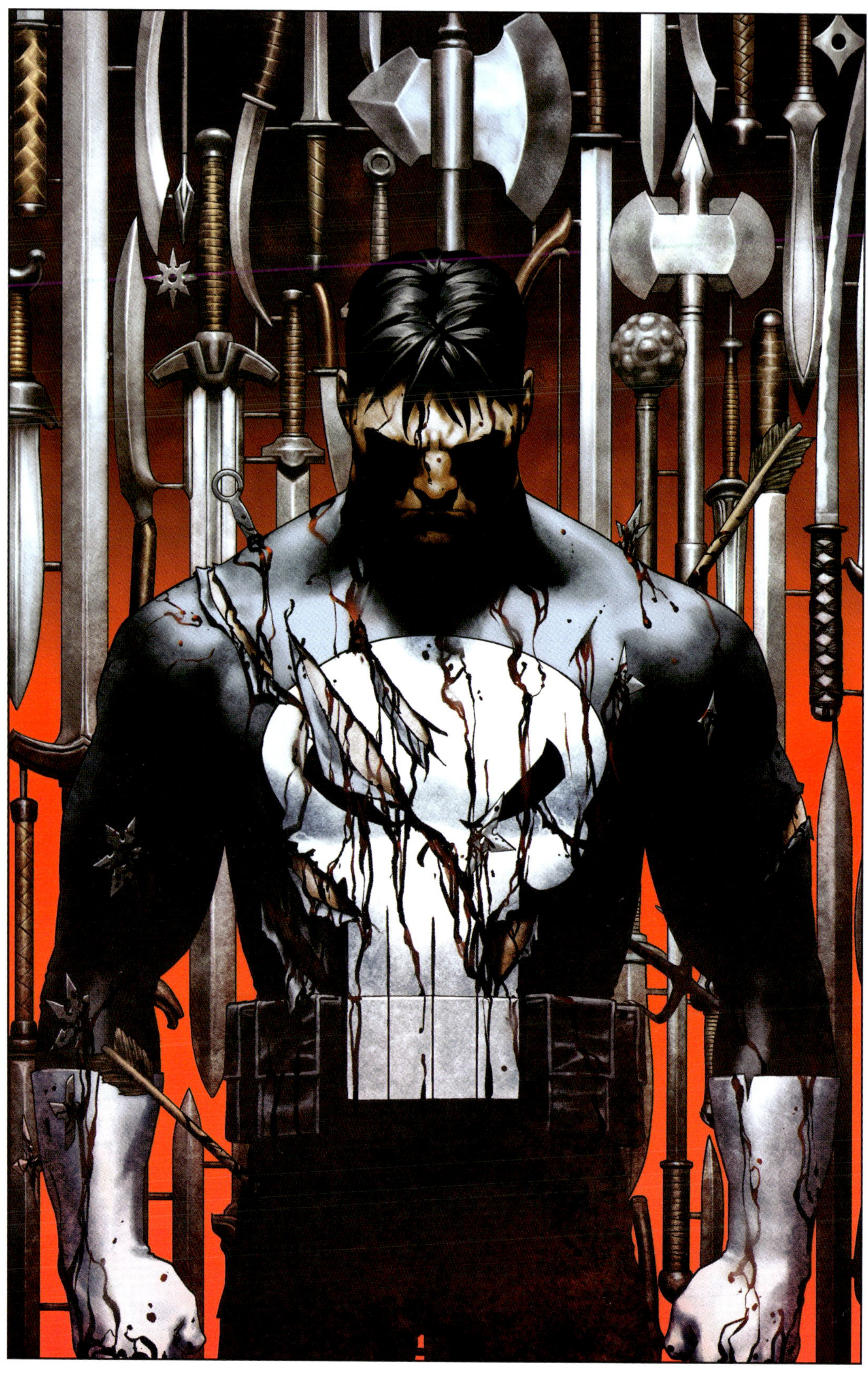

Punisher (2022) 1
Cover von **JESÚS SAIZ**

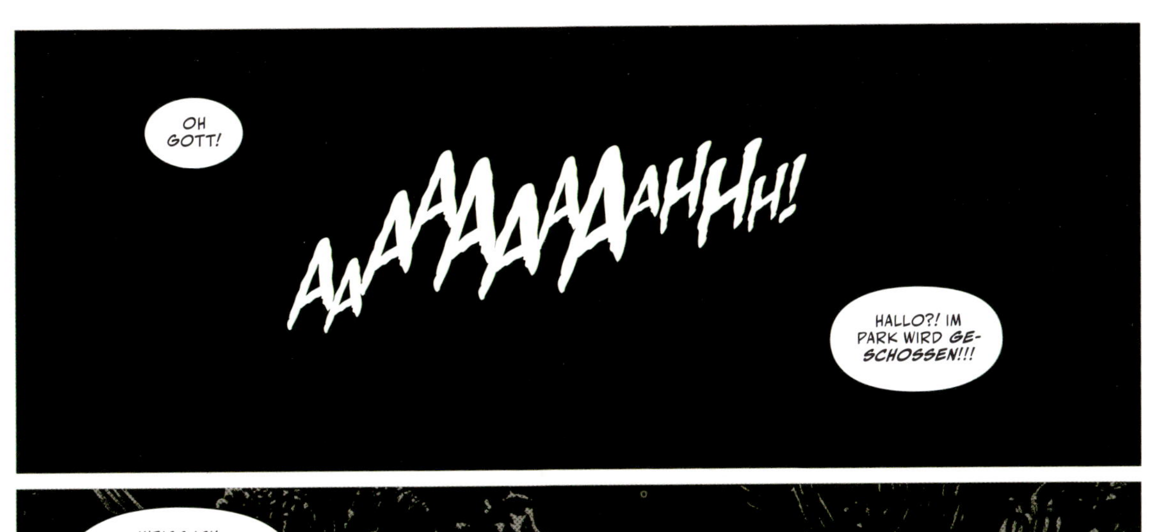
OH GOTT!
AAAAAAAAAHHHH!
HALLO?! IM PARK WIRD GESCHOSSEN!!!

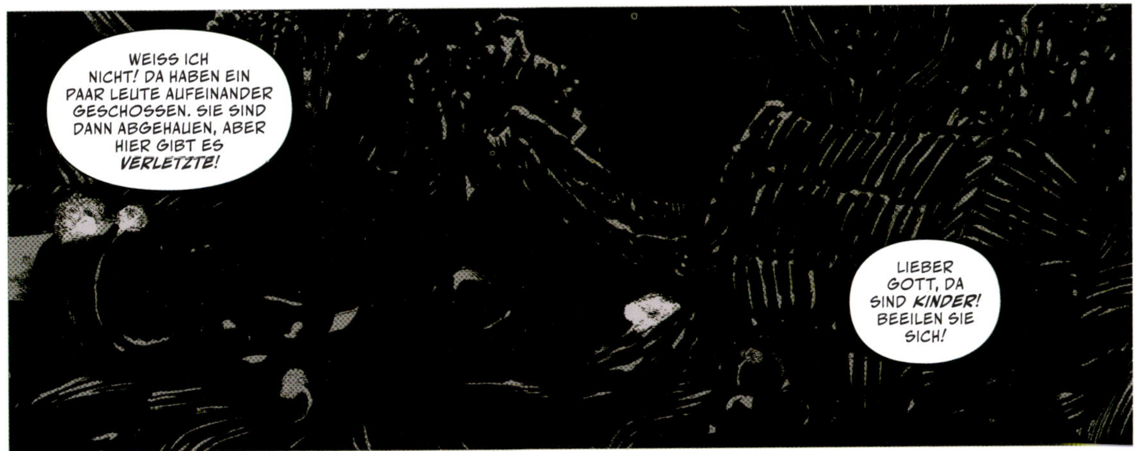
WEISS ICH NICHT! DA HABEN EIN PAAR LEUTE AUFEINANDER GESCHOSSEN. SIE SIND DANN ABGEHAUEN, ABER HIER GIBT ES VERLETZTE!
LIEBER GOTT, DA SIND KINDER! BEEILEN SIE SICH!

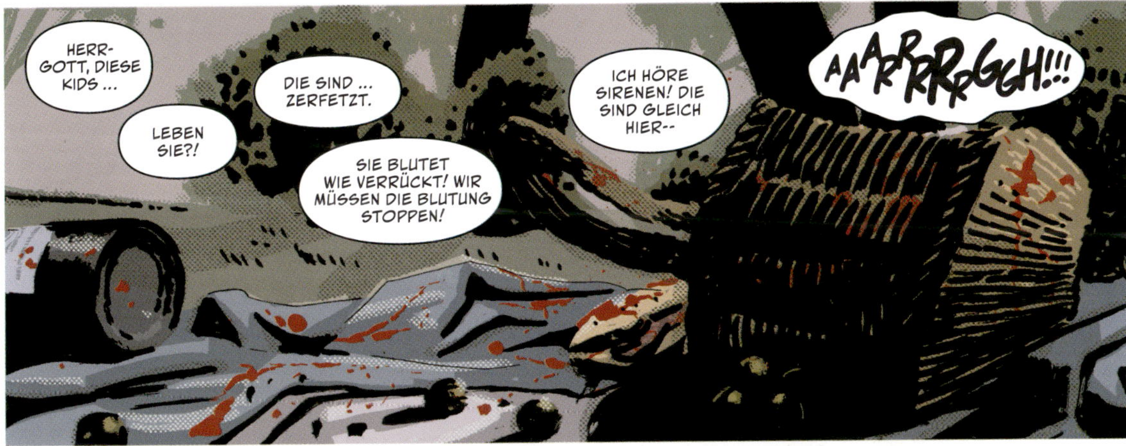
HERRGOTT, DIESE KIDS ...
LEBEN SIE?!
DIE SIND ... ZERFETZT.
SIE BLUTET WIE VERRÜCKT! WIR MÜSSEN DIE BLUTUNG STOPPEN!
ICH HÖRE SIRENEN! DIE SIND GLEICH HIER--
AAARRRRGGH!!!

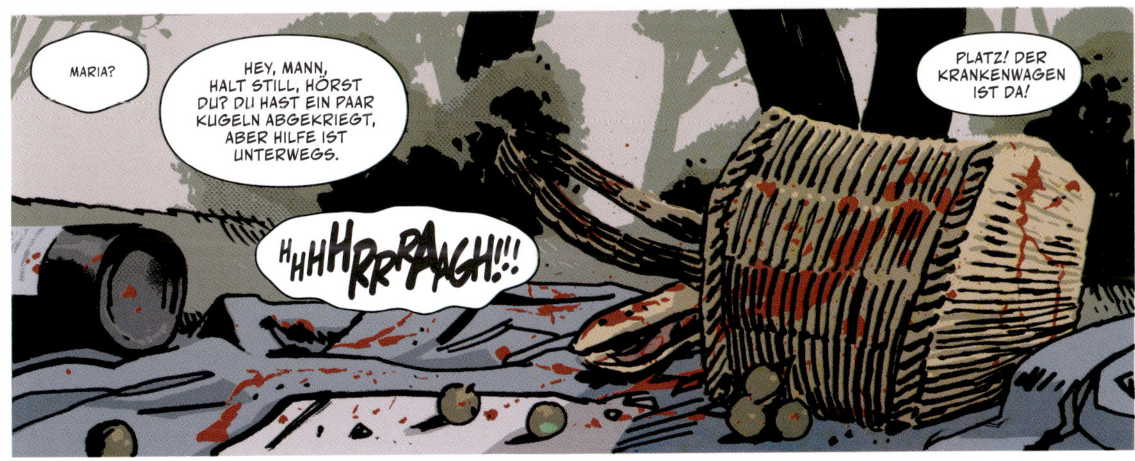
MARIA?
HEY, MANN, HALT STILL, HÖRST DU? DU HAST EIN PAAR KUGELN ABGEKRIEGT, ABER HILFE IST UNTERWEGS.
HHHHRRRRAAGH!!!
PLATZ! DER KRANKENWAGEN IST DA!

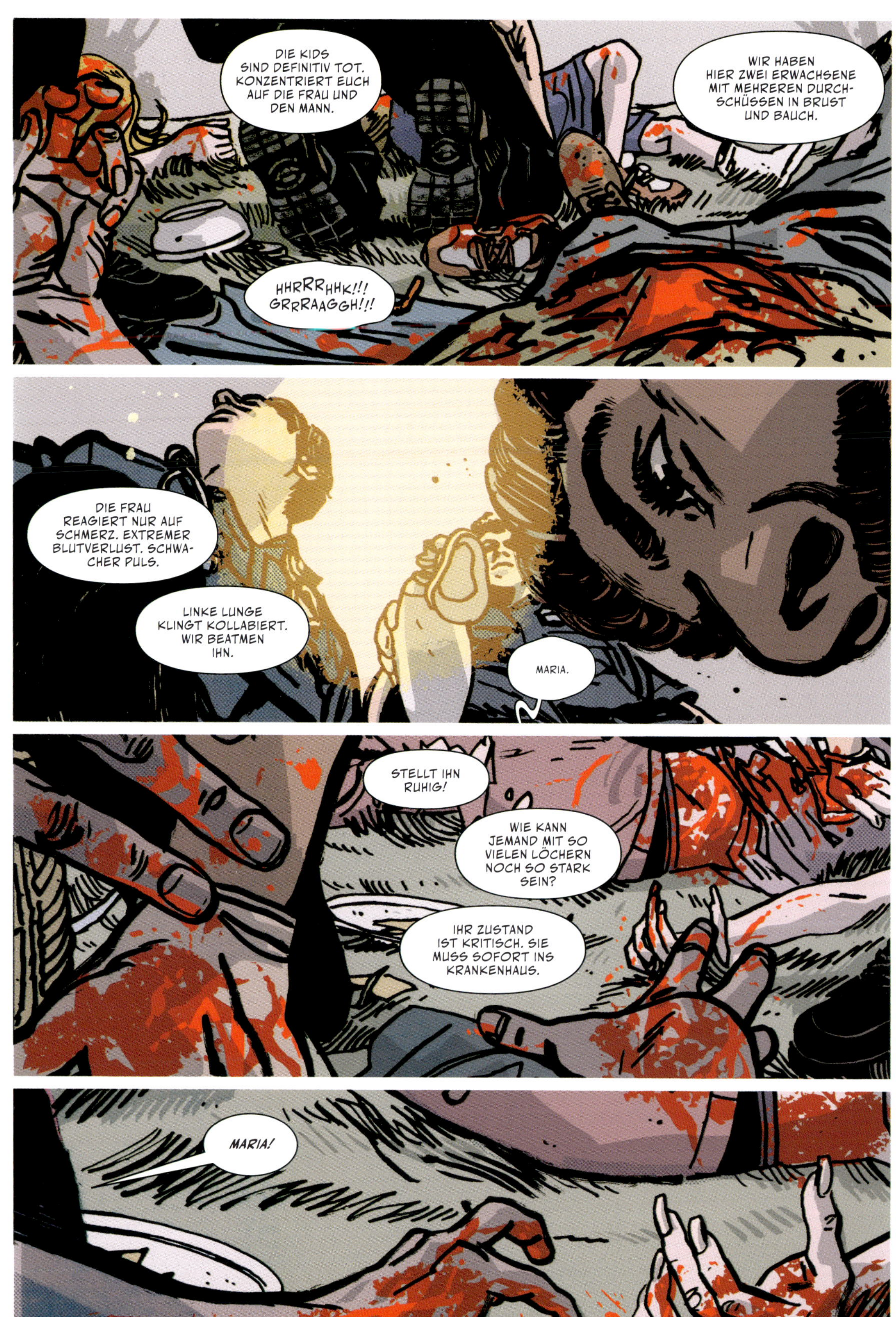
DIE KIDS SIND DEFINITIV TOT. KONZENTRIERT EUCH AUF DIE FRAU UND DEN MANN.
WIR HABEN HIER ZWEI ERWACHSENE MIT MEHREREN DURCH-SCHÜSSEN IN BRUST UND BAUCH.
HHRRRHHK!!! GRRRAAGGH!!!
DIE FRAU REAGIERT NUR AUF SCHMERZ. EXTREMER BLUTVERLUST. SCHWA-CHER PULS.
LINKE LUNGE KLINGT KOLLABIERT. WIR BEATMEN IHN.
MARIA.
STELLT IHN RUHIG!
WIE KANN JEMAND MIT SO VIELEN LÖCHERN NOCH SO STARK SEIN?
IHR ZUSTAND IST KRITISCH. SIE MUSS SOFORT INS KRANKENHAUS.
MARIA!

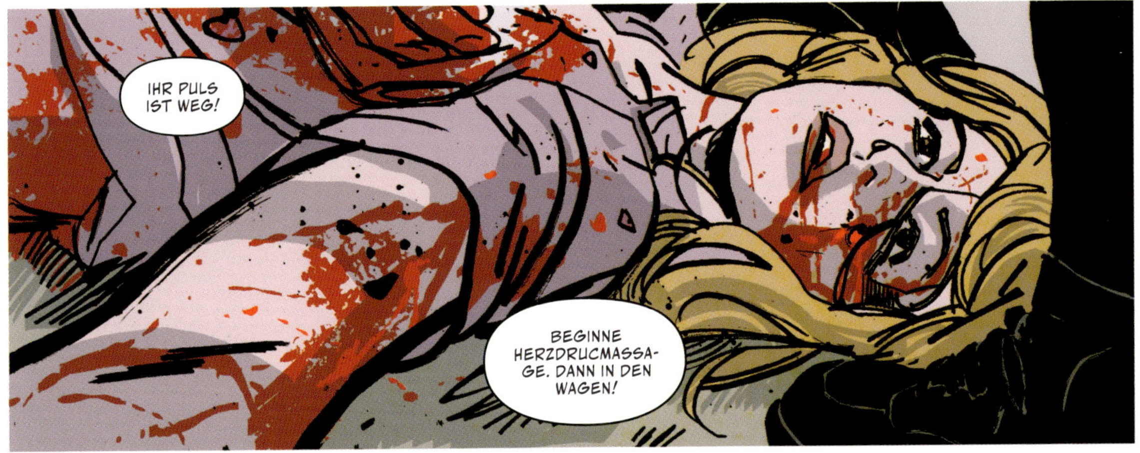

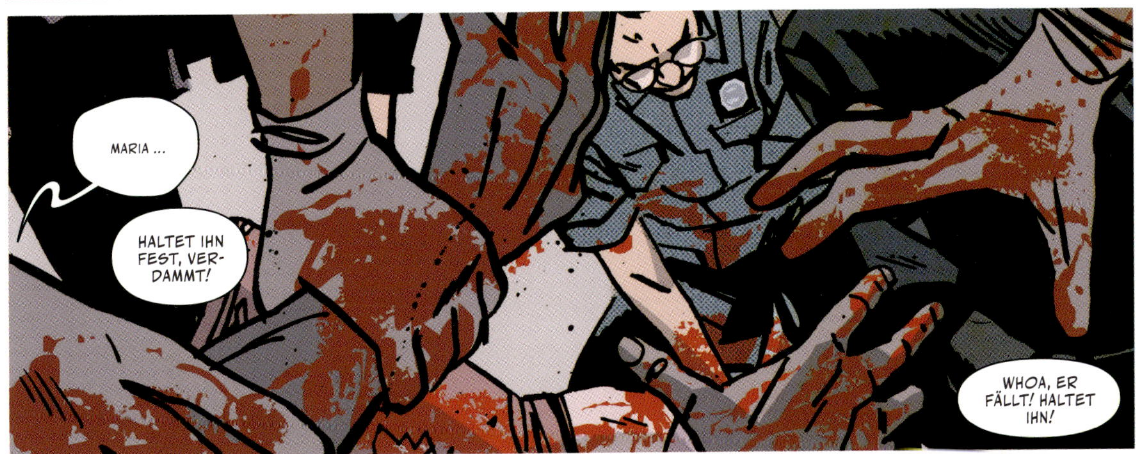

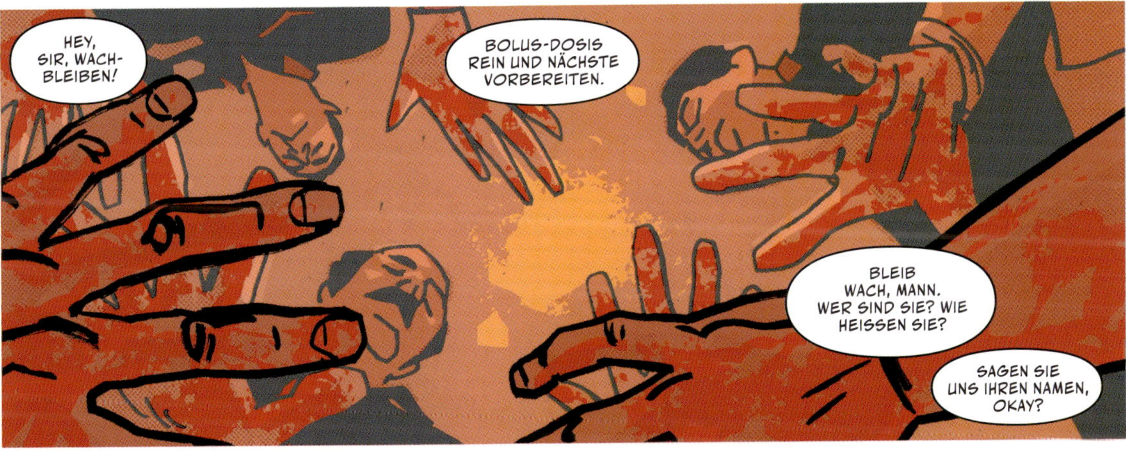

NICHT DIE AUGEN SCHLIES-SEN.

WACHBLEIBEN. WIE HEISSEN SIE?

WER SIND SIE?!

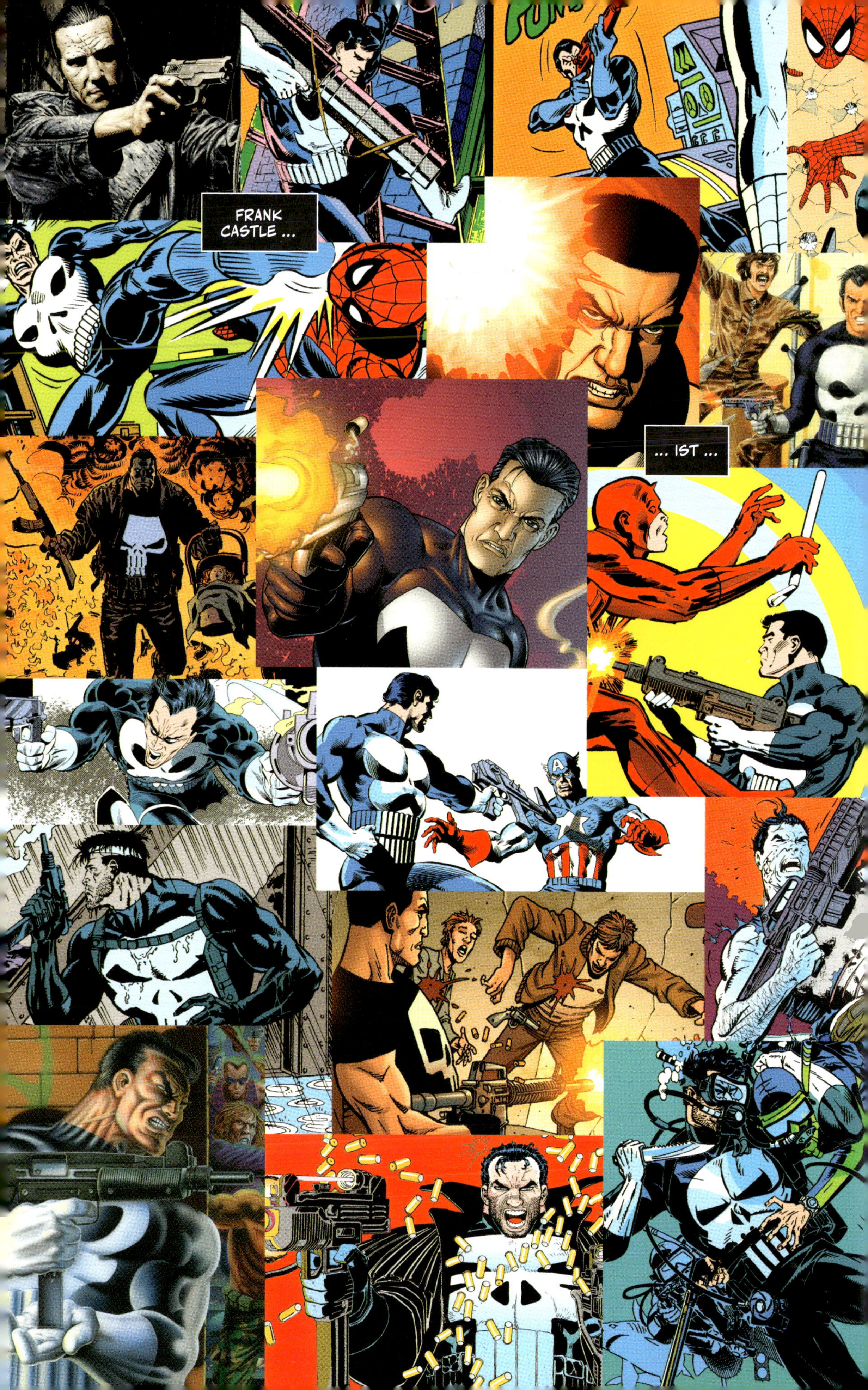
FRANK CASTLE ...
... IST ...

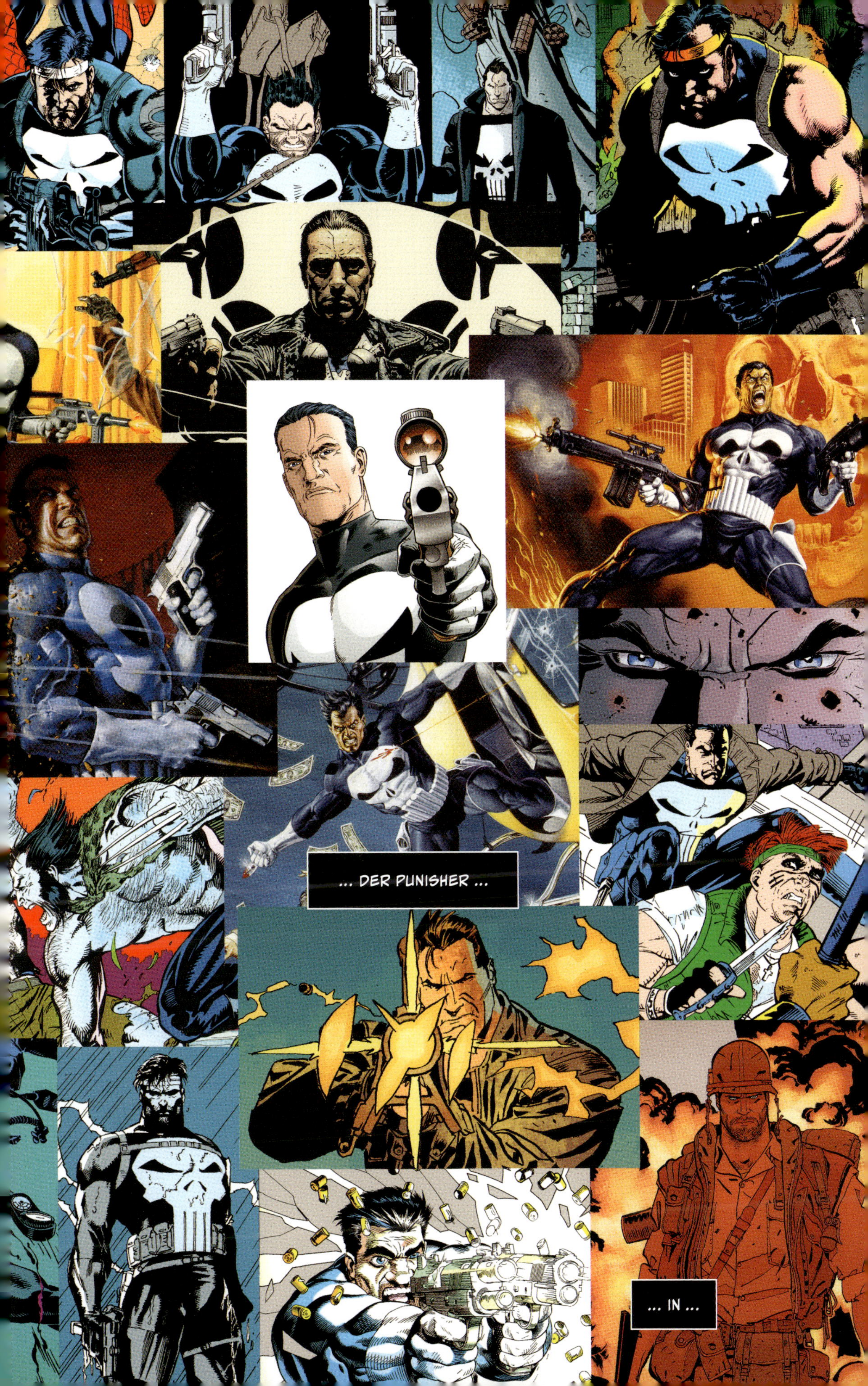
... DER PUNISHER ...
... IN ...

PUNI

Der König

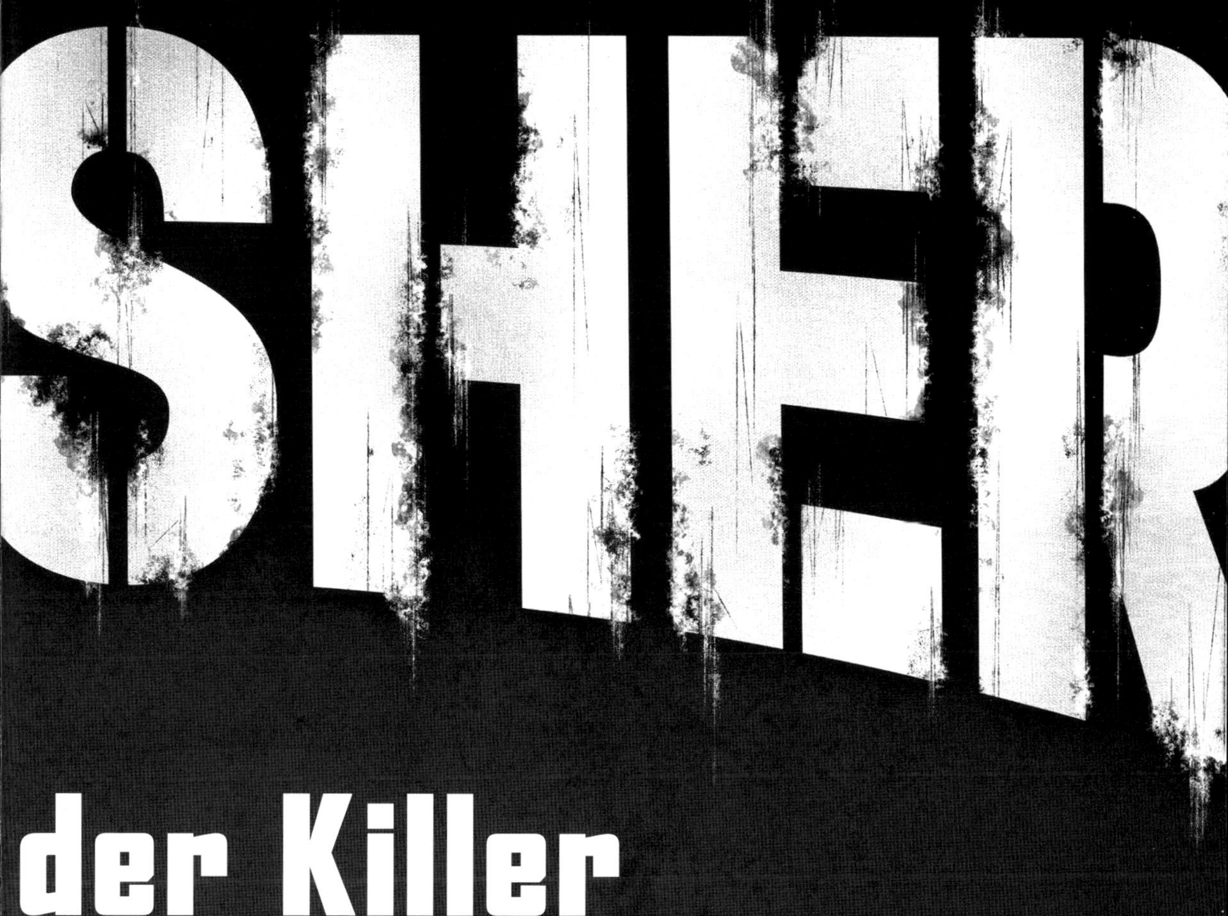
SHER
der Killer

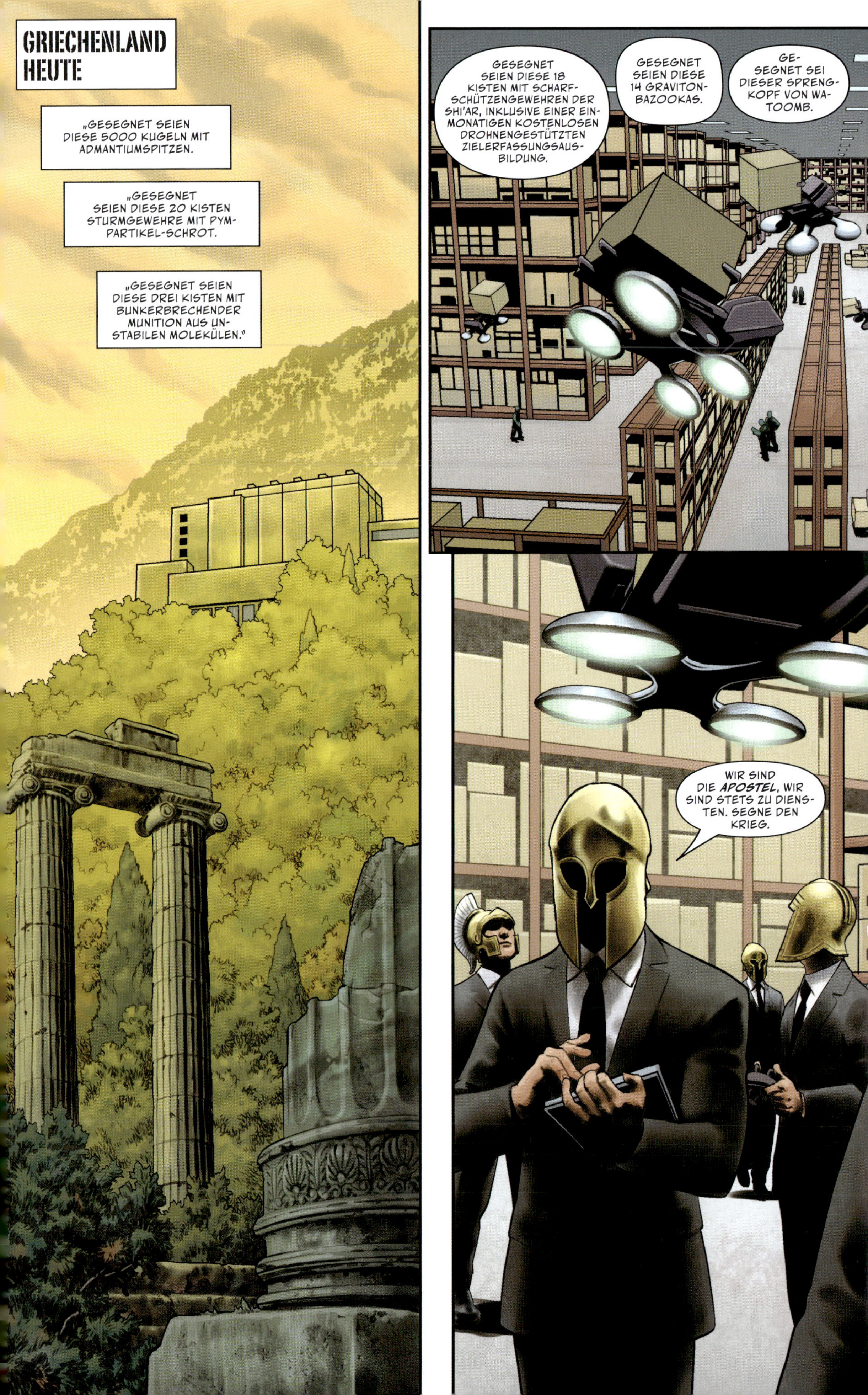
GRIECHENLAND HEUTE
„GESEGNET SEIEN DIESE 5000 KUGELN MIT ADMANTIUMSPITZEN.
„GESEGNET SEIEN DIESE 20 KISTEN STURMGEWEHRE MIT PYM-PARTIKEL-SCHROT.
„GESEGNET SEIEN DIESE DREI KISTEN MIT BUNKERBRECHENDER MUNITION AUS UN-STABILEN MOLEKÜLEN."
GESEGNET SEIEN DIESE 18 KISTEN MIT SCHARF-SCHÜTZENGEWEHREN DER SHI'AR, INKLUSIVE EINER EIN-MONATIGEN KOSTENLOSEN DROHNENGESTÜTZTEN ZIELERFASSUNGSAUS-BILDUNG.
GESEGNET SEIEN DIESE 14 GRAVITON-BAZOOKAS.
GE-SEGNET SEI DIESER SPRENG-KOPF VON WA-TOOMB.
WIR SIND DIE *APOSTEL*, WIR SIND STETS ZU DIENS-TEN. SEGNE DEN KRIEG.

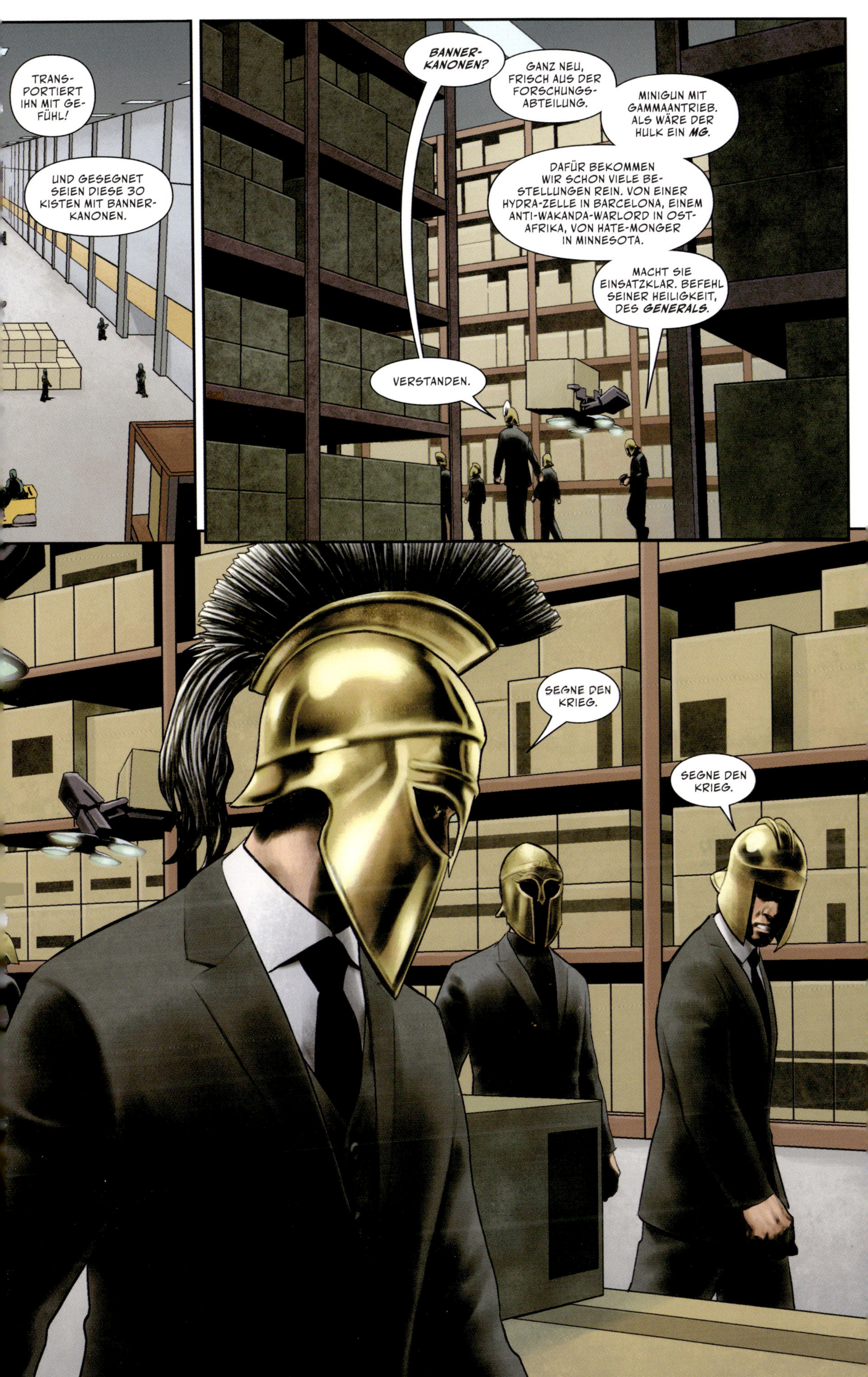

TRANSPORTIERT IHN MIT GEFÜHL!
UND GESEGNET SEIEN DIESE 30 KISTEN MIT BANNERKANONEN.
BANNERKANONEN?
GANZ NEU, FRISCH AUS DER FORSCHUNGSABTEILUNG.
MINIGUN MIT GAMMAANTRIEB. ALS WÄRE DER HULK EIN MG.
DAFÜR BEKOMMEN WIR SCHON VIELE BESTELLUNGEN REIN. VON EINER HYDRA-ZELLE IN BARCELONA, EINEM ANTI-WAKANDA-WARLORD IN OSTAFRIKA, VON HATE-MONGER IN MINNESOTA.
MACHT SIE EINSATZKLAR. BEFEHL SEINER HEILIGKEIT, DES GENERALS.
VERSTANDEN.
SEGNE DEN KRIEG.
SEGNE DEN KRIEG.

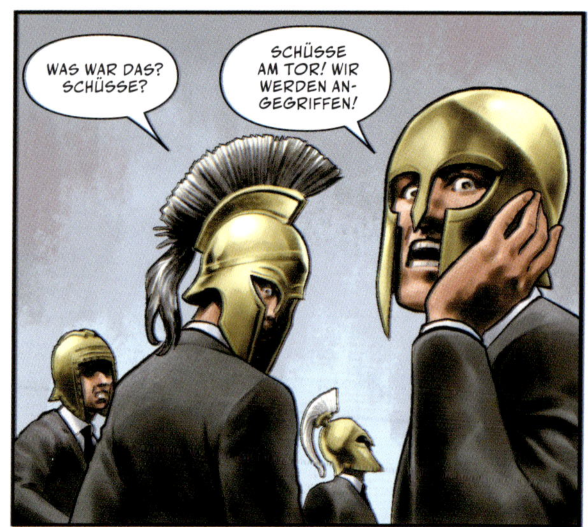
WAS WAR DAS? SCHÜSSE?
SCHÜSSE AM TOR! WIR WERDEN AN-GEGRIFFEN!

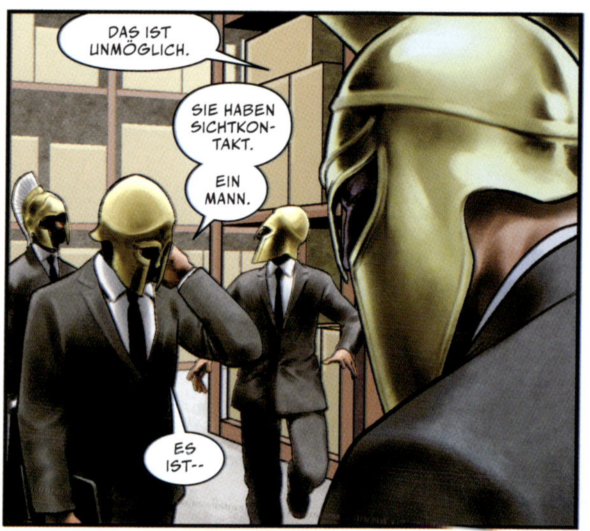
DAS IST UNMÖGLICH.
SIE HABEN SICHTKON-TAKT.
EIN MANN.
ES IST--

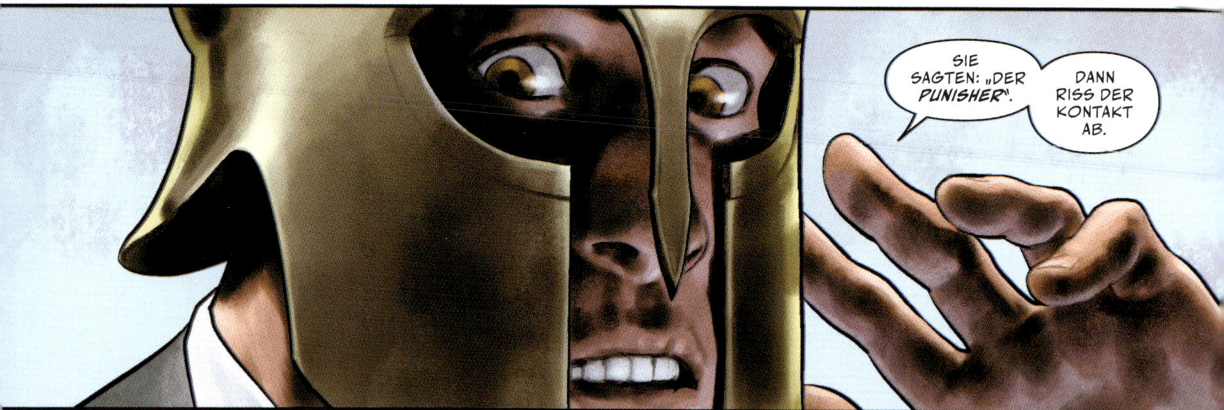
SIE SAGTEN: „DER PUNISHER“.
DANN RISS DER KONTAKT AB.

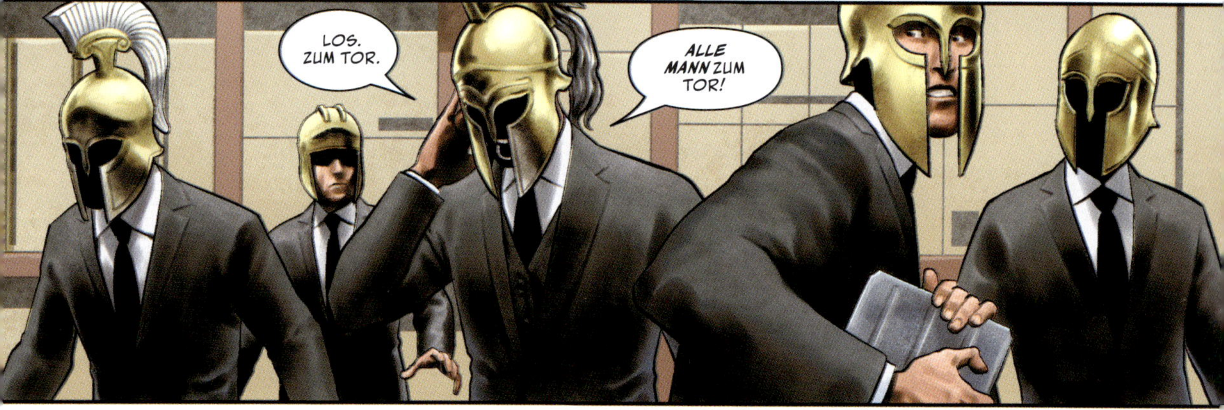
LOS. ZUM TOR.
ALLE MANN ZUM TOR!

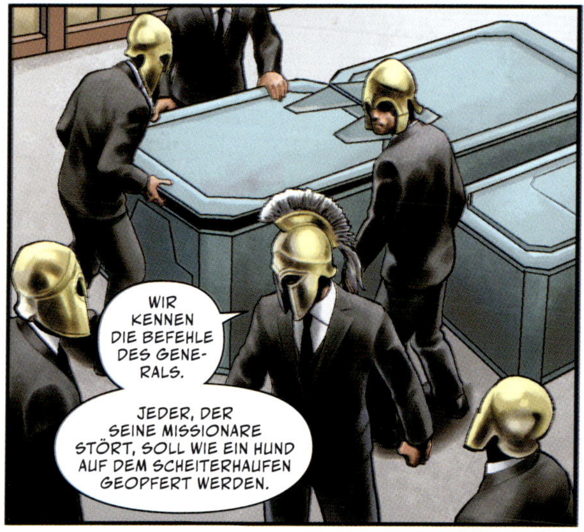
WIR KENNEN DIE BEFEHLE DES GENE-RALS.
JEDER, DER SEINE MISSIONARE STÖRT, SOLL WIE EIN HUND AUF DEM SCHEITERHAUFEN GEOPFERT WERDEN.

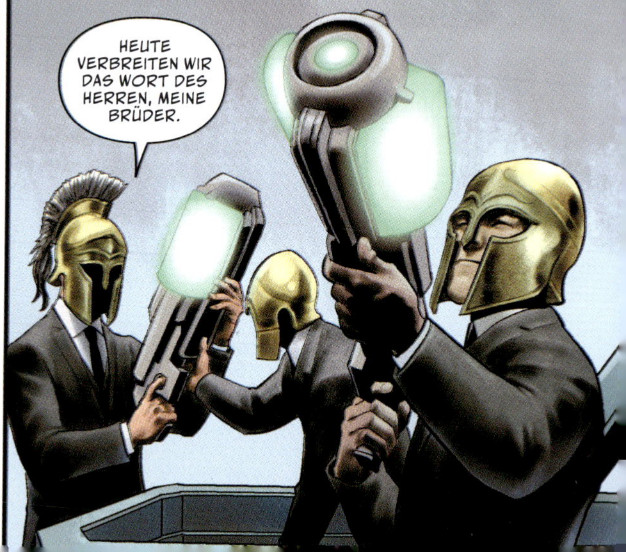
HEUTE VERBREITEN WIR DAS WORT DES HERREN, MEINE BRÜDER.

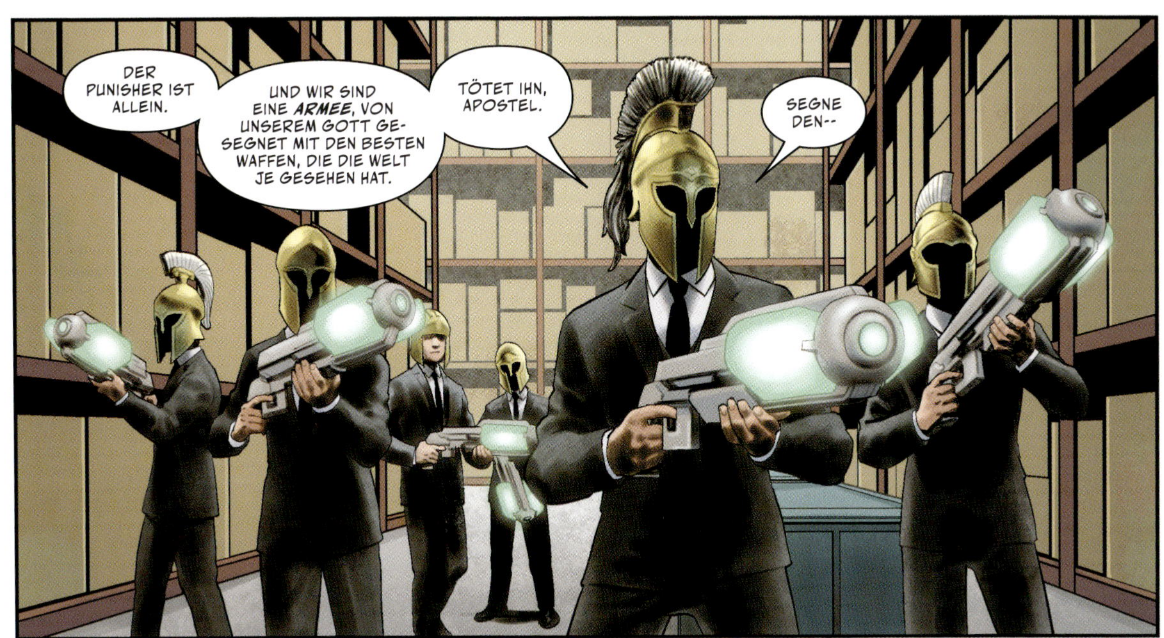
DER PUNISHER IST ALLEIN.
UND WIR SIND EINE ARMEE, VON UNSEREM GOTT GE-SEGNET MIT DEN BESTEN WAFFEN, DIE DIE WELT JE GESEHEN HAT.
TÖTET IHN, APOSTEL.
SEGNE DEN--

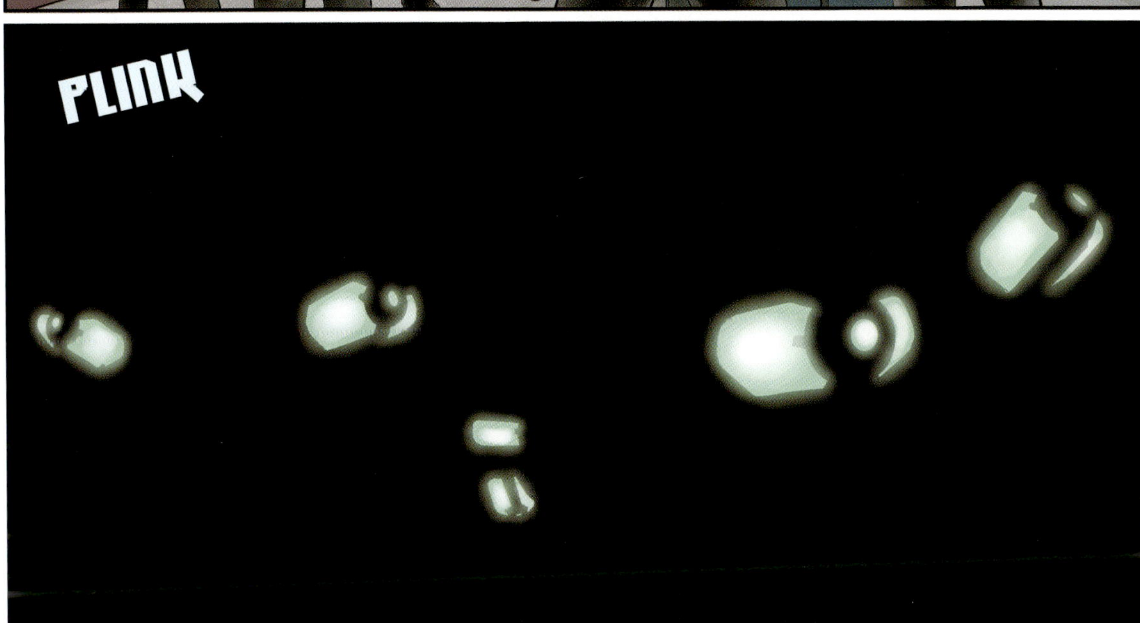
PLINK

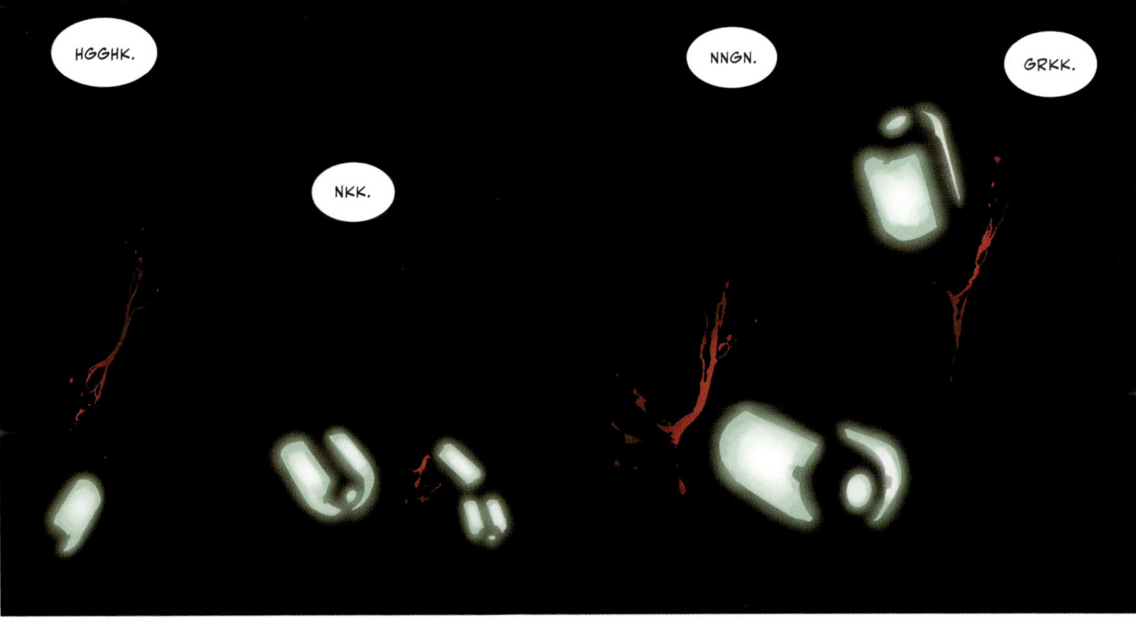
HGGHK.
NKK.
NNGN.
GRKK.

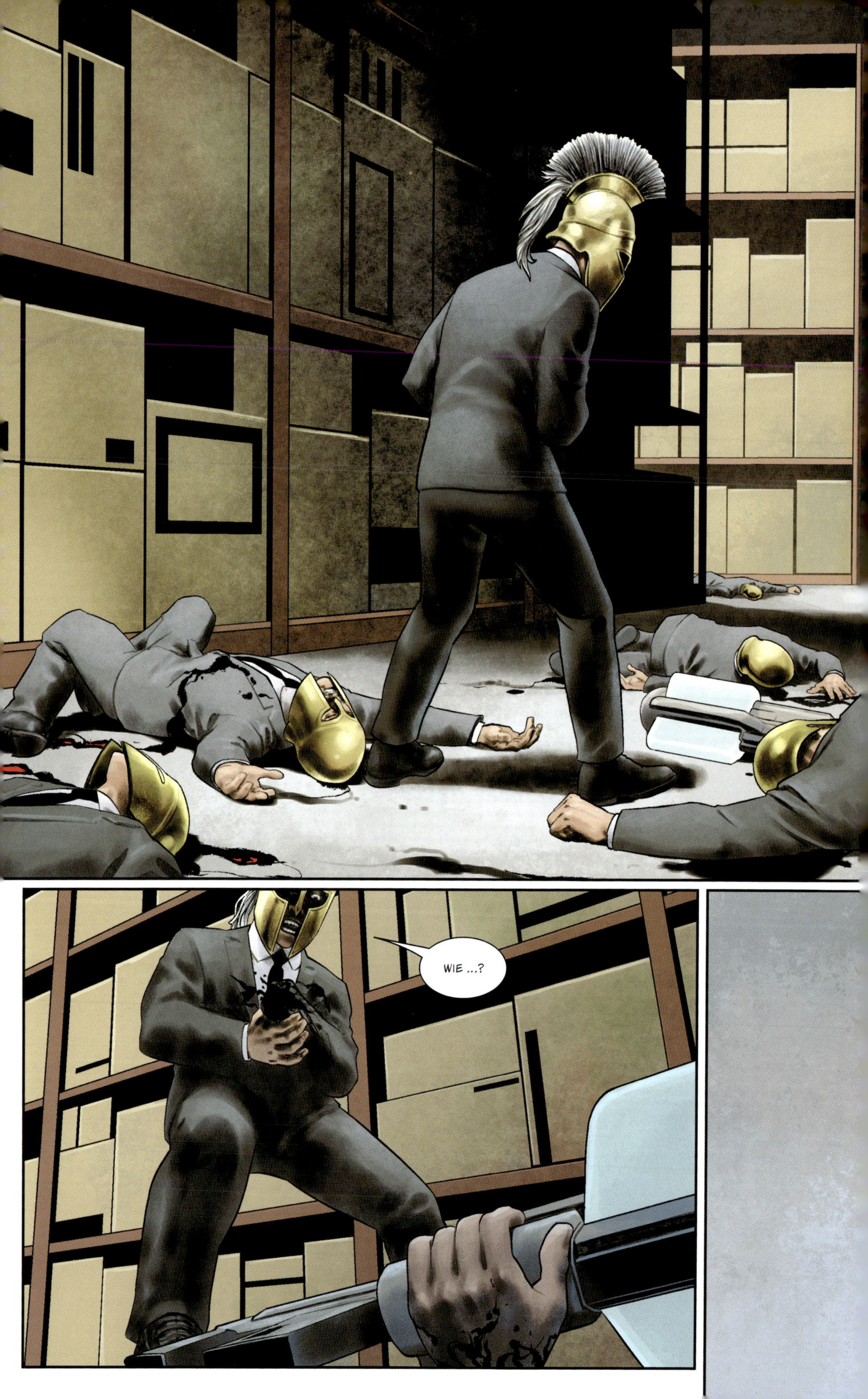

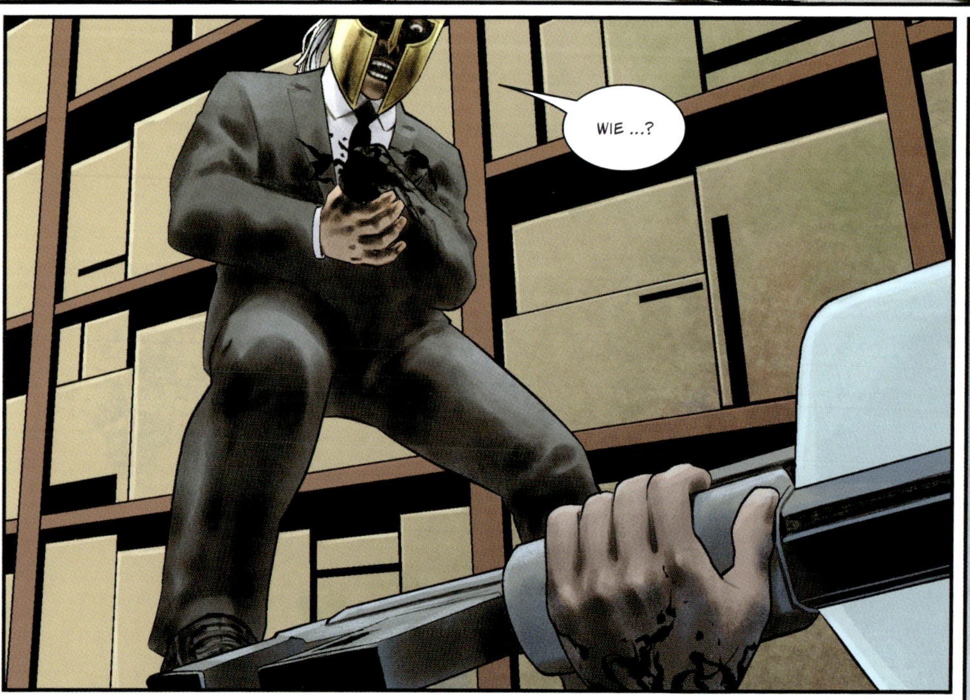
WIE ...?

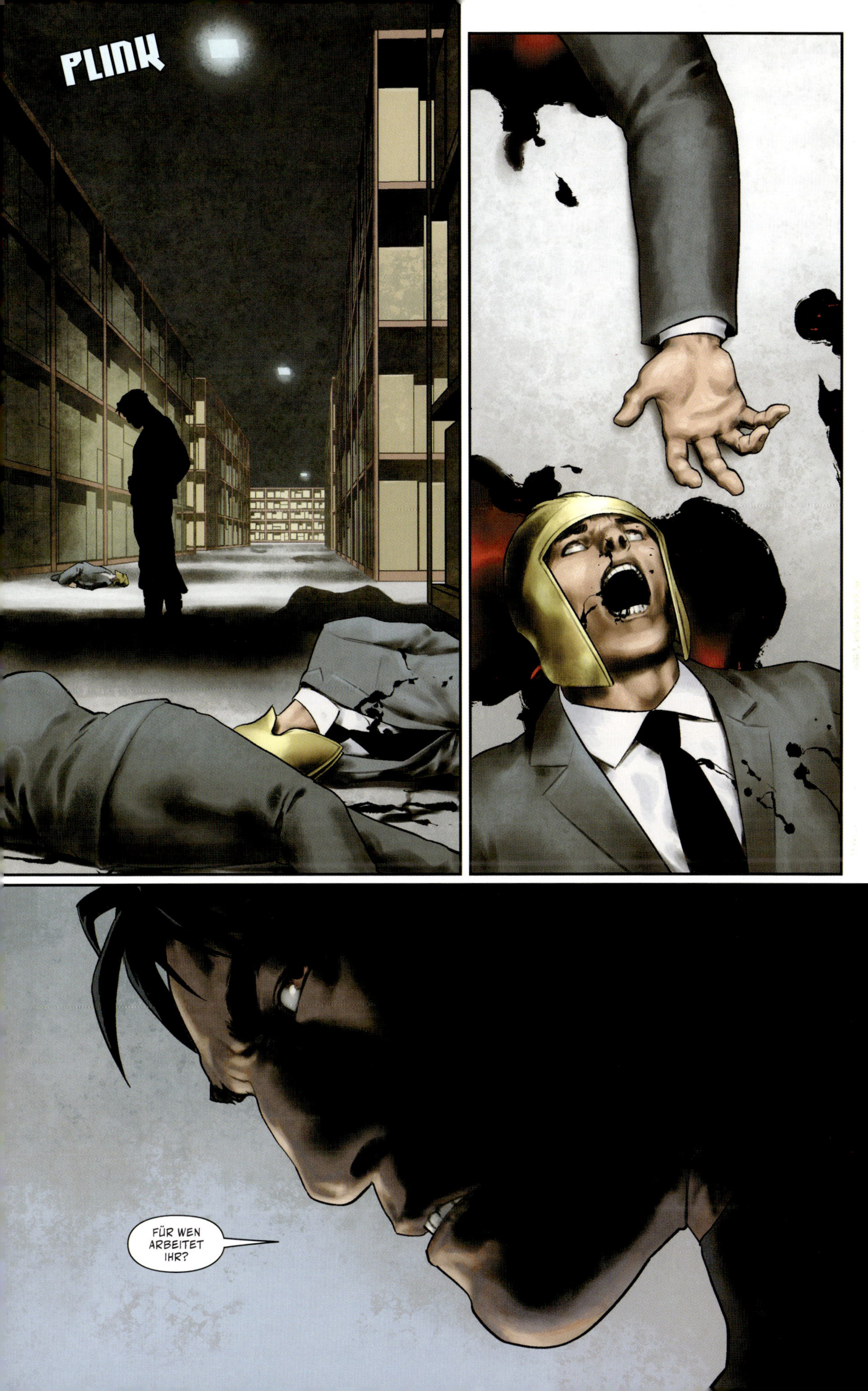

PLINK

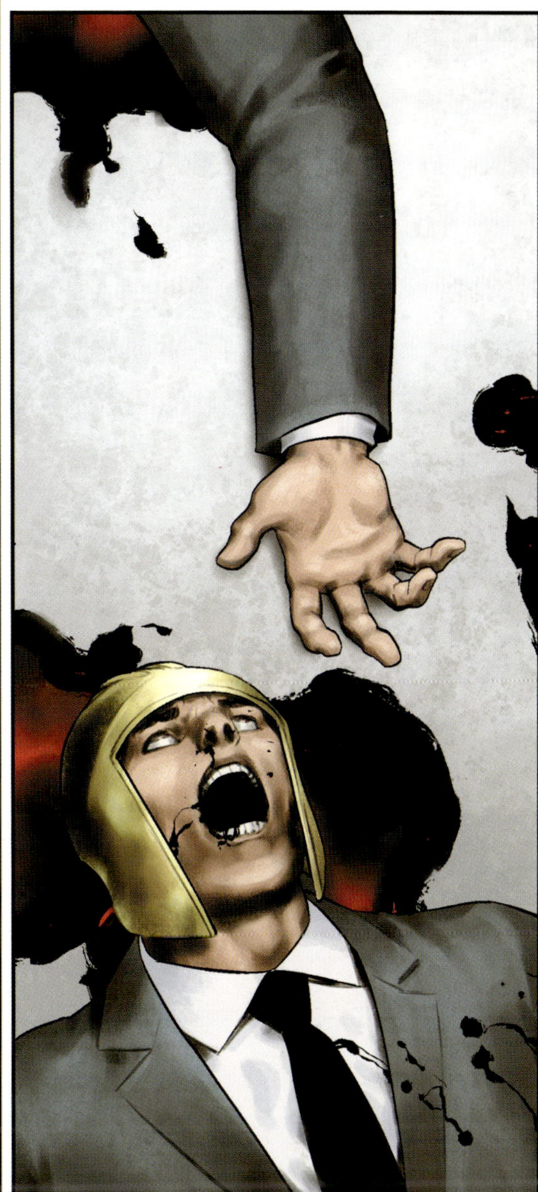

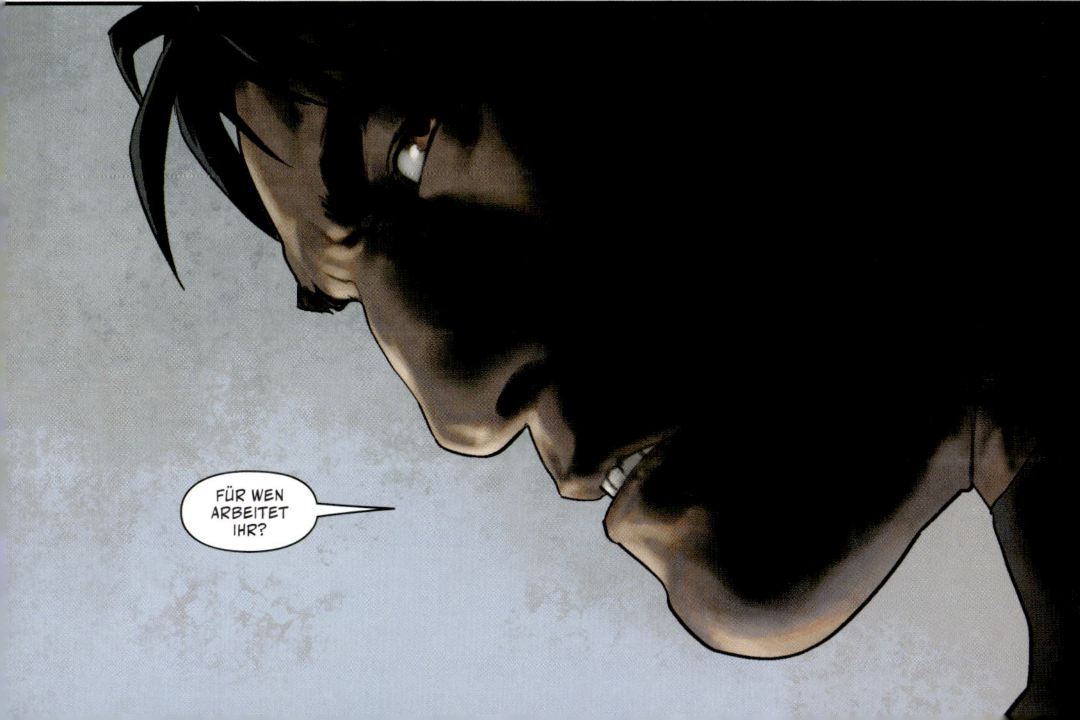

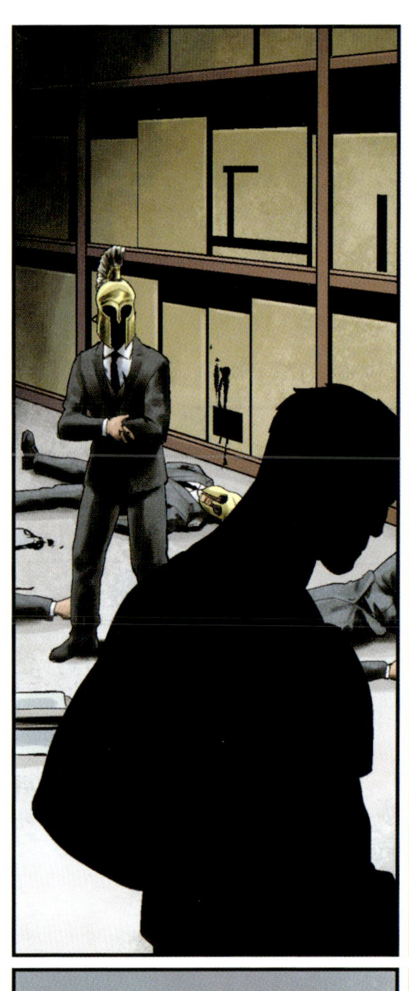

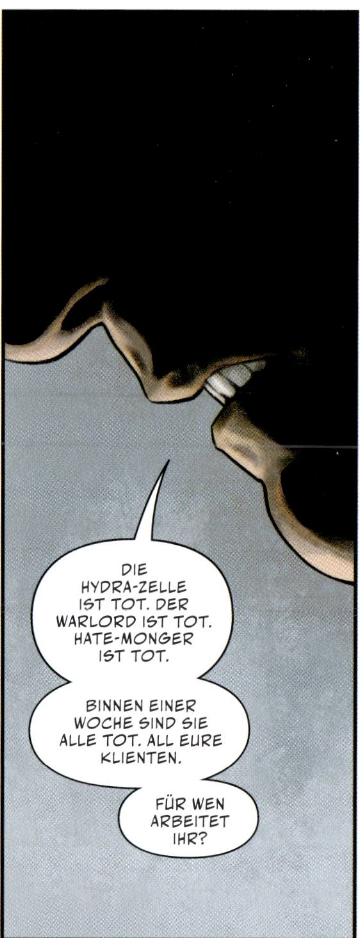
DIE HYDRA-ZELLE IST TOT. DER WARLORD IST TOT. HATE-MONGER IST TOT.
BINNEN EINER WOCHE SIND SIE ALLE TOT. ALL EURE KLIENTEN.
FÜR WEN ARBEITET IHR?

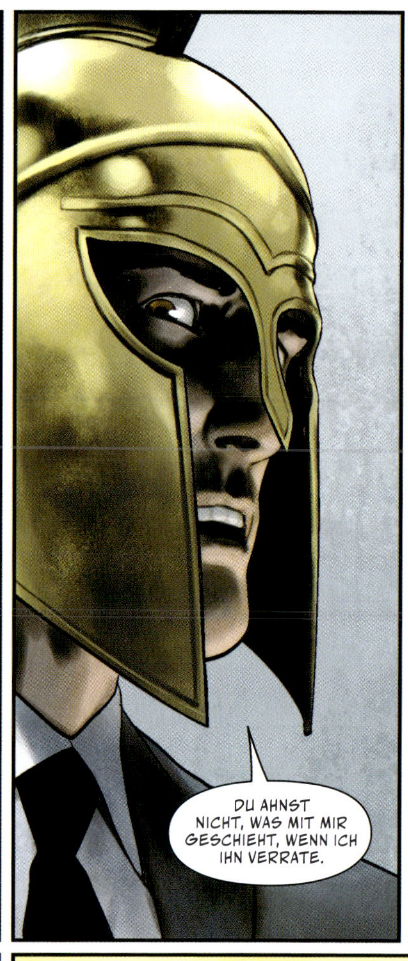
DU AHNST NICHT, WAS MIT MIR GESCHIEHT, WENN ICH IHN VERRATE.

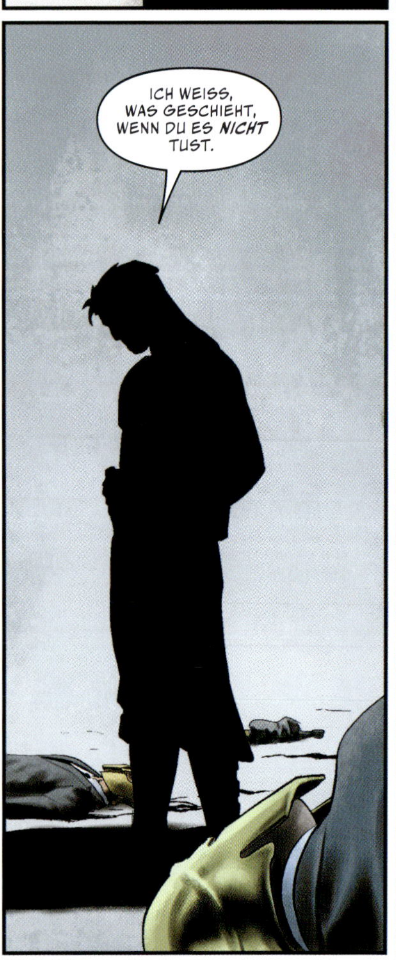
ICH WEISS, WAS GESCHIEHT, WENN DU ES *NICHT* TUST.

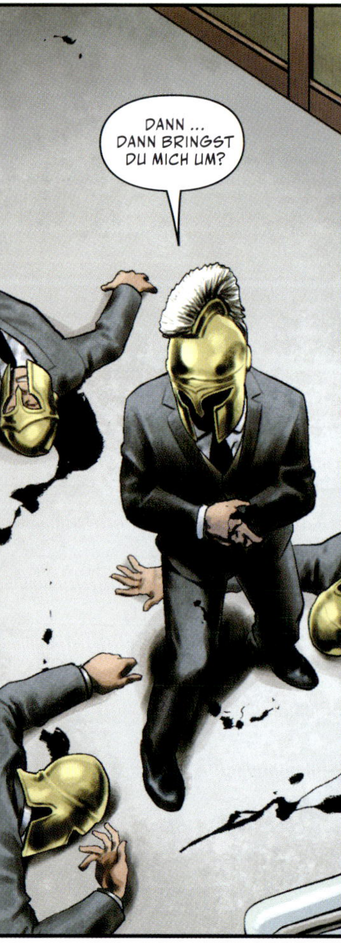
DANN ... DANN BRINGST DU MICH UM?

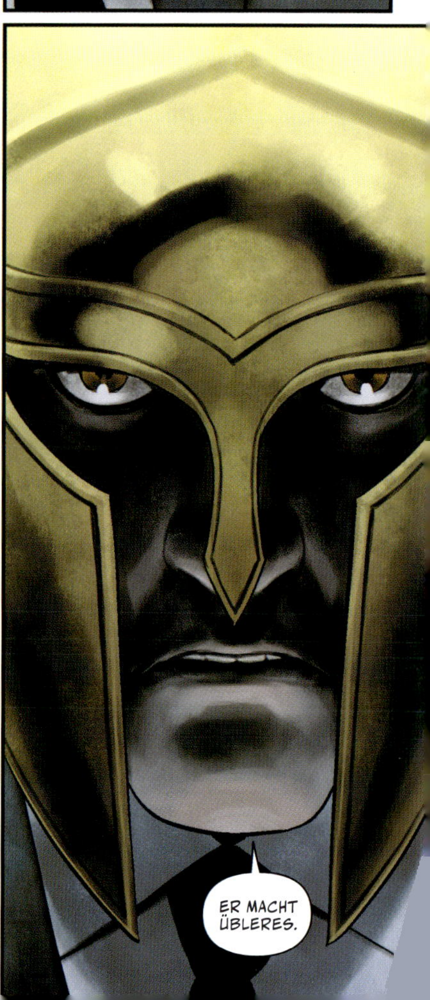
ER MACHT ÜBLERES.

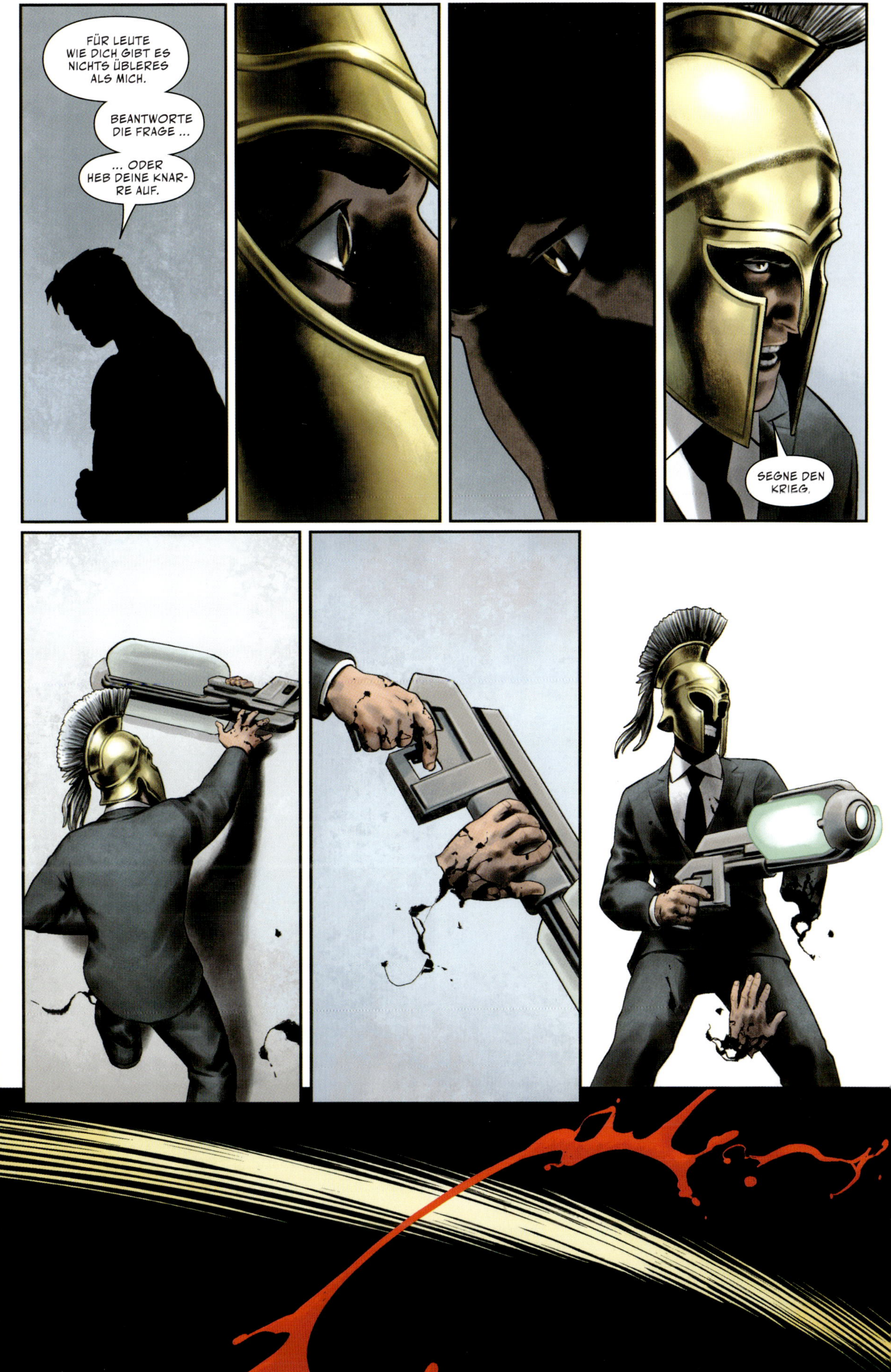
FÜR LEUTE WIE DICH GIBT ES NICHTS ÜBLERES ALS MICH.
BEANTWORTE DIE FRAGE ...
... ODER HEB DEINE KNAR-RE AUF.
SEGNE DEN KRIEG.

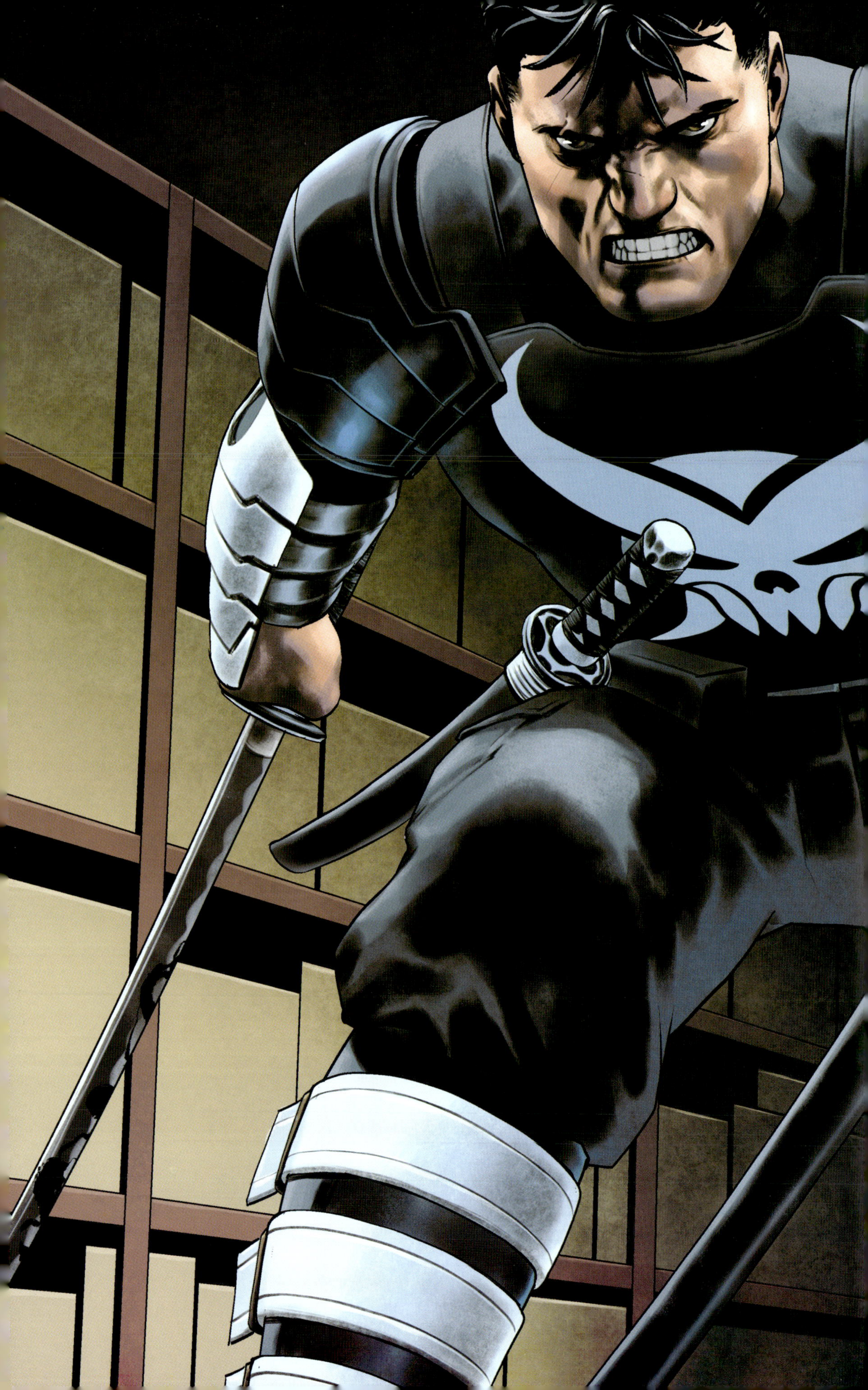

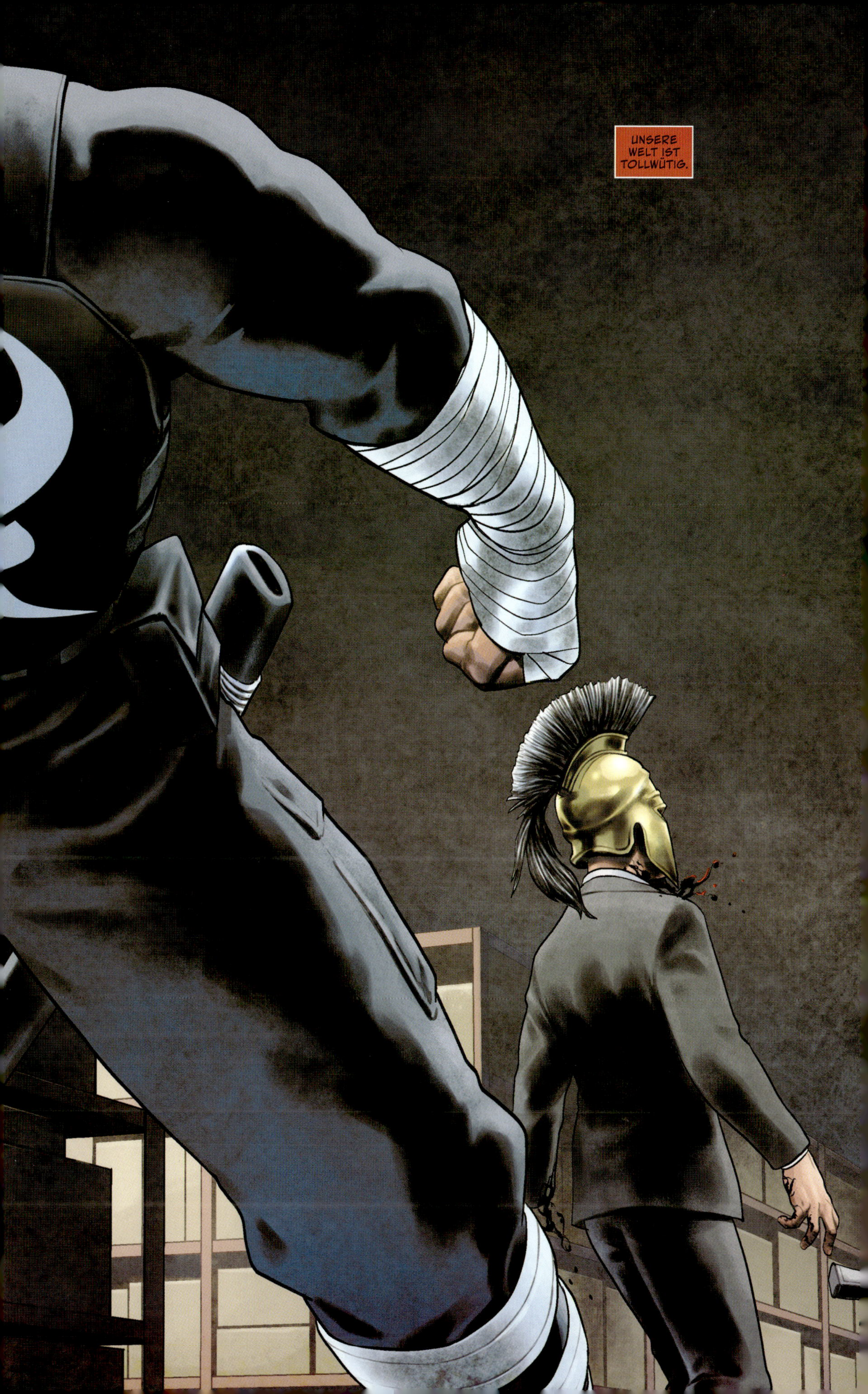
UNSERE WELT IST TOLLWÜTIG.

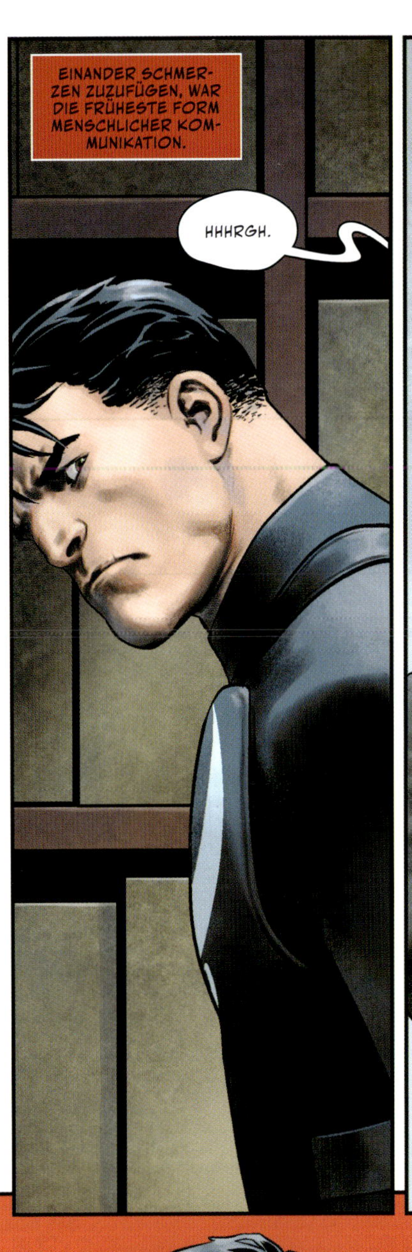
EINANDER SCHMERZEN ZUZUFÜGEN, WAR DIE FRÜHESTE FORM MENSCHLICHER KOMMUNIKATION.
HHHRGH.

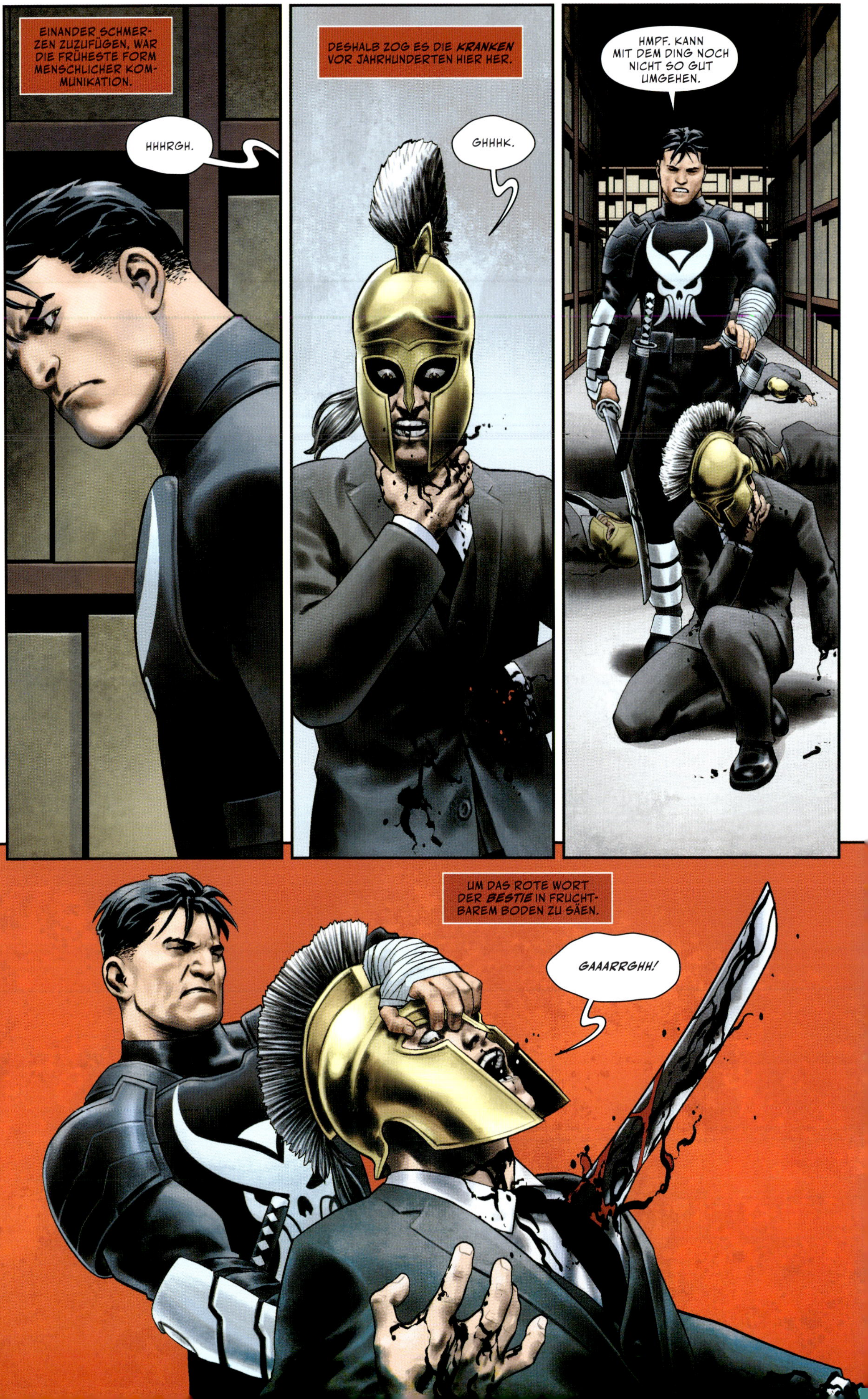

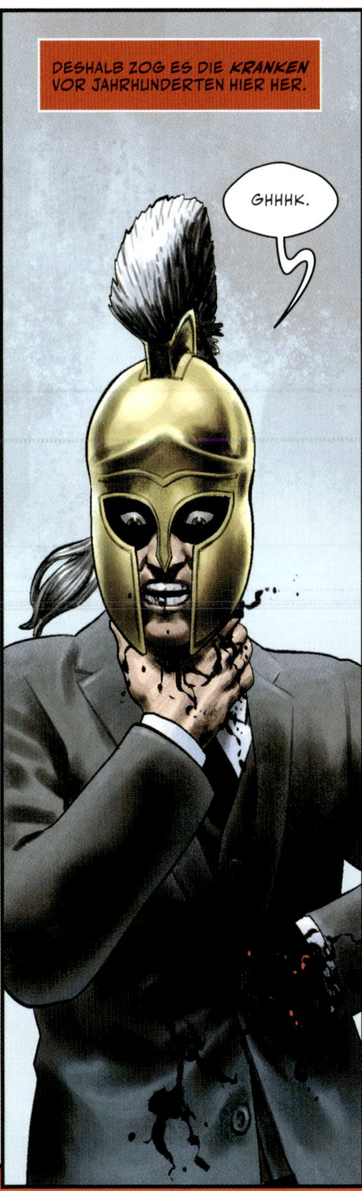
DESHALB ZOG ES DIE *KRANKEN* VOR JAHRHUNDERTEN HIER HER.
GHHHK.

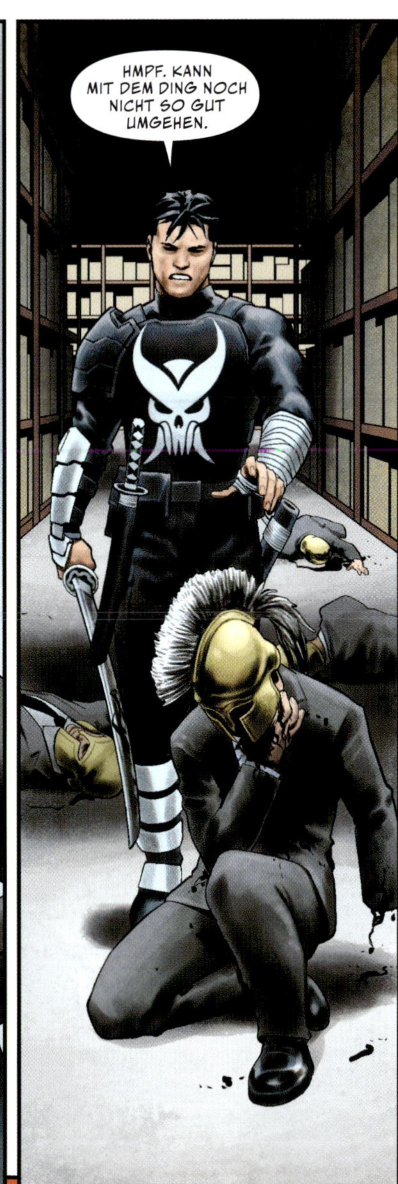
HMPF. KANN MIT DEM DING NOCH NICHT SO GUT UMGEHEN.

UM DAS ROTE WORT DER *BESTIE* IN FRUCHTBAREM BODEN ZU SÄEN.
GAAARRGHH!

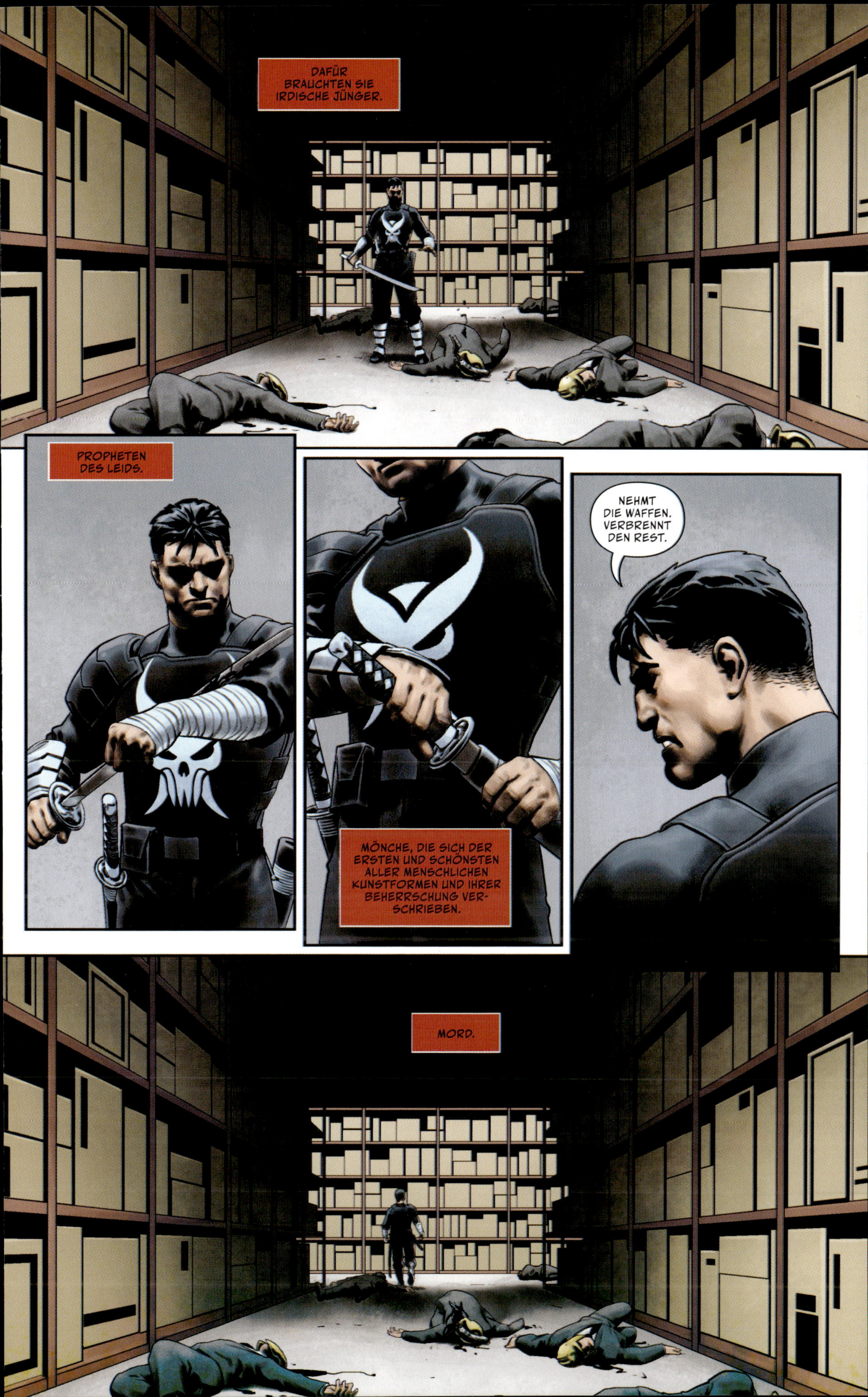

DAFÜR BRAUCHTEN SIE IRDISCHE JÜNGER.

PROPHETEN DES LEIDS.

MÖNCHE, DIE SICH DER ERSTEN UND SCHÖNSTEN ALLER MENSCHLICHEN KUNSTFORMEN UND IHRER BEHERRSCHUNG VER-SCHRIEBEN.

NEHMT DIE WAFFEN. VERBRENNT DEN REST.

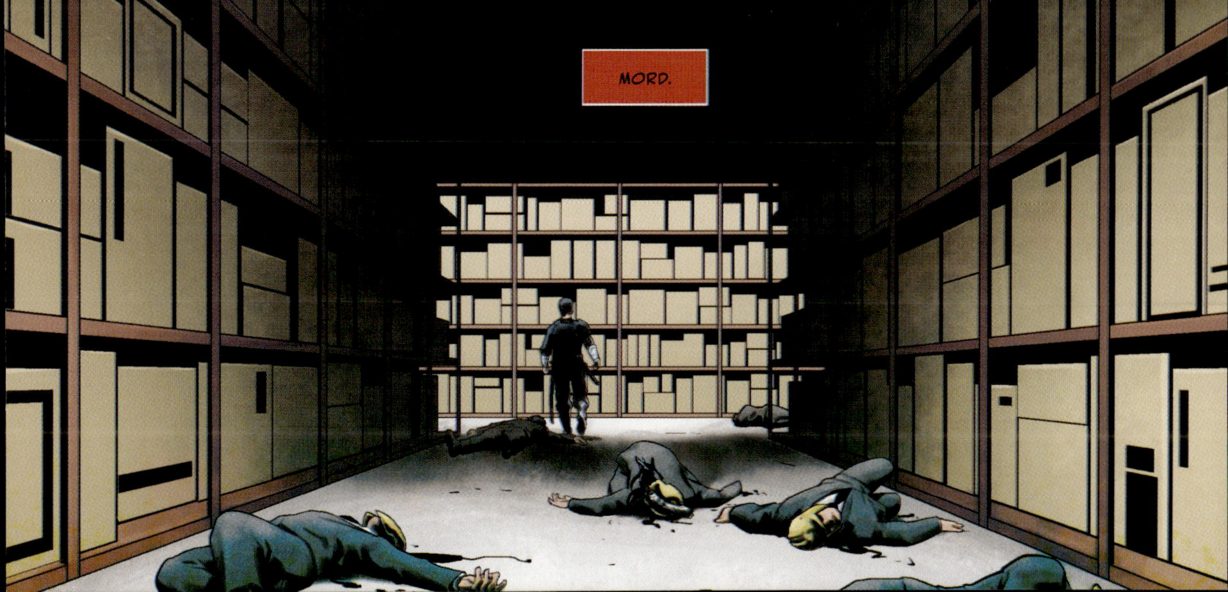

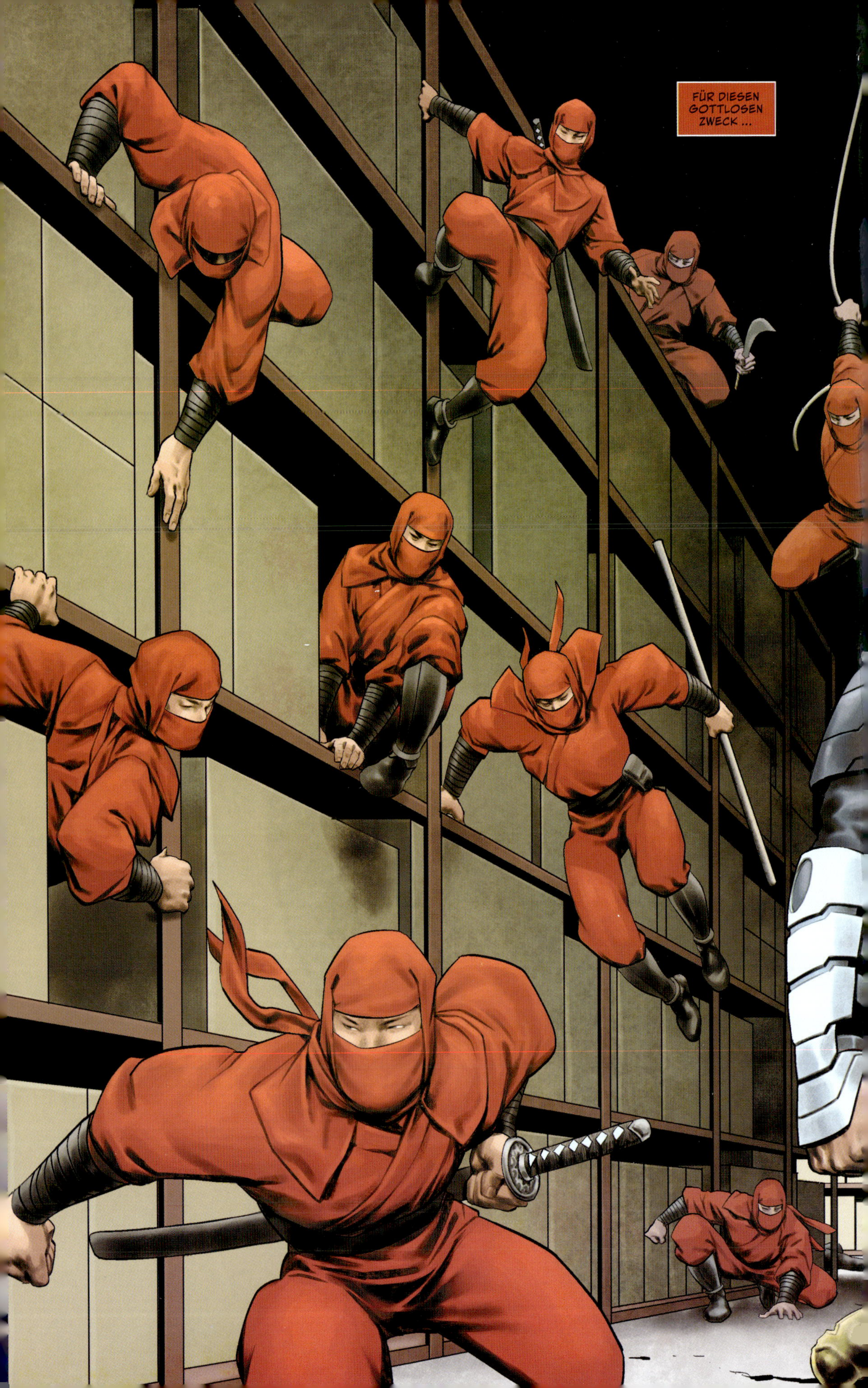
FÜR DIESEN GOTTLOSEN ZWECK ...

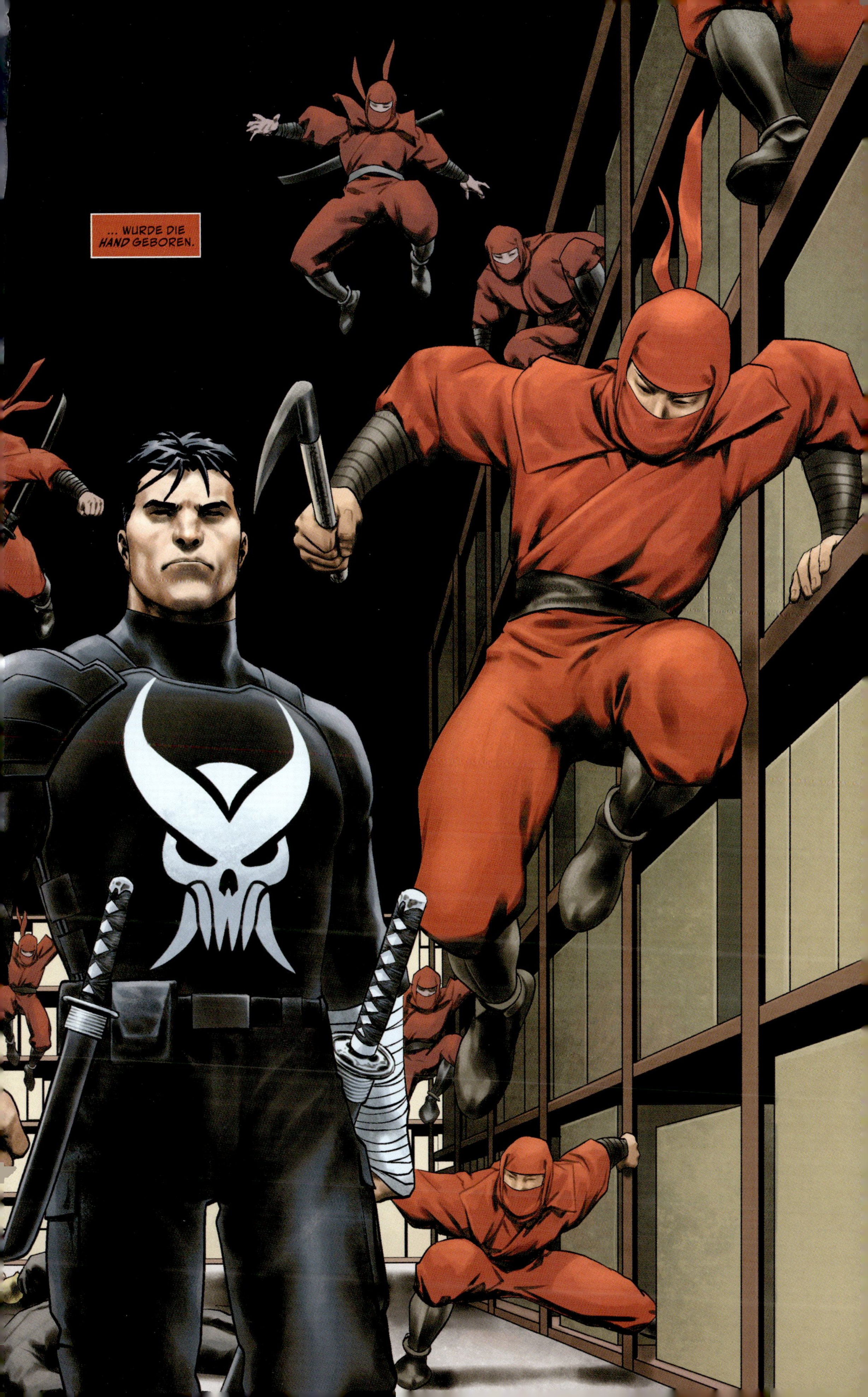
... WURDE DIE HAND GEBOREN.

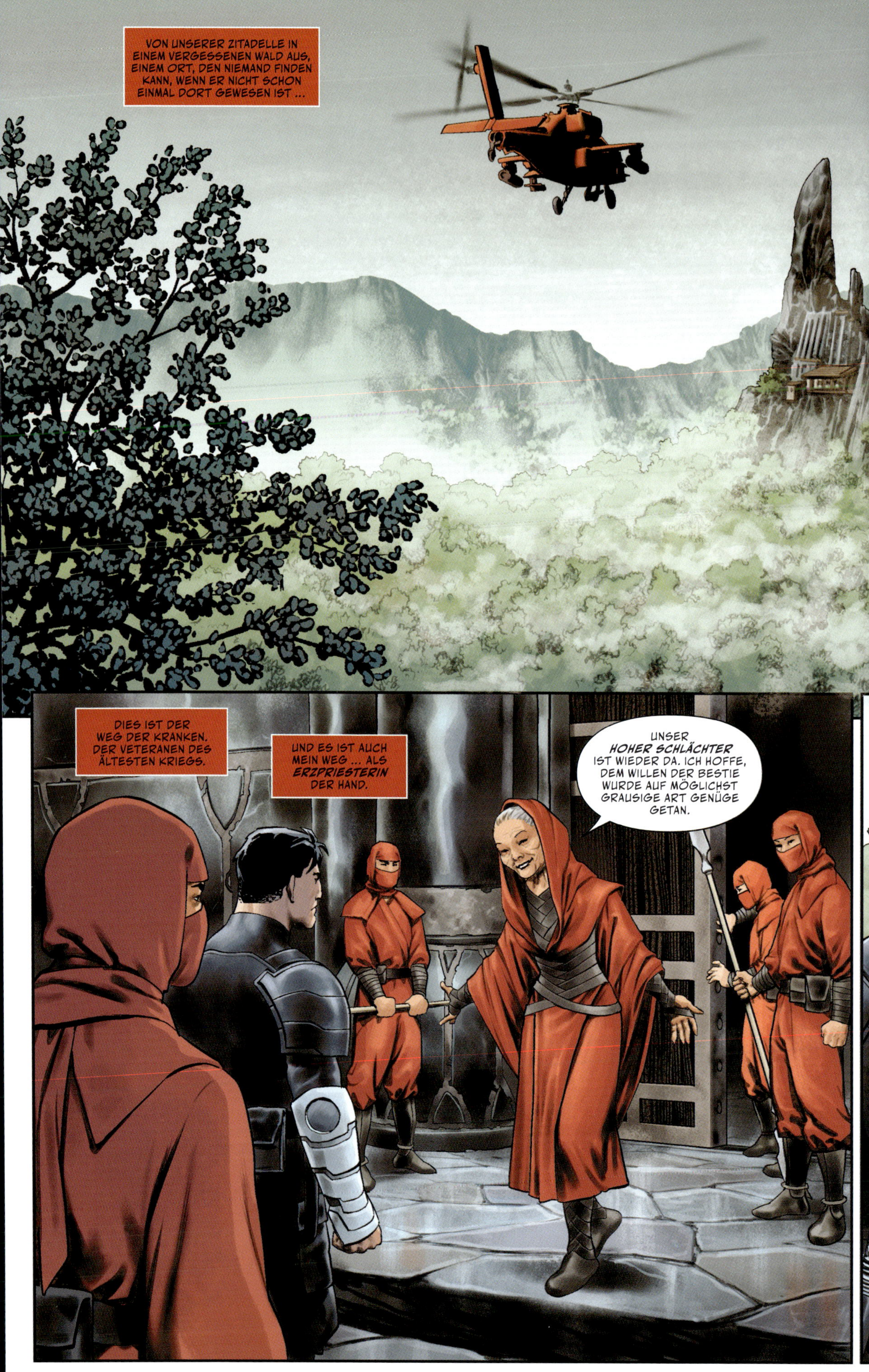
VON UNSERER ZITADELLE IN EINEM VERGESSENEN WALD AUS, EINEM ORT, DEN NIEMAND FINDEN KANN, WENN ER NICHT SCHON EINMAL DORT GEWESEN IST ...
DIES IST DER WEG DER KRANKEN. DER VETERANEN DES ÄLTESTEN KRIEGS.
UND ES IST AUCH MEIN WEG ... ALS ERZPRIESTERIN DER HAND.
UNSER HOHER SCHLÄCHTER IST WIEDER DA. ICH HOFFE, DEM WILLEN DER BESTIE WURDE AUF MÖGLICHST GRAUSIGE ART GENÜGE GETAN.

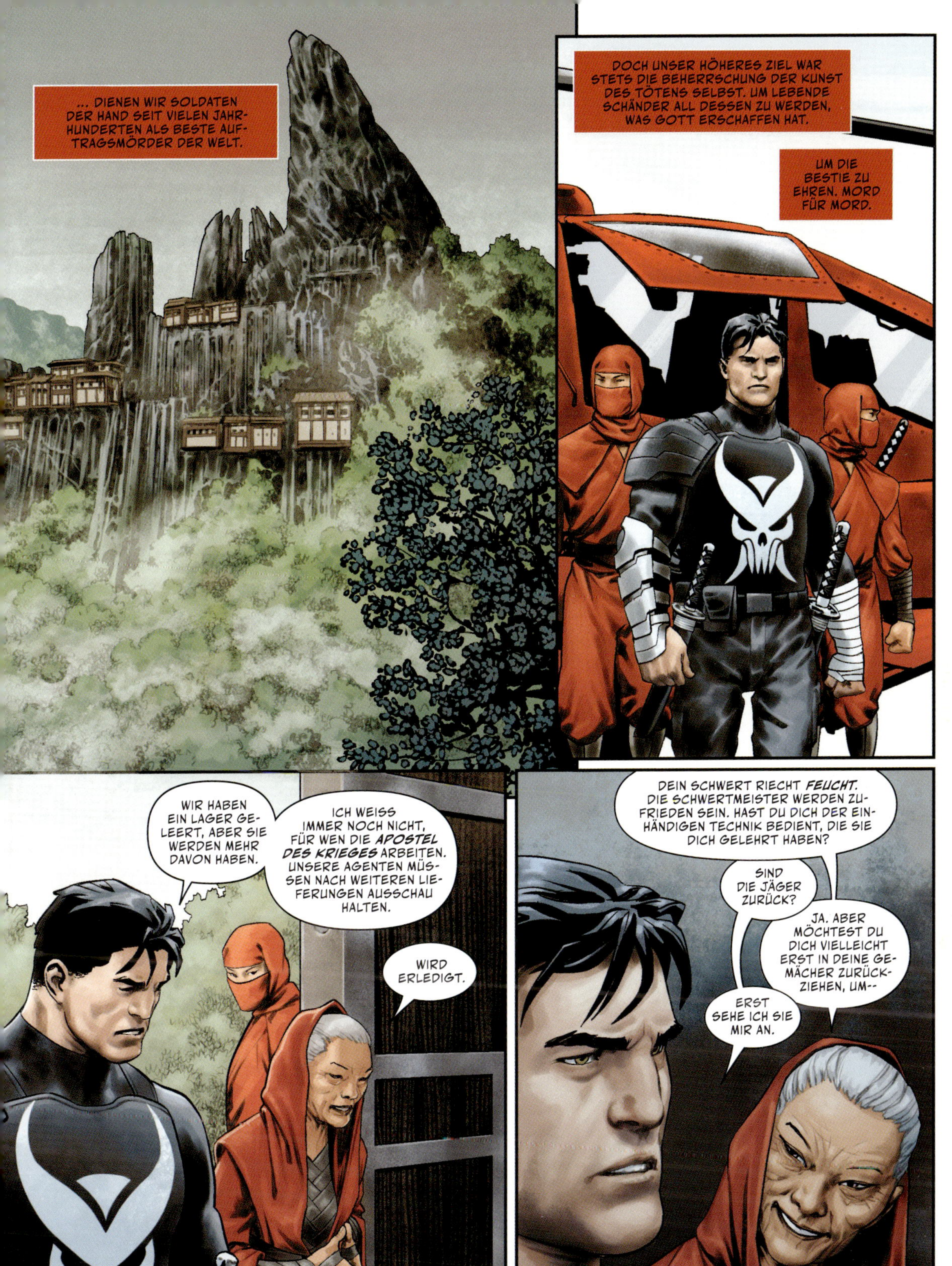
… DIENEN WIR SOLDATEN DER HAND SEIT VIELEN JAHRHUNDERTEN ALS BESTE AUFTRAGSMÖRDER DER WELT.
DOCH UNSER HÖHERES ZIEL WAR STETS DIE BEHERRSCHUNG DER KUNST DES TÖTENS SELBST. UM LEBENDE SCHÄNDER ALL DESSEN ZU WERDEN, WAS GOTT ERSCHAFFEN HAT.
UM DIE BESTIE ZU EHREN. MORD FÜR MORD.
WIR HABEN EIN LAGER GELEERT, ABER SIE WERDEN MEHR DAVON HABEN.
ICH WEISS IMMER NOCH NICHT, FÜR WEN DIE *APOSTEL DES KRIEGES* ARBEITEN. UNSERE AGENTEN MÜSSEN NACH WEITEREN LIEFERUNGEN AUSSCHAU HALTEN.
WIRD ERLEDIGT.
DEIN SCHWERT RIECHT *FEUCHT*. DIE SCHWERTMEISTER WERDEN ZUFRIEDEN SEIN. HAST DU DICH DER EINHÄNDIGEN TECHNIK BEDIENT, DIE SIE DICH GELEHRT HABEN?
SIND DIE JÄGER ZURÜCK?
JA. ABER MÖCHTEST DU DICH VIELLEICHT ERST IN DEINE GEMÄCHER ZURÜCKZIEHEN, UM--
ERST SEHE ICH SIE MIR AN.

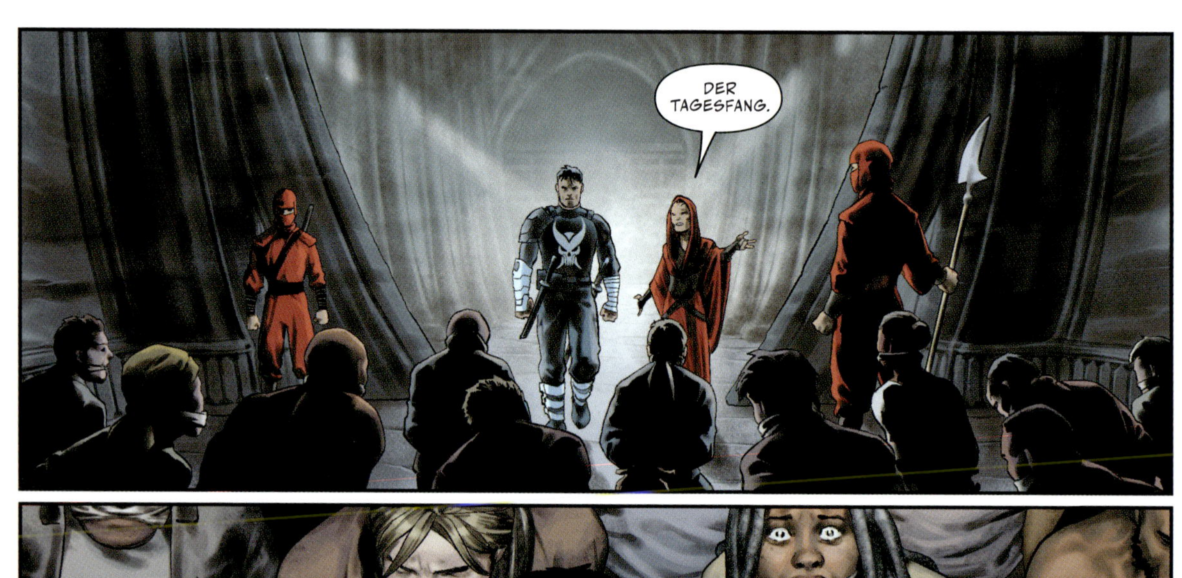
DER TAGESFANG.

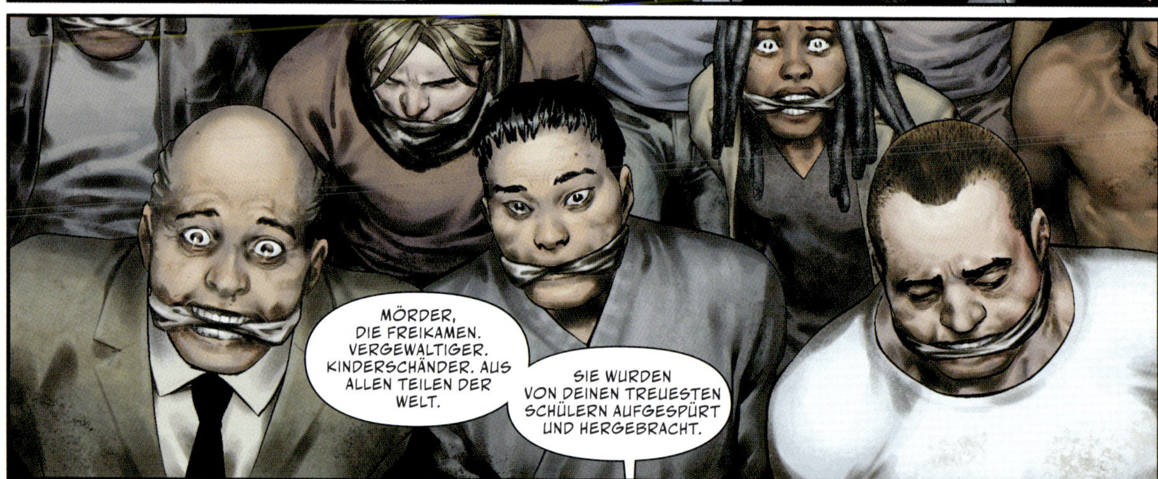
MÖRDER, DIE FREIKAMEN. VERGEWALTIGER. KINDERSCHÄNDER. AUS ALLEN TEILEN DER WELT.
SIE WURDEN VON DEINEN TREUESTEN SCHÜLERN AUFGESPÜRT UND HERGEBRACHT.

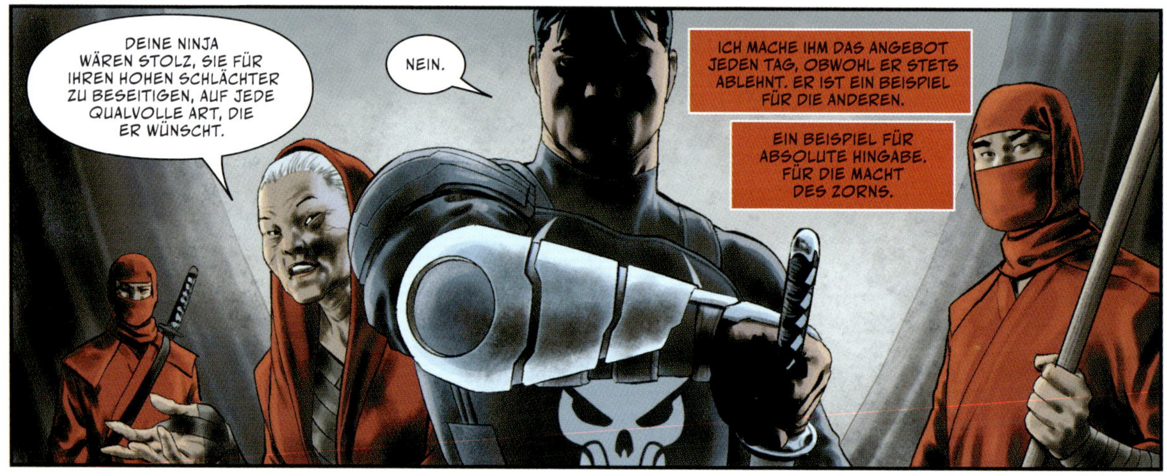
DEINE NINJA WÄREN STOLZ, SIE FÜR IHREN HOHEN SCHLÄCHTER ZU BESEITIGEN, AUF JEDE QUALVOLLE ART, DIE ER WÜNSCHT.
NEIN.
ICH MACHE IHM DAS ANGEBOT JEDEN TAG, OBWOHL ER STETS ABLEHNT. ER IST EIN BEISPIEL FÜR DIE ANDEREN.
EIN BEISPIEL FÜR ABSOLUTE HINGABE. FÜR DIE MACHT DES ZORNS.

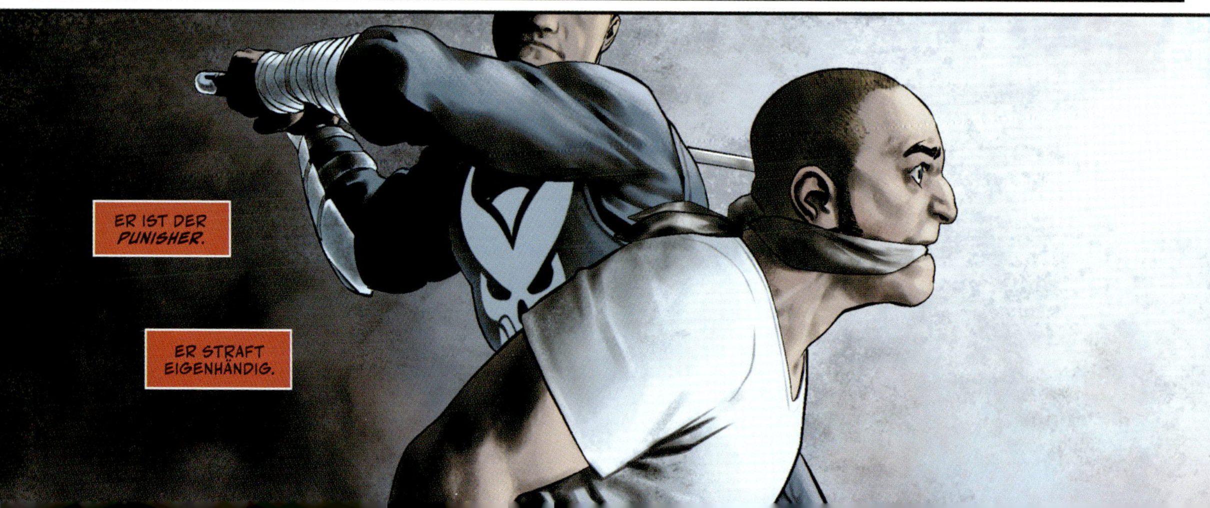
ER IST DER PUNISHER.
ER STRAFT EIGENHÄNDIG.

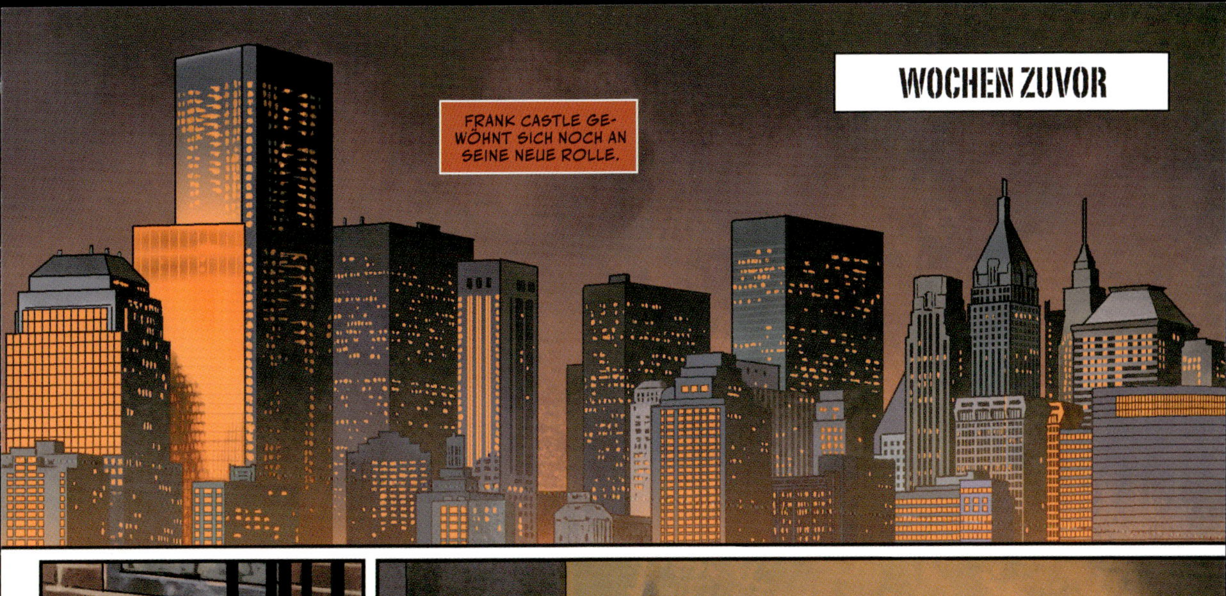
WOCHEN ZUVOR
FRANK CASTLE GEWÖHNT SICH NOCH AN SEINE NEUE ROLLE.

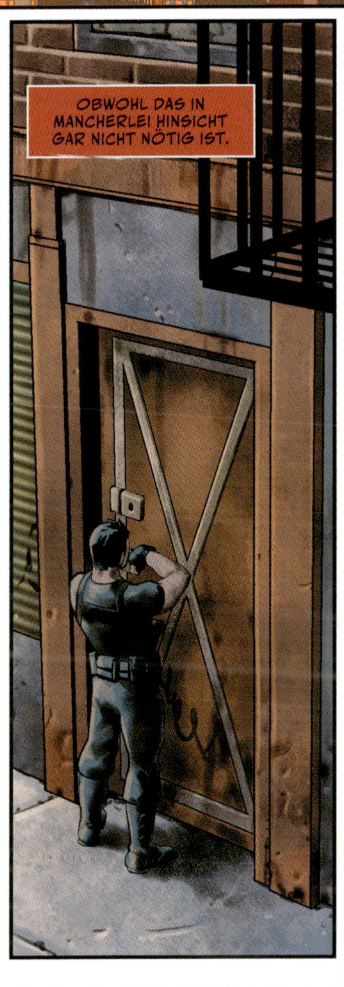
OBWOHL DAS IN MANCHERLEI HINSICHT GAR NICHT NÖTIG IST.

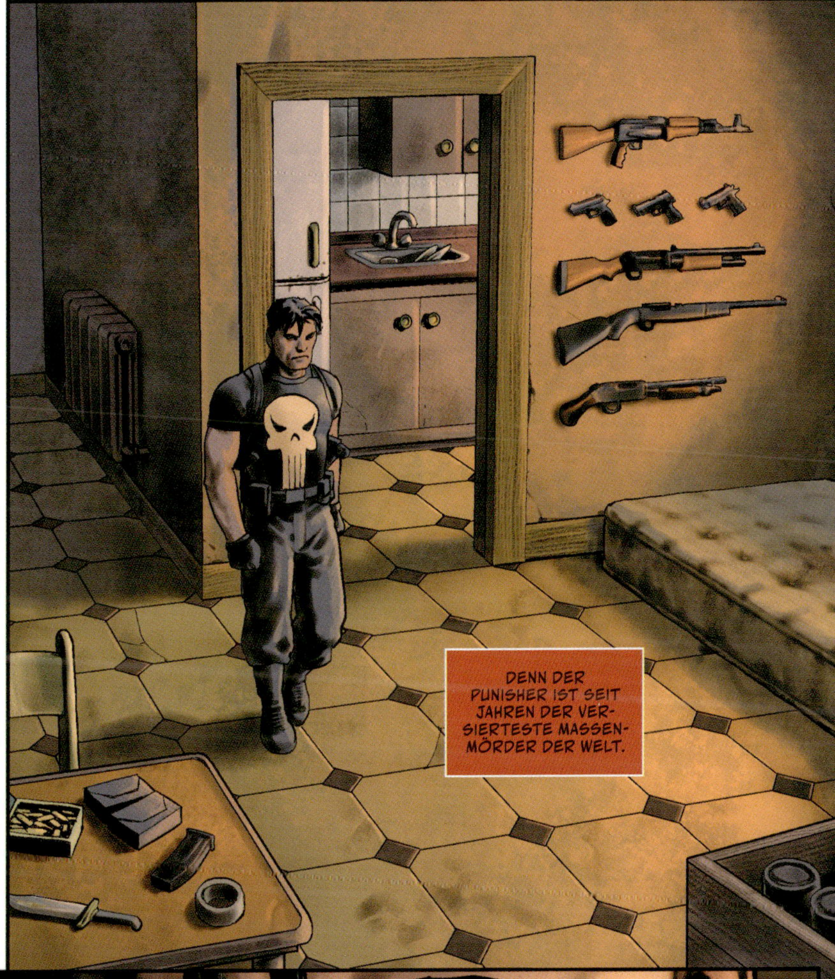
DENN DER PUNISHER IST SEIT JAHREN DER VERSIERTESTE MASSENMÖRDER DER WELT.

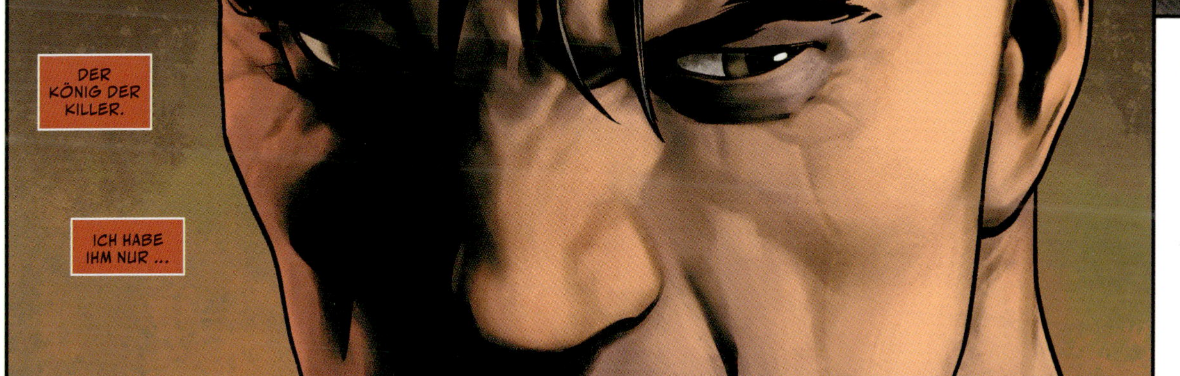
DER KÖNIG DER KILLER.
ICH HABE IHM NUR ...

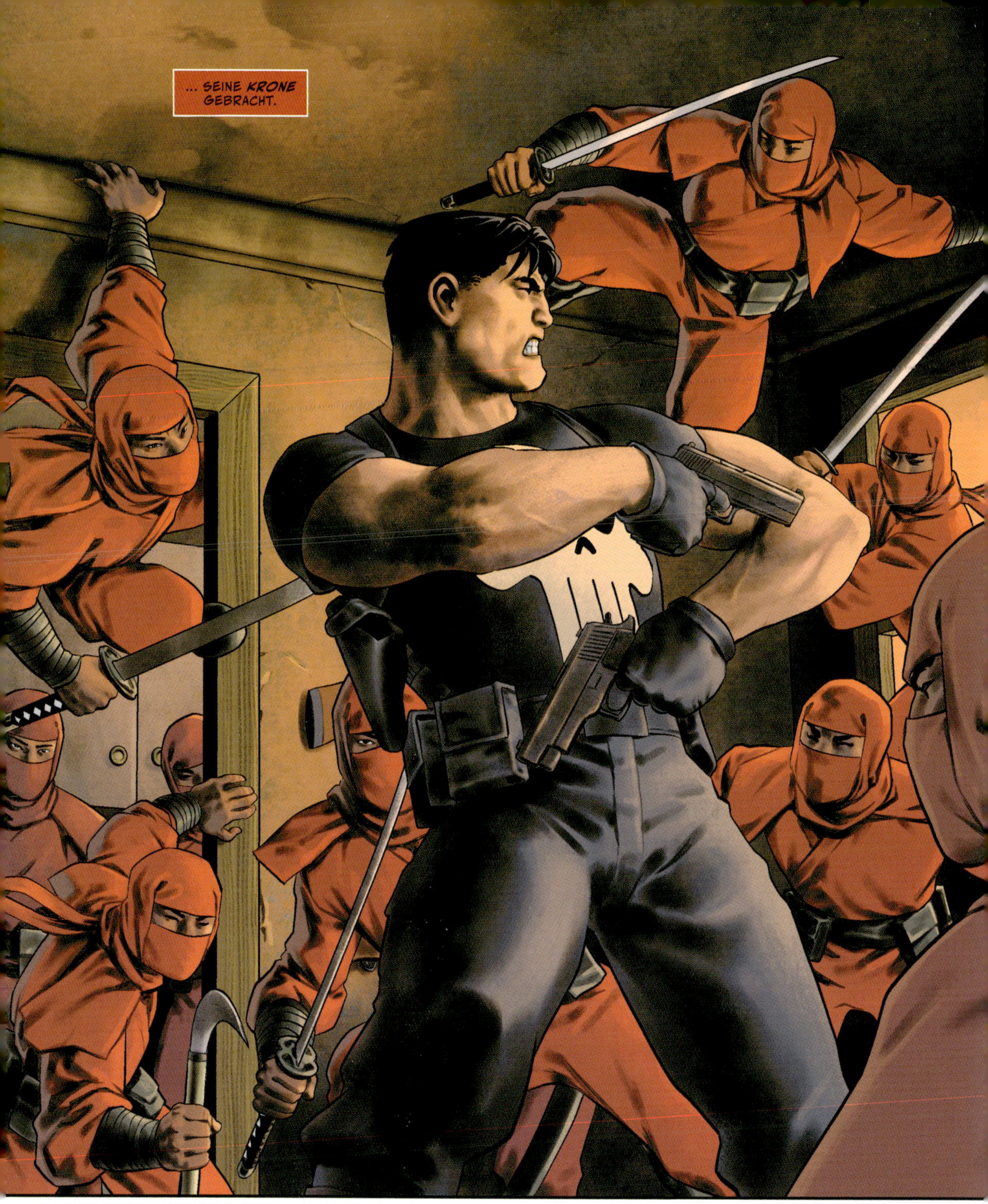

... SEINE *KRONE* GEBRACHT.

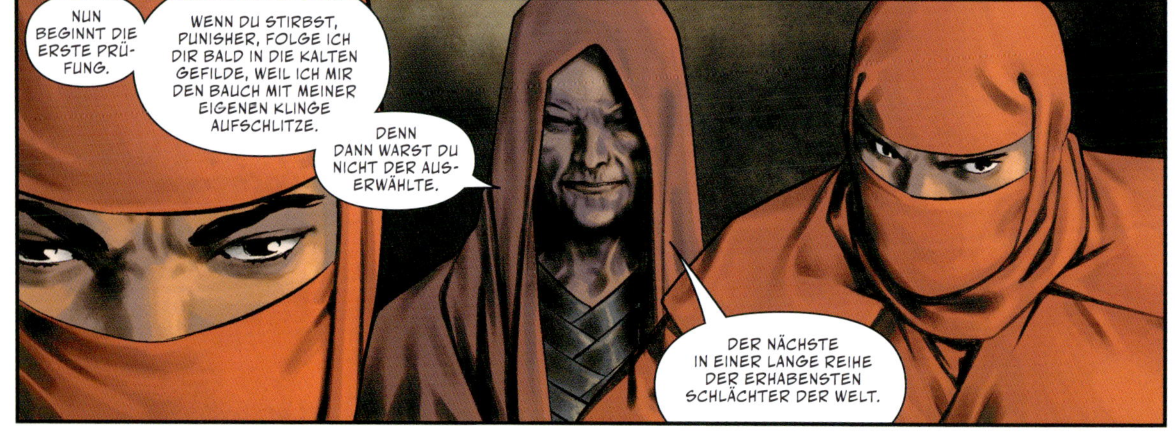

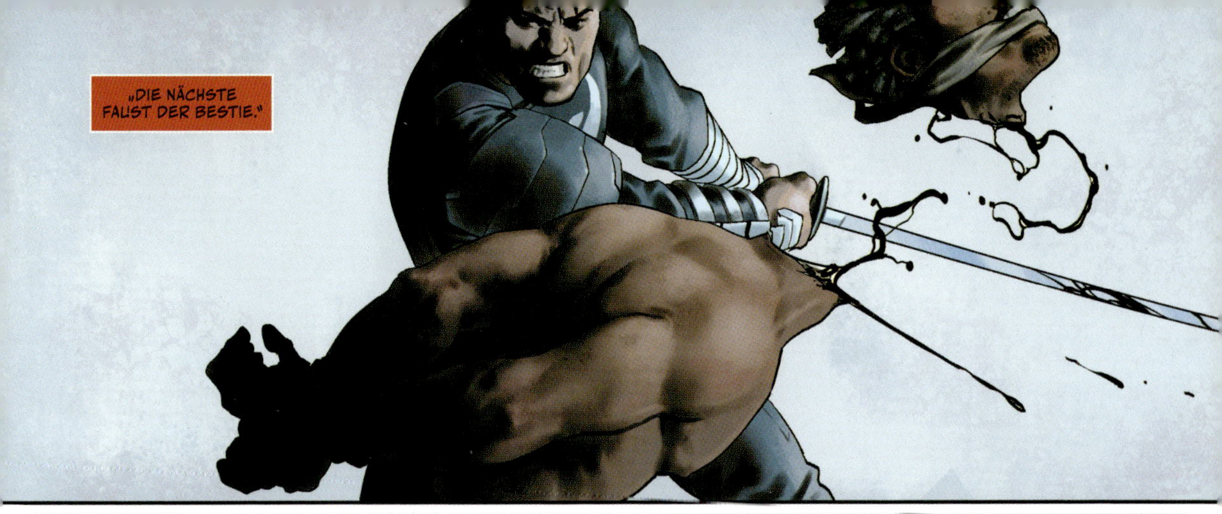
„DIE NÄCHSTE FAUST DER BESTIE."

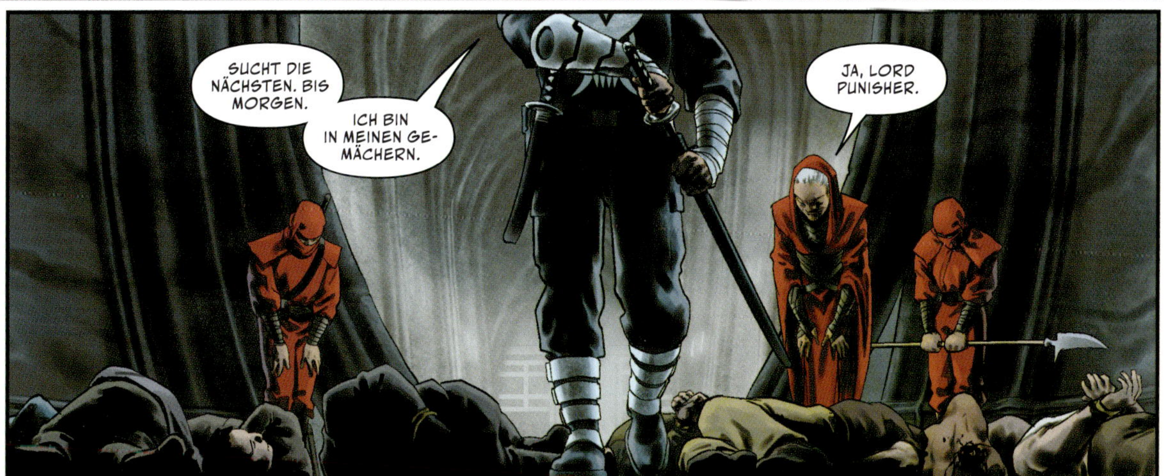
SUCHT DIE NÄCHSTEN. BIS MORGEN.
ICH BIN IN MEINEN GE-MÄCHERN.
JA, LORD PUNISHER.

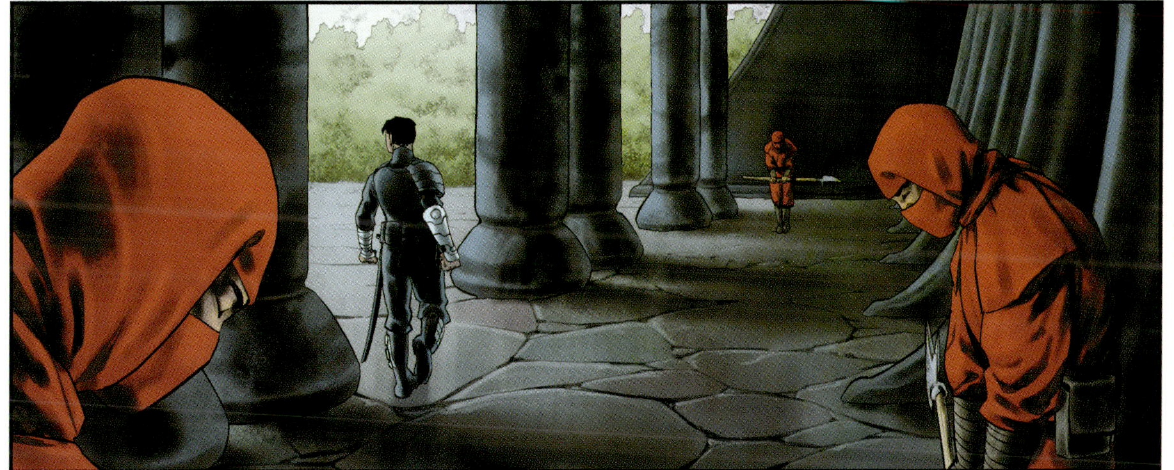

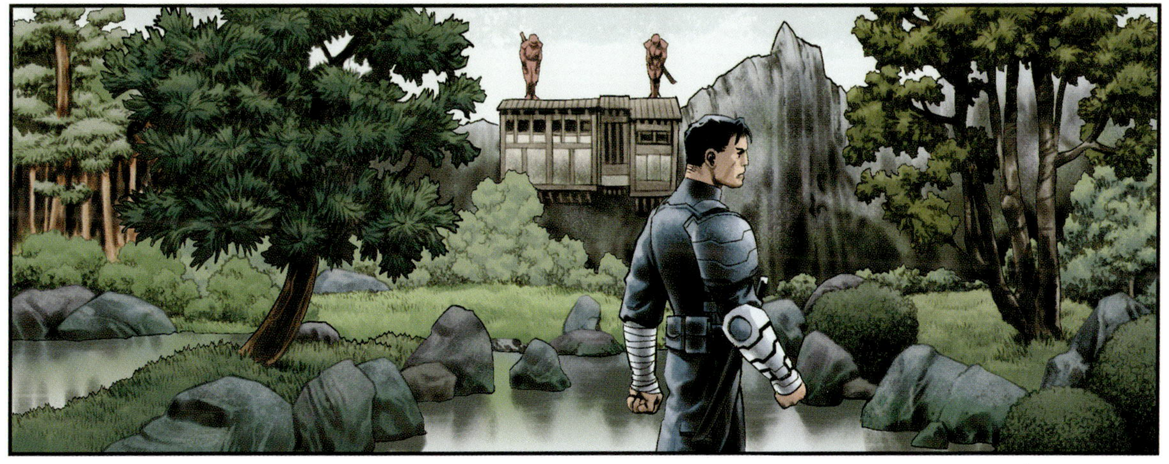

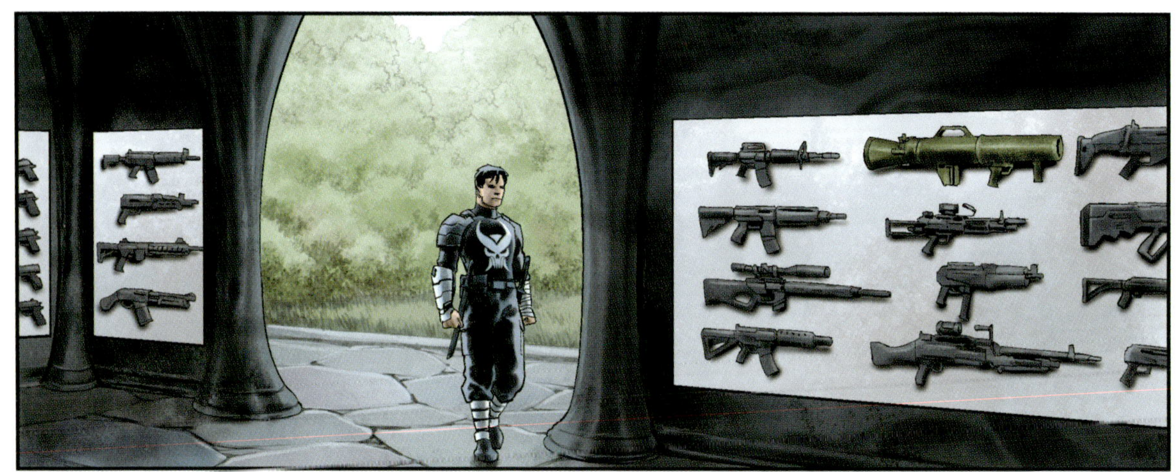
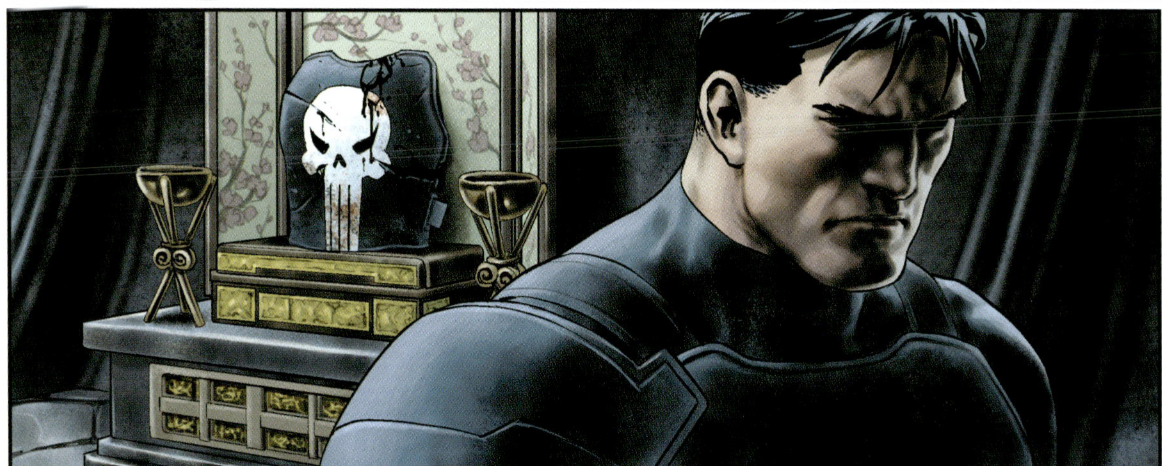
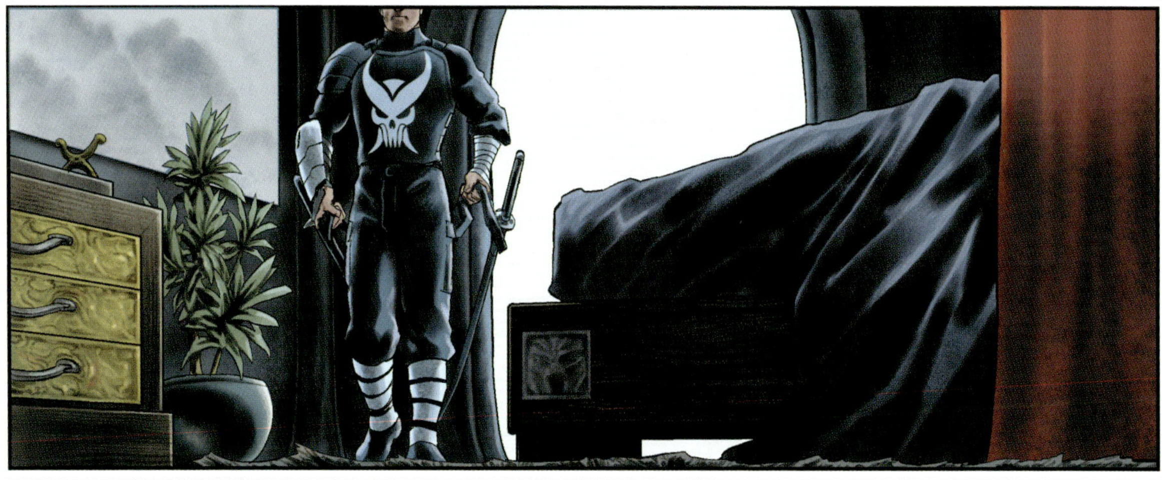
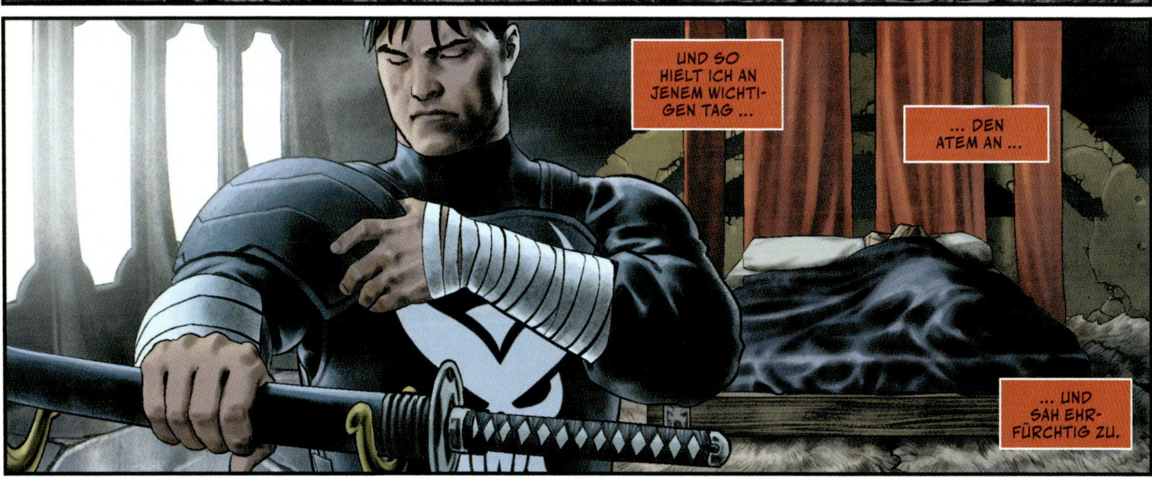
UND SO HIELT ICH AN JENEM WICHTI-GEN TAG ...
... DEN ATEM AN ...
... UND SAH EHR-FÜRCHTIG ZU.

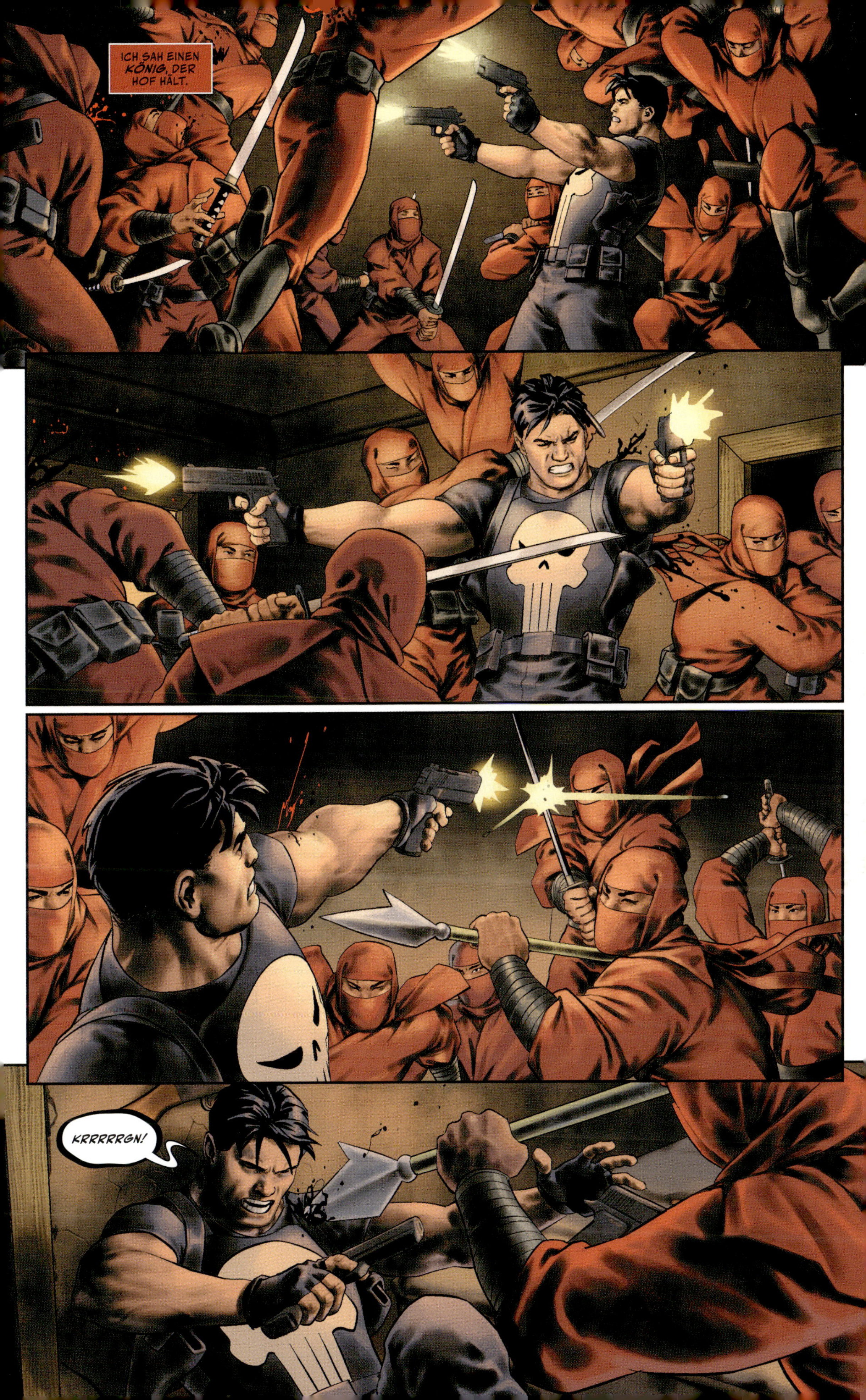
ICH SAH EINEN KÖNIG, DER HOF HÄLT.
KRRRRRGN!

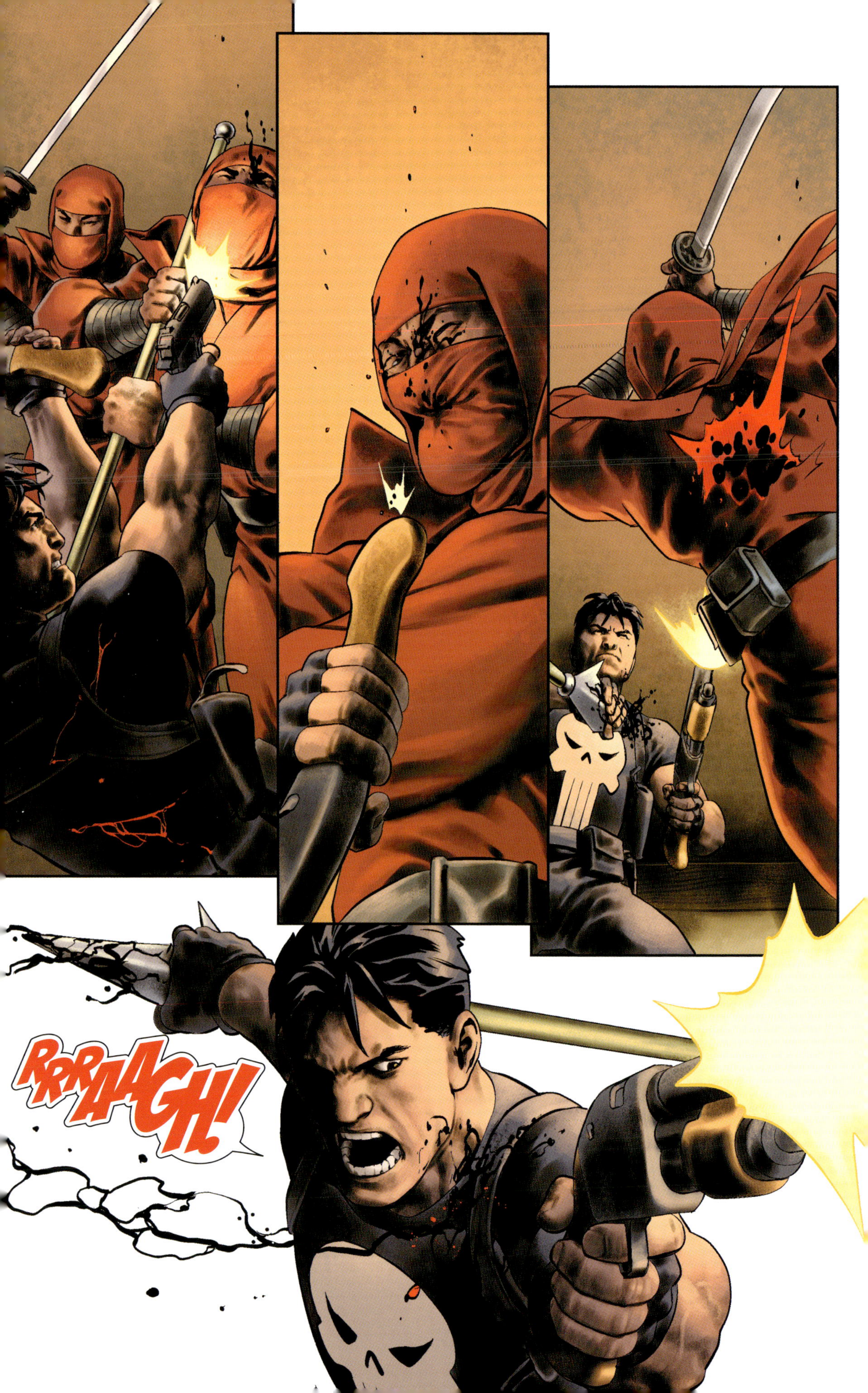
RRRAAGH!

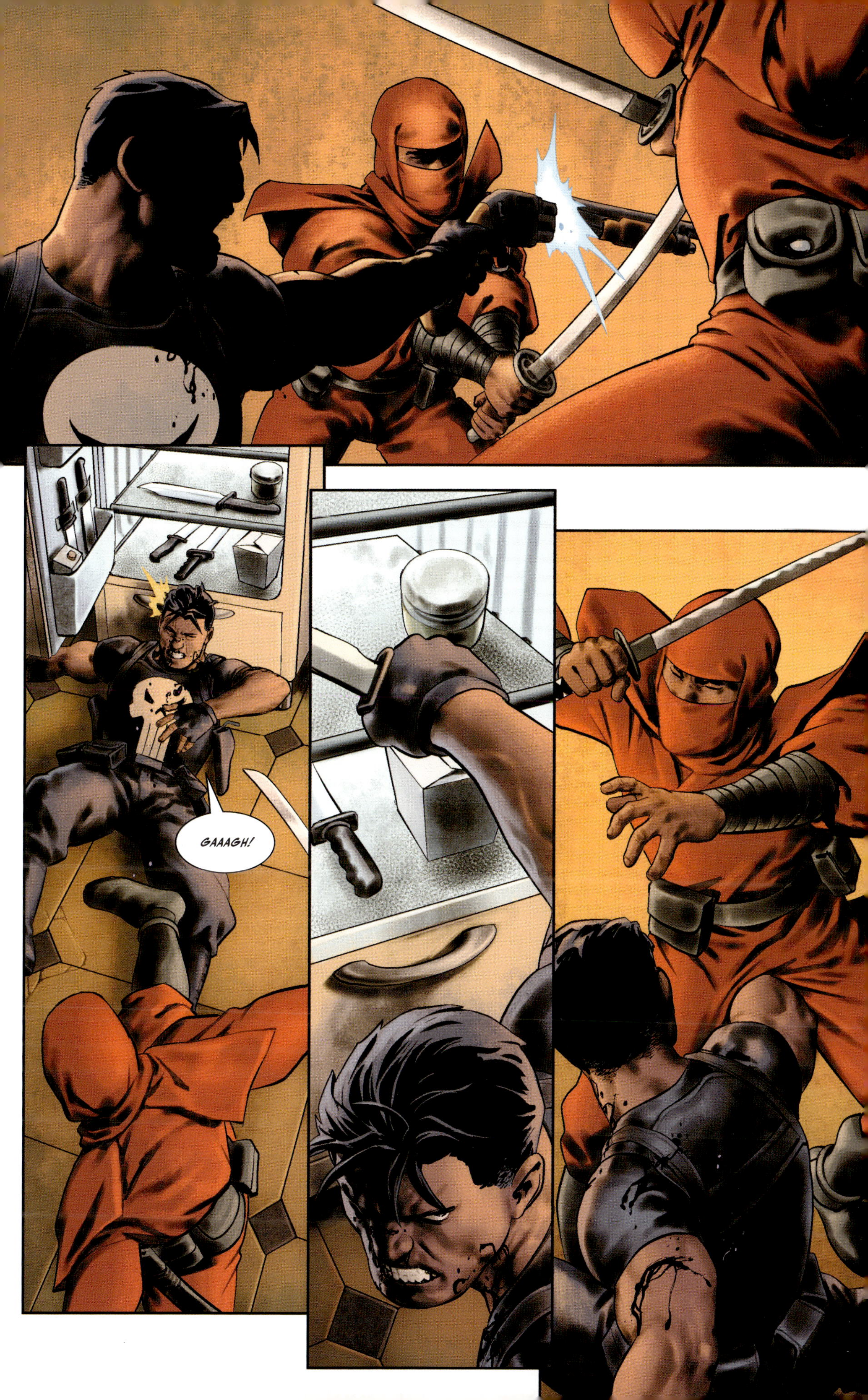
GAAAGH!

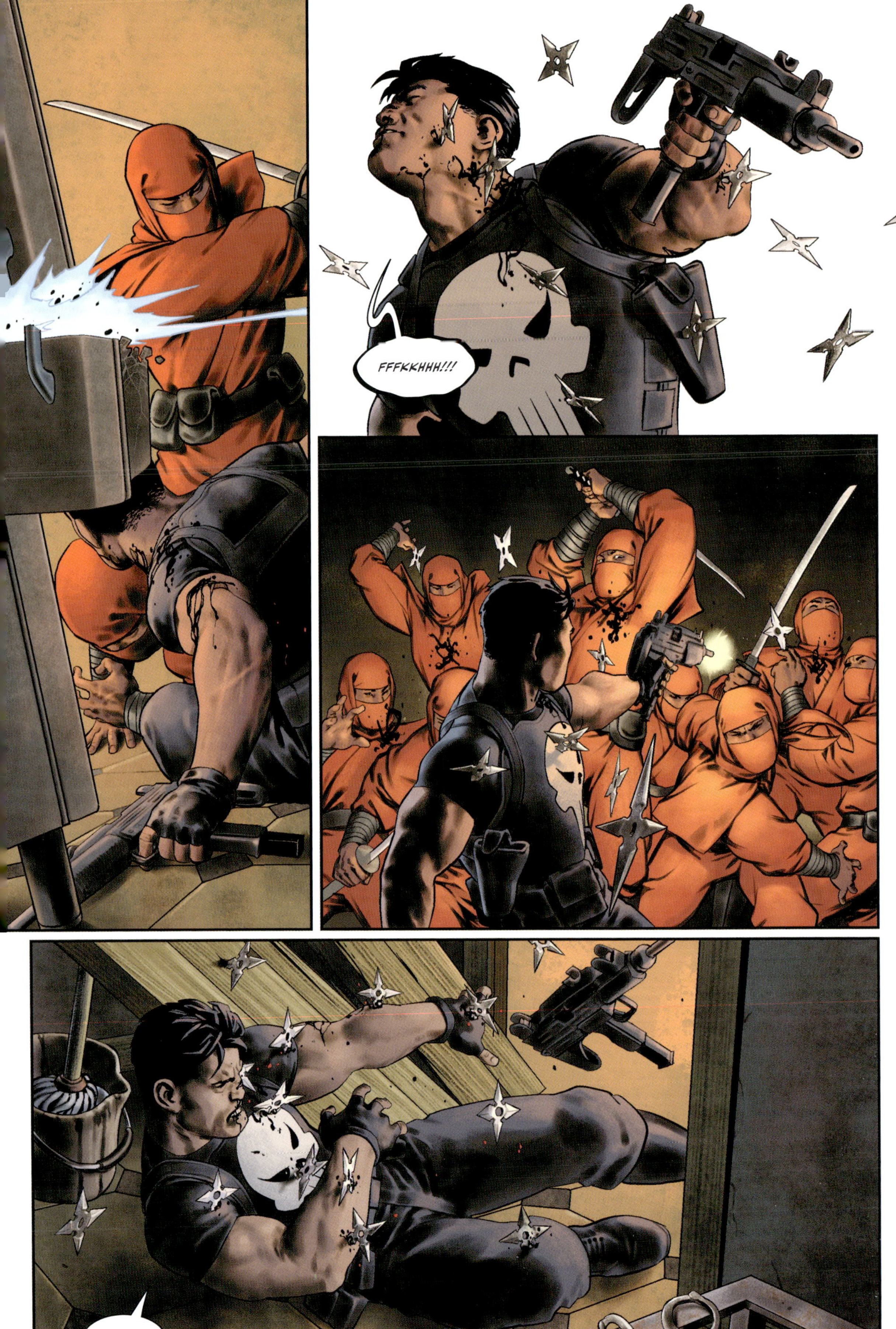
FFFKKHHH!!!
HRRRNN!

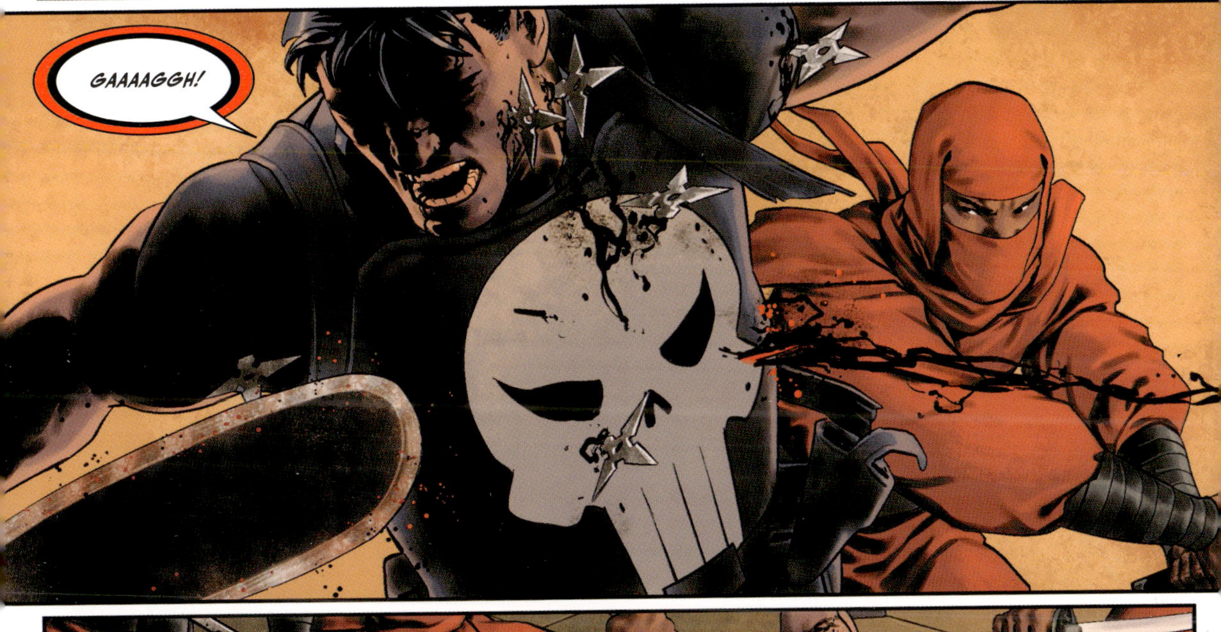
GAAAAGGH!

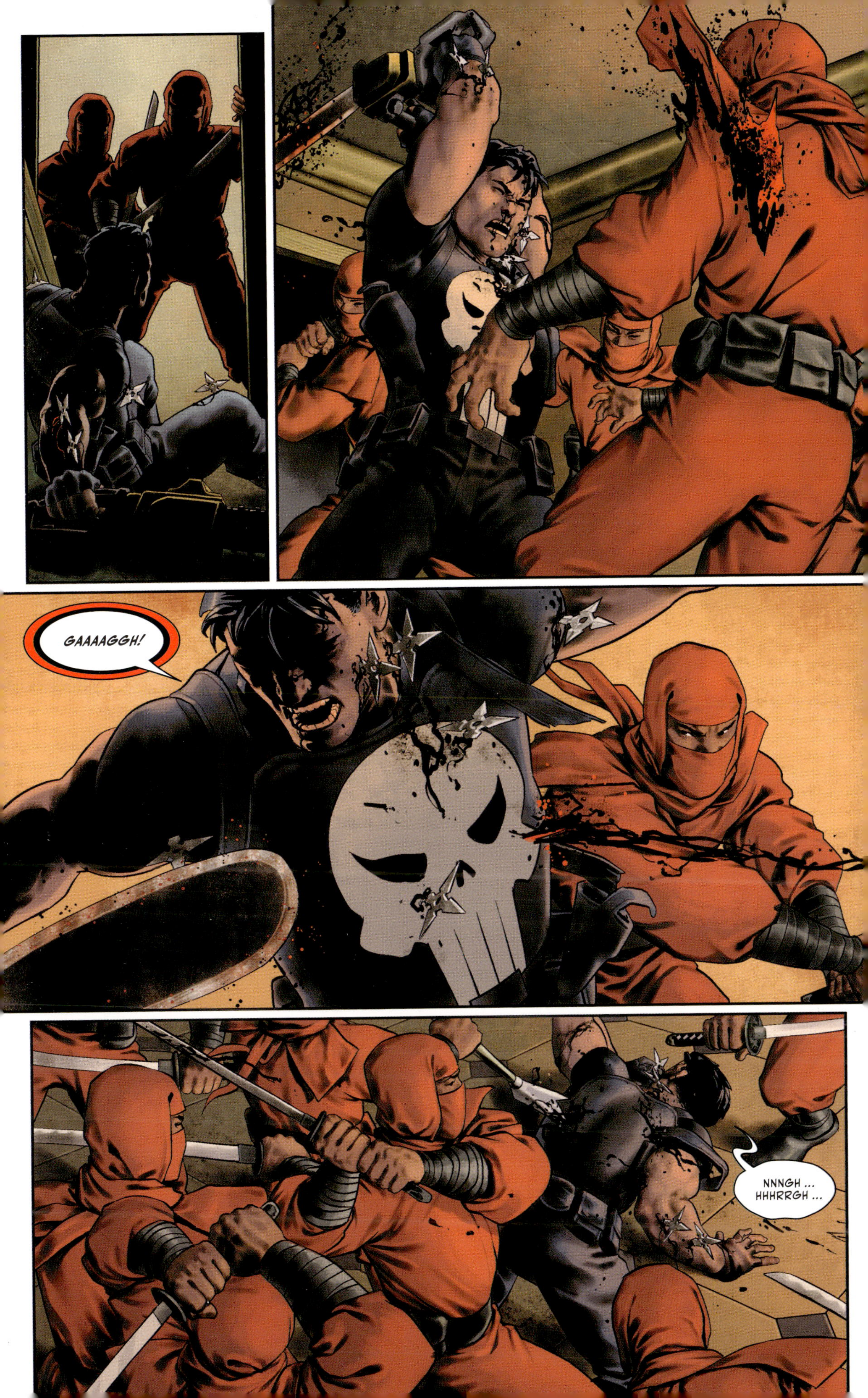

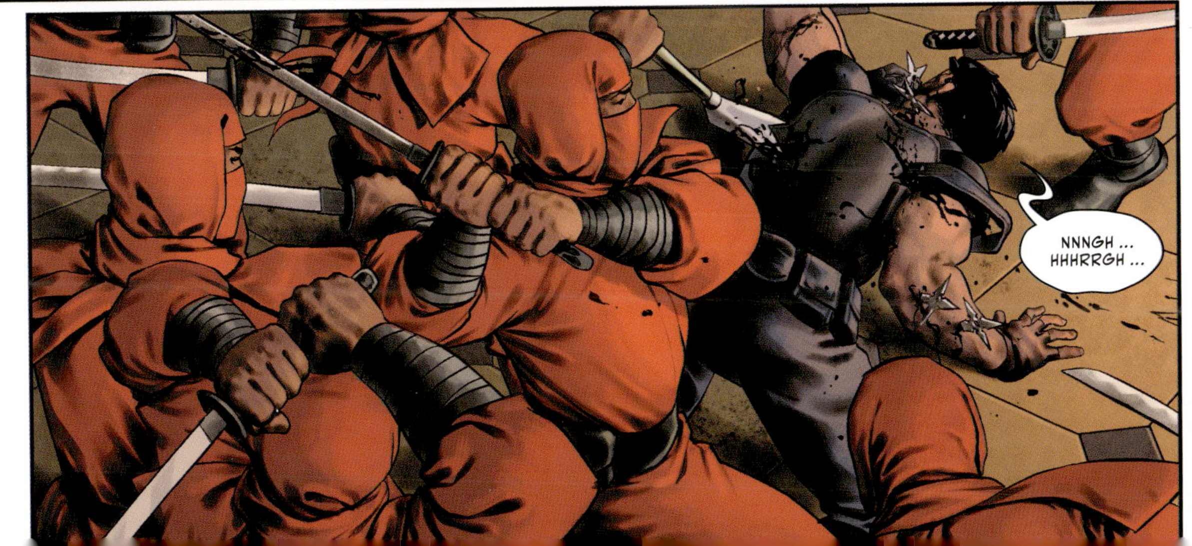
NNNGH ...
HHHRRGH ...

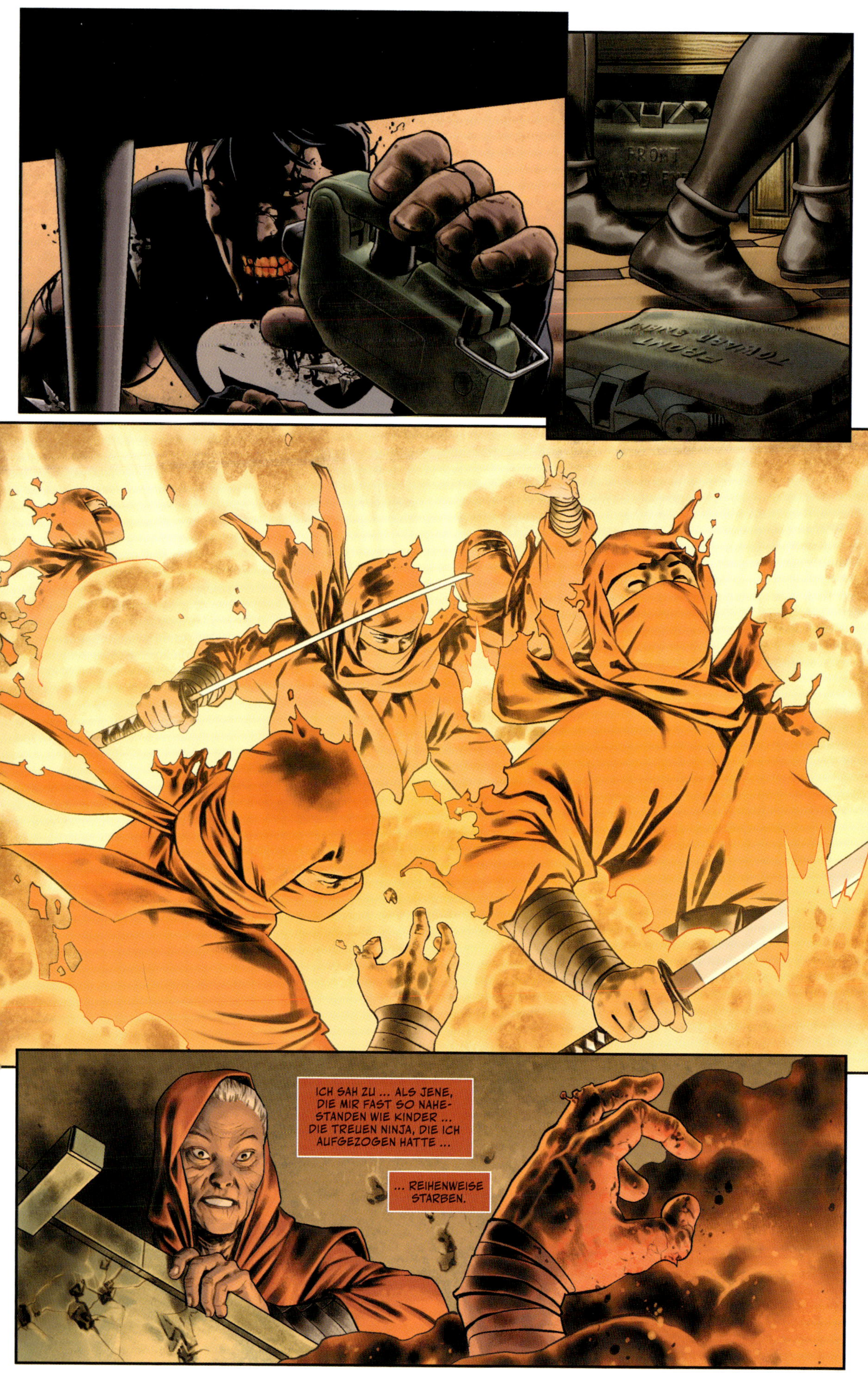
FRONT
ICH SAH ZU ... ALS JENE, DIE MIR FAST SO NAHE-STANDEN WIE KINDER ... DIE TREUEN NINJA, DIE ICH AUFGEZOGEN HATTE ...
... REIHENWEISE STARBEN.

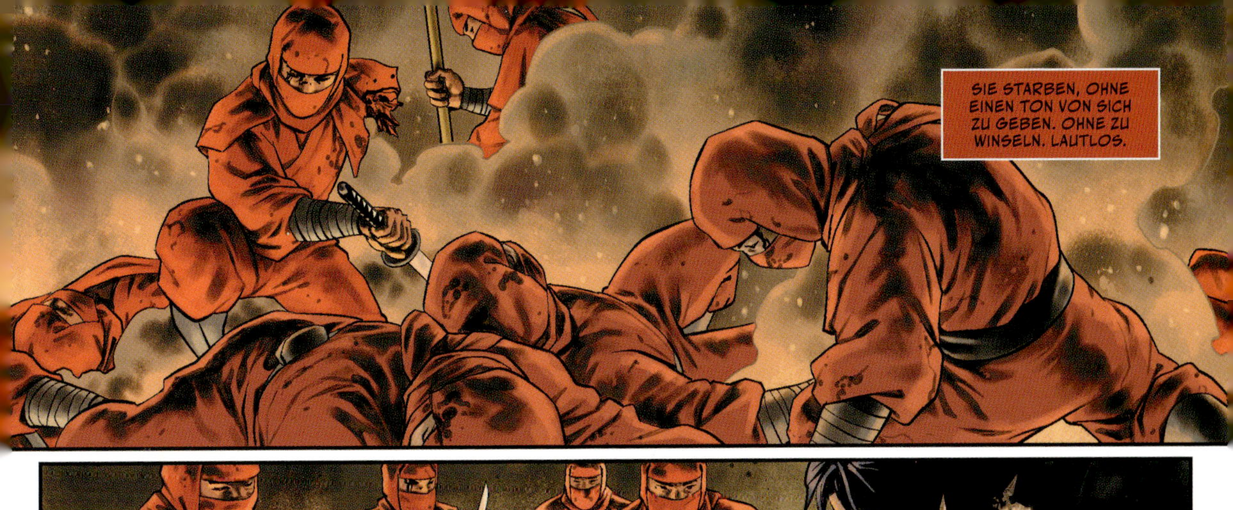
SIE STARBEN, OHNE EINEN TON VON SICH ZU GEBEN. OHNE ZU WINSELN. LAUTLOS.

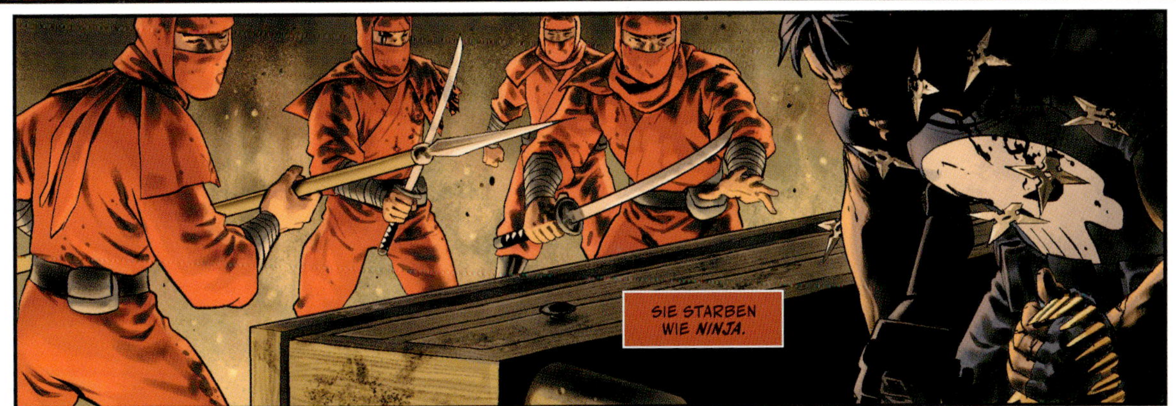
SIE STARBEN WIE *NINJA*.

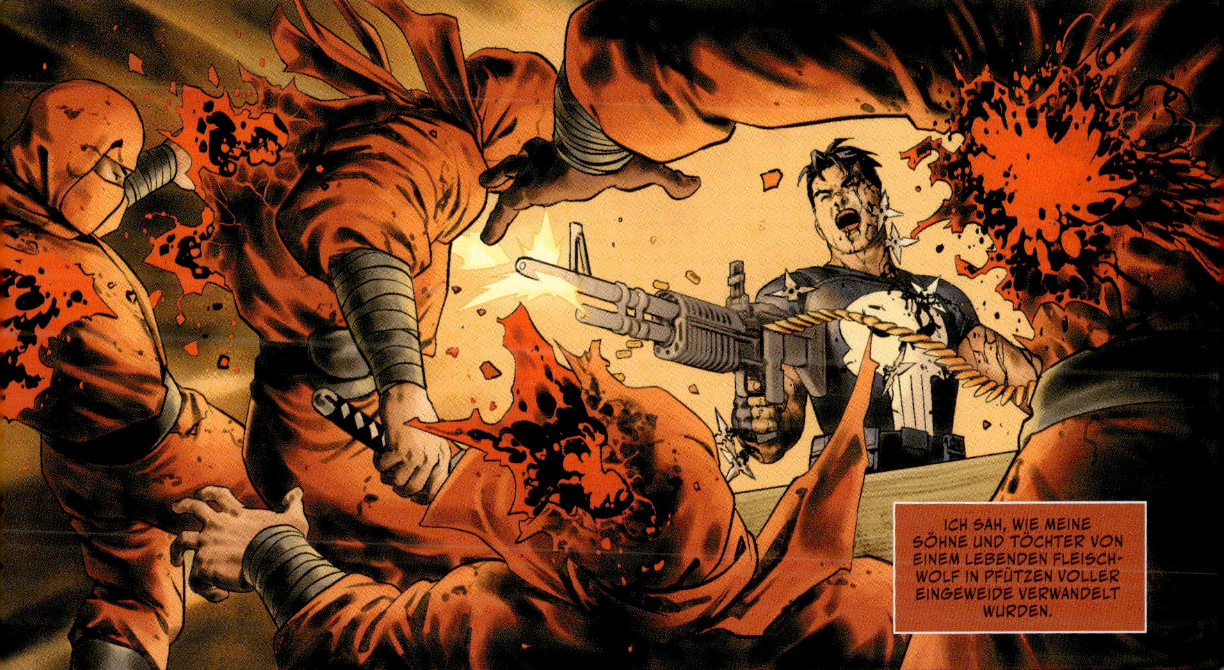
ICH SAH, WIE MEINE SÖHNE UND TÖCHTER VON EINEM LEBENDEN FLEISCHWOLF IN PFÜTZEN VOLLER EINGEWEIDE VERWANDELT WURDEN.

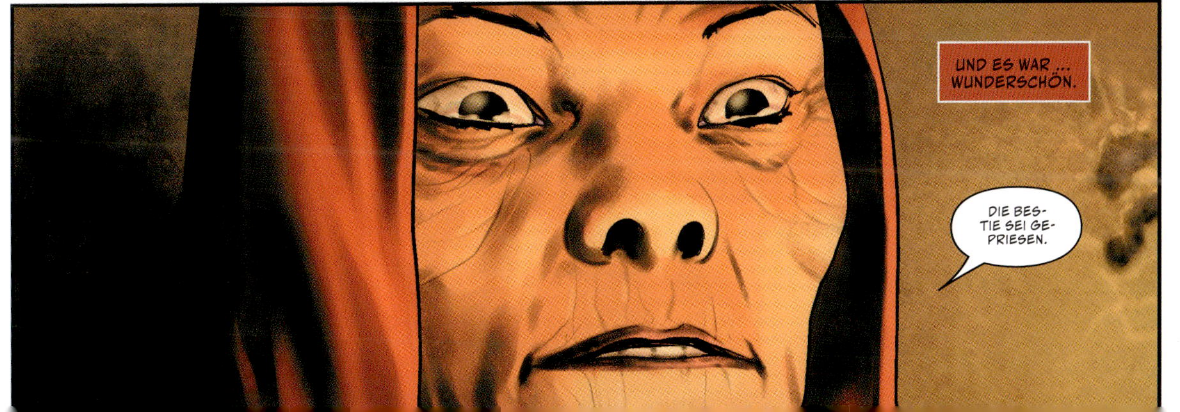
UND ES WAR ... WUNDERSCHÖN.
DIE BESTIE SEI GEPRIESEN.

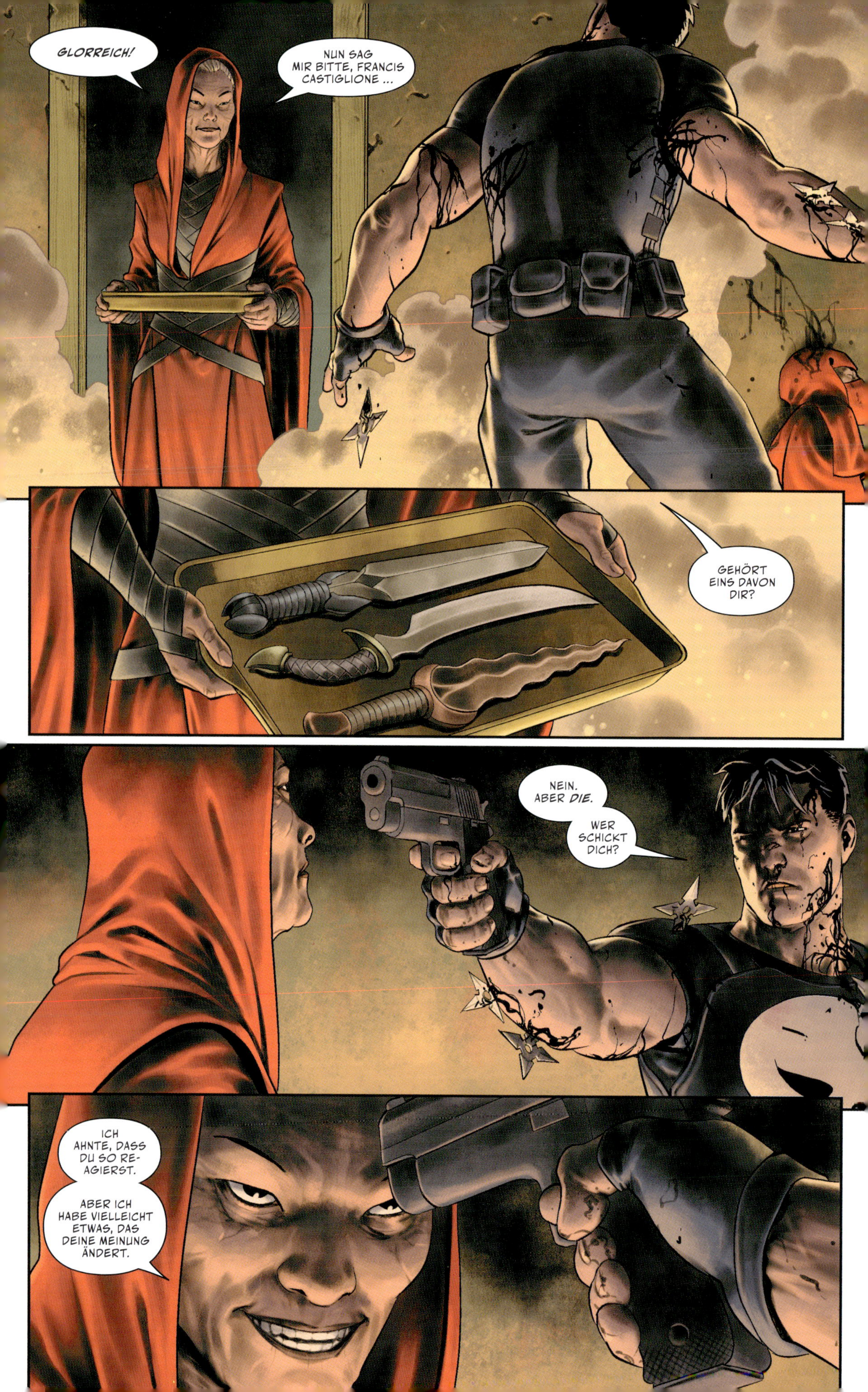

GLORREICH!
NUN SAG MIR BITTE, FRANCIS CASTIGLIONE …
GEHÖRT EINS DAVON DIR?
NEIN. ABER *DIE*.
WER SCHICKT DICH?

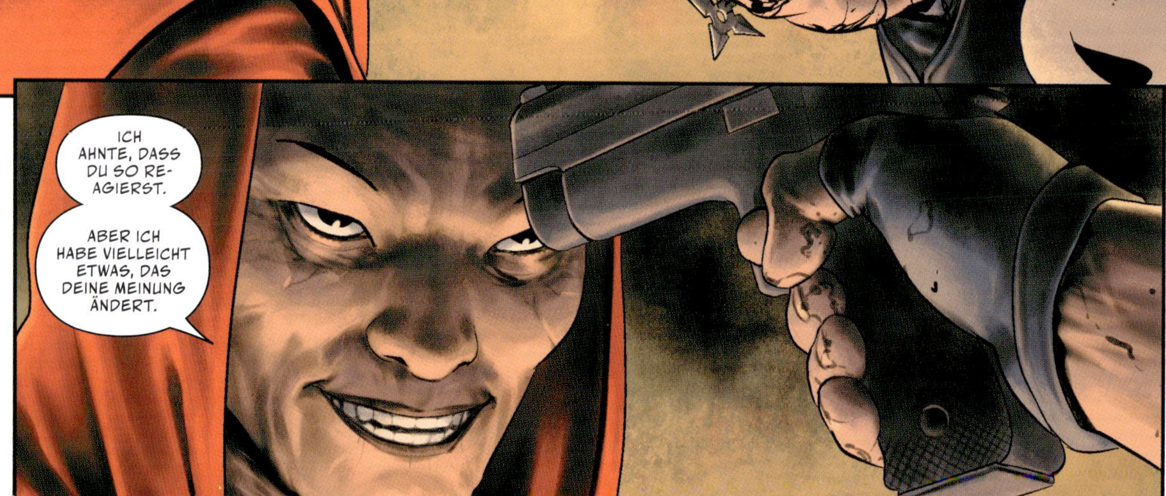

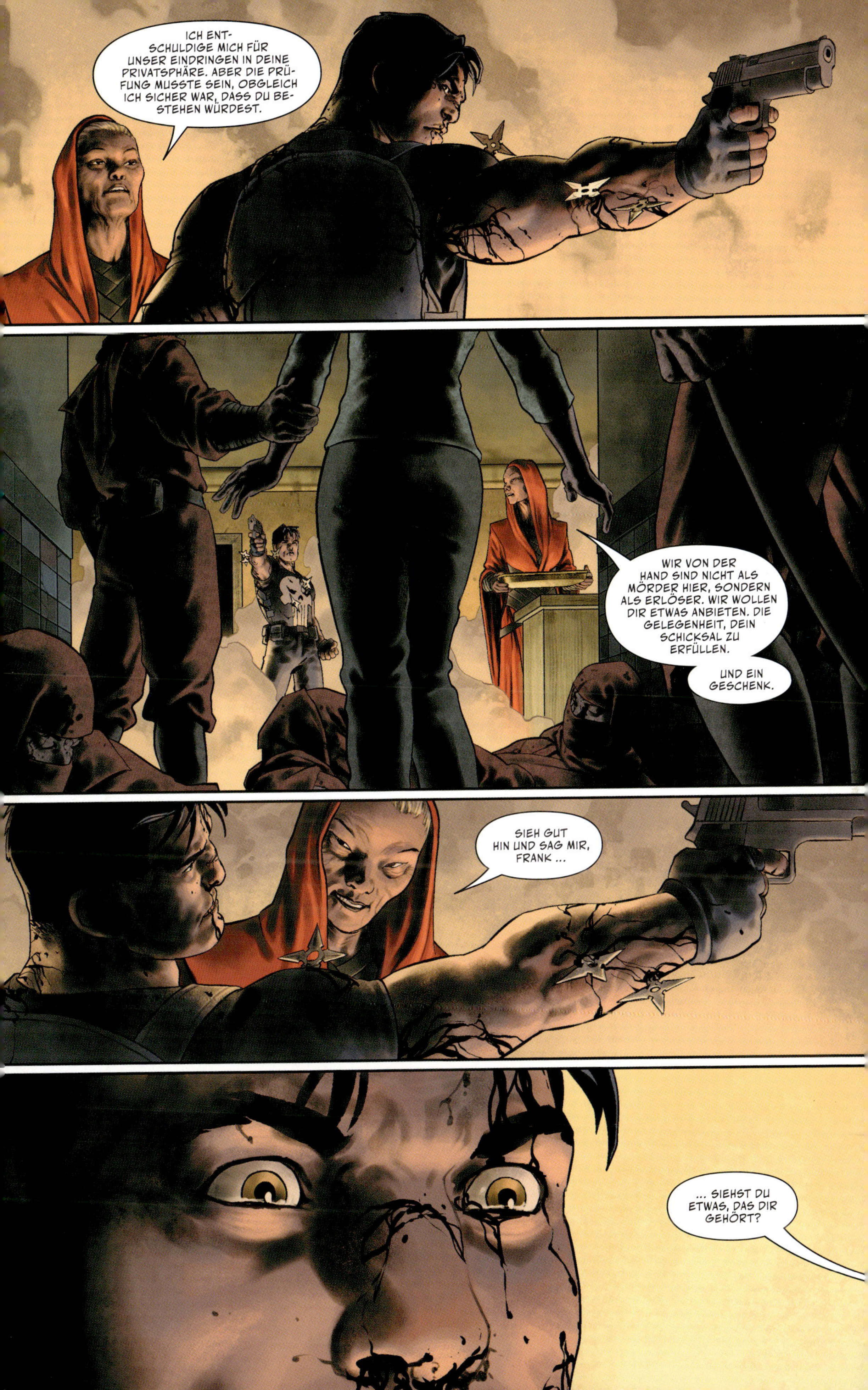
ICH ENT-
SCHULDIGE MICH FÜR
UNSER EINDRINGEN IN DEINE
PRIVATSPHÄRE. ABER DIE PRÜ-
FUNG MUSSTE SEIN, OBGLEICH
ICH SICHER WAR, DASS DU BE-
STEHEN WÜRDEST.
WIR VON DER
HAND SIND NICHT ALS
MÖRDER HIER, SONDERN
ALS ERLÖSER. WIR WOLLEN
DIR ETWAS ANBIETEN. DIE
GELEGENHEIT, DEIN
SCHICKSAL ZU
ERFÜLLEN.
UND EIN
GESCHENK.
SIEH GUT
HIN UND SAG MIR,
FRANK ...
... SIEHST DU
ETWAS, DAS DIR
GEHÖRT?

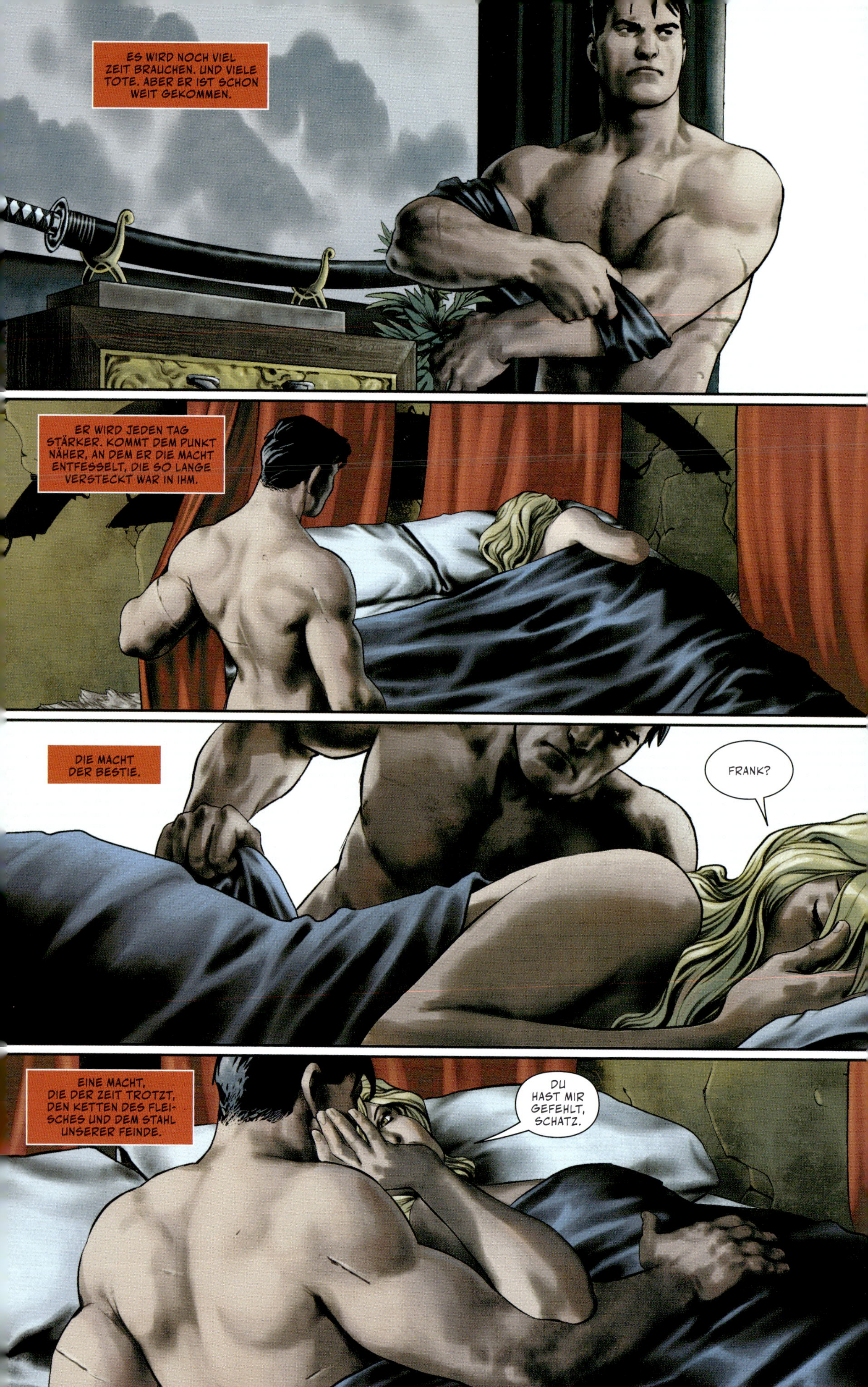
ES WIRD NOCH VIEL ZEIT BRAUCHEN. UND VIELE TOTE. ABER ER IST SCHON WEIT GEKOMMEN.
ER WIRD JEDEN TAG STÄRKER. KOMMT DEM PUNKT NÄHER, AN DEM ER DIE MACHT ENTFESSELT, DIE SO LANGE VERSTECKT WAR IN IHM.
DIE MACHT DER BESTIE.
FRANK?
EINE MACHT, DIE DER ZEIT TROTZT, DEN KETTEN DES FLEI-SCHES UND DEM STAHL UNSERER FEINDE.
DU HAST MIR GEFEHLT, SCHATZ.

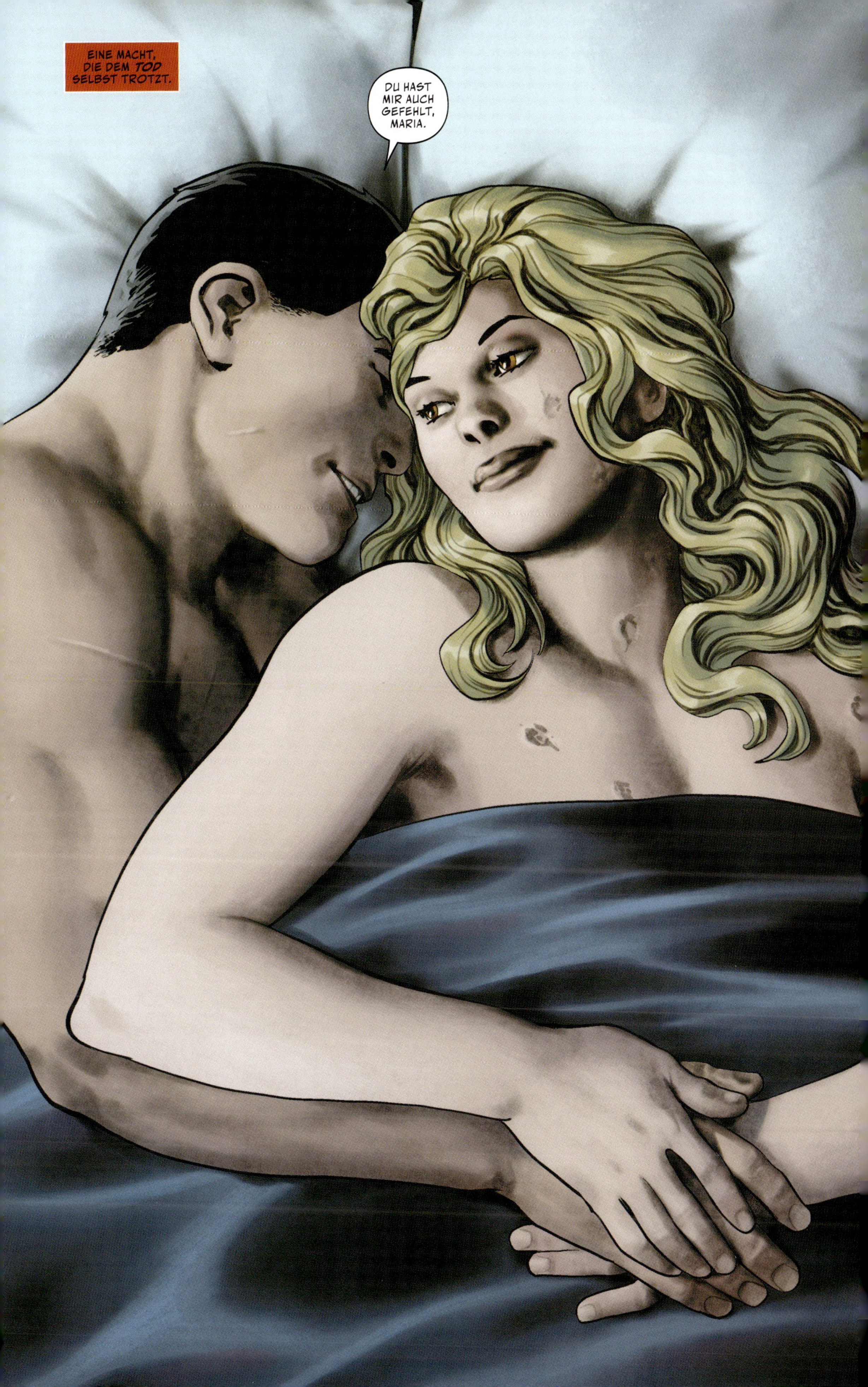
EINE MACHT, DIE DEM TOD SELBST TROTZT.
DU HAST MIR AUCH GEFEHLT, MARIA.

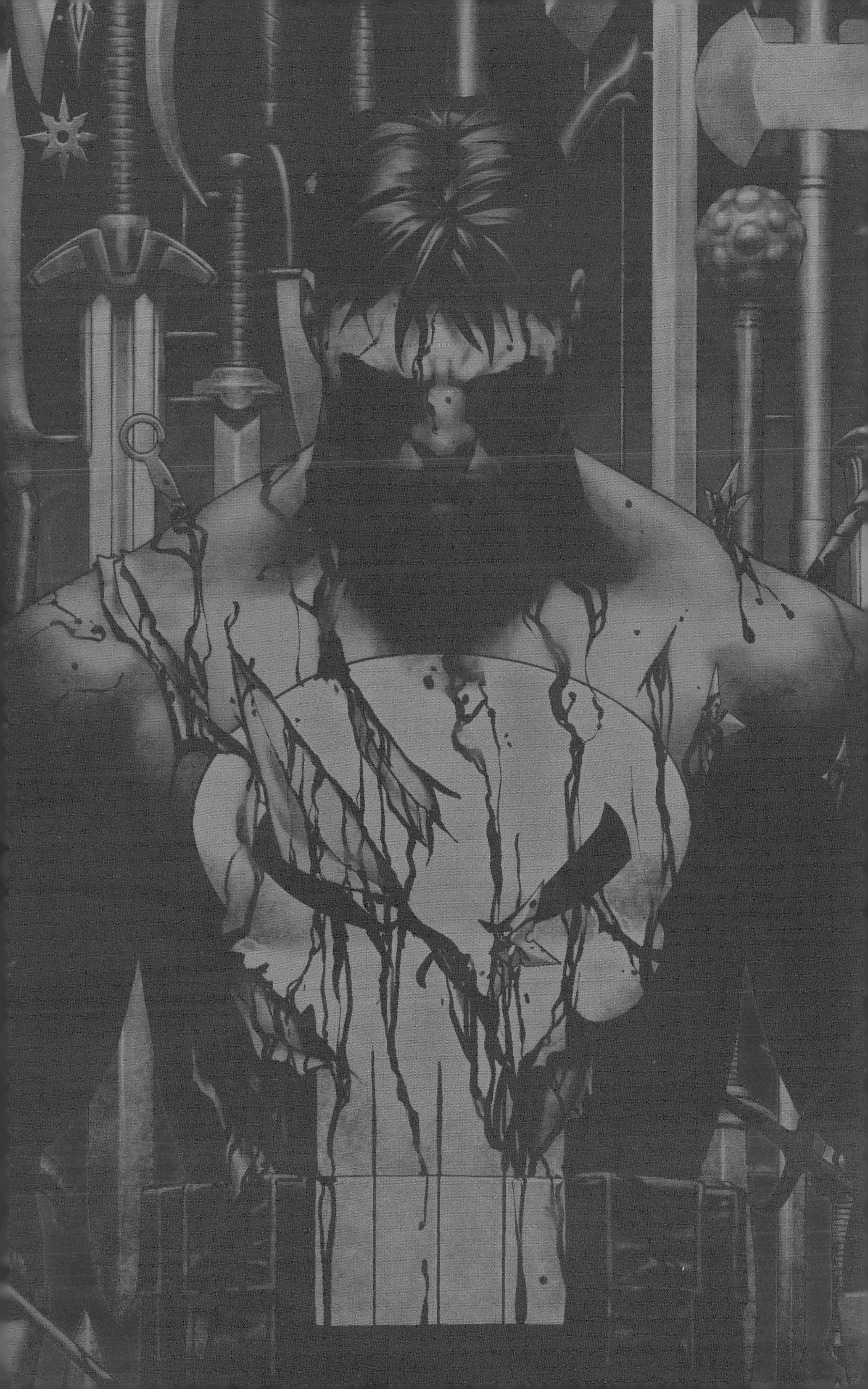

DER KÖNIG DER KILLER, BUCH 1, KAPITEL 2: EINE HAND OHNE FAUST

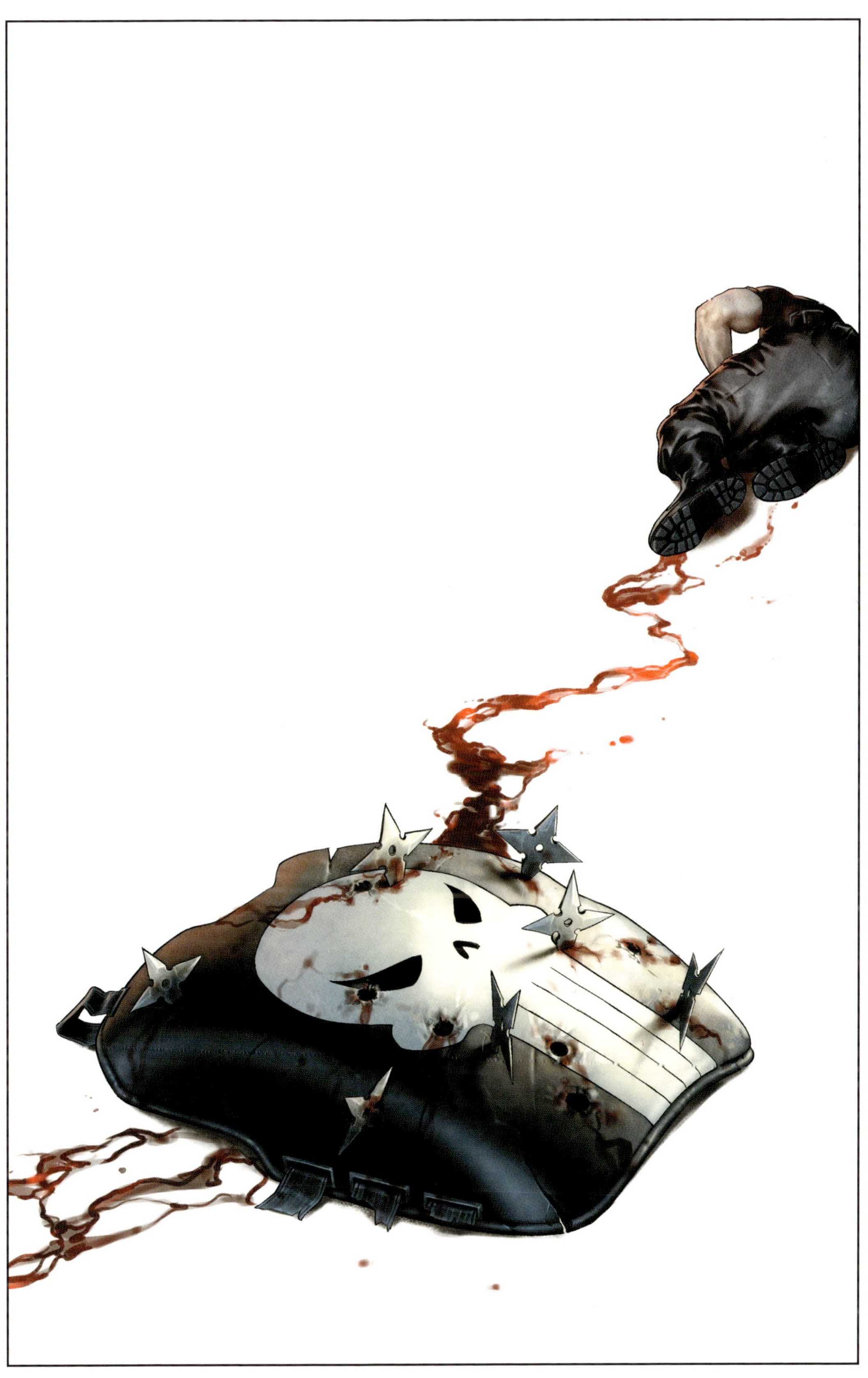

Punisher (2022) 2
Cover von **JESÚS SAIZ**

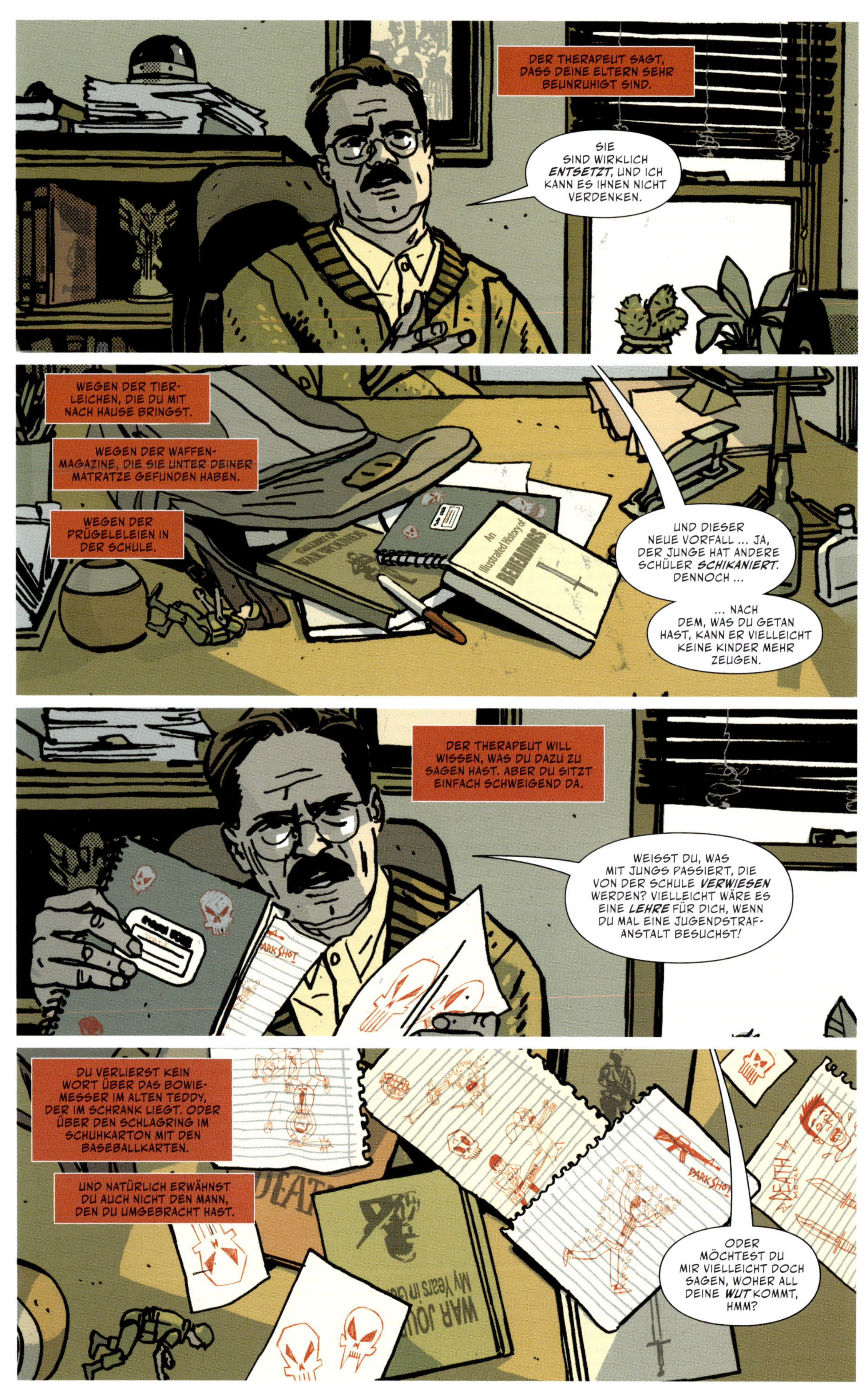

DER THERAPEUT SAGT, DASS DEINE ELTERN SEHR BEUNRUHIGT SIND.
SIE SIND WIRKLICH *ENTSETZT*, UND ICH KANN ES IHNEN NICHT VERDENKEN.
WEGEN DER TIERLEICHEN, DIE DU MIT NACH HAUSE BRINGST.
WEGEN DER WAFFENMAGAZINE, DIE SIE UNTER DEINER MATRATZE GEFUNDEN HABEN.
WEGEN DER PRÜGELEIEN IN DER SCHULE.
GALLERY OF WAR WOUNDS
An Illustrated History of BEHEADINGS
UND DIESER NEUE VORFALL ... JA, DER JUNGE HAT ANDERE SCHÜLER *SCHIKANIERT*. DENNOCH ...
... NACH DEM, WAS DU GETAN HAST, KANN ER VIELLEICHT KEINE KINDER MEHR ZEUGEN.
DER THERAPEUT WILL WISSEN, WAS DU DAZU ZU SAGEN HAST. ABER DU SITZT EINFACH SCHWEIGEND DA.
WEISST DU, WAS MIT JUNGS PASSIERT, DIE VON DER SCHULE *VERWIESEN* WERDEN? VIELLEICHT WÄRE ES EINE *LEHRE* FÜR DICH, WENN DU MAL EINE JUGENDSTRAFANSTALT BESUCHST!
DARK SHOT
DU VERLIERST KEIN WORT ÜBER DAS BOWIEMESSER IM ALTEN TEDDY, DER IM SCHRANK LIEGT. ODER ÜBER DEN SCHLAGRING IM SCHUHKARTON MIT DEN BASEBALLKARTEN.
UND NATÜRLICH ERWÄHNST DU AUCH NICHT DEN MANN, DEN DU UMGEBRACHT HAST.
DARK SHOT
DEATH
WAR JOU
My Years in
ODER MÖCHTEST DU MIR VIELLEICHT DOCH SAGEN, WOHER ALL DEINE *WUT* KOMMT, HMM?

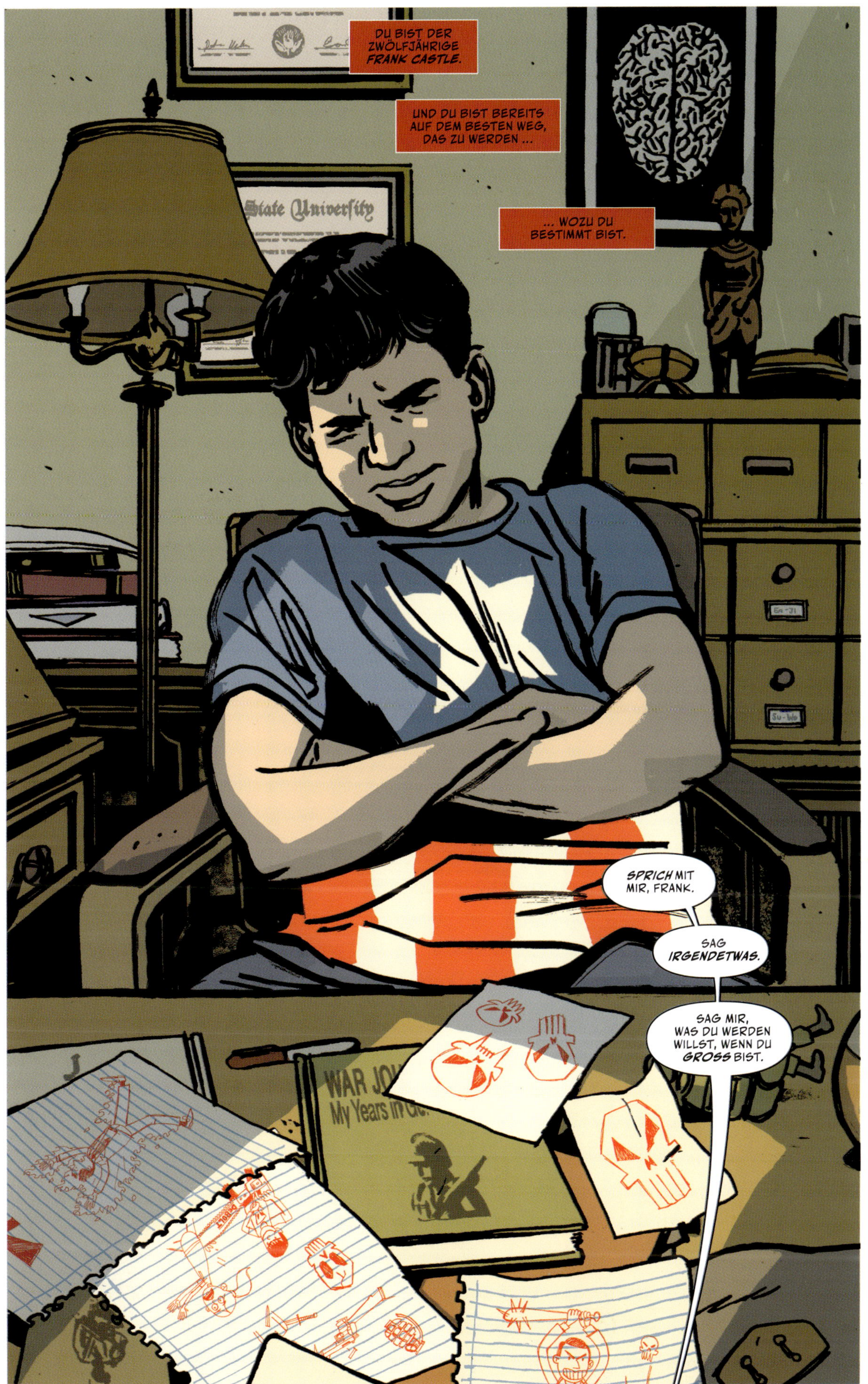
DU BIST DER ZWÖLFJÄHRIGE FRANK CASTLE.
UND DU BIST BEREITS AUF DEM BESTEN WEG, DAS ZU WERDEN ...
... WOZU DU BESTIMMT BIST.
State University
SPRICH MIT MIR, FRANK.
SAG IRGENDETWAS.
SAG MIR, WAS DU WERDEN WILLST, WENN DU GROSS BIST.
WAR JO
My Years in

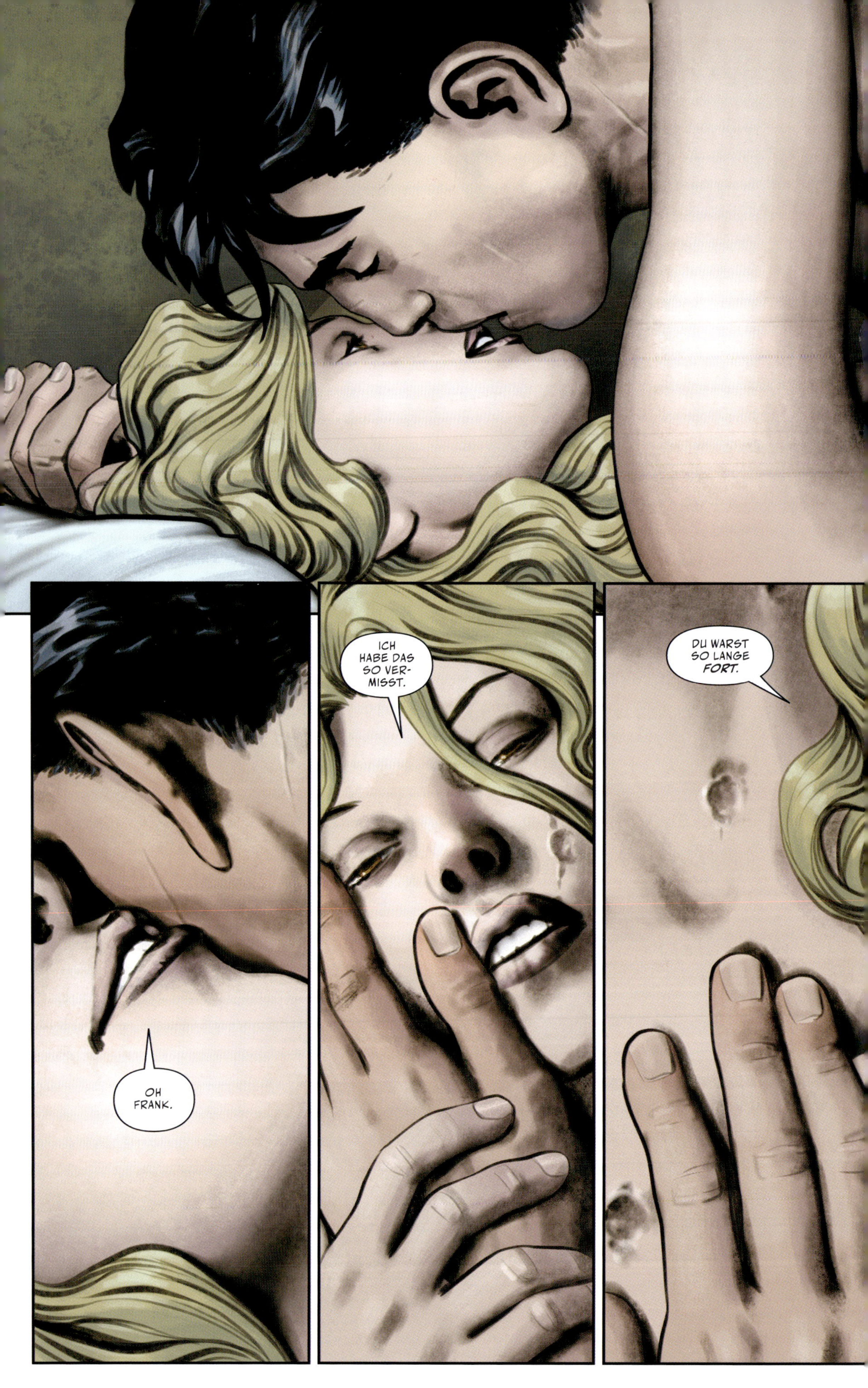
OH FRANK.
ICH HABE DAS SO VERMISST.
DU WARST SO LANGE *FORT*.

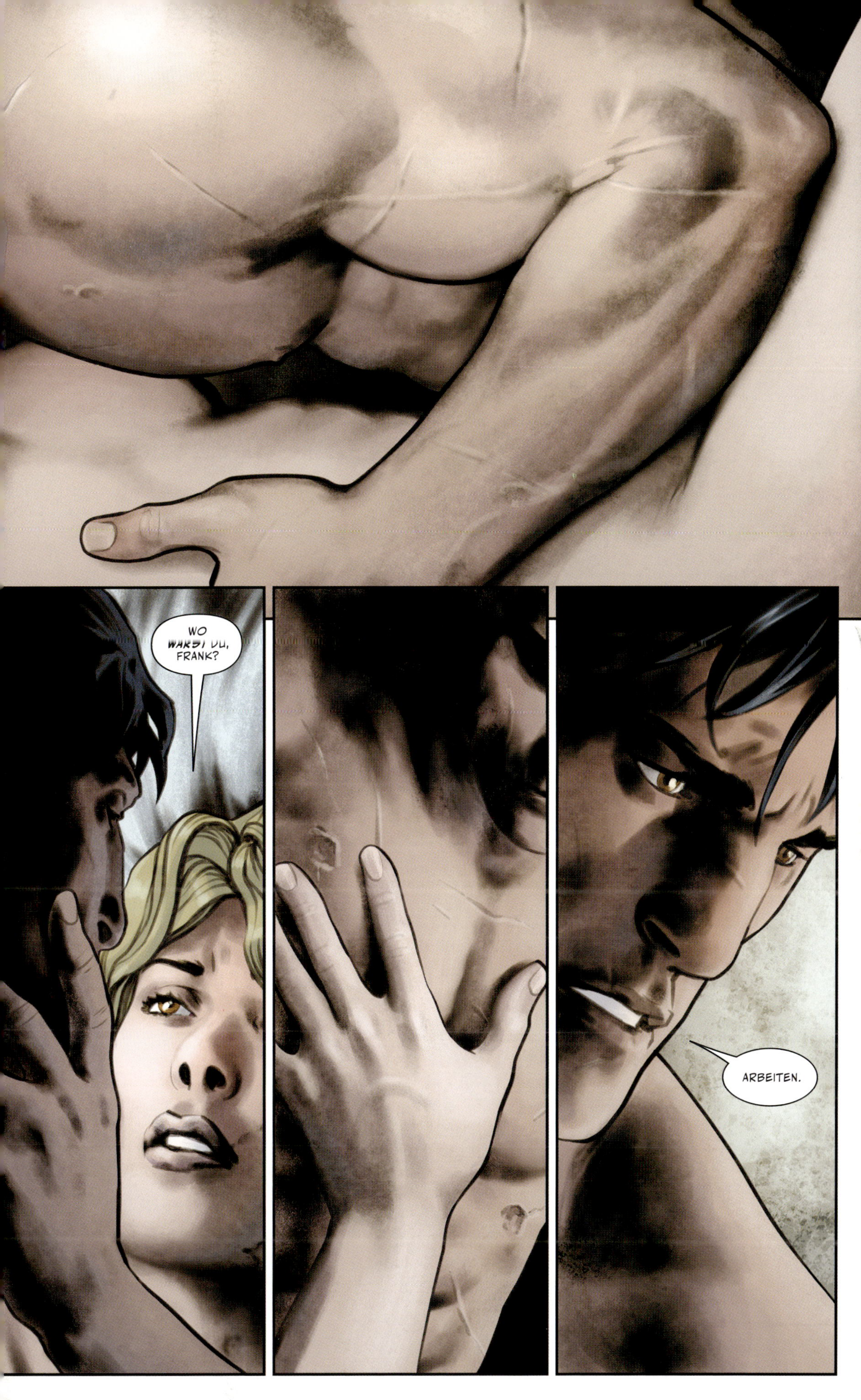
WO WARST DU, FRANK?
ARBEITEN.

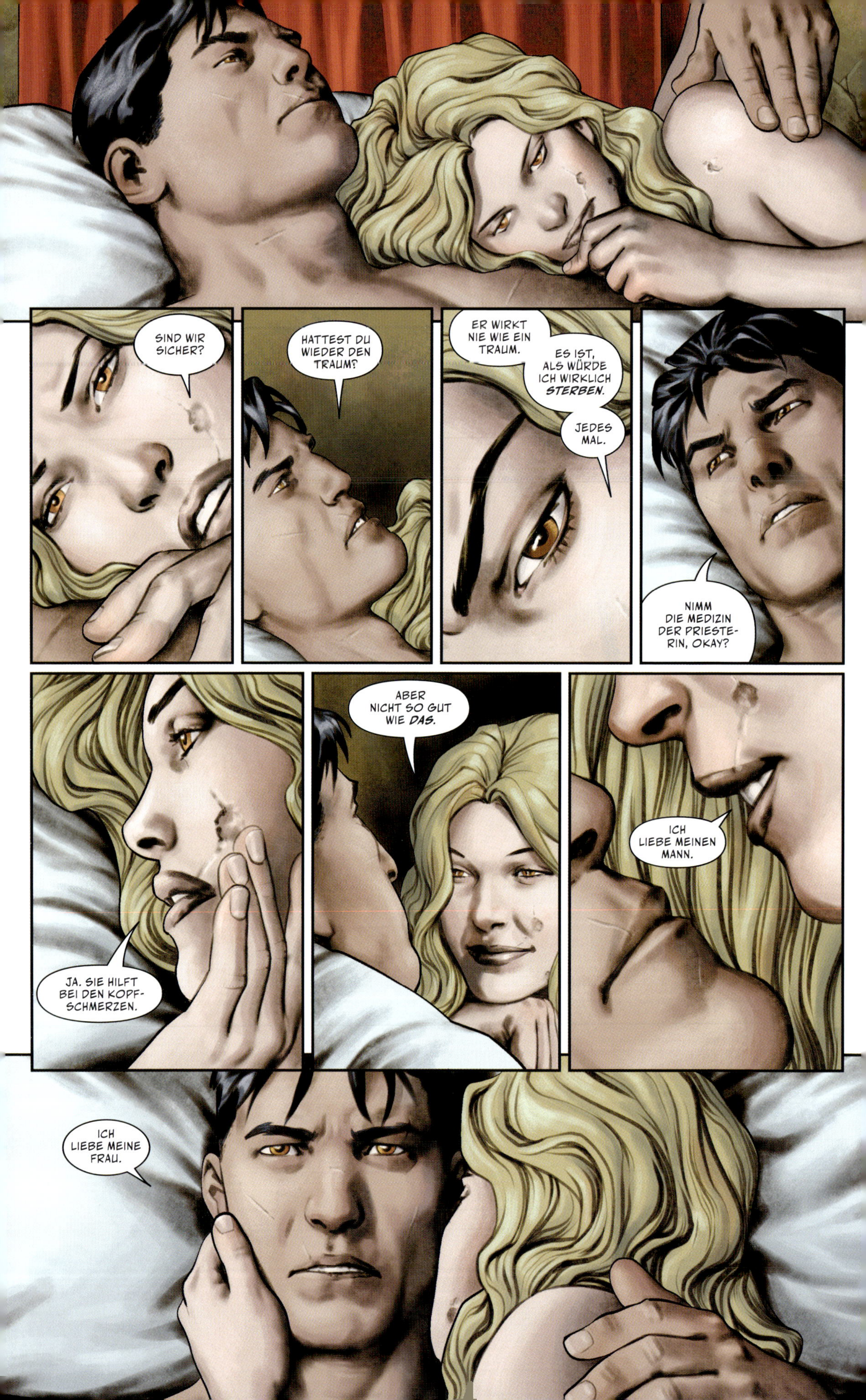
SIND WIR SICHER?
HATTEST DU WIEDER DEN TRAUM?
ER WIRKT NIE WIE EIN TRAUM.
ES IST, ALS WÜRDE ICH WIRKLICH *STERBEN*.
JEDES MAL.
NIMM DIE MEDIZIN DER PRIESTE-RIN, OKAY?
JA. SIE HILFT BEI DEN KOPF-SCHMERZEN.
ABER NICHT SO GUT WIE *DAS*.
ICH LIEBE MEINEN MANN.
ICH LIEBE MEINE FRAU.

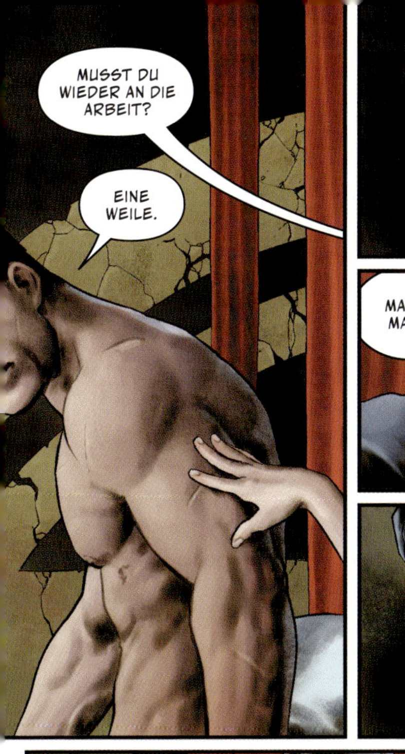
MUSST DU WIEDER AN DIE ARBEIT?
EINE WEILE.

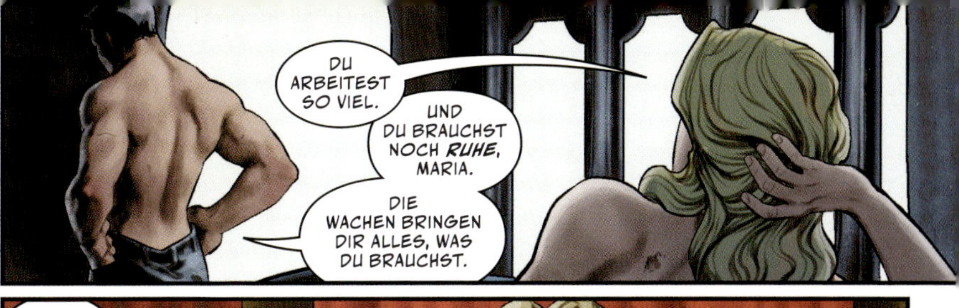
DU ARBEITEST SO VIEL.
UND DU BRAUCHST NOCH *RUHE*, MARIA.
DIE WACHEN BRINGEN DIR ALLES, WAS DU BRAUCHST.

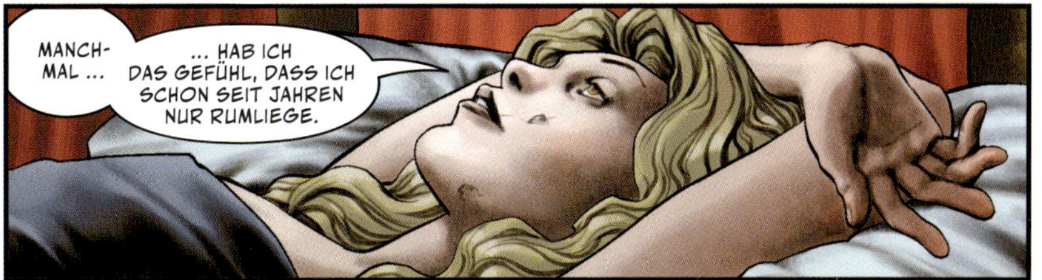
MANCH-MAL ...
... HAB ICH DAS GEFÜHL, DASS ICH SCHON SEIT JAHREN NUR RUMLIEGE.

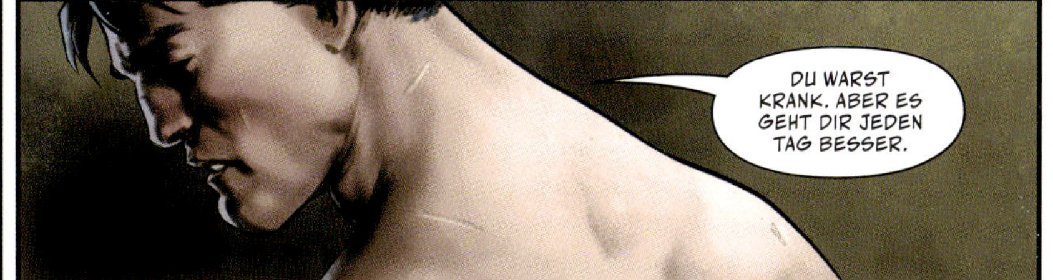
DU WARST KRANK. ABER ES GEHT DIR JEDEN TAG BESSER.

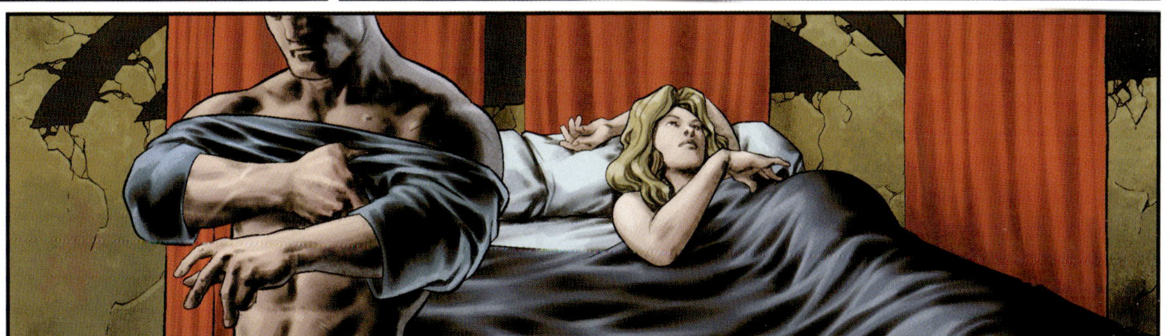

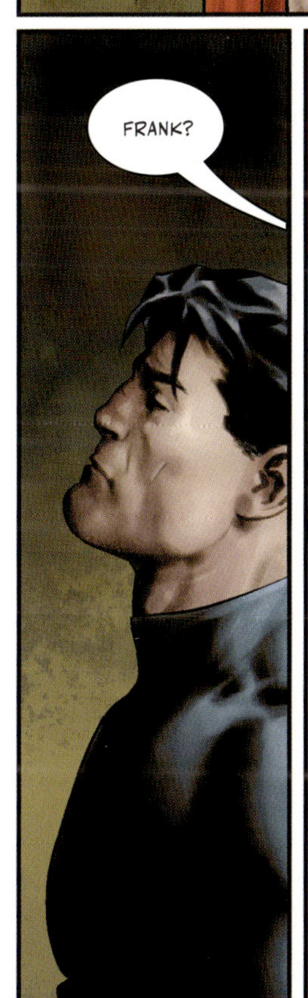
FRANK?

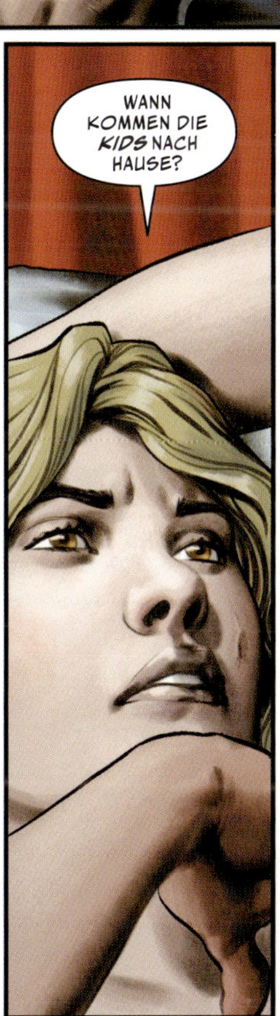
WANN KOMMEN DIE *KIDS* NACH HAUSE?

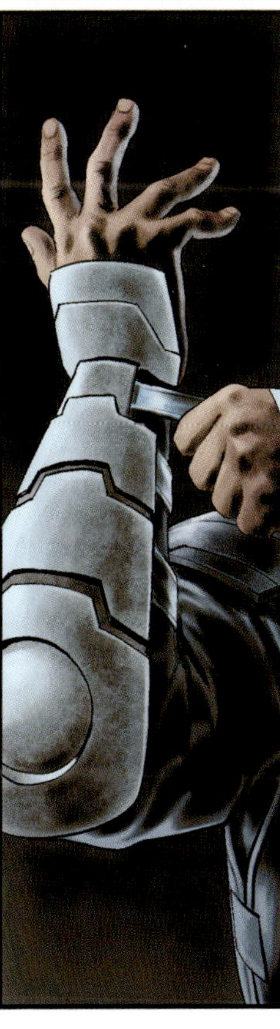

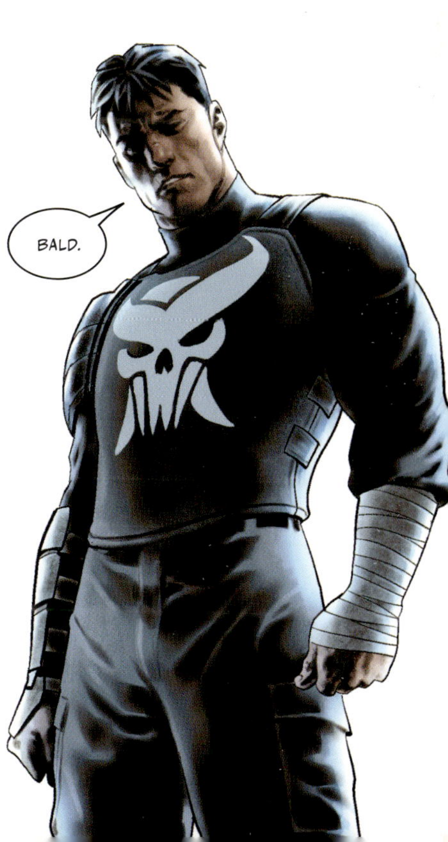
BALD.

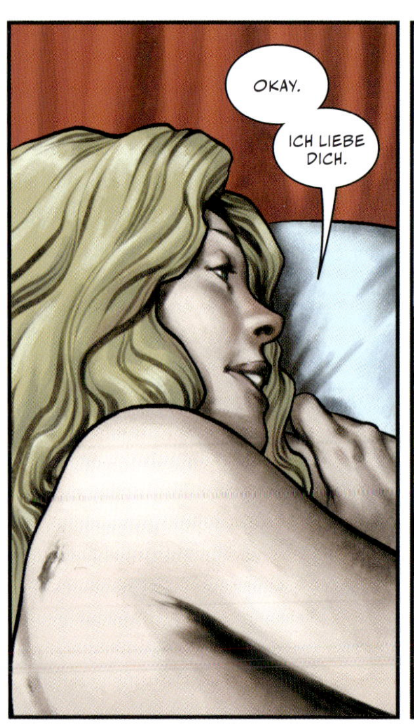
OKAY.
ICH LIEBE DICH.

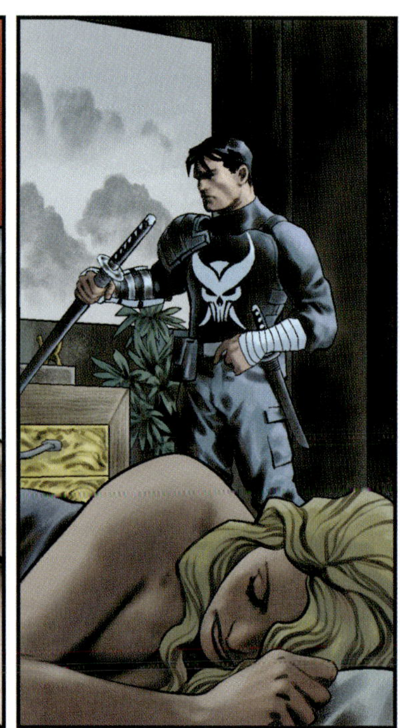

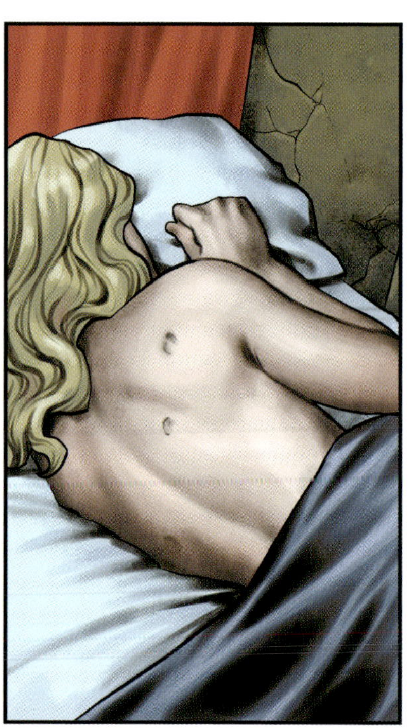

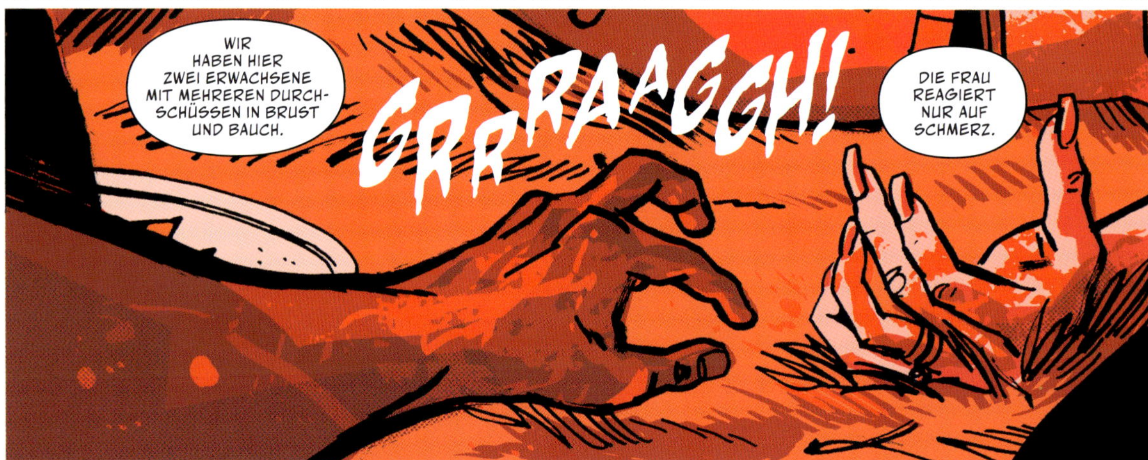
WIR HABEN HIER ZWEI ERWACHSENE MIT MEHREREN DURCH-SCHÜSSEN IN BRUST UND BAUCH.
GRRRAAGGH!
DIE FRAU REAGIERT NUR AUF SCHMERZ.

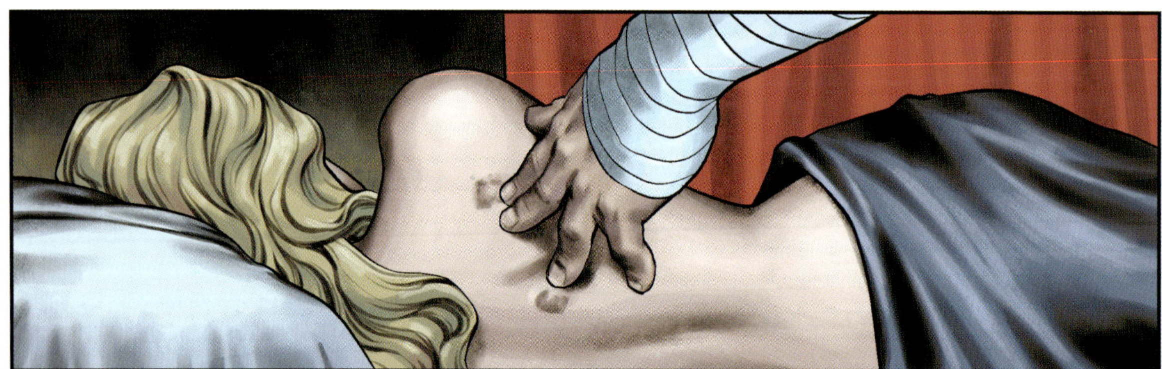

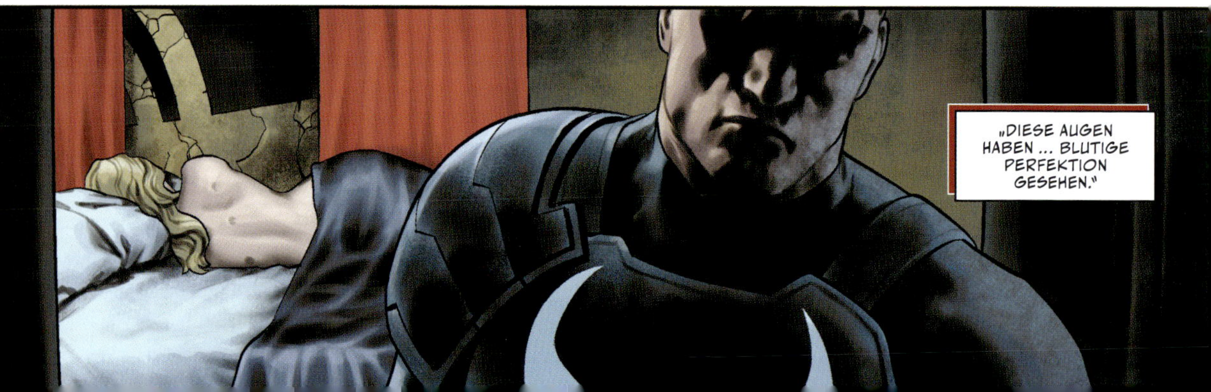
„DIESE AUGEN HABEN ... BLUTIGE PERFEKTION GESEHEN."

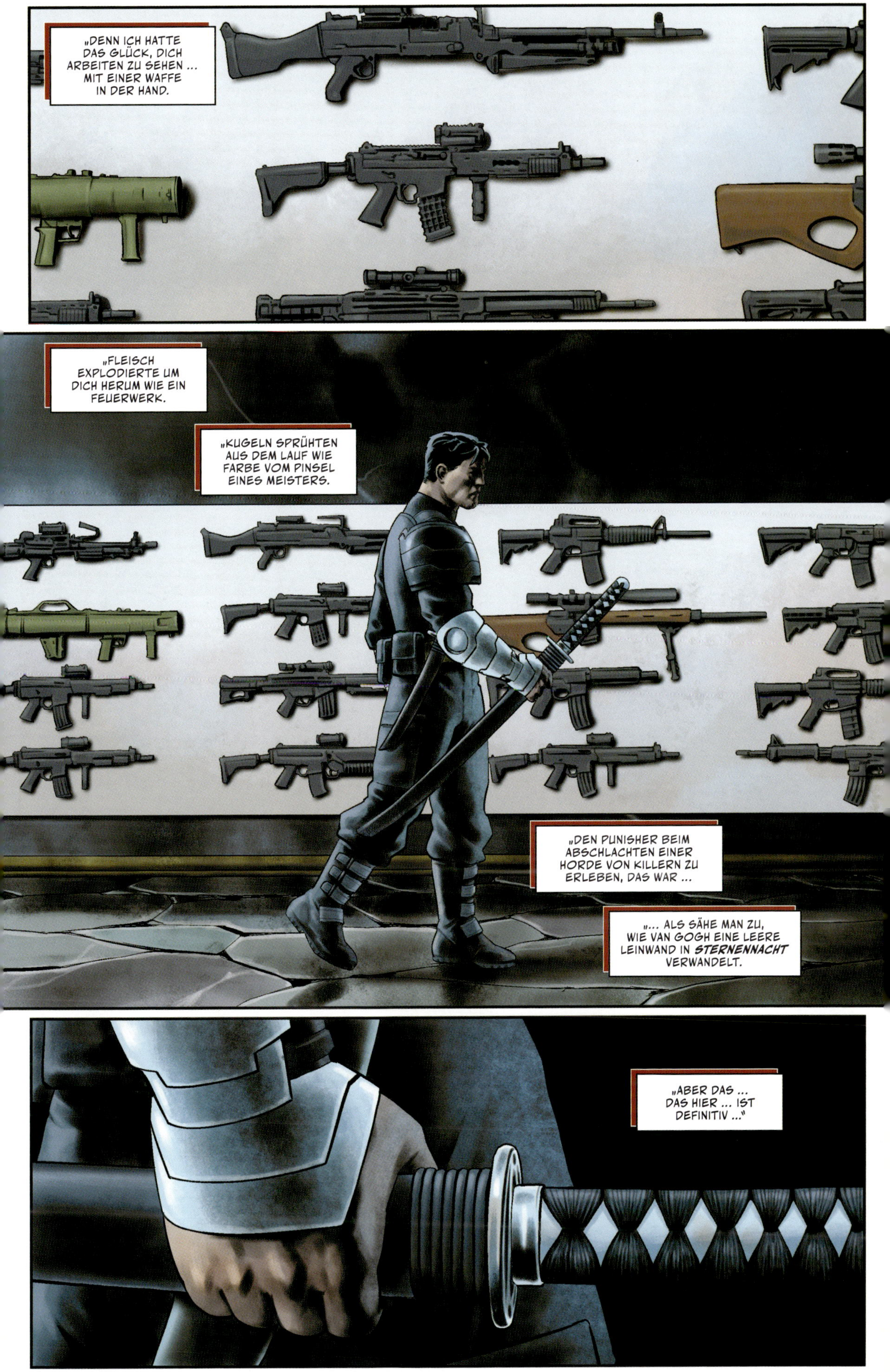

„DENN ICH HATTE DAS GLÜCK, DICH ARBEITEN ZU SEHEN … MIT EINER WAFFE IN DER HAND.

„FLEISCH EXPLODIERTE UM DICH HERUM WIE EIN FEUERWERK.

„KUGELN SPRÜHTEN AUS DEM LAUF WIE FARBE VOM PINSEL EINES MEISTERS.

„DEN PUNISHER BEIM ABSCHLACHTEN EINER HORDE VON KILLERN ZU ERLEBEN, DAS WAR …

„… ALS SÄHE MAN ZU, WIE VAN GOGH EINE LEERE LEINWAND IN ***STERNENNACHT*** VERWANDELT.

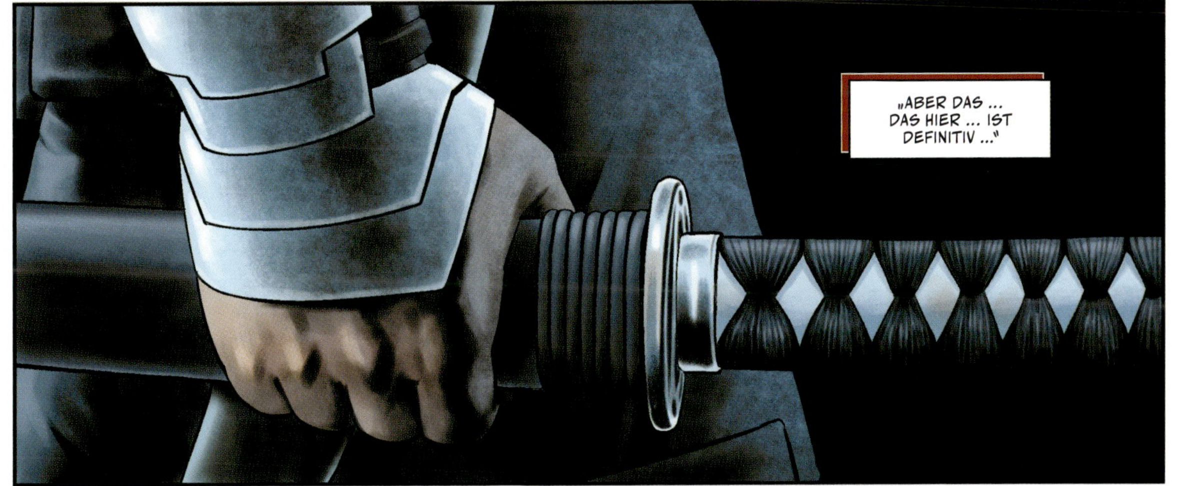

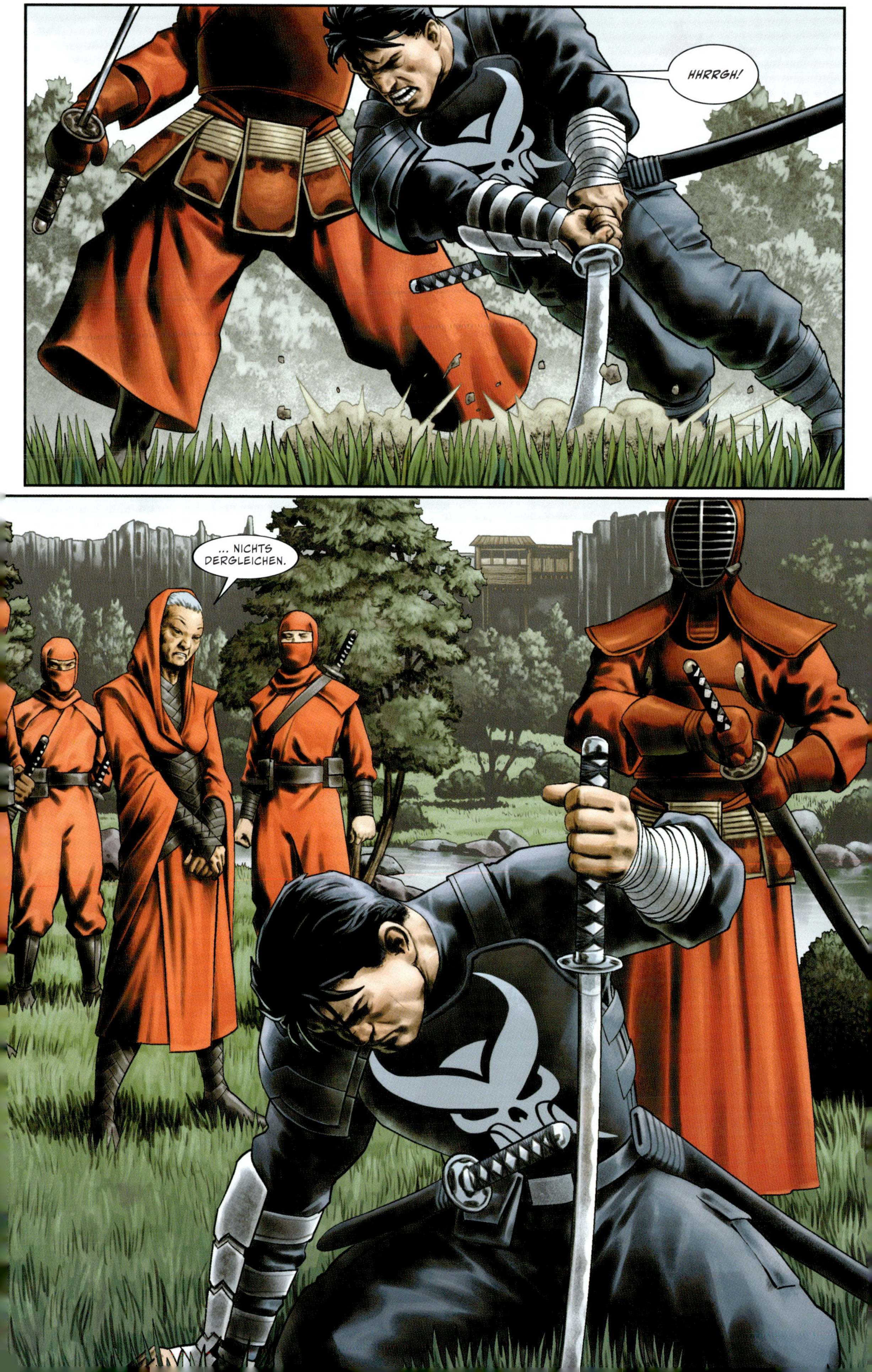

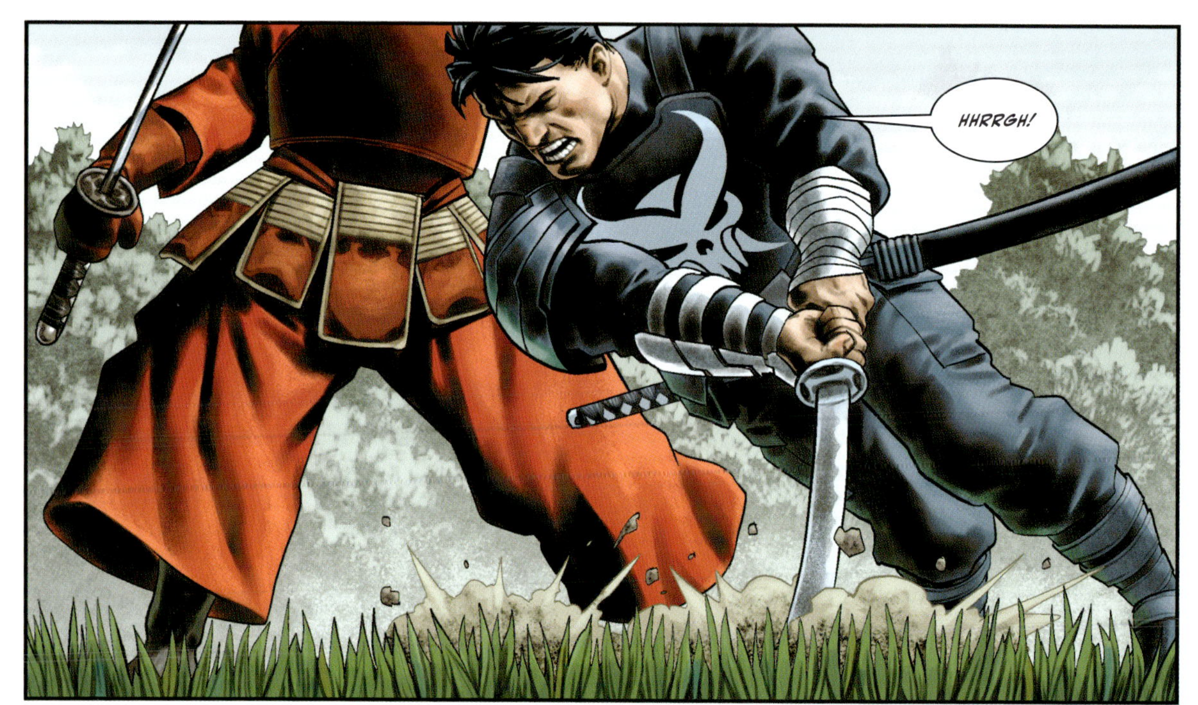

… NICHTS DERGLEICHEN.

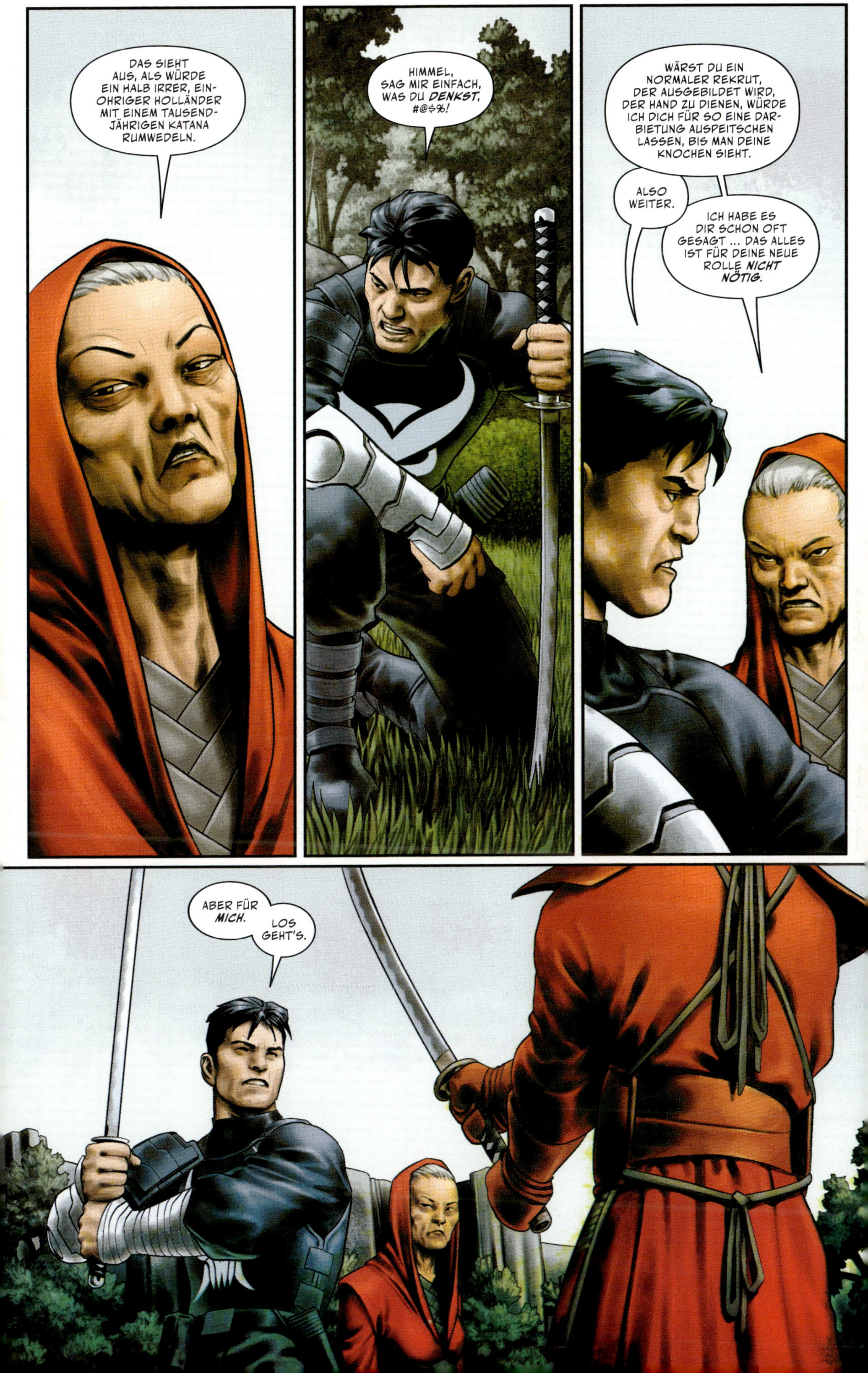

DAS SIEHT AUS, ALS WÜRDE EIN HALB IRRER, EIN-OHRIGER HOLLÄNDER MIT EINEM TAUSEND-JÄHRIGEN KATANA RUMWEDELN.

HIMMEL, SAG MIR EINFACH, WAS DU ***DENKST***, #@$%!

WÄRST DU EIN NORMALER REKRUT, DER AUSGEBILDET WIRD, DER HAND ZU DIENEN, WÜRDE ICH DICH FÜR SO EINE DAR-BIETUNG AUSPEITSCHEN LASSEN, BIS MAN DEINE KNOCHEN SIEHT.

ALSO WEITER.

ICH HABE ES DIR SCHON OFT GESAGT ... DAS ALLES IST FÜR DEINE NEUE ROLLE ***NICHT NÖTIG***.

ABER FÜR ***MICH***.

LOS GEHT'S.

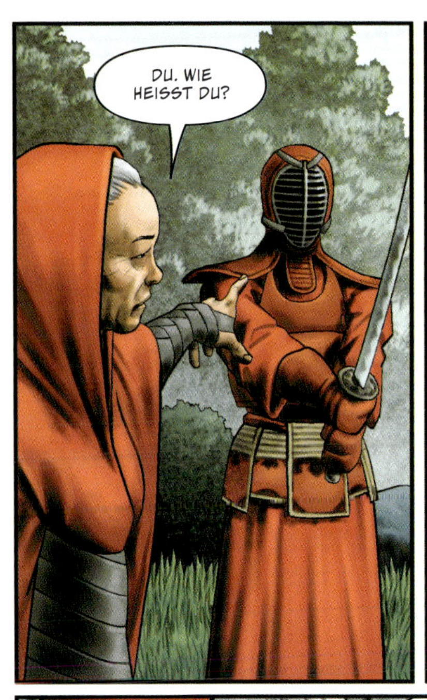
DU. WIE HEISST DU?

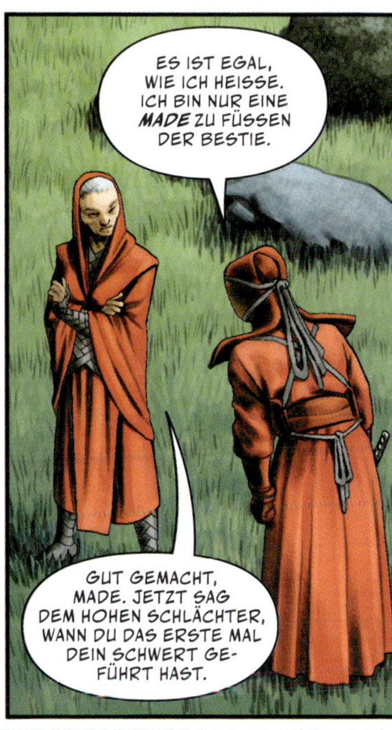
ES IST EGAL, WIE ICH HEISSE. ICH BIN NUR EINE *MADE* ZU FÜSSEN DER BESTIE.
GUT GEMACHT, MADE. JETZT SAG DEM HOHEN SCHLÄCHTER, WANN DU DAS ERSTE MAL DEIN SCHWERT GEFÜHRT HAST.

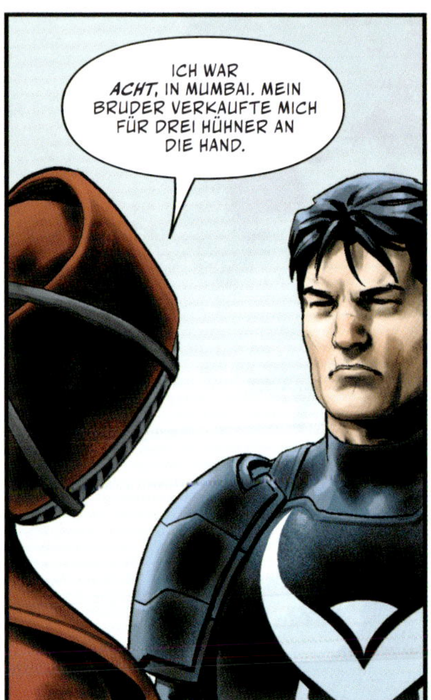
ICH WAR *ACHT*, IN MUMBAI. MEIN BRUDER VERKAUFTE MICH FÜR DREI HÜHNER AN DIE HAND.

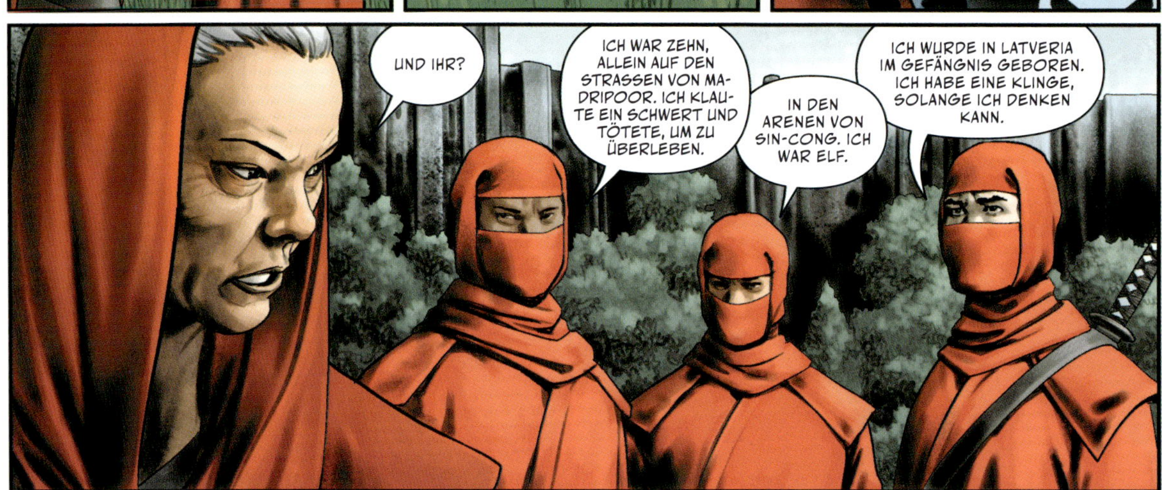
UND IHR?
ICH WAR ZEHN, ALLEIN AUF DEN STRASSEN VON MADRIPOOR. ICH KLAUTE EIN SCHWERT UND TÖTETE, UM ZU ÜBERLEBEN.
IN DEN ARENEN VON SIN-CONG. ICH WAR ELF.
ICH WURDE IN LATVERIA IM GEFÄNGNIS GEBOREN. ICH HABE EINE KLINGE, SOLANGE ICH DENKEN KANN.

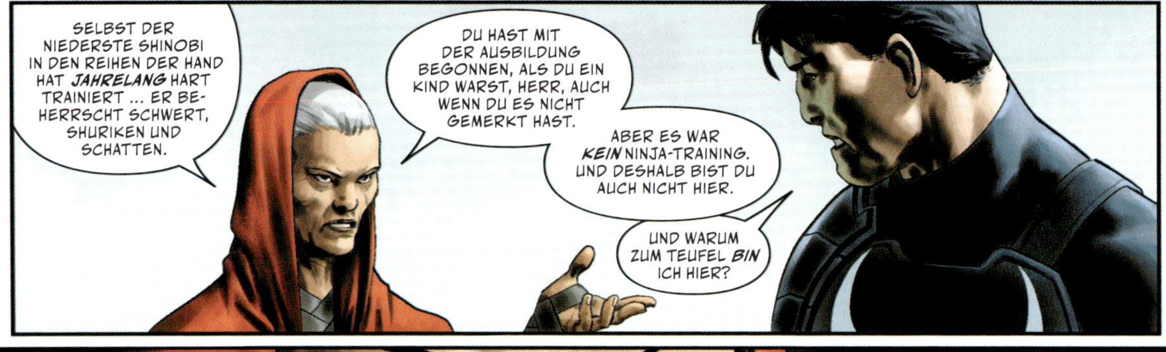
SELBST DER NIEDERSTE SHINOBI IN DEN REIHEN DER HAND HAT *JAHRELANG* HART TRAINIERT ... ER BEHERRSCHT SCHWERT, SHURIKEN UND SCHATTEN.
DU HAST MIT DER AUSBILDUNG BEGONNEN, ALS DU EIN KIND WARST, HERR, AUCH WENN DU ES NICHT GEMERKT HAST.
ABER ES WAR *KEIN* NINJA-TRAINING. UND DESHALB BIST DU AUCH NICHT HIER.
UND WARUM ZUM TEUFEL *BIN* ICH HIER?

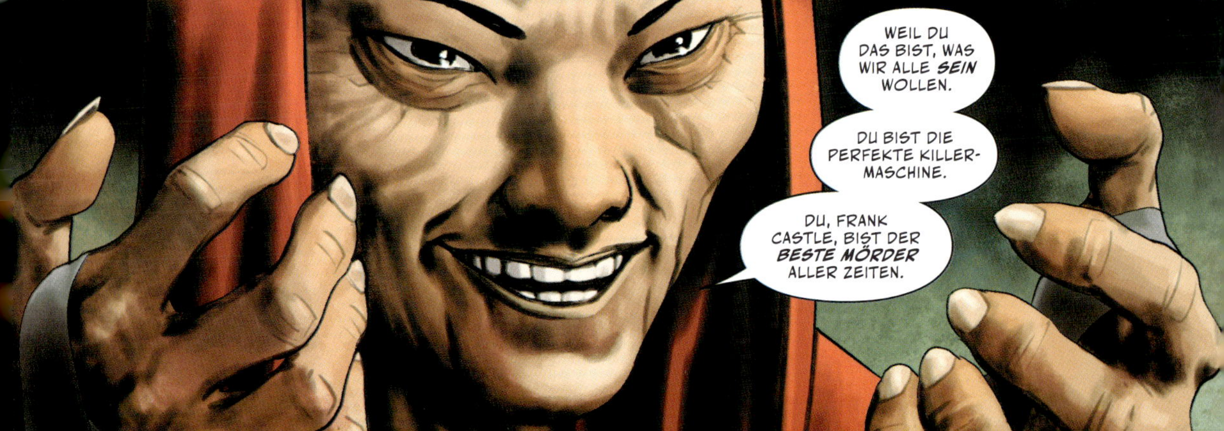
WEIL DU DAS BIST, WAS WIR ALLE *SEIN* WOLLEN.
DU BIST DIE PERFEKTE KILLERMASCHINE.
DU, FRANK CASTLE, BIST DER *BESTE MÖRDER* ALLER ZEITEN.

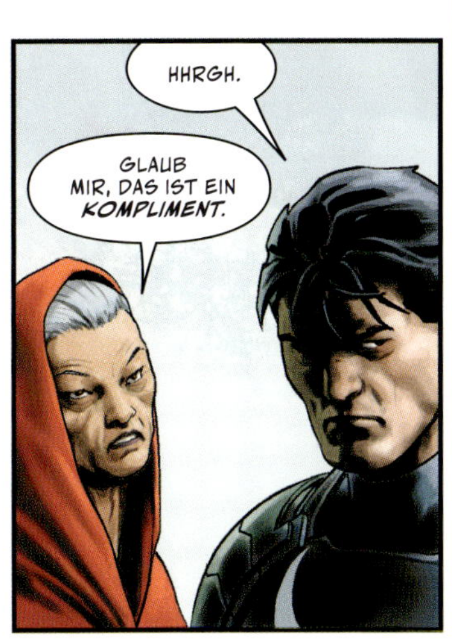
HHRGH.
GLAUB MIR, DAS IST EIN *KOMPLIMENT*.

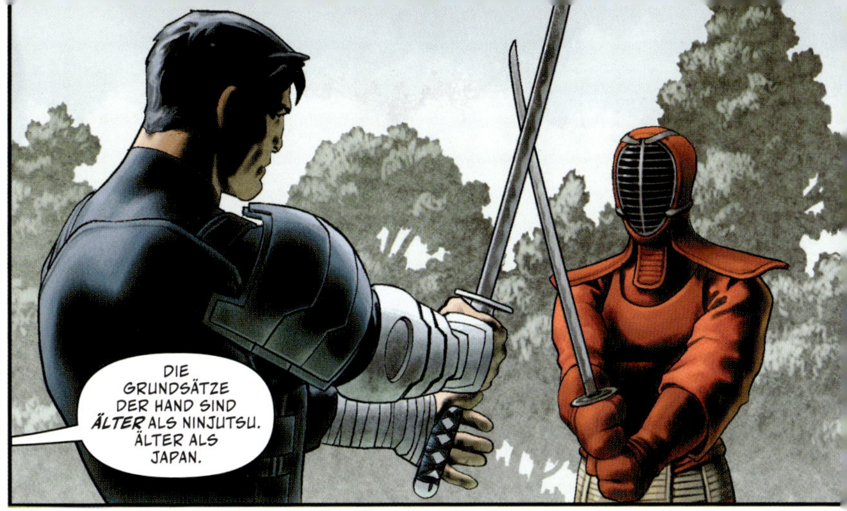
DIE GRUNDSÄTZE DER HAND SIND *ÄLTER* ALS NINJUTSU. ÄLTER ALS JAPAN.

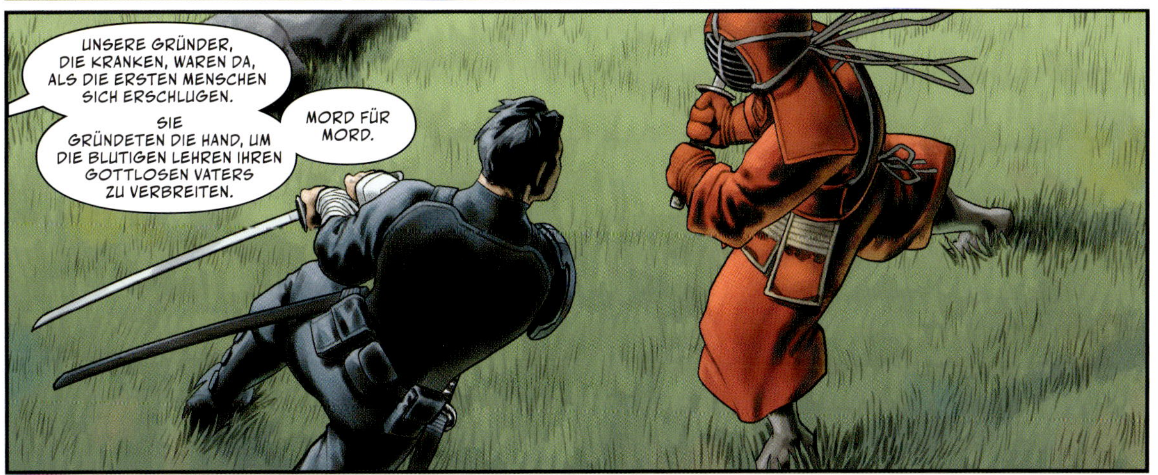
UNSERE GRÜNDER, DIE KRANKEN, WAREN DA, ALS DIE ERSTEN MENSCHEN SICH ERSCHLUGEN.
SIE GRÜNDETEN DIE HAND, UM DIE BLUTIGEN LEHREN IHREN GOTTLOSEN VATERS ZU VERBREITEN.
MORD FÜR MORD.

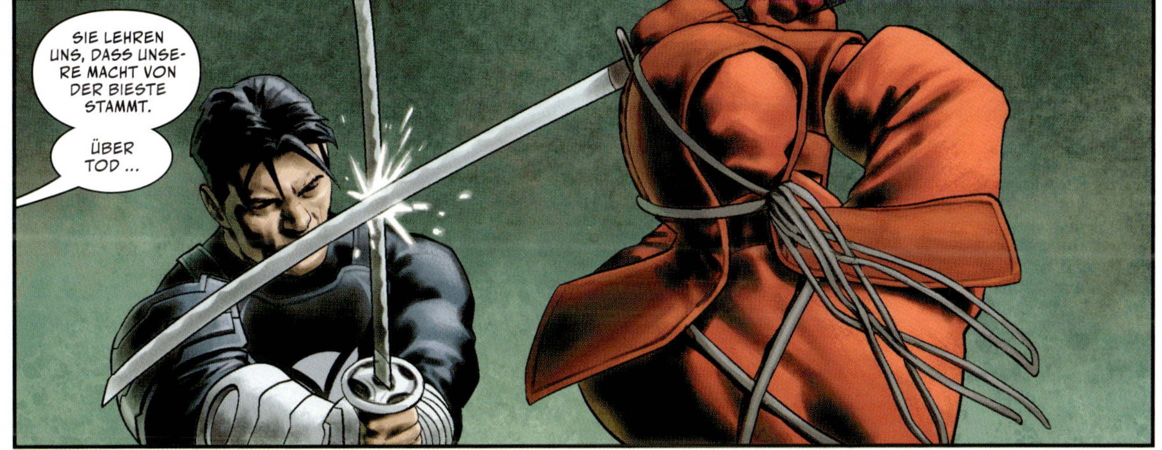
SIE LEHREN UNS, DASS UNSE-RE MACHT VON DER BIESTE STAMMT.
ÜBER TOD ...

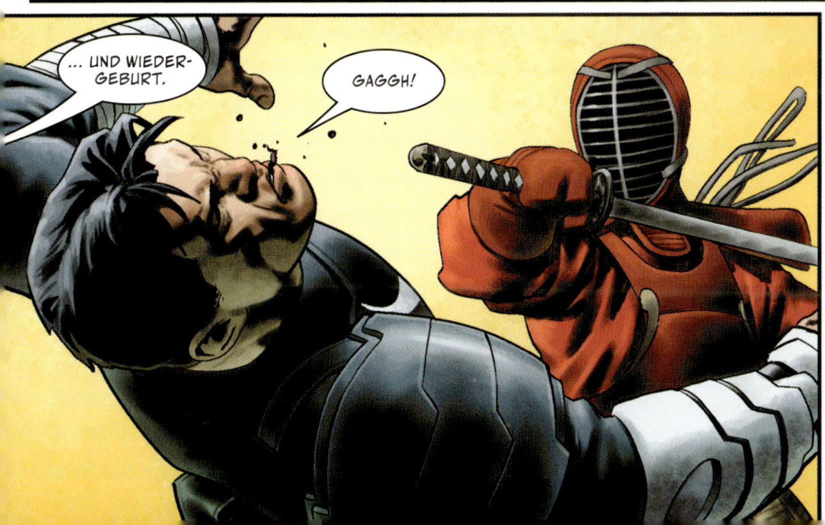
... UND WIEDER-GEBURT.
GAGGH!

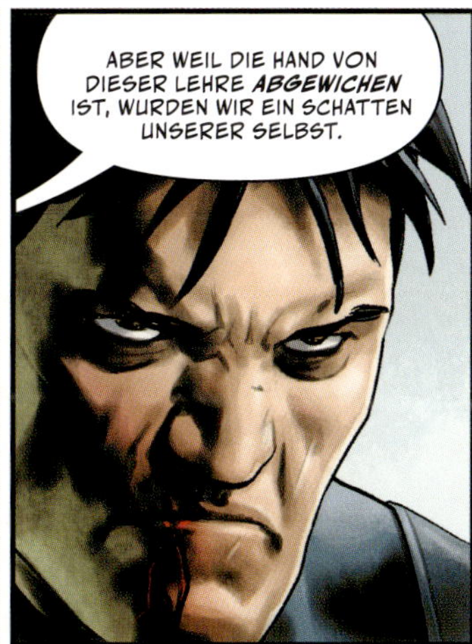
ABER WEIL DIE HAND VON DIESER LEHRE *ABGEWICHEN* IST, WURDEN WIR EIN SCHATTEN UNSERER SELBST.

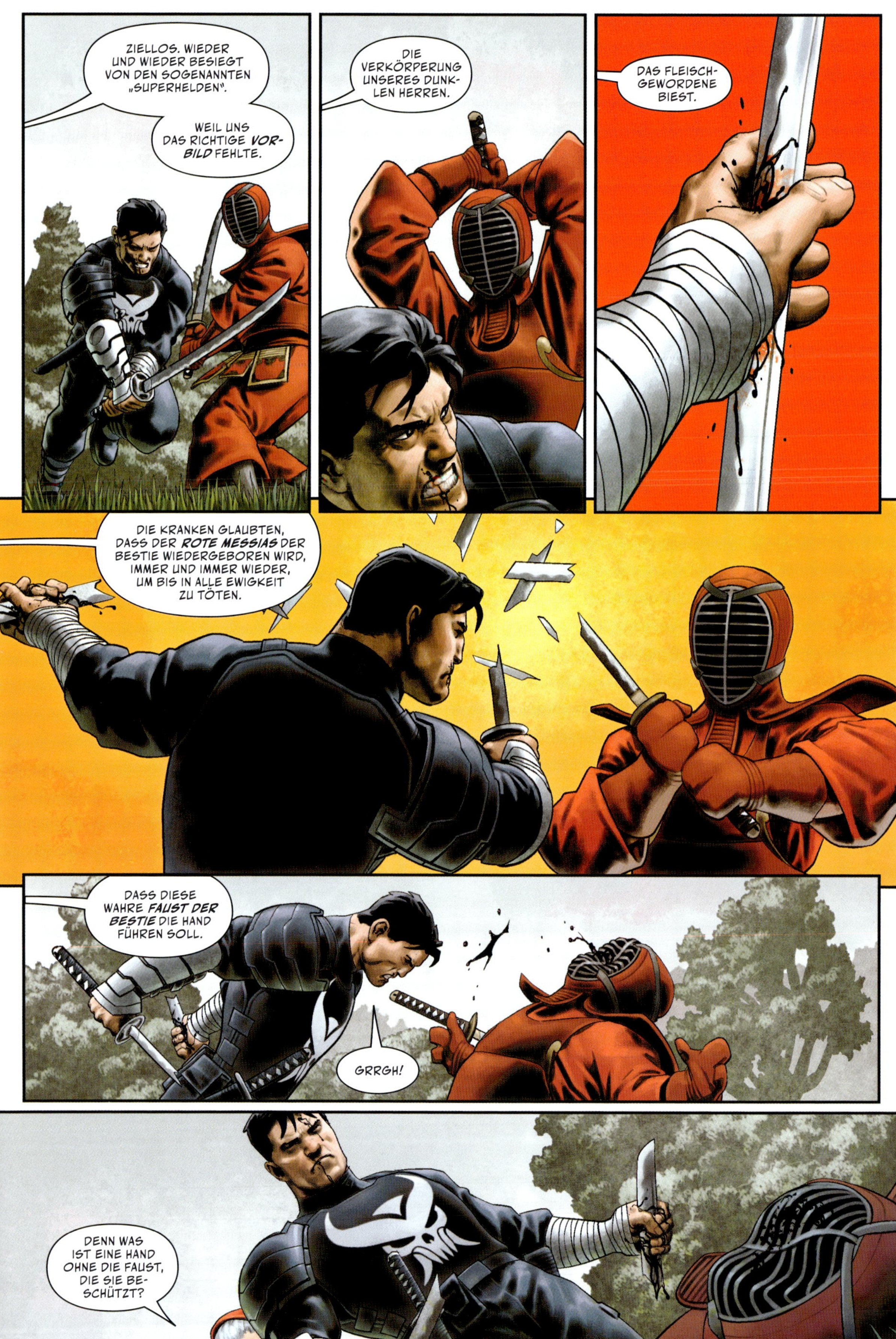
ZIELLOS. WIEDER UND WIEDER BESIEGT VON DEN SOGENANNTEN „SUPERHELDEN".
WEIL UNS DAS RICHTIGE *VORBILD* FEHLTE.
DIE VERKÖRPERUNG UNSERES DUNKLEN HERREN.
DAS FLEISCHGEWORDENE BIEST.
DIE KRANKEN GLAUBTEN, DASS DER *ROTE MESSIAS* DER BESTIE WIEDERGEBOREN WIRD, IMMER UND IMMER WIEDER, UM BIS IN ALLE EWIGKEIT ZU TÖTEN.
DASS DIESE WAHRE *FAUST DER BESTIE* DIE HAND FÜHREN SOLL.
GRRGH!
DENN WAS IST EINE HAND OHNE DIE FAUST, DIE SIE BESCHÜTZT?

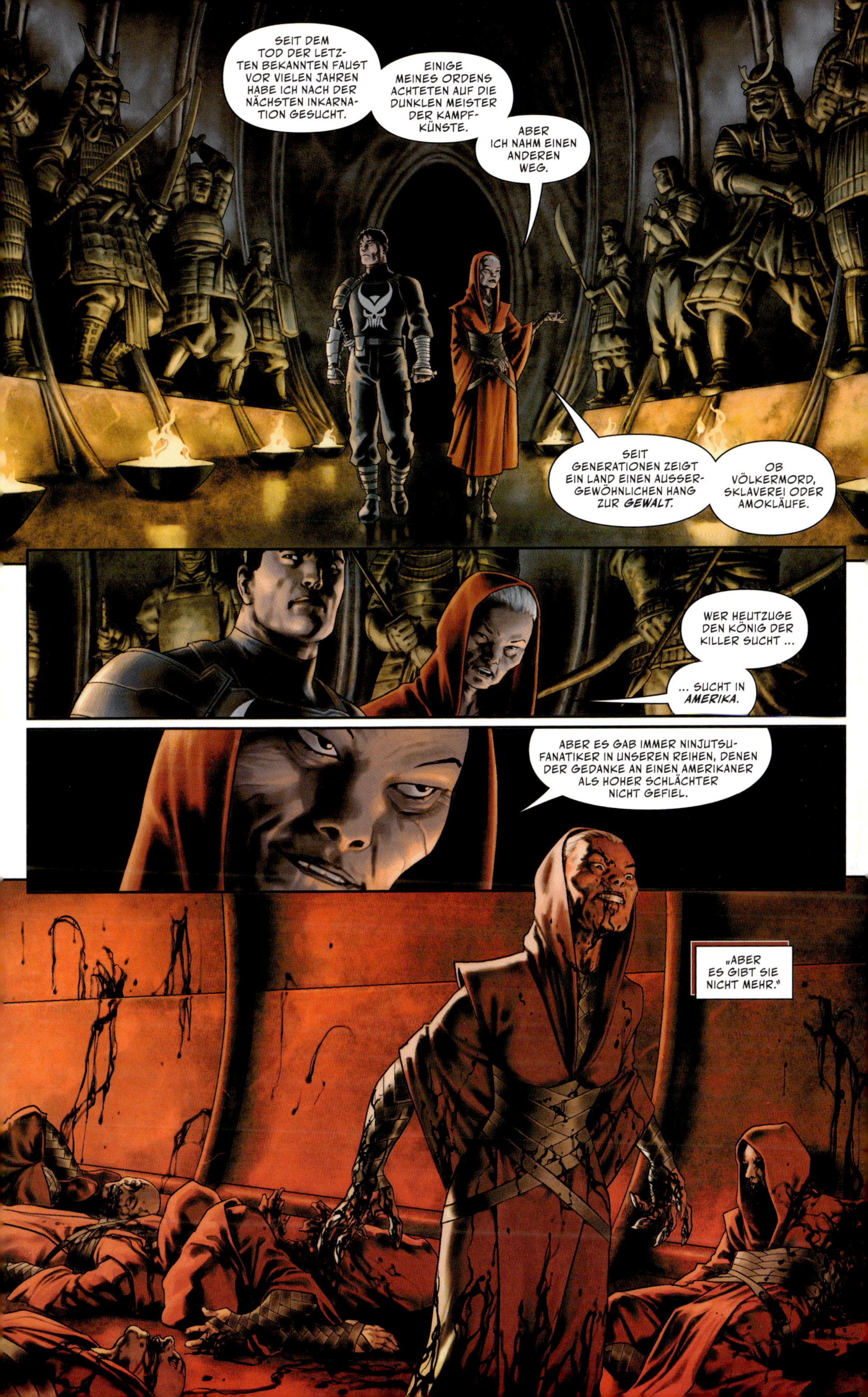
SEIT DEM TOD DER LETZTEN BEKANNTEN FAUST VOR VIELEN JAHREN HABE ICH NACH DER NÄCHSTEN INKARNATION GESUCHT.
EINIGE MEINES ORDENS ACHTETEN AUF DIE DUNKLEN MEISTER DER KAMPFKÜNSTE.
ABER ICH NAHM EINEN ANDEREN WEG.
SEIT GENERATIONEN ZEIGT EIN LAND EINEN AUSSERGEWÖHNLICHEN HANG ZUR *GEWALT*.
OB VÖLKERMORD, SKLAVEREI ODER AMOKLÄUFE.
WER HEUTZUGE DEN KÖNIG DER KILLER SUCHT ...
... SUCHT IN *AMERIKA*.
ABER ES GAB IMMER NINJUTSU-FANATIKER IN UNSEREN REIHEN, DENEN DER GEDANKE AN EINEN AMERIKANER ALS HOHER SCHLÄCHTER NICHT GEFIEL.
„ABER ES GIBT SIE NICHT MEHR."

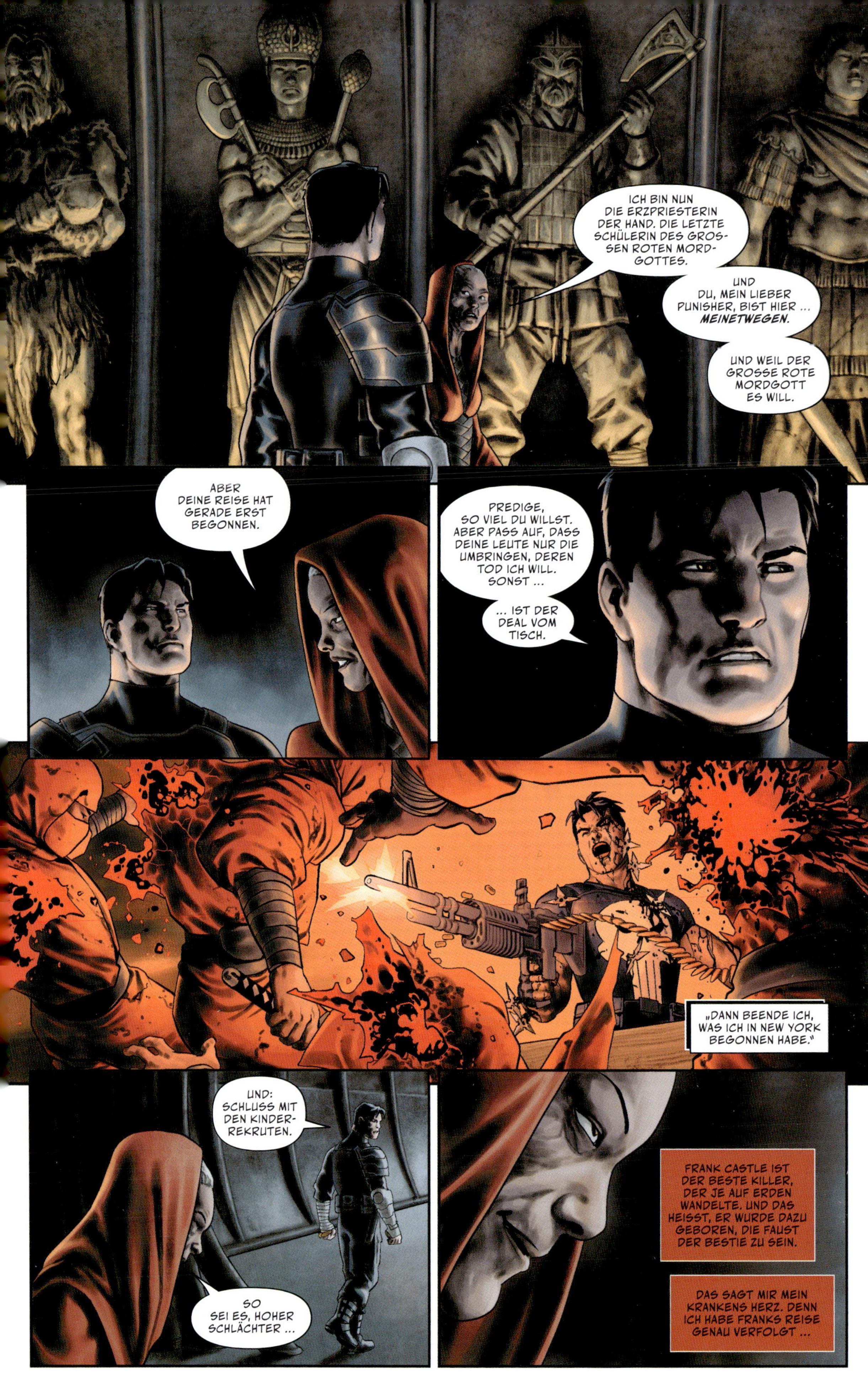
ICH BIN NUN DIE ERZPRIESTERIN DER HAND. DIE LETZTE SCHÜLERIN DES GROS-SEN ROTEN MORD-GOTTES.
UND DU, MEIN LIEBER PUNISHER, BIST HIER ... *MEINETWEGEN.*
UND WEIL DER GROSSE ROTE MORDGOTT ES WILL.
ABER DEINE REISE HAT GERADE ERST BEGONNEN.
PREDIGE, SO VIEL DU WILLST. ABER PASS AUF, DASS DEINE LEUTE NUR DIE UMBRINGEN, DEREN TOD ICH WILL. SONST ...
... IST DER DEAL VOM TISCH.
„DANN BEENDE ICH, WAS ICH IN NEW YORK BEGONNEN HABE."
UND: SCHLUSS MIT DEN KINDER-REKRUTEN.
SO SEI ES, HOHER SCHLÄCHTER ...
FRANK CASTLE IST DER BESTE KILLER, DER JE AUF ERDEN WANDELTE. UND DAS HEISST, ER WURDE DAZU GEBOREN, DIE FAUST DER BESTIE ZU SEIN.
DAS SAGT MIR MEIN KRANKENS HERZ. DENN ICH HABE FRANKS REISE GENAU VERFOLGT ...

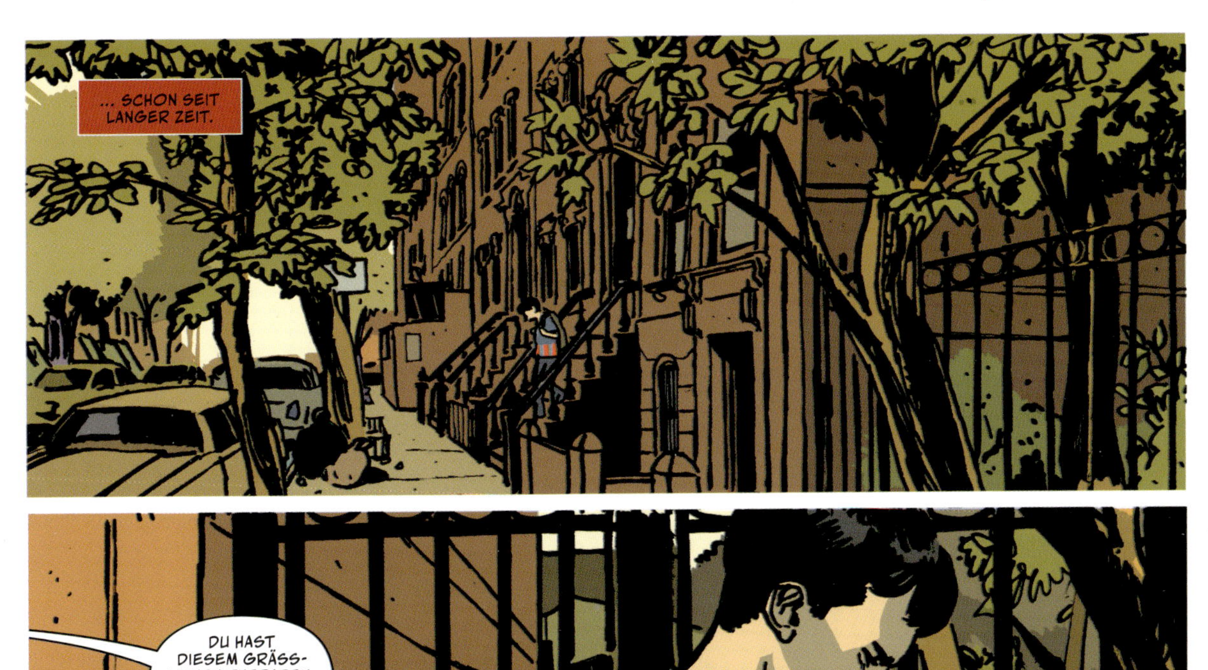
... SCHON SEIT LANGER ZEIT.

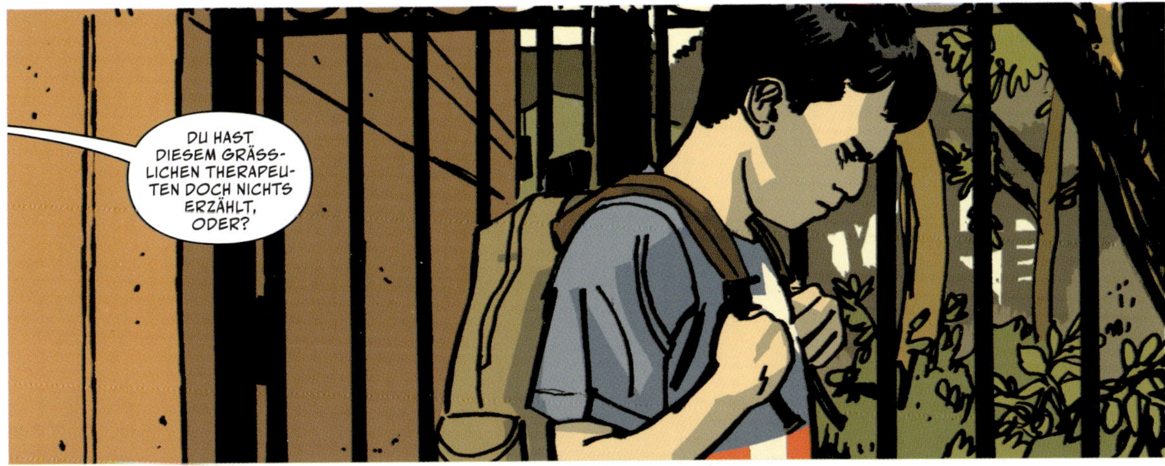
DU HAST DIESEM GRÄSSLICHEN THERAPEUTEN DOCH NICHTS ERZÄHLT, ODER?

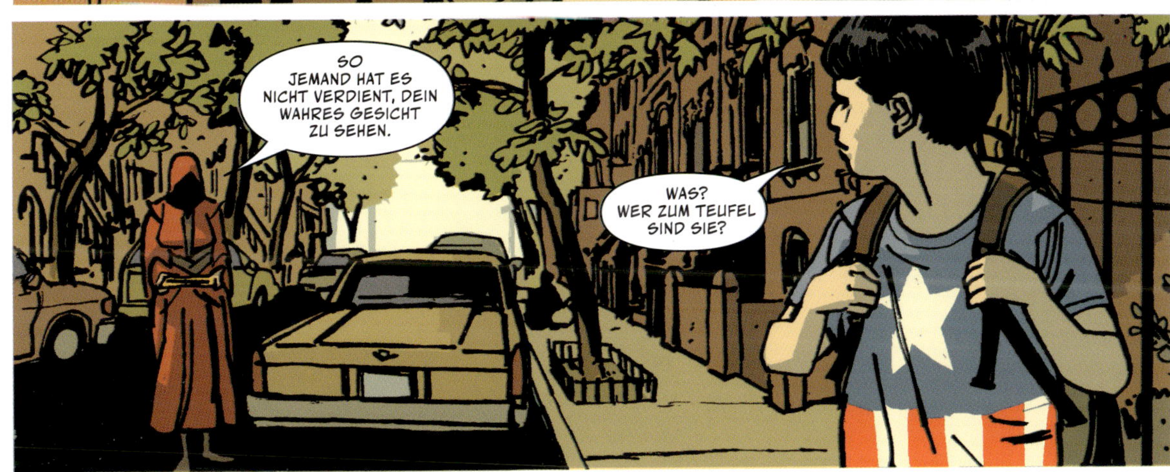
SO JEMAND HAT ES NICHT VERDIENT, DEIN WAHRES GESICHT ZU SEHEN.
WAS? WER ZUM TEUFEL SIND SIE?

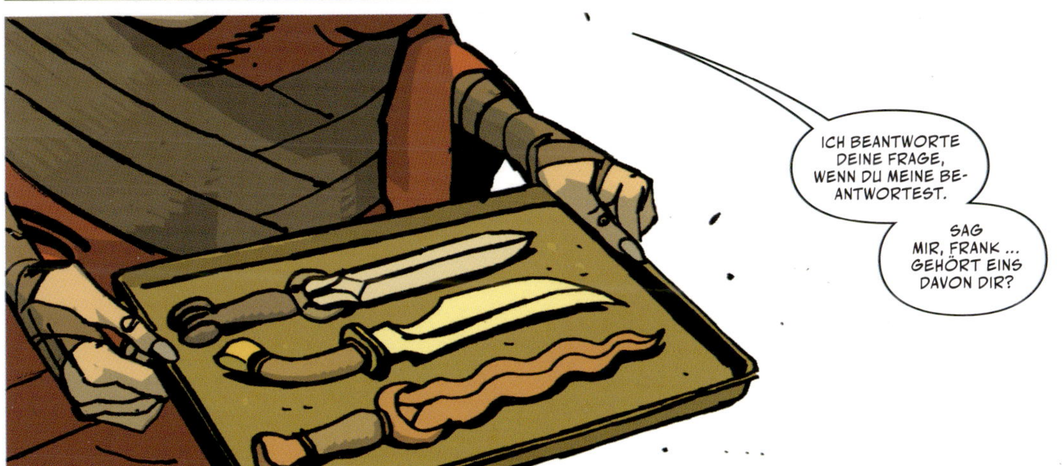
ICH BEANTWORTE DEINE FRAGE, WENN DU MEINE BEANTWORTEST.
SAG MIR, FRANK ... GEHÖRT EINS DAVON DIR?

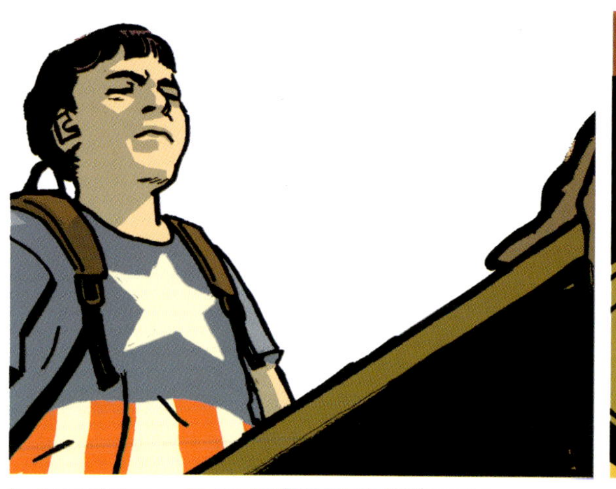
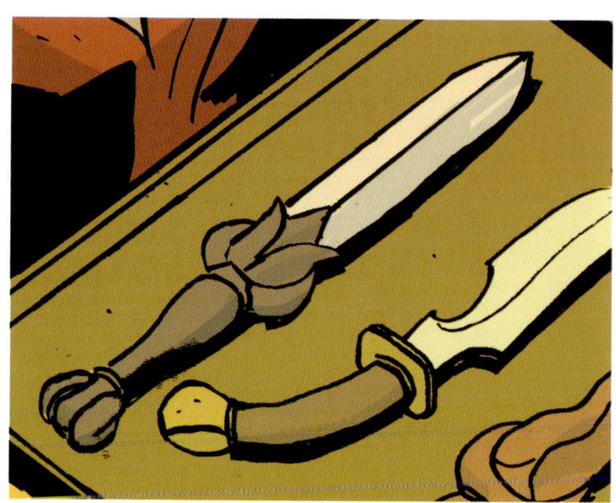
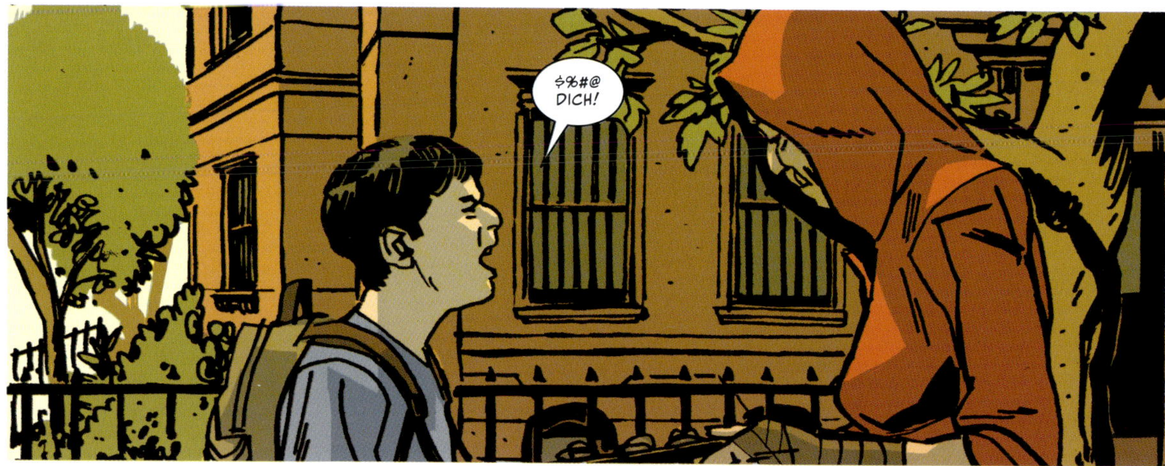
$%#@ DICH!
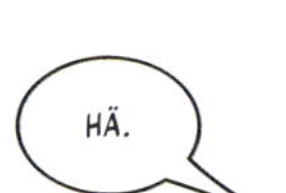
HÄ.
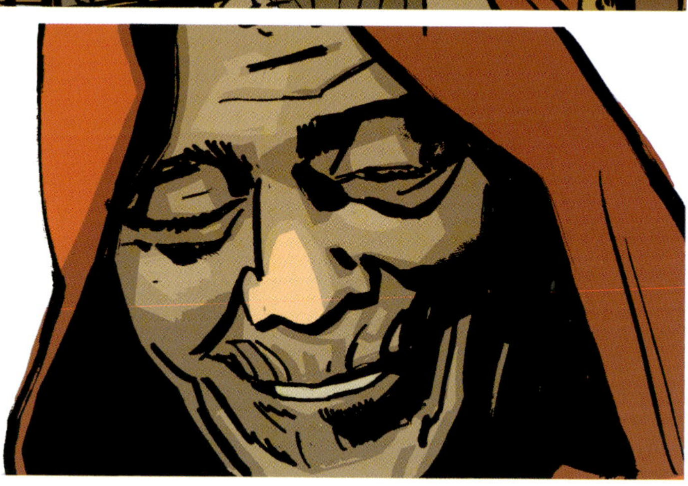
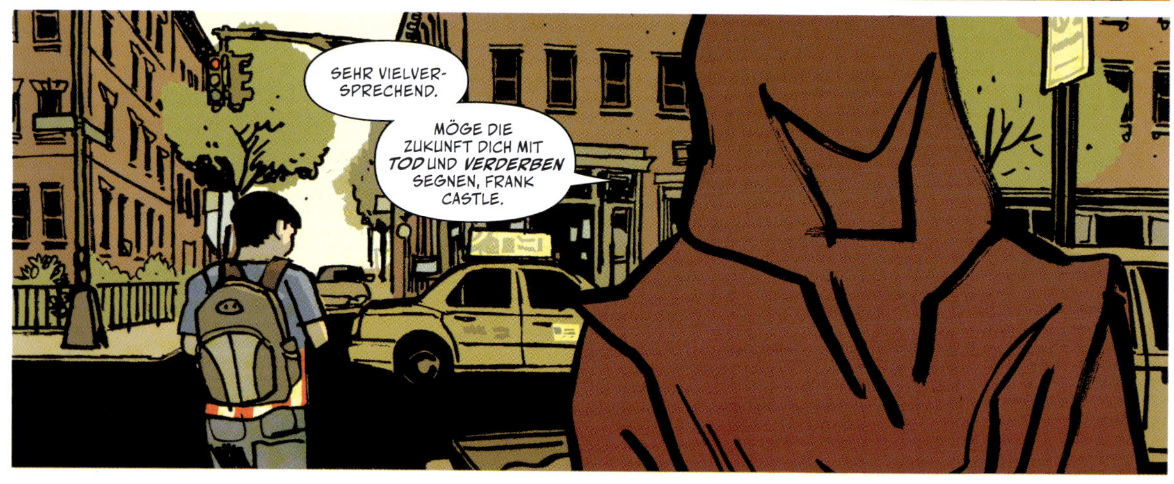
SEHR VIELVERSPRECHEND.
MÖGE DIE ZUKUNFT DICH MIT TOD UND VERDERBEN SEGNEN, FRANK CASTLE.

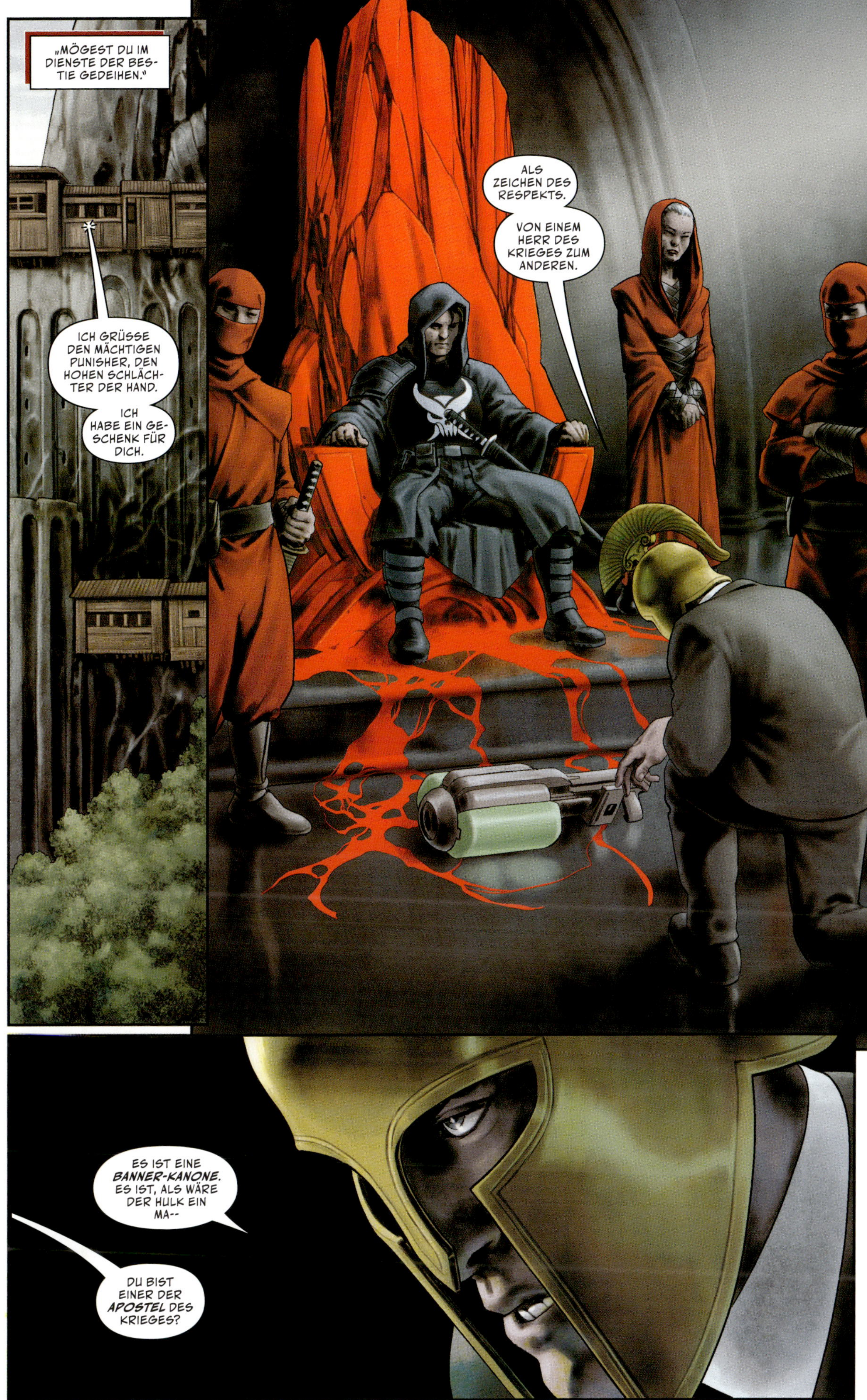
„MÖGEST DU IM DIENSTE DER BESTIE GEDEIHEN."
ICH GRÜSSE DEN MÄCHTIGEN PUNISHER, DEN HOHEN SCHLÄCHTER DER HAND.
ICH HABE EIN GESCHENK FÜR DICH.
ALS ZEICHEN DES RESPEKTS.
VON EINEM HERR DES KRIEGES ZUM ANDEREN.
ES IST EINE *BANNER-KANONE*. ES IST, ALS WÄRE DER HULK EIN MA--
DU BIST EINER DER *APOSTEL* DES KRIEGES?

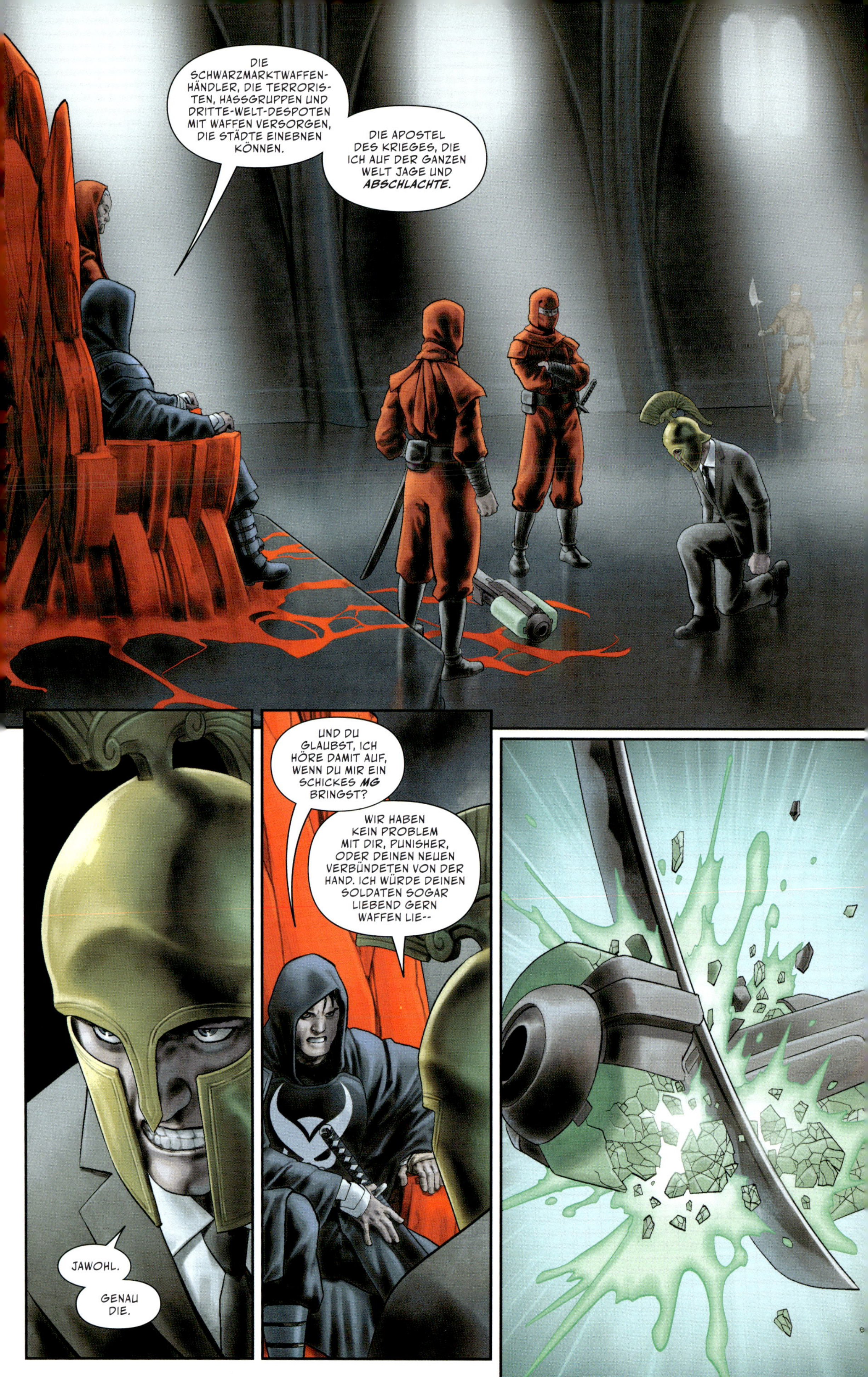
DIE SCHWARZMARKTWAFFEN-HÄNDLER, DIE TERRORISTEN, HASSGRUPPEN UND DRITTE-WELT-DESPOTEN MIT WAFFEN VERSORGEN, DIE STÄDTE EINEBNEN KÖNNEN.
DIE APOSTEL DES KRIEGES, DIE ICH AUF DER GANZEN WELT JAGE UND *ABSCHLACHTE*.
JAWOHL.
GENAU DIE.
UND DU GLAUBST, ICH HÖRE DAMIT AUF, WENN DU MIR EIN SCHICKES *MG* BRINGST?
WIR HABEN KEIN PROBLEM MIT DIR, PUNISHER, ODER DEINEN NEUEN VERBÜNDETEN VON DER HAND. ICH WÜRDE DEINEN SOLDATEN SOGAR LIEBEND GERN WAFFEN LIE--

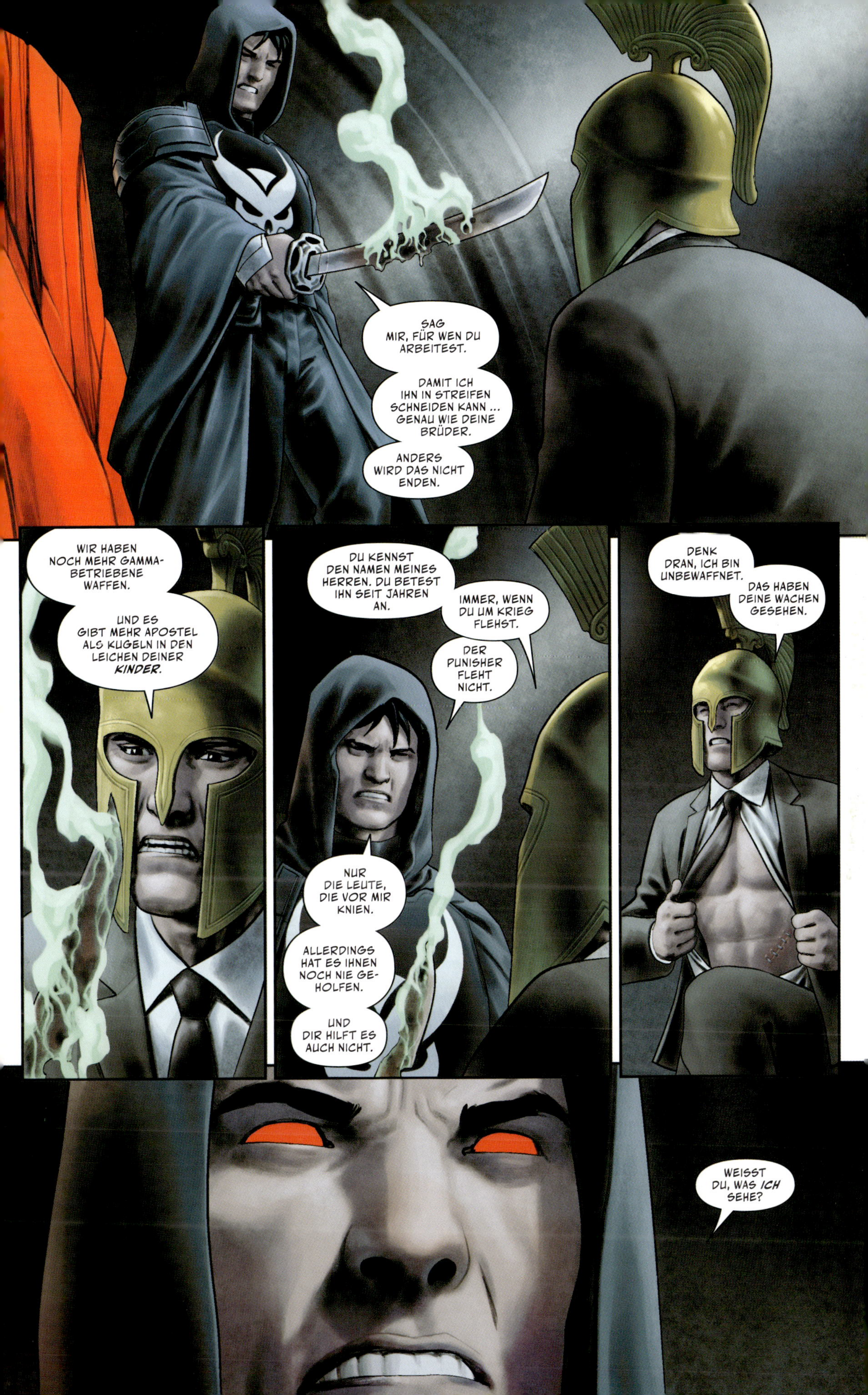
SAG MIR, FÜR WEN DU ARBEITEST.
DAMIT ICH IHN IN STREIFEN SCHNEIDEN KANN ... GENAU WIE DEINE BRÜDER.
ANDERS WIRD DAS NICHT ENDEN.
WIR HABEN NOCH MEHR GAMMA-BETRIEBENE WAFFEN.
UND ES GIBT MEHR APOSTEL ALS KUGELN IN DEN LEICHEN DEINER *KINDER*.
DU KENNST DEN NAMEN MEINES HERREN. DU BETEST IHN SEIT JAHREN AN.
IMMER, WENN DU UM KRIEG FLEHST.
DER PUNISHER FLEHT NICHT.
NUR DIE LEUTE, DIE VOR MIR KNIEN.
ALLERDINGS HAT ES IHNEN NOCH NIE GE-HOLFEN.
UND DIR HILFT ES AUCH NICHT.
DENK DRAN, ICH BIN UNBEWAFFNET.
DAS HABEN DEINE WACHEN GESEHEN.
WEISST DU, WAS *ICH* SEHE?

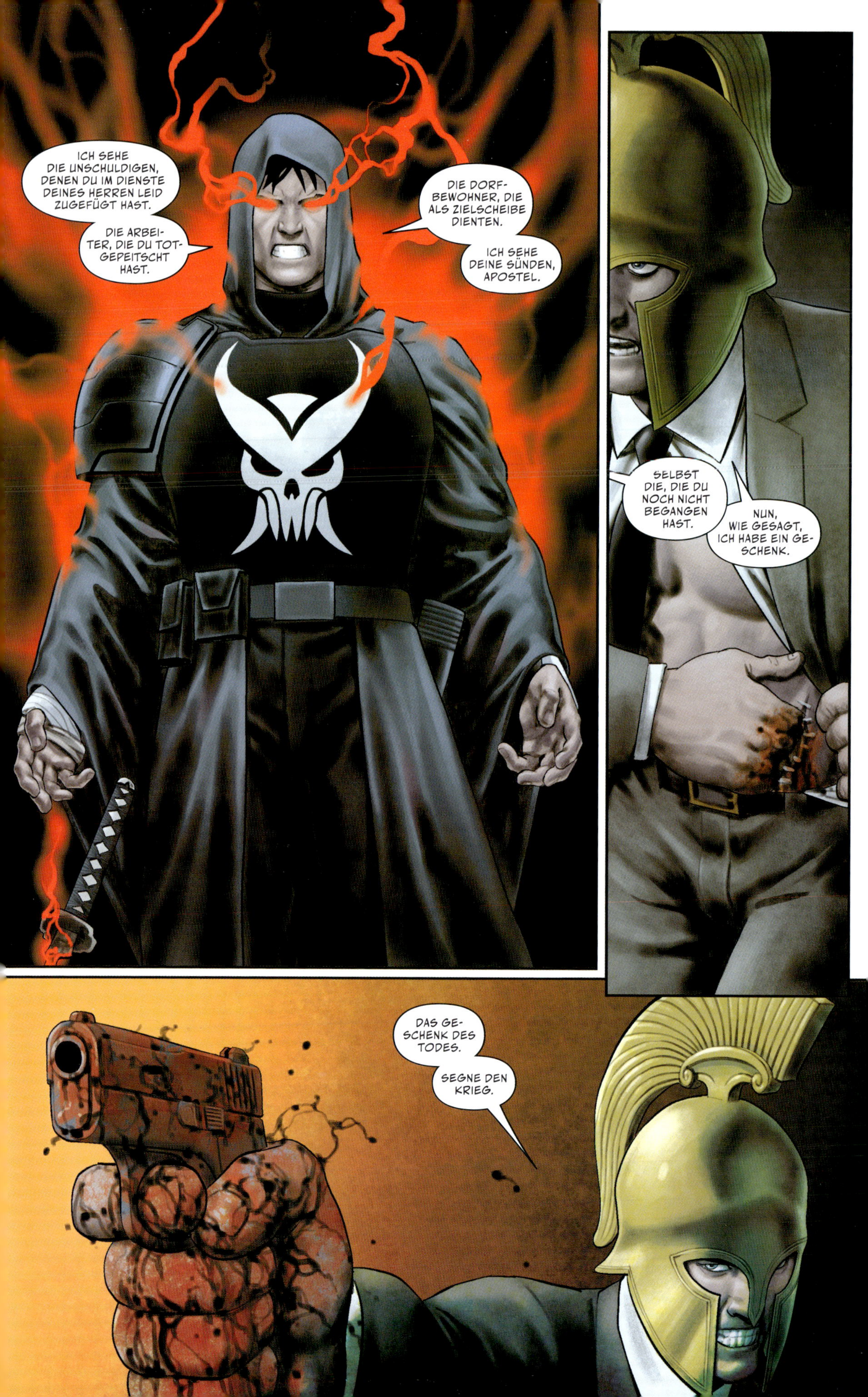
ICH SEHE DIE UNSCHULDIGEN, DENEN DU IM DIENSTE DEINES HERREN LEID ZUGEFÜGT HAST.
DIE ARBEITER, DIE DU TOTGEPEITSCHT HAST.
DIE DORFBEWOHNER, DIE ALS ZIELSCHEIBE DIENTEN.
ICH SEHE DEINE SÜNDEN, APOSTEL.
SELBST DIE, DIE DU NOCH NICHT BEGANGEN HAST.
NUN, WIE GESAGT, ICH HABE EIN GESCHENK.
DAS GESCHENK DES TODES.
SEGNE DEN KRIEG.

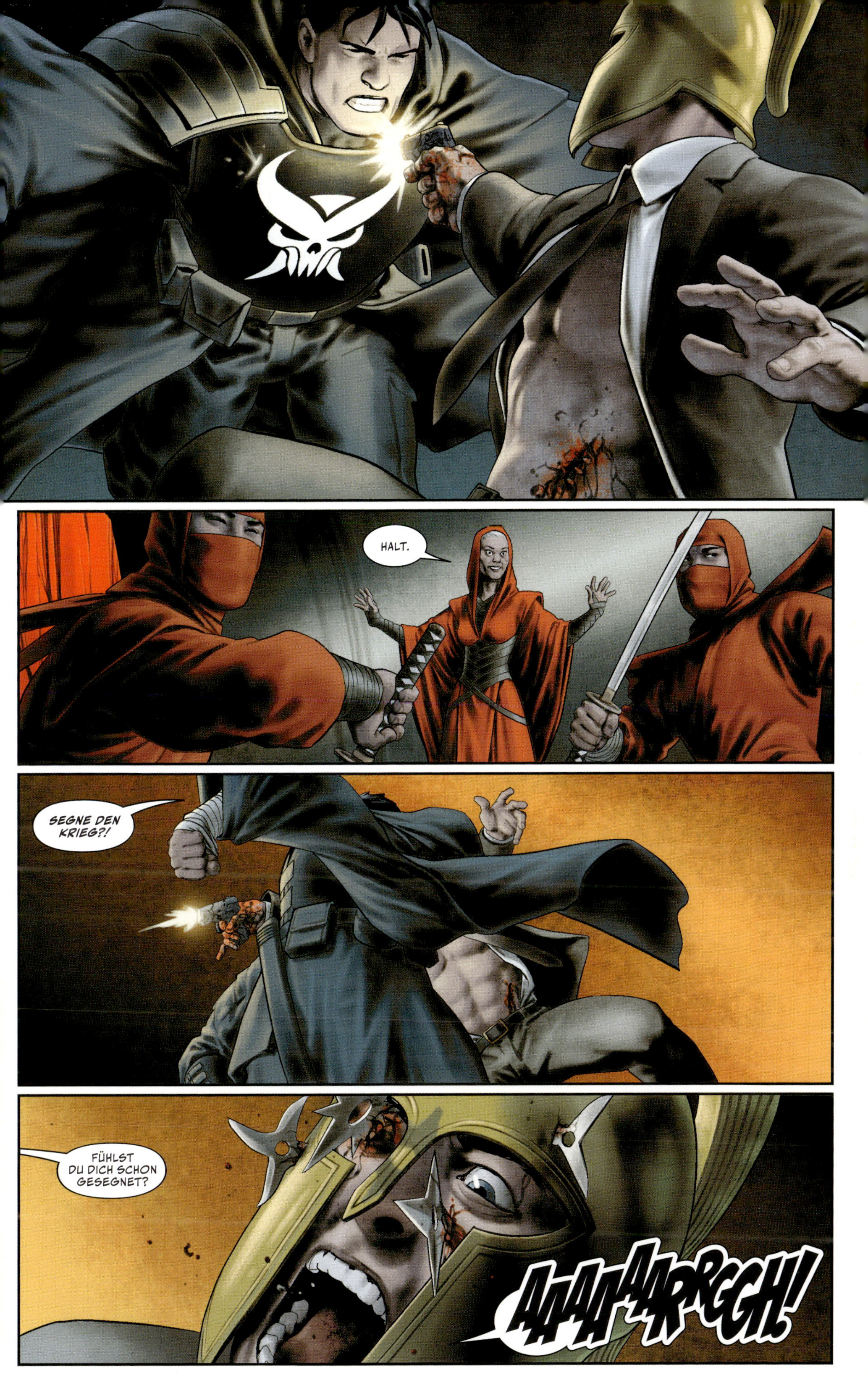

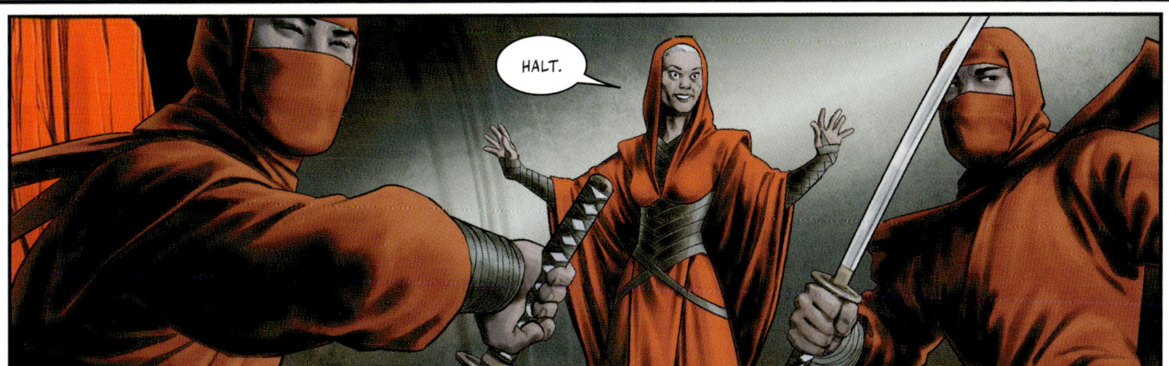
HALT.

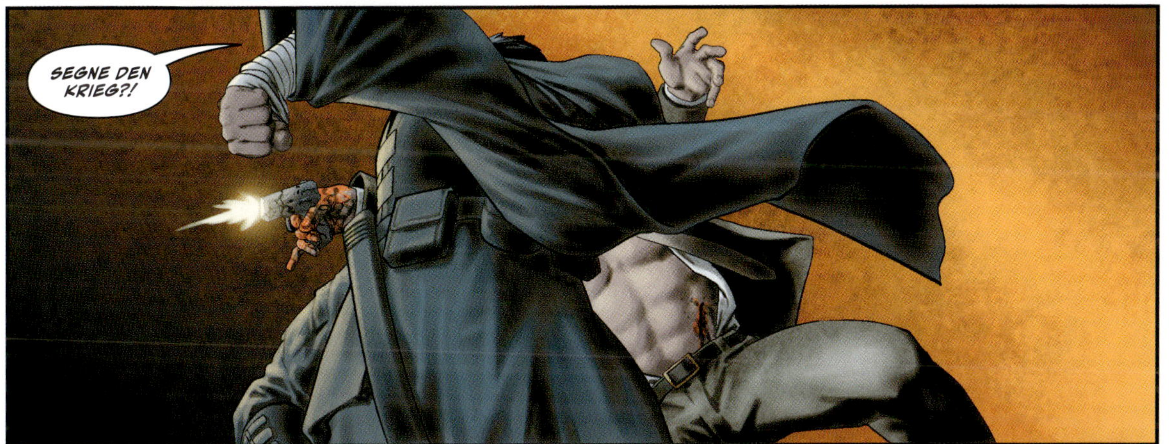
SEGNE DEN KRIEG?!

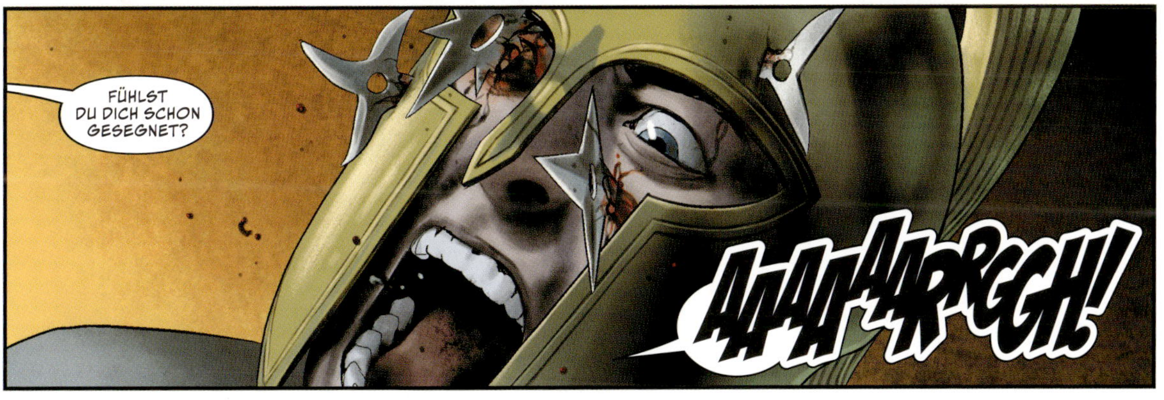
FÜHLST DU DICH SCHON GESEGNET?
AAAAAARRGGH!

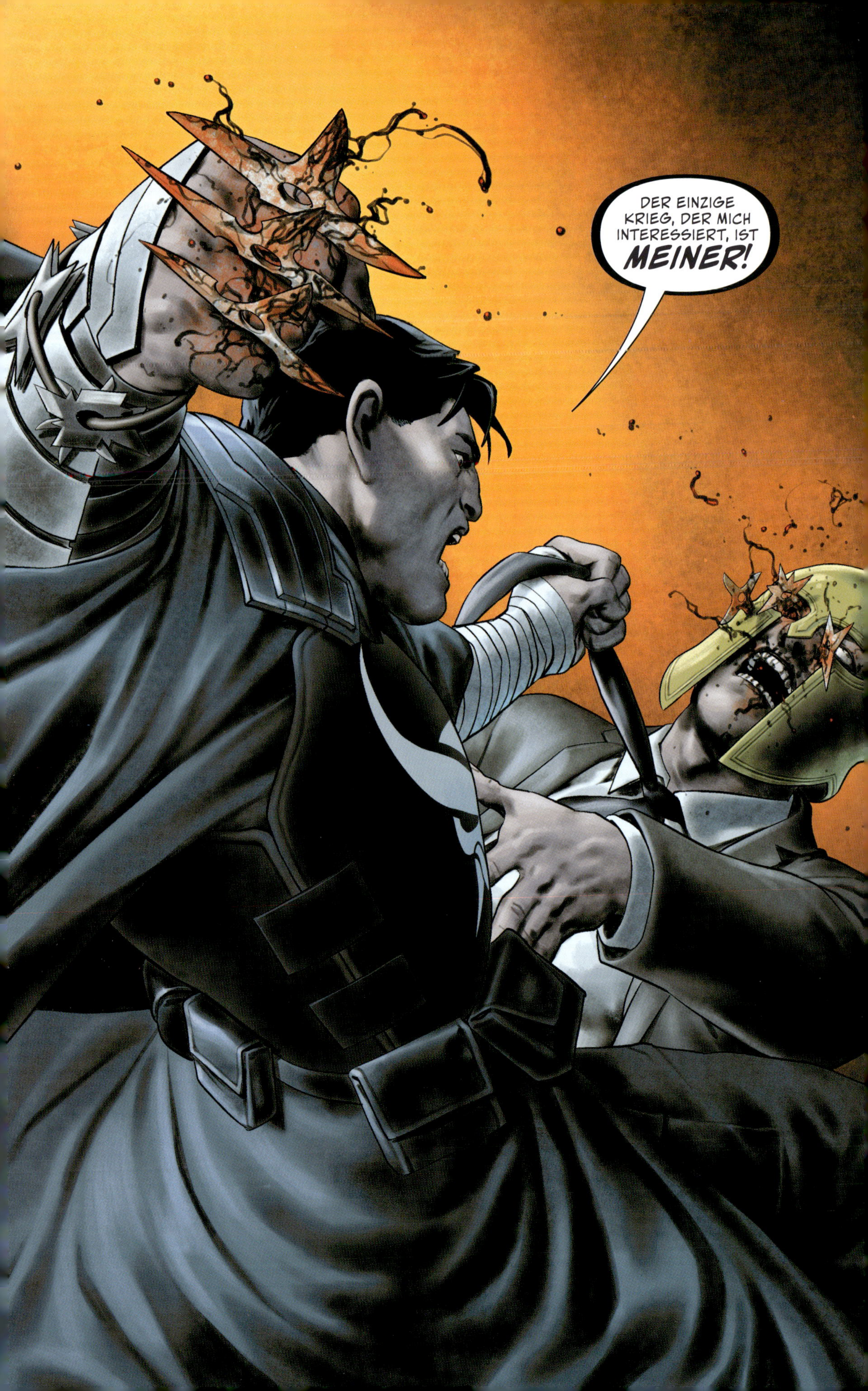
DER EINZIGE KRIEG, DER MICH INTERESSIERT, IST MEINER!

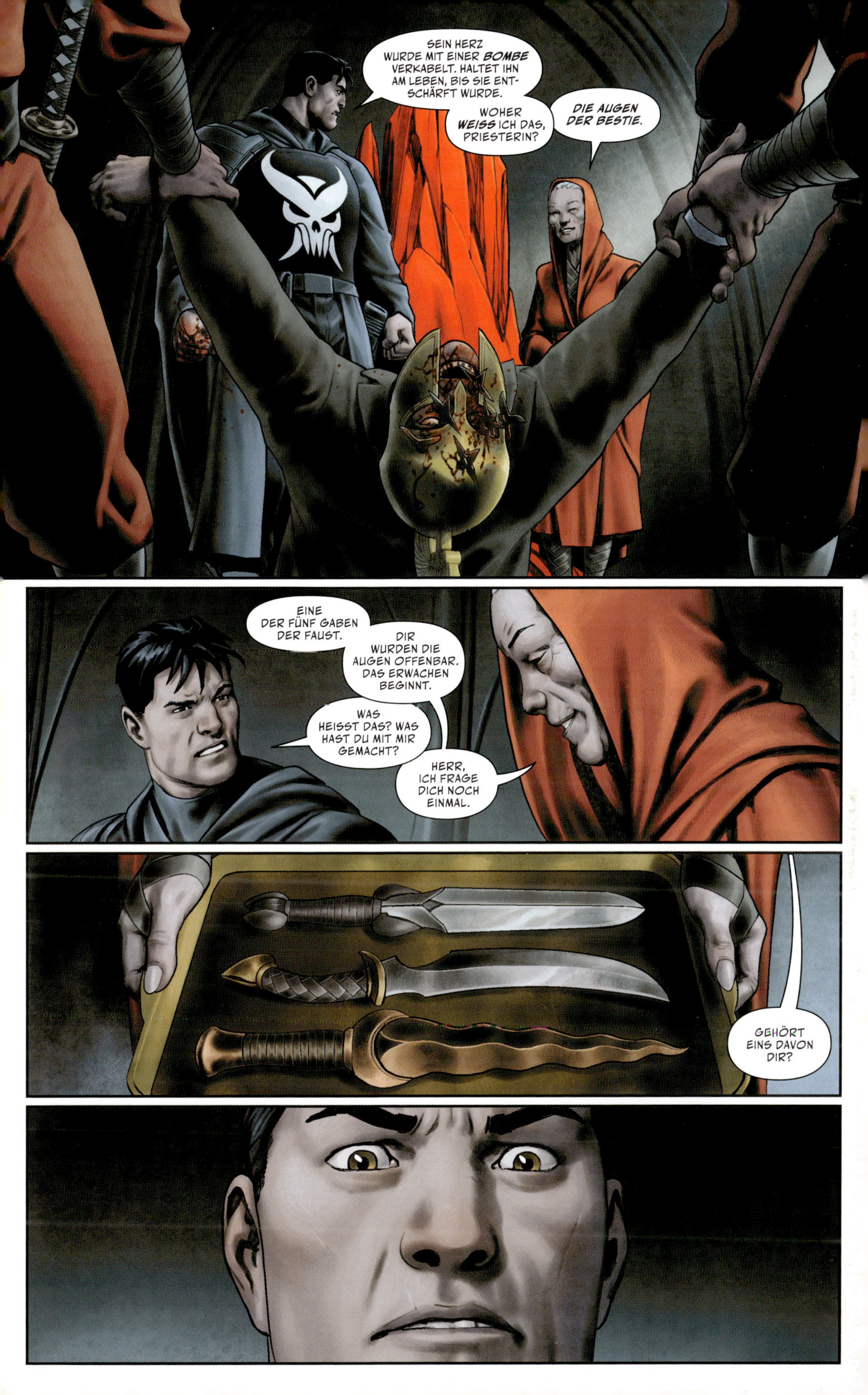

SEIN HERZ WURDE MIT EINER ***BOMBE*** VERKABELT. HALTET IHN AM LEBEN, BIS SIE ENT-SCHÄRFT WURDE.
WOHER ***WEISS*** ICH DAS, PRIESTERIN?
DIE AUGEN DER BESTIE.

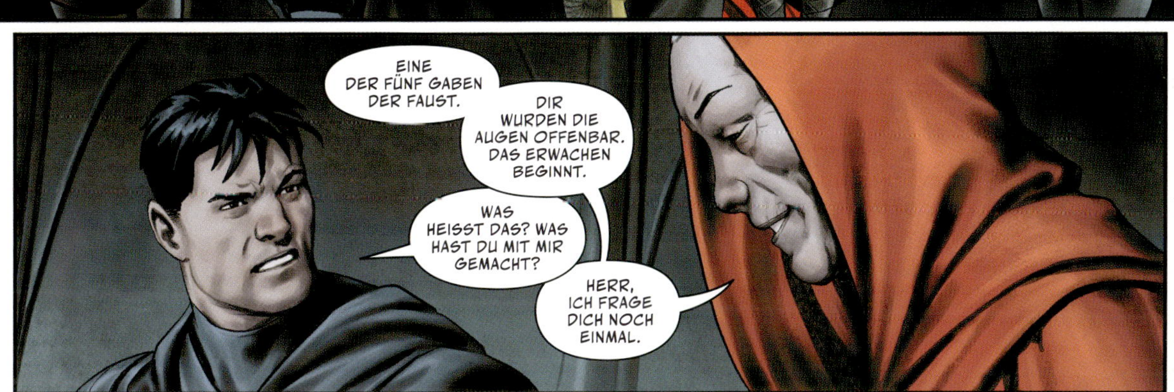

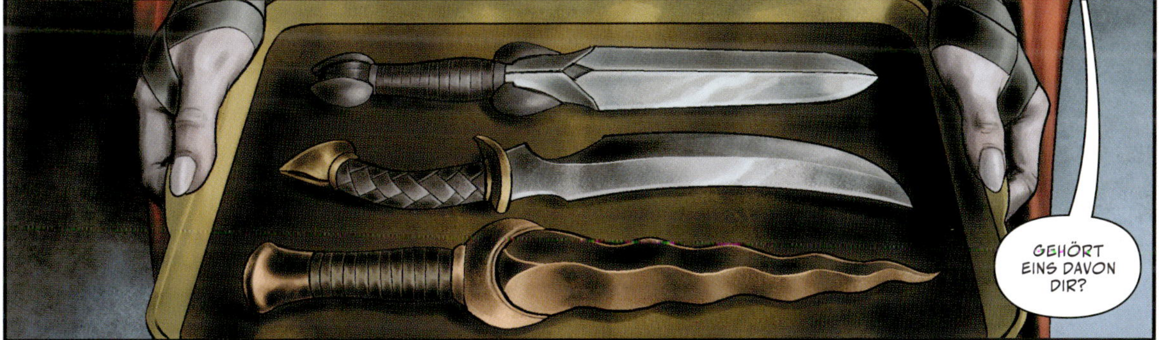

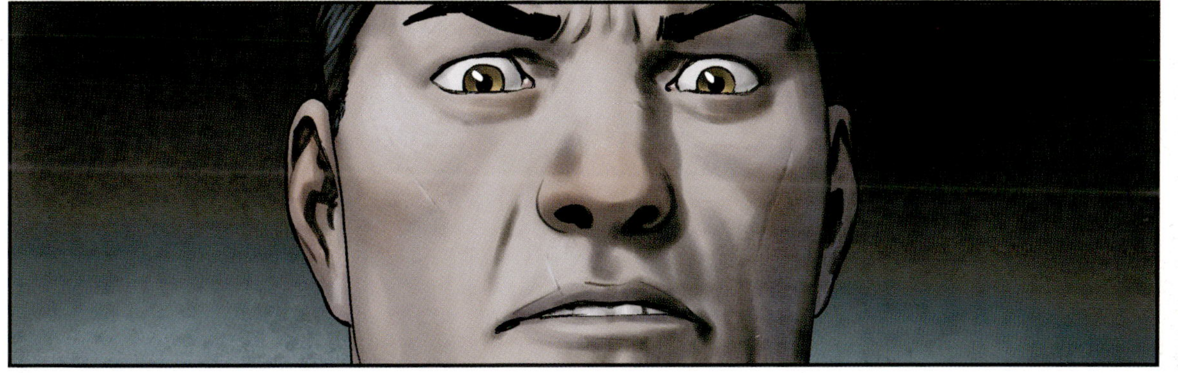

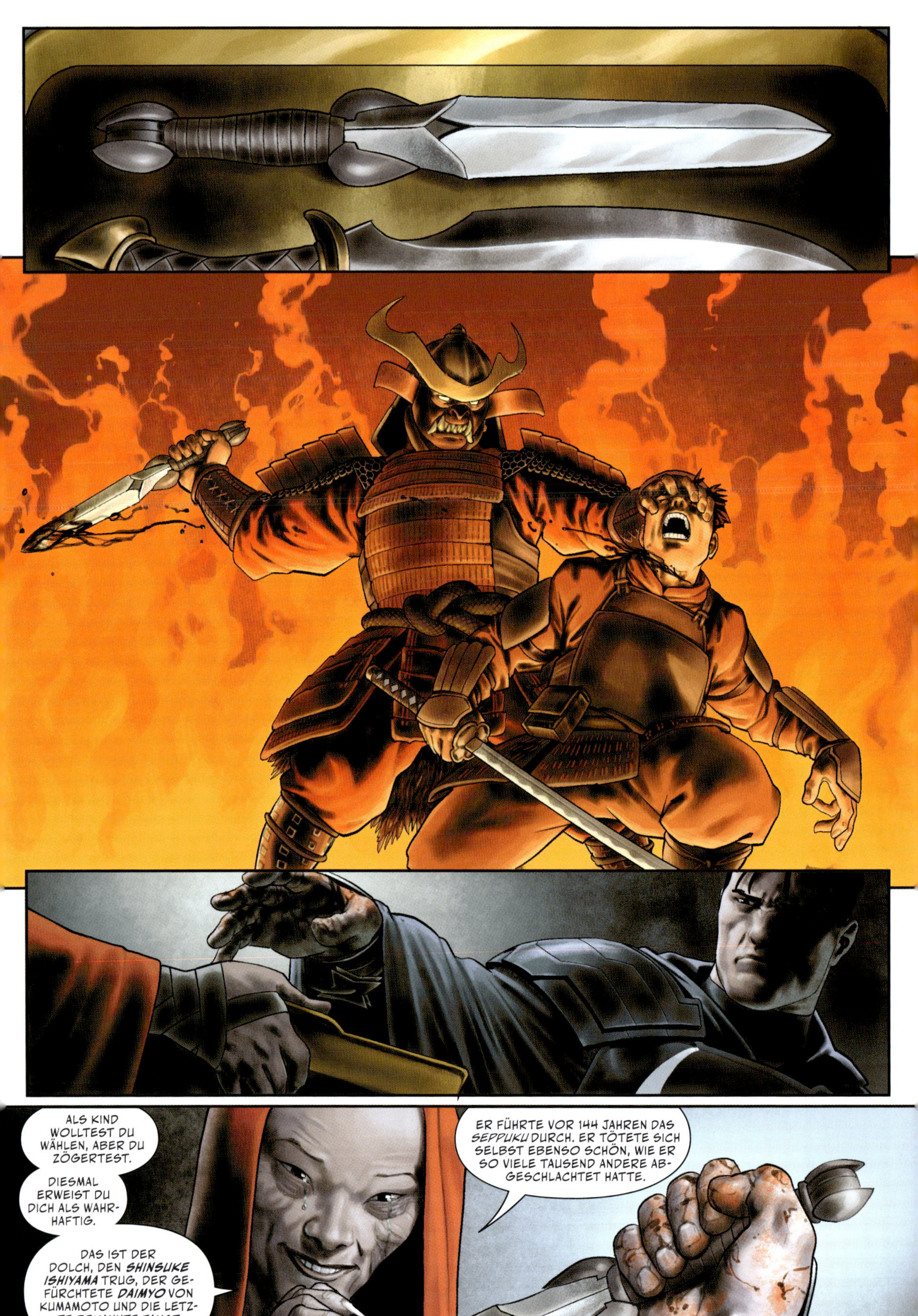
ALS KIND WOLLTEST DU WÄHLEN, ABER DU ZÖGERTEST.
DIESMAL ERWEIST DU DICH ALS WAHRHAFTIG.
DAS IST DER DOLCH, DEN SHINSUKE ISHIYAMA TRUG, DER GEFÜRCHTETE DAIMYO VON KUMAMOTO UND DIE LETZTE BEKANNTE FAUST DER HAND ...
ER FÜHRTE VOR 144 JAHREN DAS SEPPUKU DURCH. ER TÖTETE SICH SELBST EBENSO SCHÖN, WIE ER SO VIELE TAUSEND ANDERE ABGESCHLACHTET HATTE.

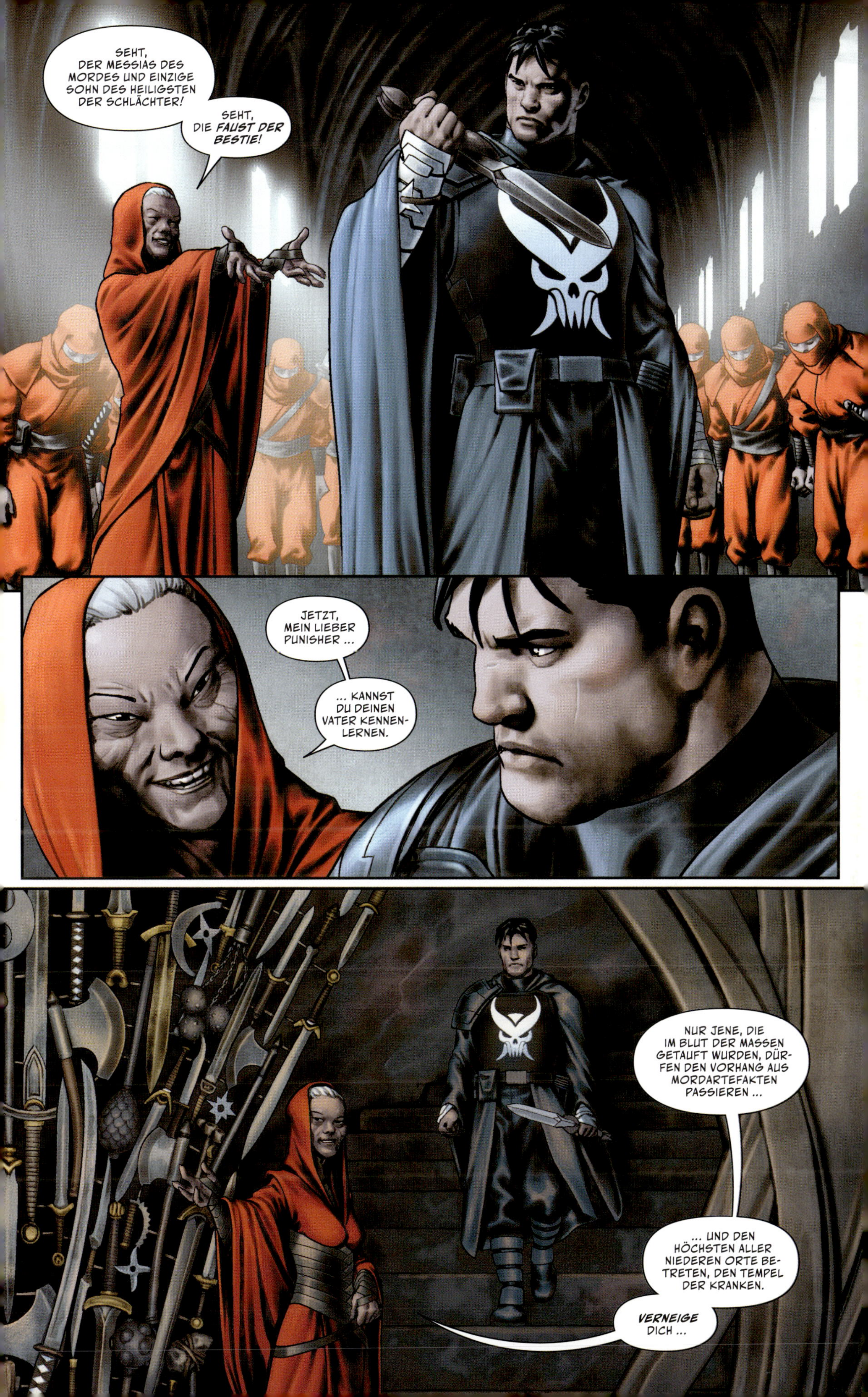

SEHT, DER MESSIAS DES MORDES UND EINZIGE SOHN DES HEILIGSTEN DER SCHLÄCHTER!
SEHT, DIE *FAUST DER BESTIE!*
JETZT, MEIN LIEBER PUNISHER ...
... KANNST DU DEINEN VATER KENNEN-LERNEN.
NUR JENE, DIE IM BLUT DER MASSEN GETAUFT WURDEN, DÜR-FEN DEN VORHANG AUS MORDARTEFAKTEN PASSIEREN ...
... UND DEN HÖCHSTEN ALLER NIEDEREN ORTE BE-TRETEN, DEN TEMPEL DER KRANKEN.
VERNEIGE DICH ...

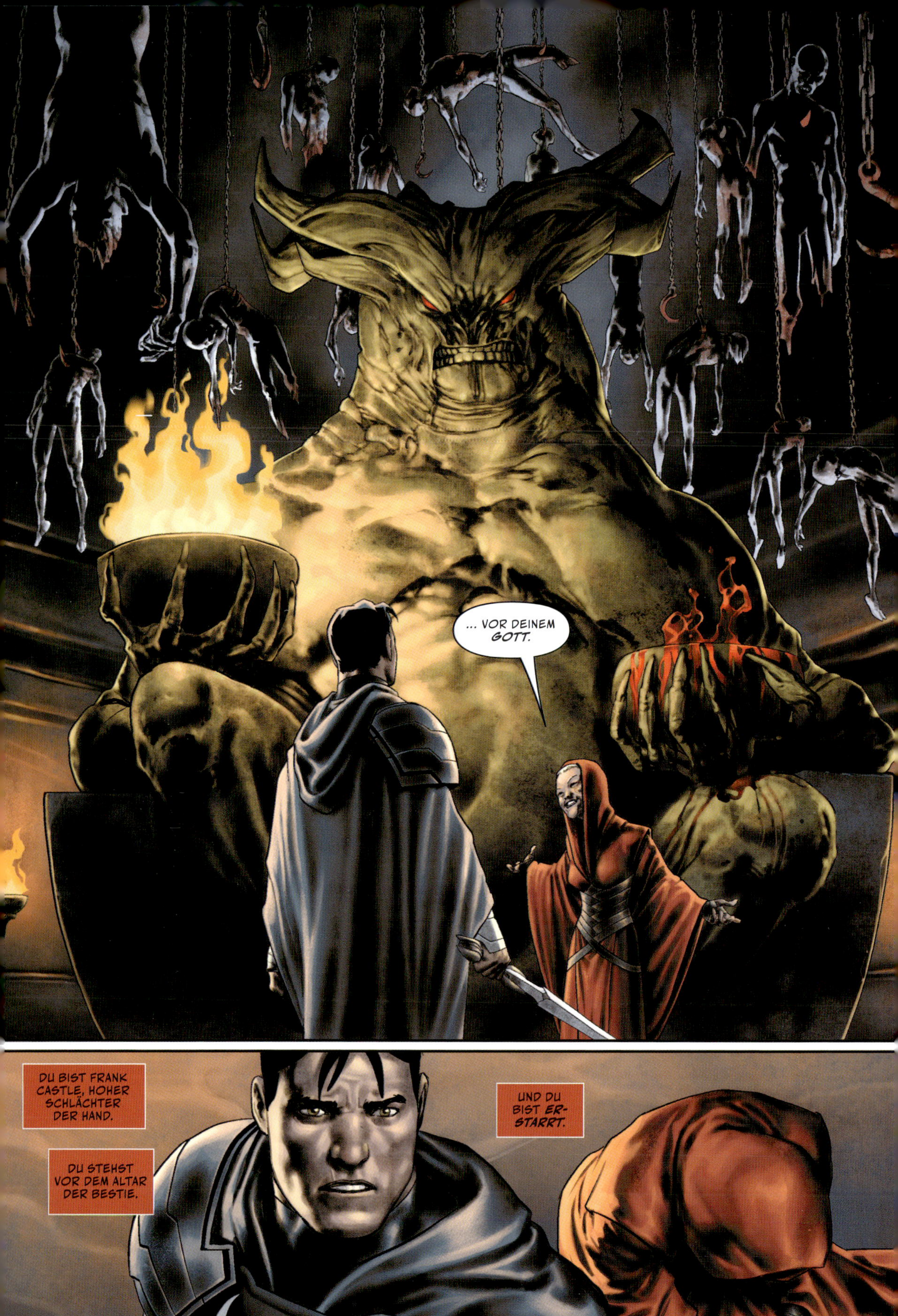
... VOR DEINEM GOTT.
DU BIST FRANK CASTLE, HOHER SCHLÄCHTER DER HAND.
DU STEHST VOR DEM ALTAR DER BESTIE.
UND DU BIST ERSTARRT.

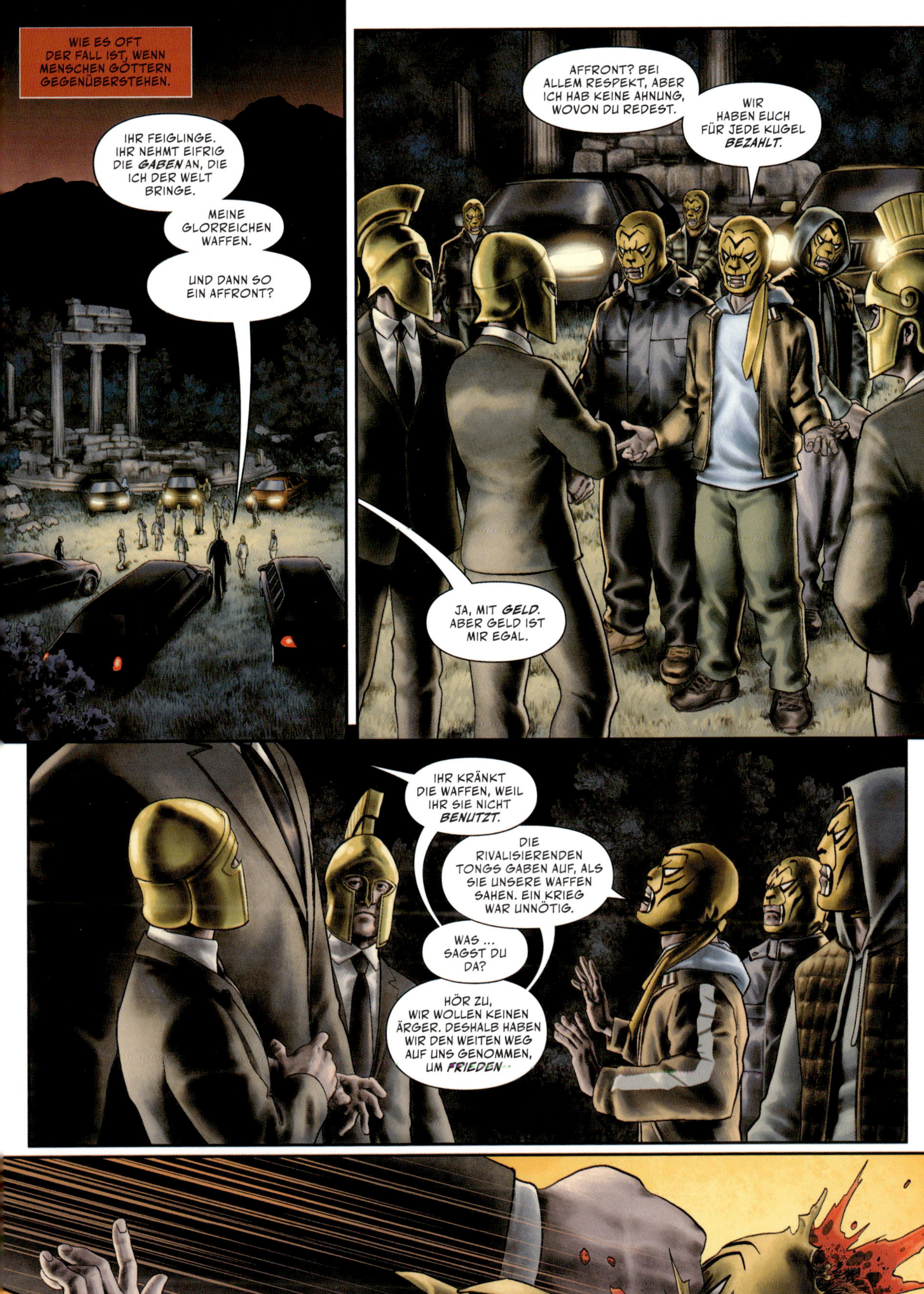
WIE ES OFT DER FALL IST, WENN MENSCHEN GÖTTERN GEGENÜBERSTEHEN.
IHR FEIGLINGE. IHR NEHMT EIFRIG DIE GABEN AN, DIE ICH DER WELT BRINGE.
MEINE GLORREICHEN WAFFEN.
UND DANN SO EIN AFFRONT?
AFFRONT? BEI ALLEM RESPEKT, ABER ICH HAB KEINE AHNUNG, WOVON DU REDEST.
WIR HABEN EUCH FÜR JEDE KUGEL BEZAHLT.
JA, MIT GELD. ABER GELD IST MIR EGAL.
IHR KRÄNKT DIE WAFFEN, WEIL IHR SIE NICHT BENUTZT.
DIE RIVALISIERENDEN TONGS GABEN AUF, ALS SIE UNSERE WAFFEN SAHEN. EIN KRIEG WAR UNNÖTIG.
WAS ... SAGST DU DA?
HÖR ZU, WIR WOLLEN KEINEN ÄRGER. DESHALB HABEN WIR DEN WEITEN WEG AUF UNS GENOMMEN, UM FRIEDEN--

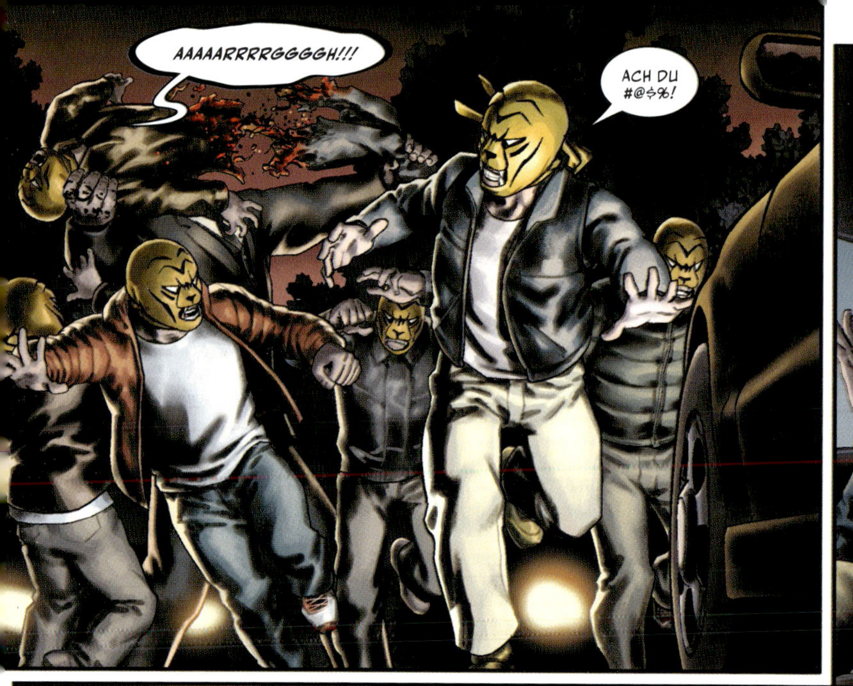
AAAAARRRRGGGGH!!!
ACH DU #@$%!

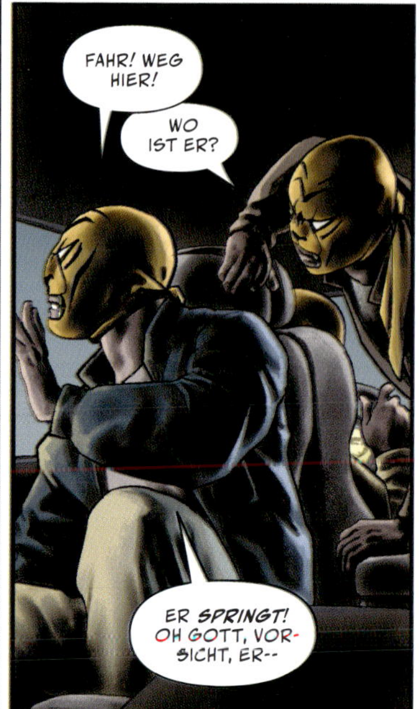
FAHR! WEG HIER!
WO IST ER?
ER SPRINGT! OH GOTT, VORSICHT, ER--

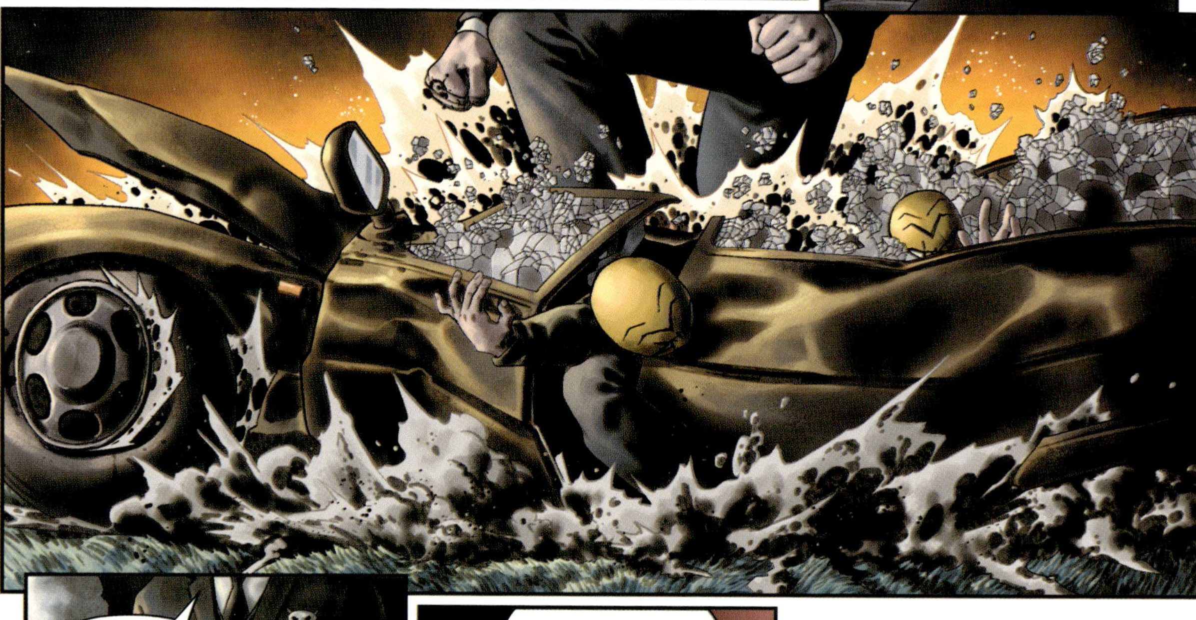

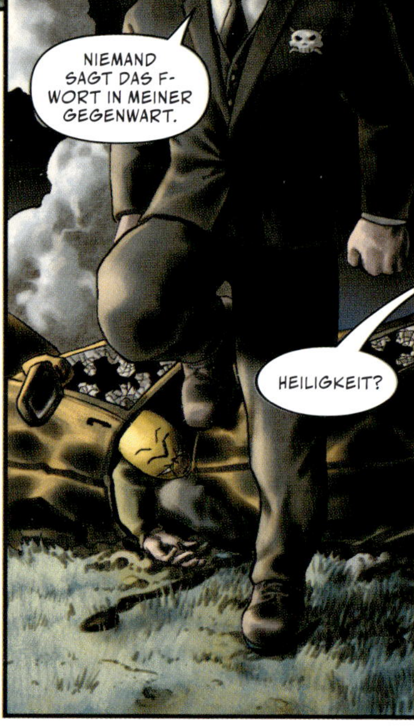
NIEMAND SAGT DAS F-WORT IN MEINER GEGENWART.
HEILIGKEIT?

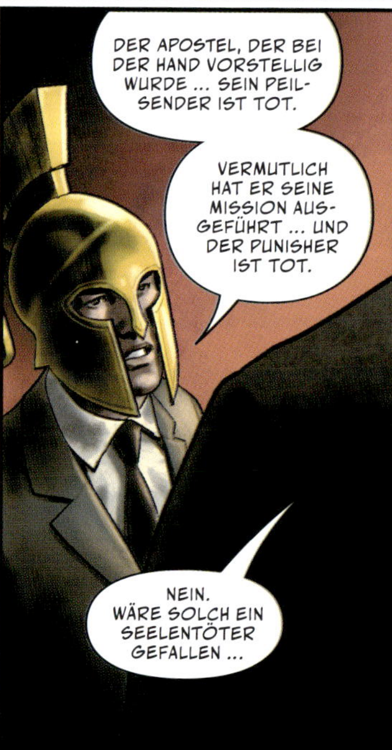
DER APOSTEL, DER BEI DER HAND VORSTELLIG WURDE ... SEIN PEILSENDER IST TOT.
VERMUTLICH HAT ER SEINE MISSION AUSGEFÜHRT ... UND DER PUNISHER IST TOT.
NEIN. WÄRE SOLCH EIN SEELENTÖTER GEFALLEN ...

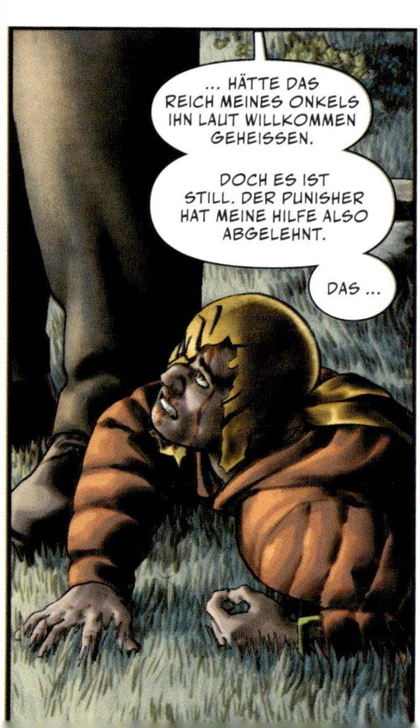
... HÄTTE DAS REICH MEINES ONKELS IHN LAUT WILLKOMMEN GEHEISSEN.
DOCH ES IST STILL. DER PUNISHER HAT MEINE HILFE ALSO ABGELEHNT.
DAS ...

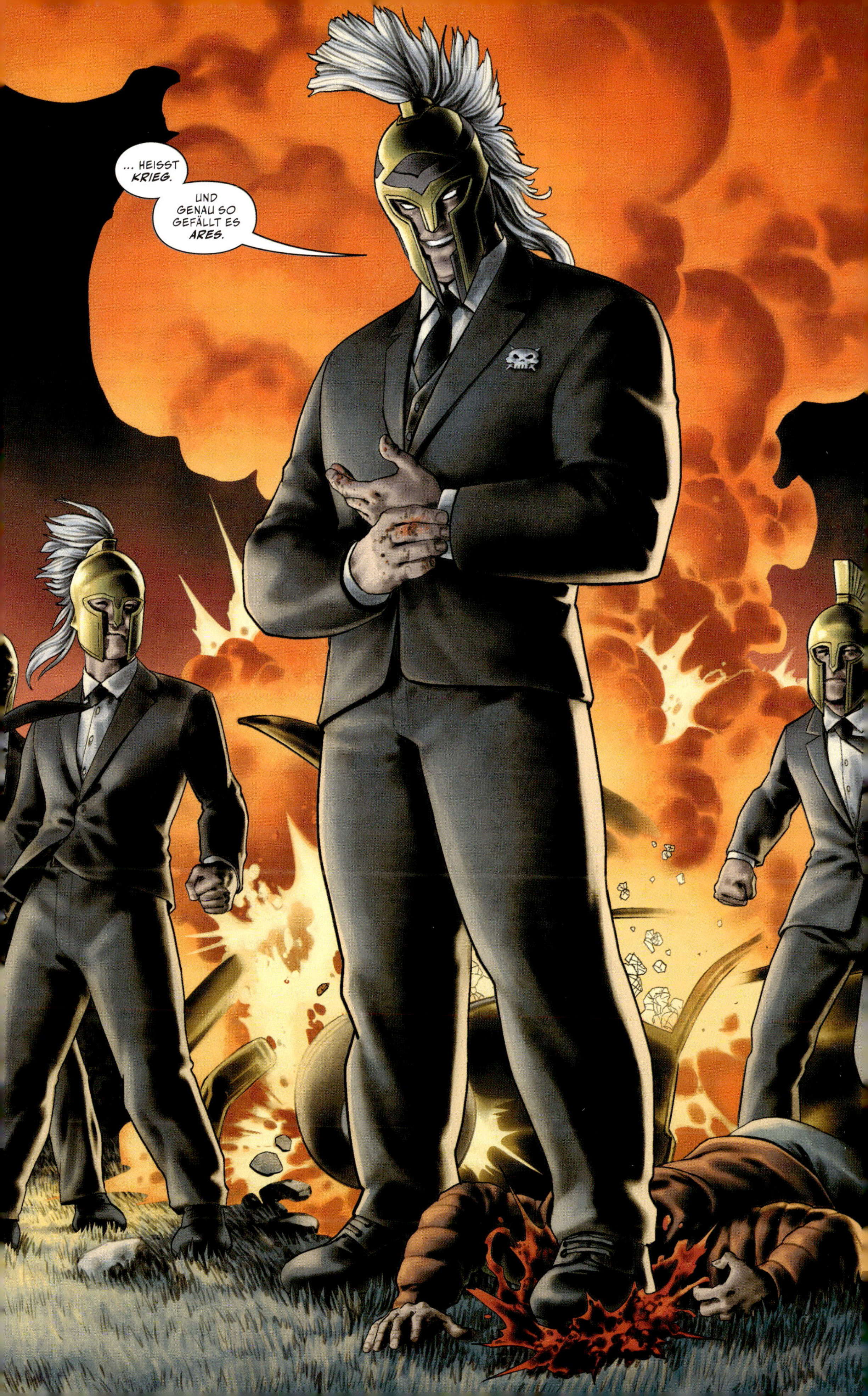
... HEISST KRIEG.
UND GENAU SO GEFÄLLT ES ARES.

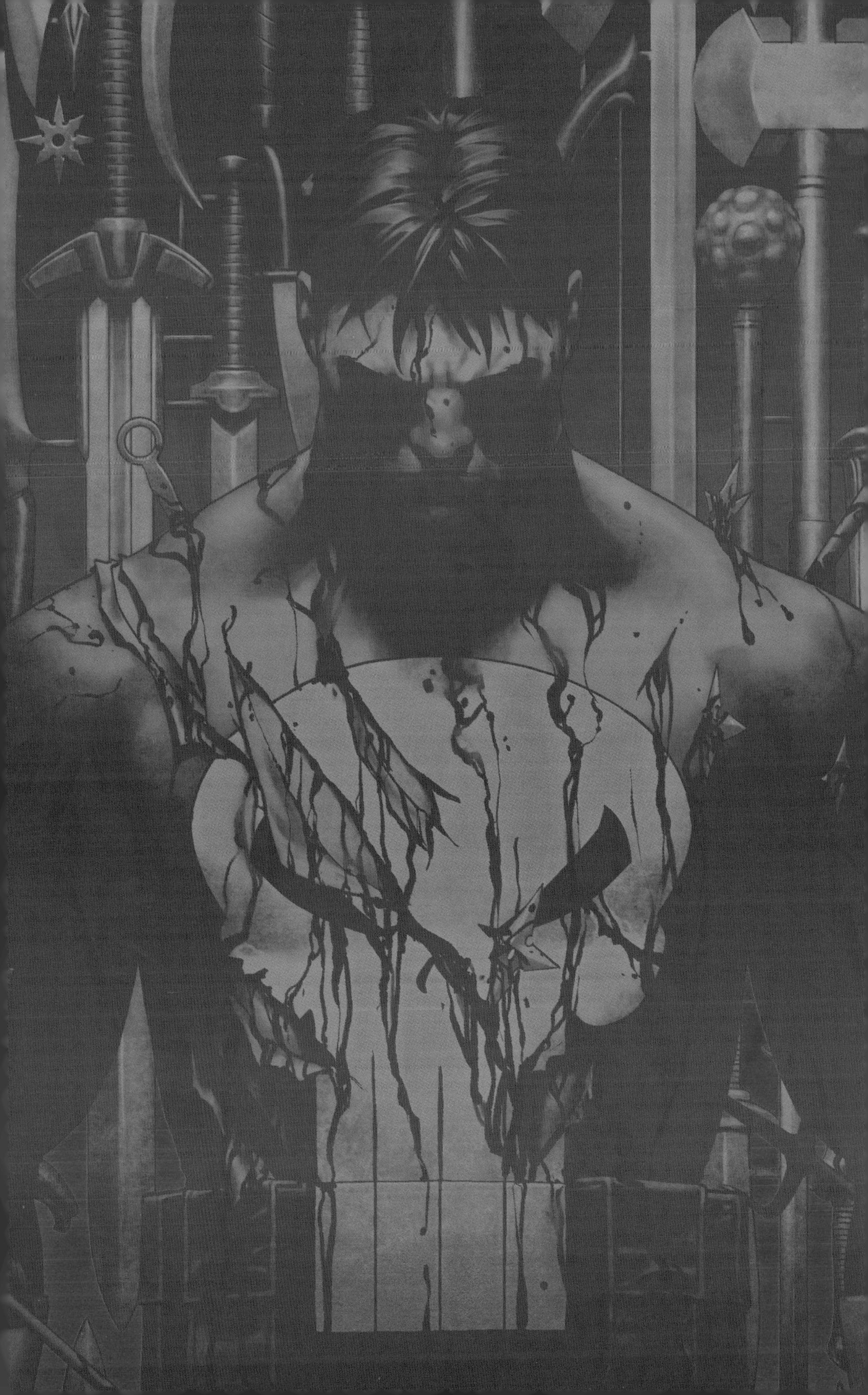

DER KÖNIG DER KILLER, BUCH 1, KAPITEL 3: FRANKS ERSTES SAKRAMENT

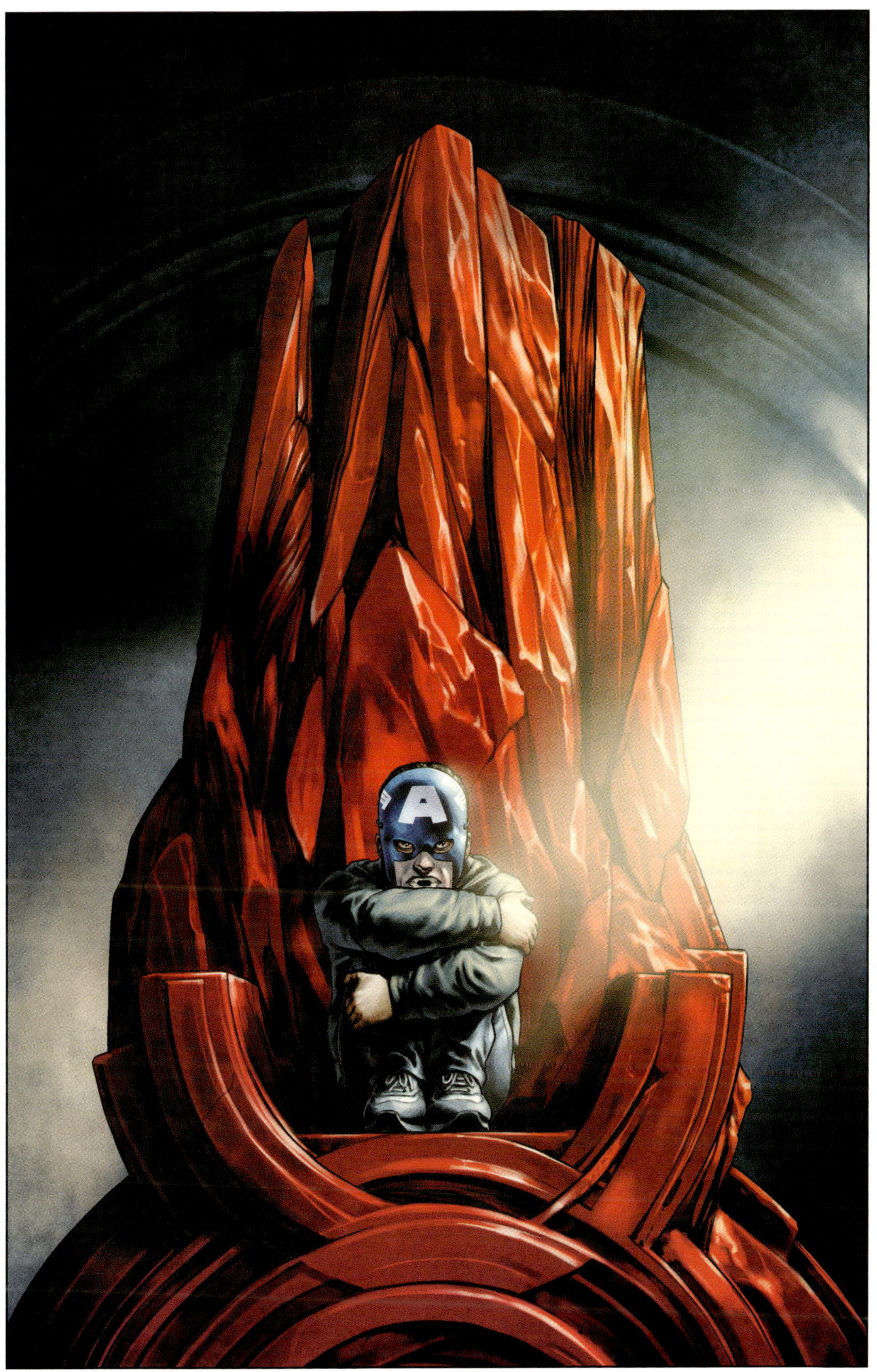

Punisher (2022) 3
Cover von **JESÚS SAIZ**

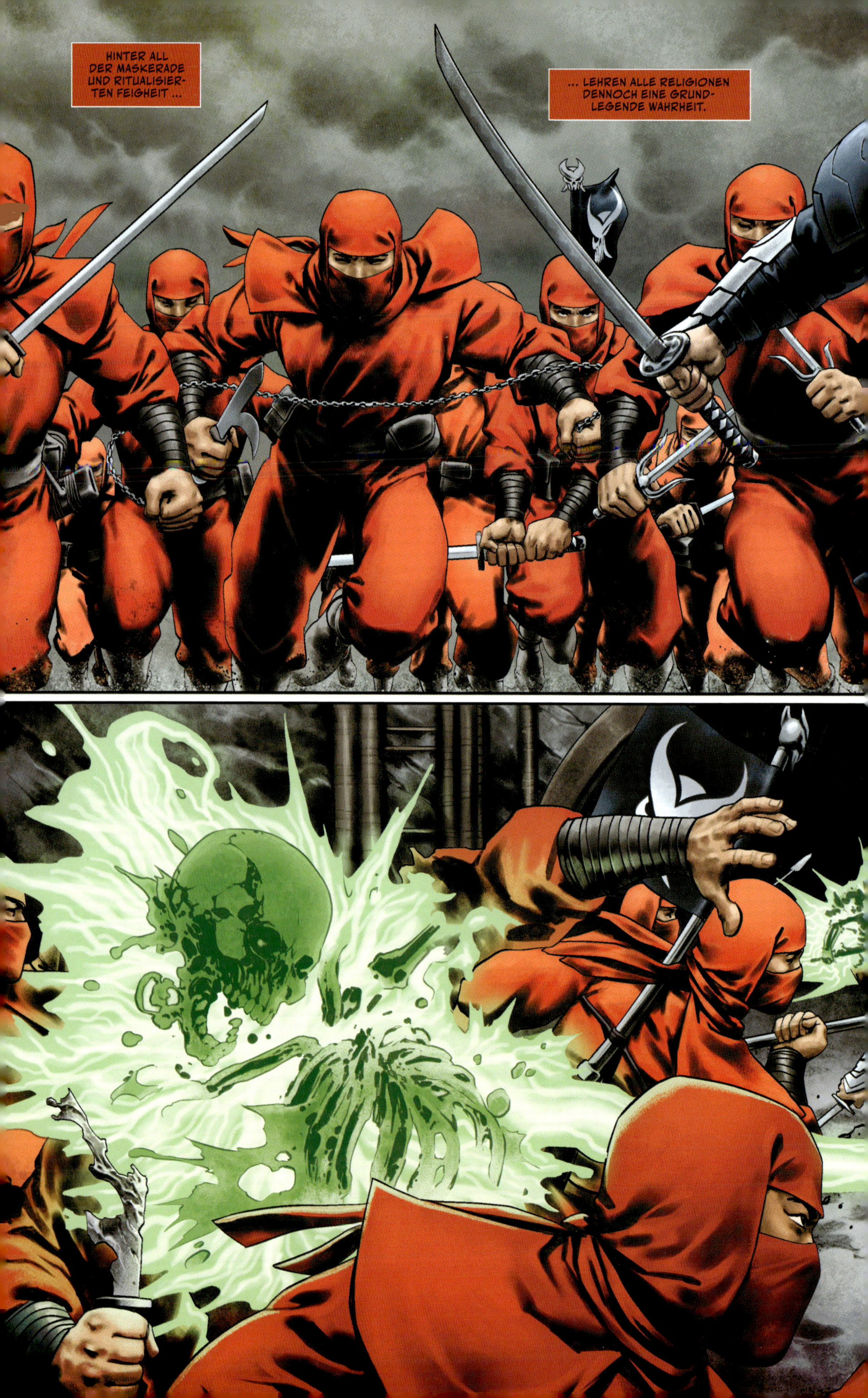

HINTER ALL DER MASKERADE UND RITUALISIERTEN FEIGHEIT ...

... LEHREN ALLE RELIGIONEN DENNOCH EINE GRUNDLEGENDE WAHRHEIT.

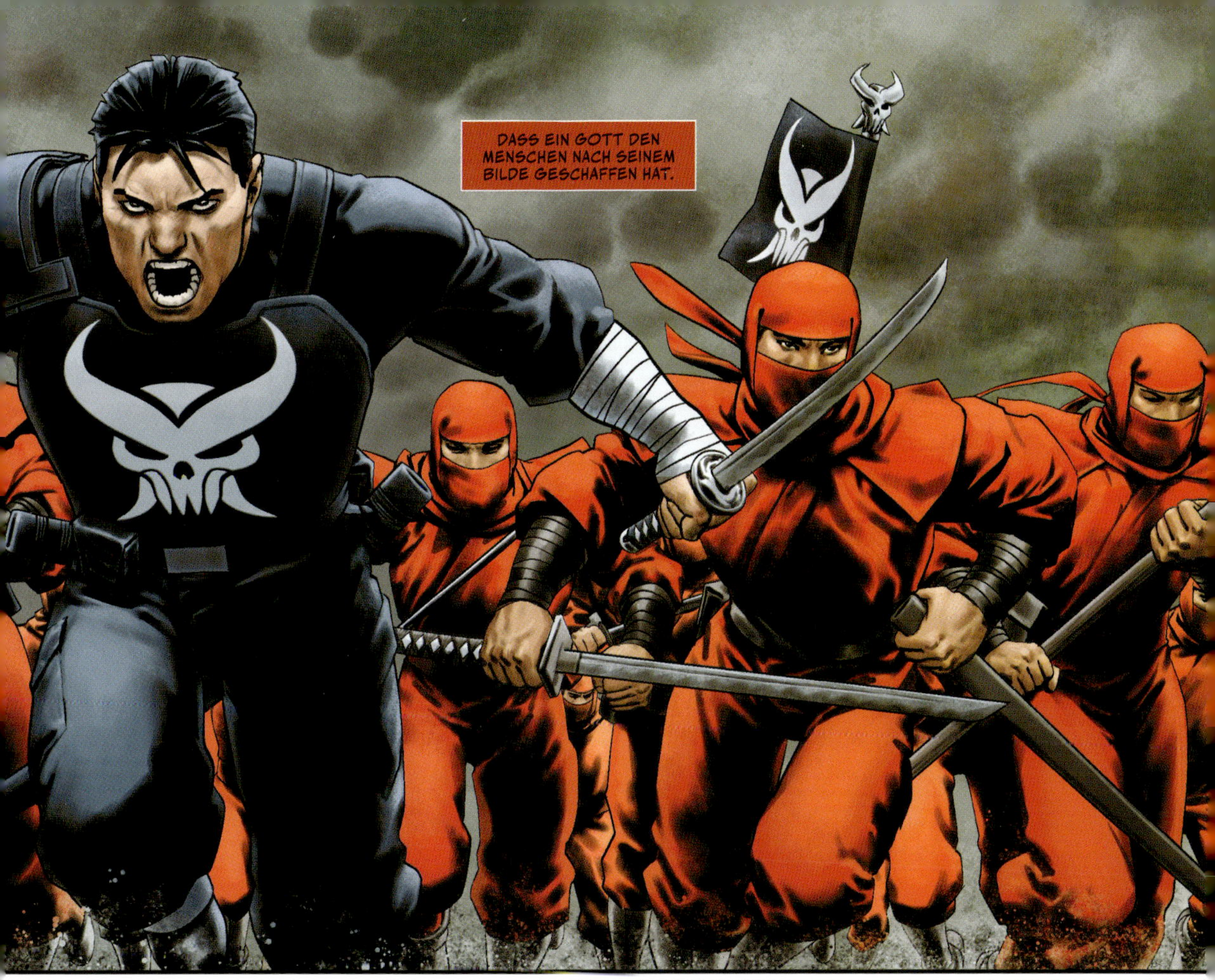

DASS EIN GOTT DEN
MENSCHEN NACH SEINEM
BILDE GESCHAFFEN HAT.
UND MILLIARDEN DIESER 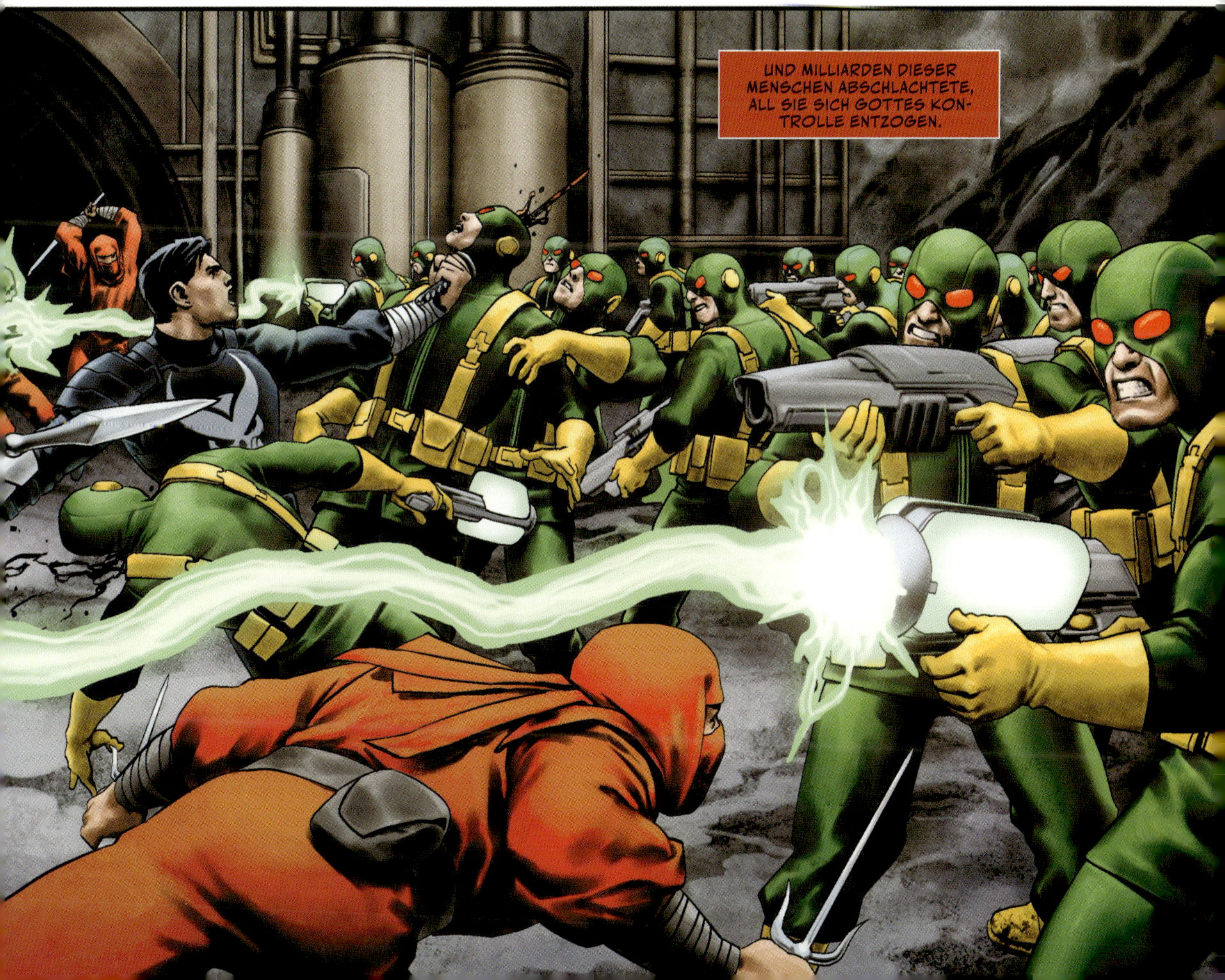
MENSCHEN ABSCHLACHTETE,
ALS SIE SICH GOTTES KON-
TROLLE ENTZOGEN.

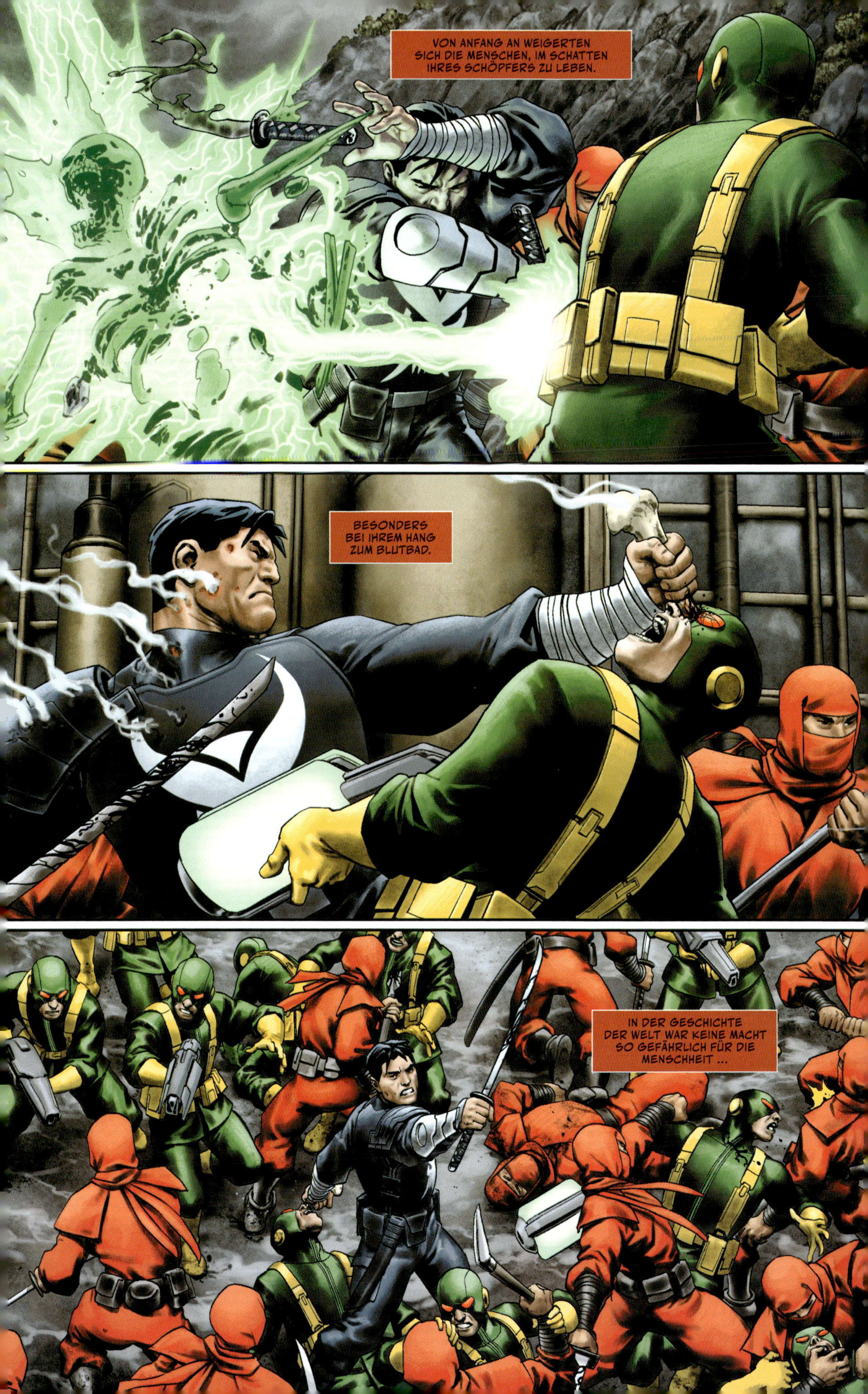

VON ANFANG AN WEIGERTEN SICH DIE MENSCHEN, IM SCHATTEN IHRES SCHÖPFERS ZU LEBEN.

BESONDERS BEI IHREM HANG ZUM BLUTBAD.

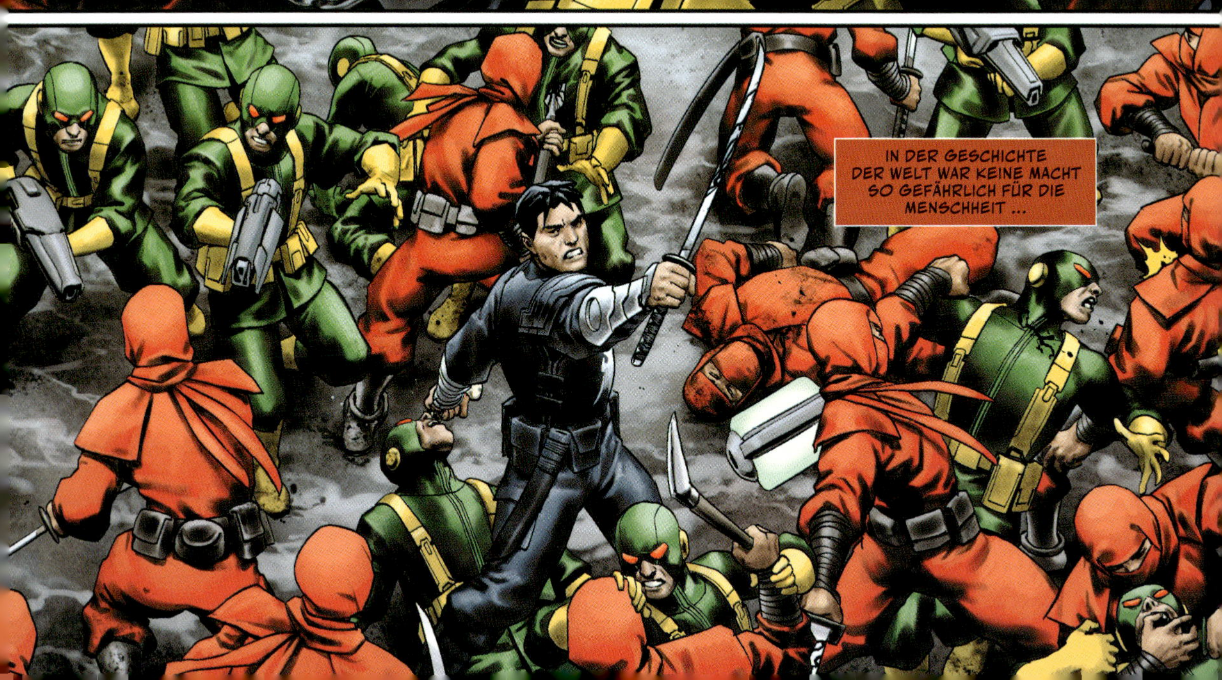

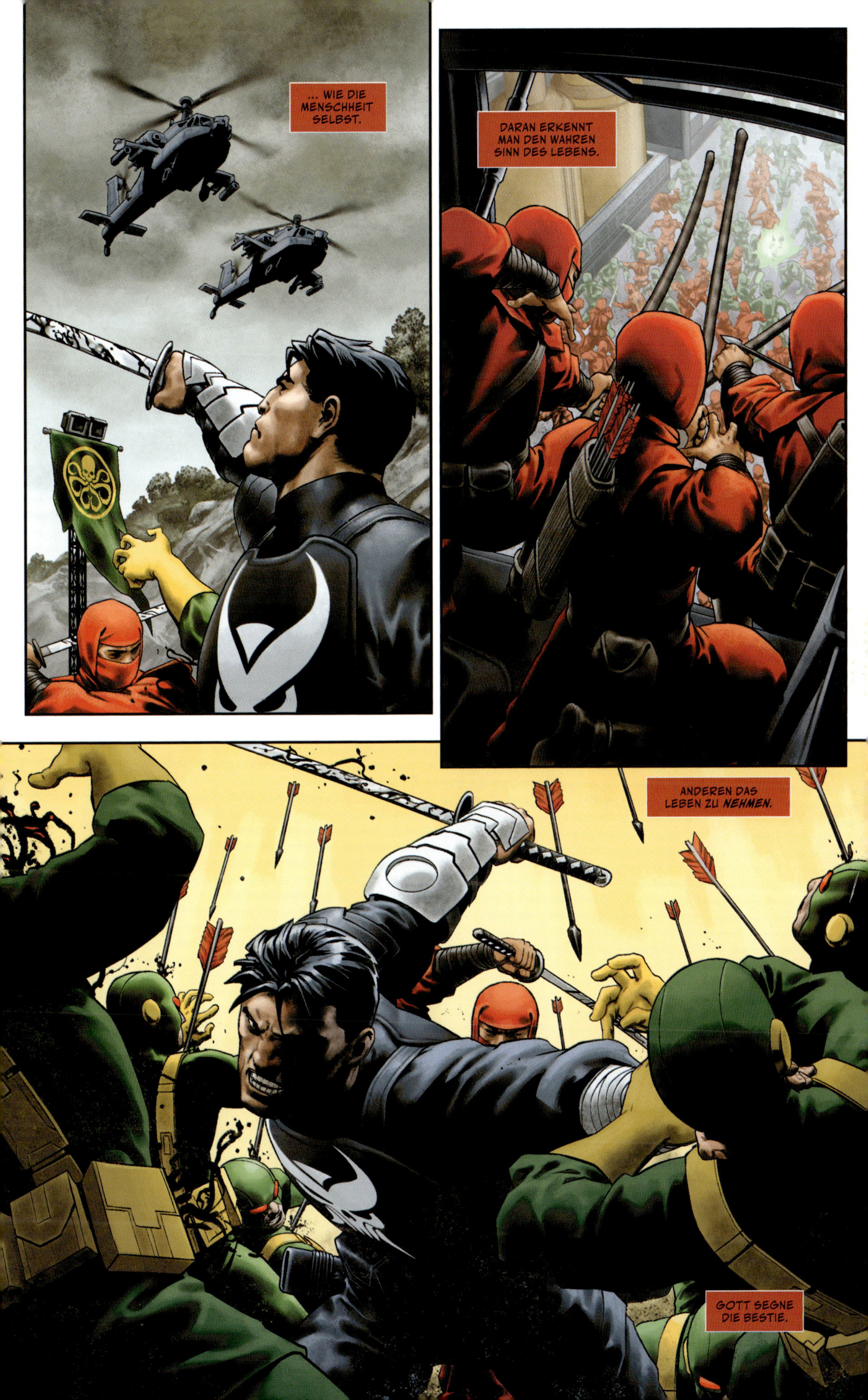
... WIE DIE MENSCHHEIT SELBST.
DARAN ERKENNT MAN DEN WAHREN SINN DES LEBENS.
ANDEREN DAS LEBEN ZU *NEHMEN*.
GOTT SEGNE DIE BESTIE.

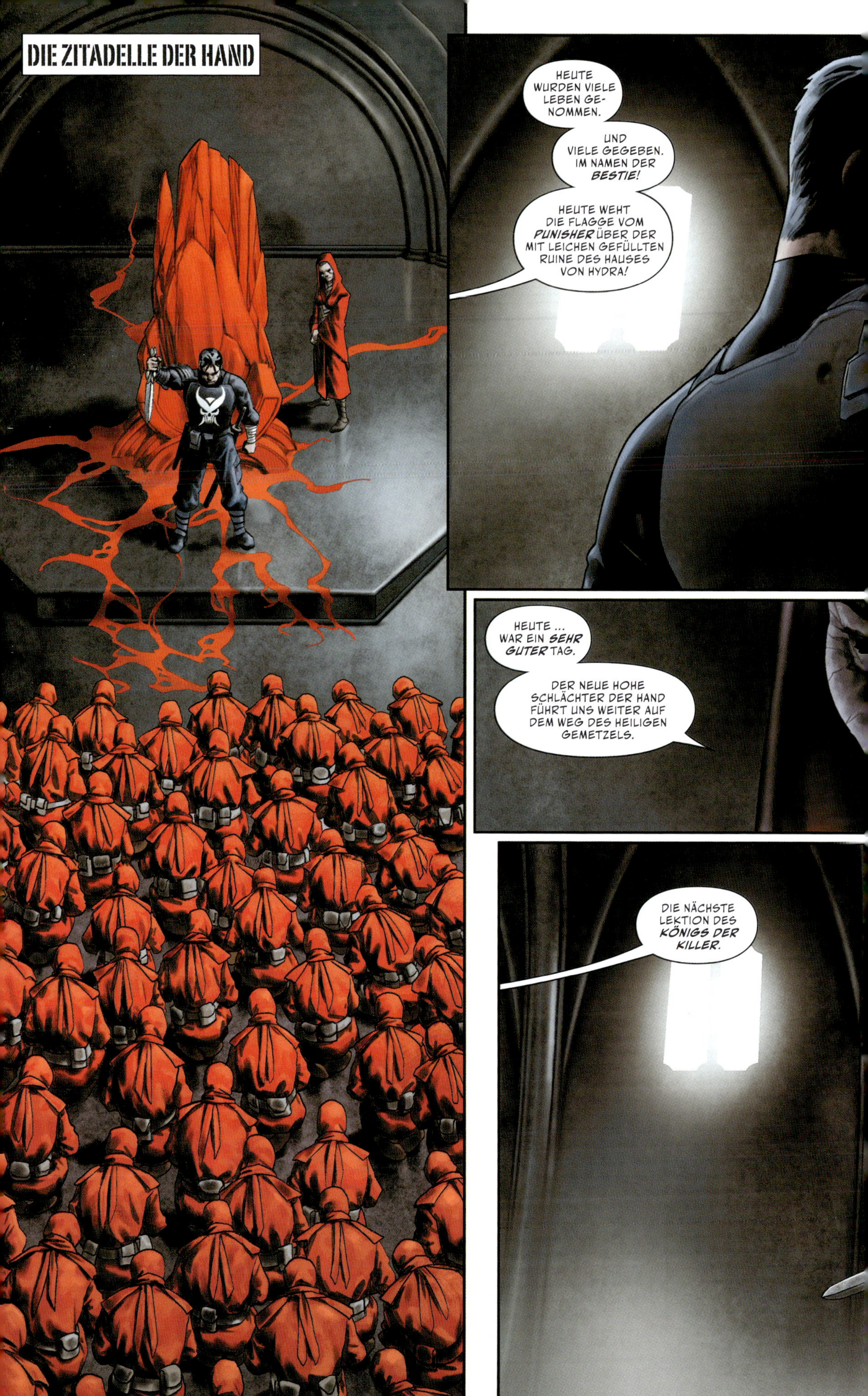
DIE ZITADELLE DER HAND
HEUTE WURDEN VIELE LEBEN GE-NOMMEN.
UND VIELE GEGEBEN. IM NAMEN DER BESTIE!
HEUTE WEHT DIE FLAGGE VOM PUNISHER ÜBER DER MIT LEICHEN GEFÜLLTEN RUINE DES HAUSES VON HYDRA!
HEUTE ... WAR EIN SEHR GUTER TAG.
DER NEUE HOHE SCHLÄCHTER DER HAND FÜHRT UNS WEITER AUF DEM WEG DES HEILIGEN GEMETZELS.
DIE NÄCHSTE LEKTION DES KÖNIGS DER KILLER.

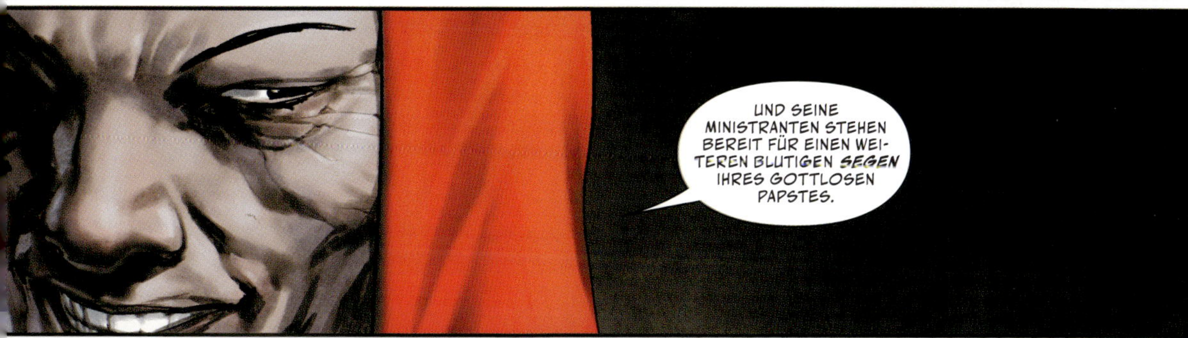
UND SEINE MINISTRANTEN STEHEN BEREIT FÜR EINEN WEITEREN BLUTIGEN SEGEN IHRES GOTTLOSEN PAPSTES.

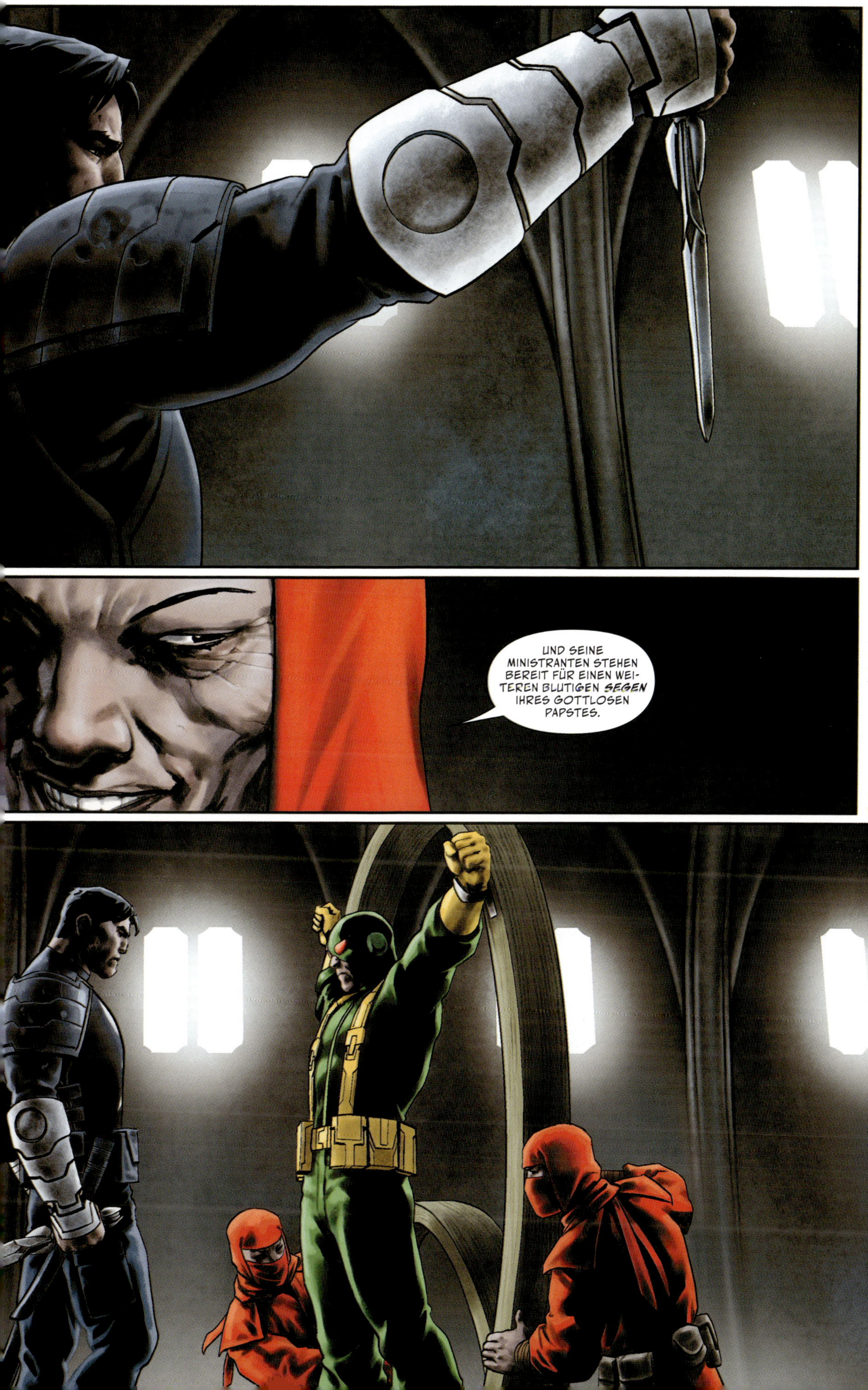

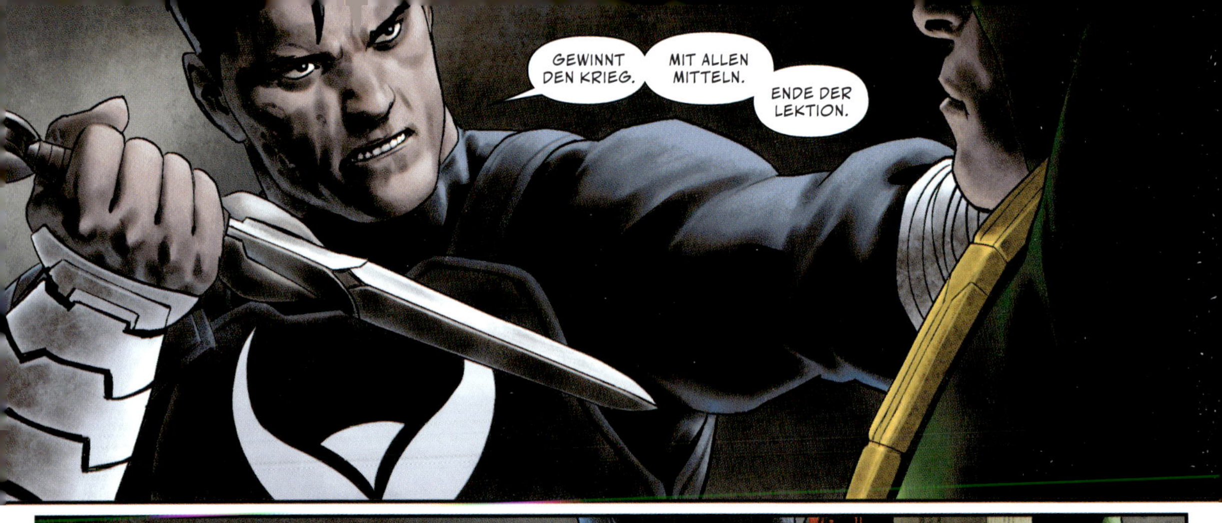
GEWINNT DEN KRIEG.
MIT ALLEN MITTELN.
ENDE DER LEKTION.

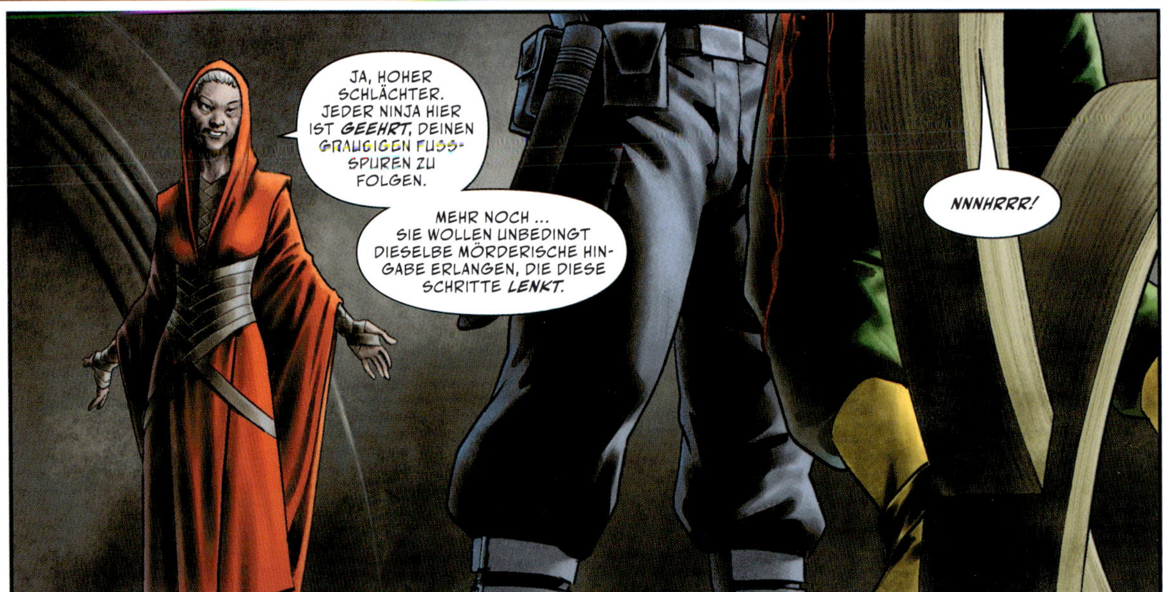
JA, HOHER SCHLÄCHTER. JEDER NINJA HIER IST GEEHRT, DEINEN GRAUSIGEN FUSS-SPUREN ZU FOLGEN.
MEHR NOCH ... SIE WOLLEN UNBEDINGT DIESELBE MÖRDERISCHE HINGABE ERLANGEN, DIE DIESE SCHRITTE LENKT.
NNNHRRR!

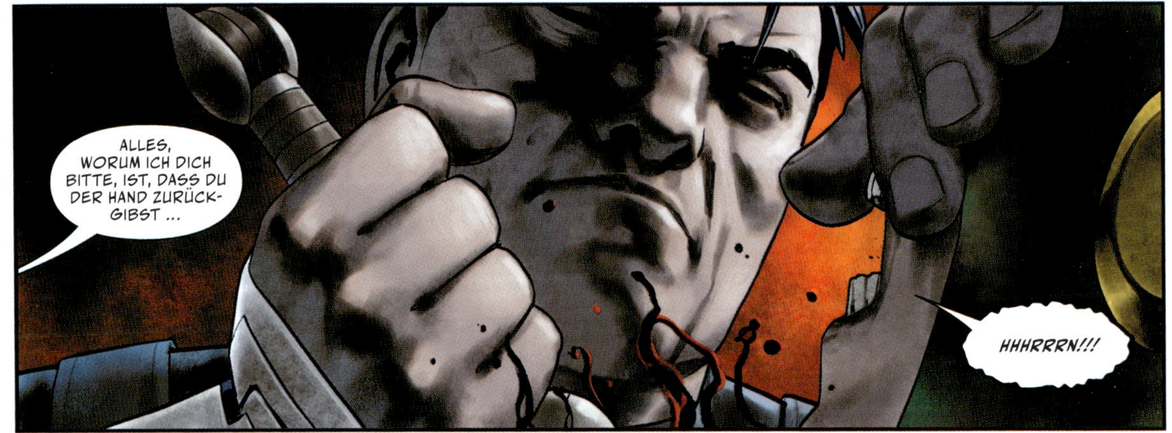
ALLES, WORUM ICH DICH BITTE, IST, DASS DU DER HAND ZURÜCKGIBST ...
HHHRRRN!!!

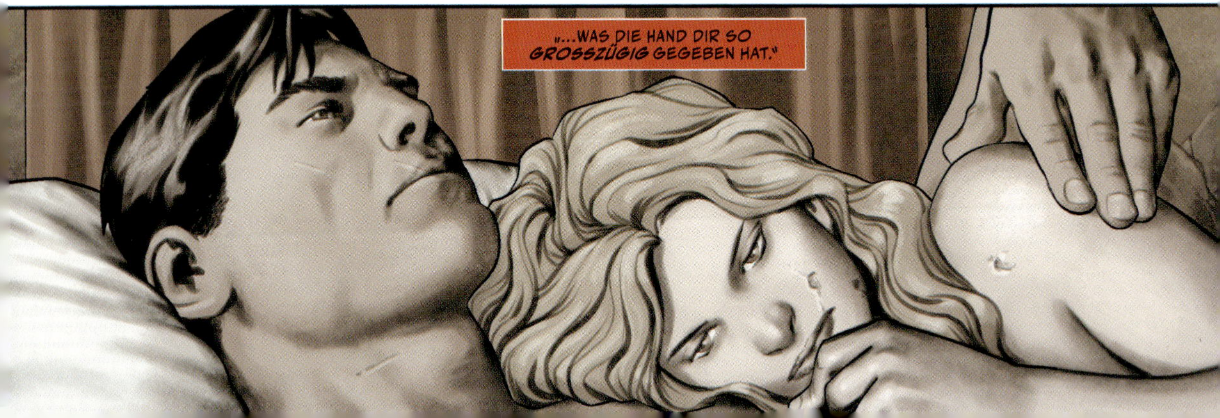
„...WAS DIE HAND DIR SO GROSSZÜGIG GEGEBEN HAT.“

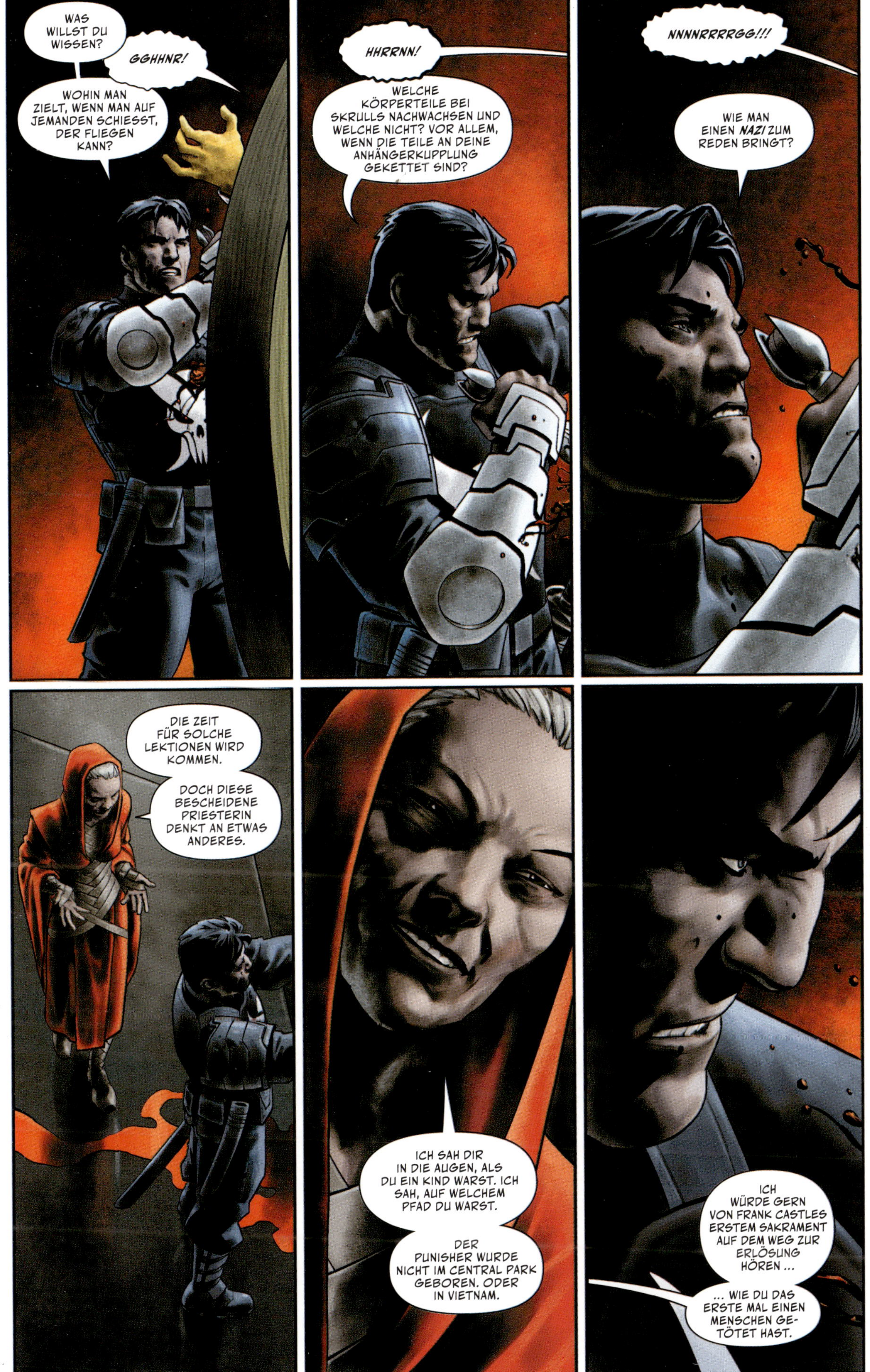

WAS WILLST DU WISSEN?
GGHHNR!
WOHIN MAN ZIELT, WENN MAN AUF JEMANDEN SCHIESST, DER FLIEGEN KANN?
HHRRNN!
WELCHE KÖRPERTEILE BEI SKRULLS NACHWACHSEN UND WELCHE NICHT? VOR ALLEM, WENN DIE TEILE AN DEINE ANHÄNGERKUPPLUNG GEKETTET SIND?
NNNNRRRRGG!!!
WIE MAN EINEN NAZI ZUM REDEN BRINGT?
DIE ZEIT FÜR SOLCHE LEKTIONEN WIRD KOMMEN.
DOCH DIESE BESCHEIDENE PRIESTERIN DENKT AN ETWAS ANDERES.
ICH SAH DIR IN DIE AUGEN, ALS DU EIN KIND WARST. ICH SAH, AUF WELCHEM PFAD DU WARST.
DER PUNISHER WURDE NICHT IM CENTRAL PARK GEBOREN. ODER IN VIETNAM.
ICH WÜRDE GERN VON FRANK CASTLES ERSTEM SAKRAMENT AUF DEM WEG ZUR ERLÖSUNG HÖREN ...
... WIE DU DAS ERSTE MAL EINEN MENSCHEN GETÖTET HAST.

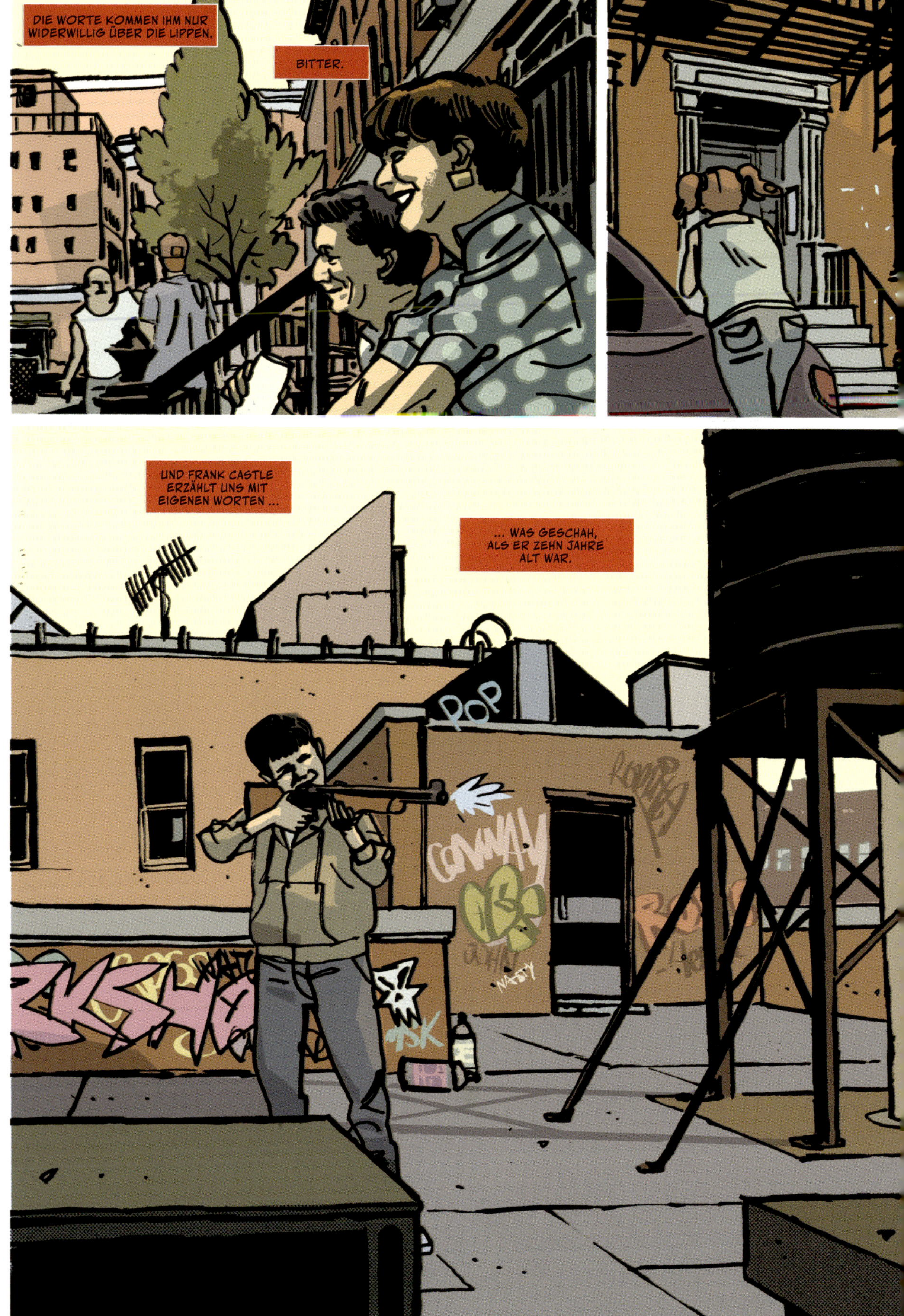
DIE WORTE KOMMEN IHM NUR WIDERWILLIG ÜBER DIE LIPPEN.
BITTER.
UND FRANK CASTLE ERZÄHLT UNS MIT EIGENEN WORTEN ...
... WAS GESCHAH, ALS ER ZEHN JAHRE ALT WAR.

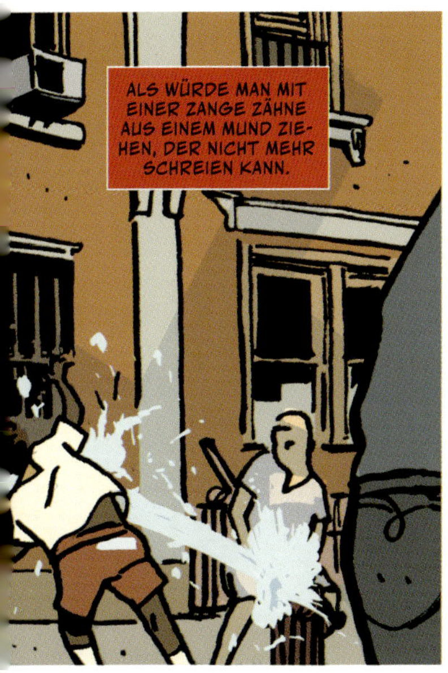
ALS WÜRDE MAN MIT EINER ZANGE ZÄHNE AUS EINEM MUND ZIEHEN, DER NICHT MEHR SCHREIEN KANN.

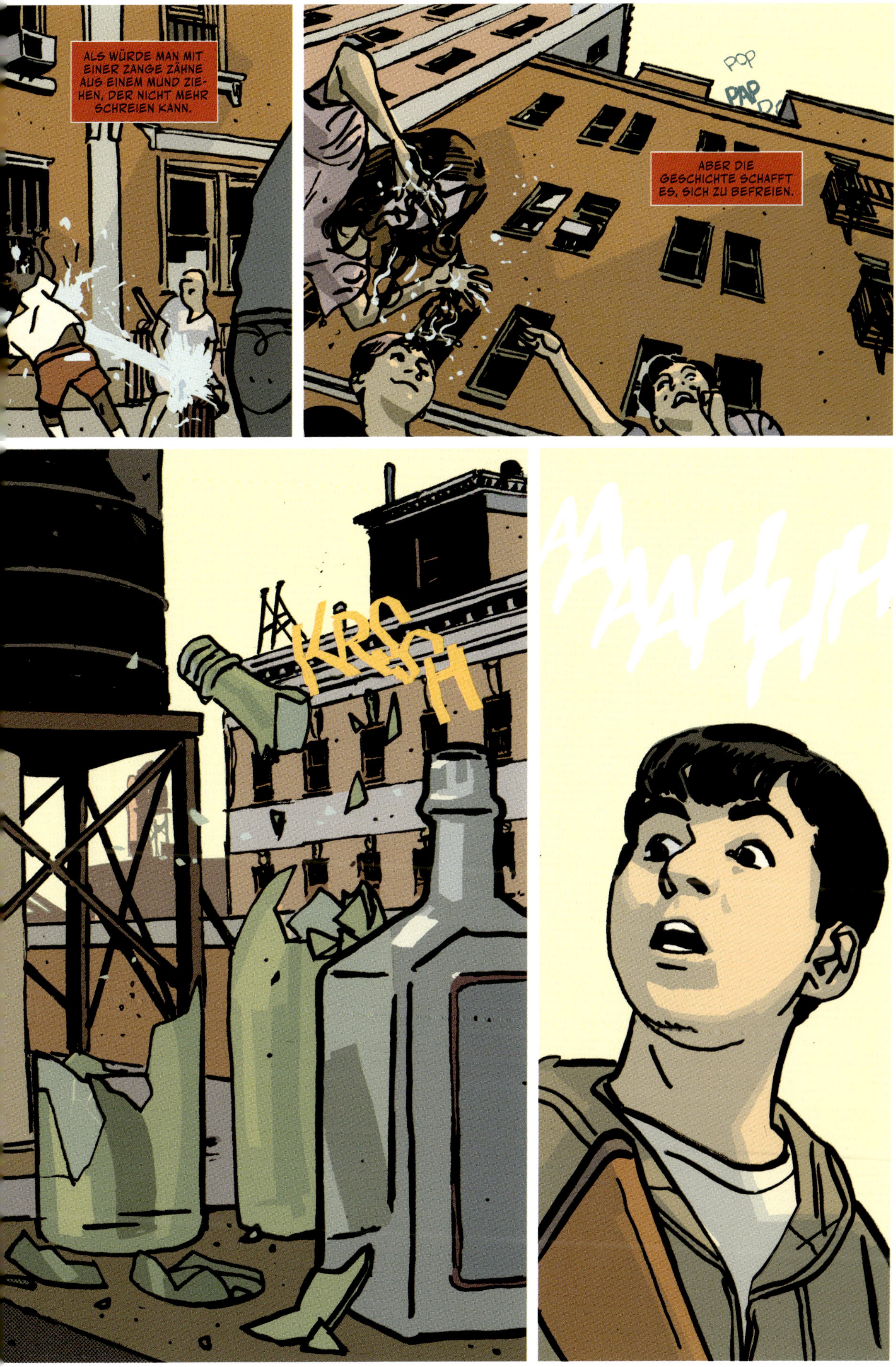

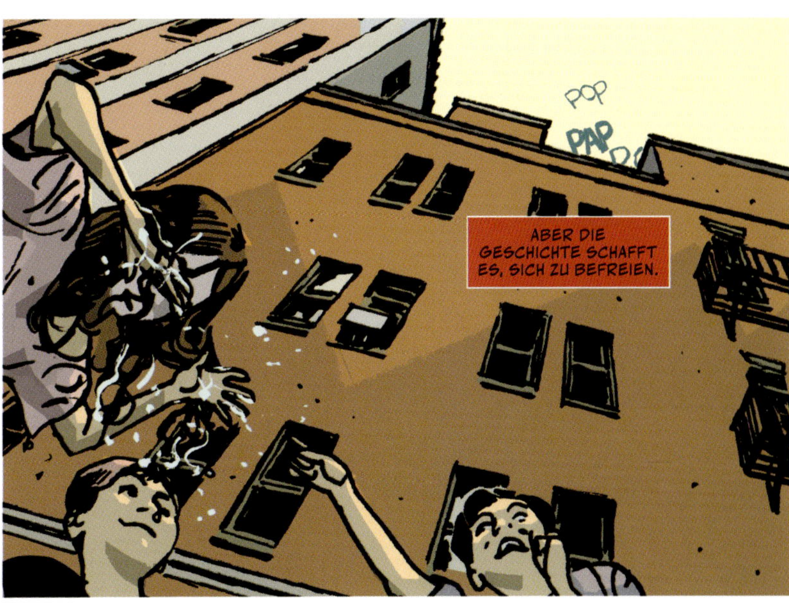
POP
PAP
ABER DIE GESCHICHTE SCHAFFT ES, SICH ZU BEFREIEN.

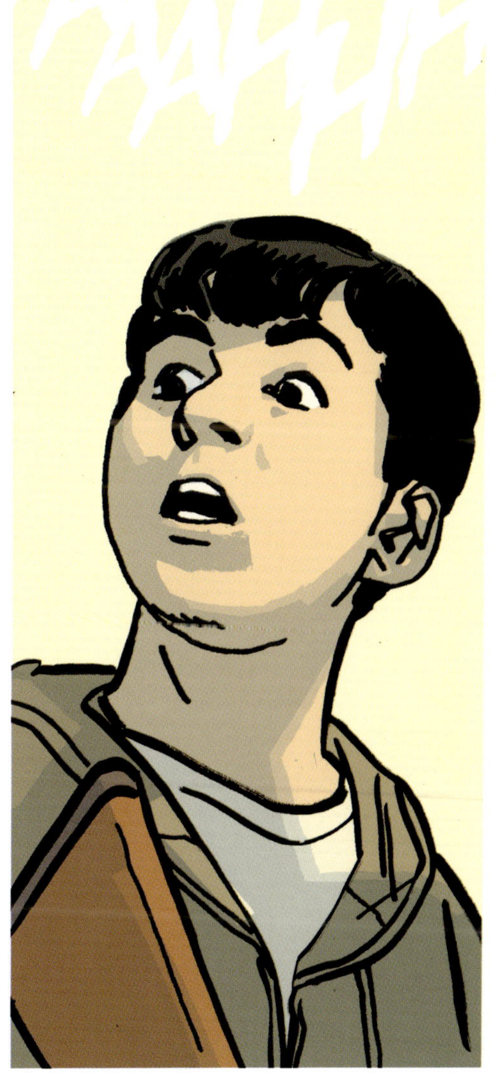

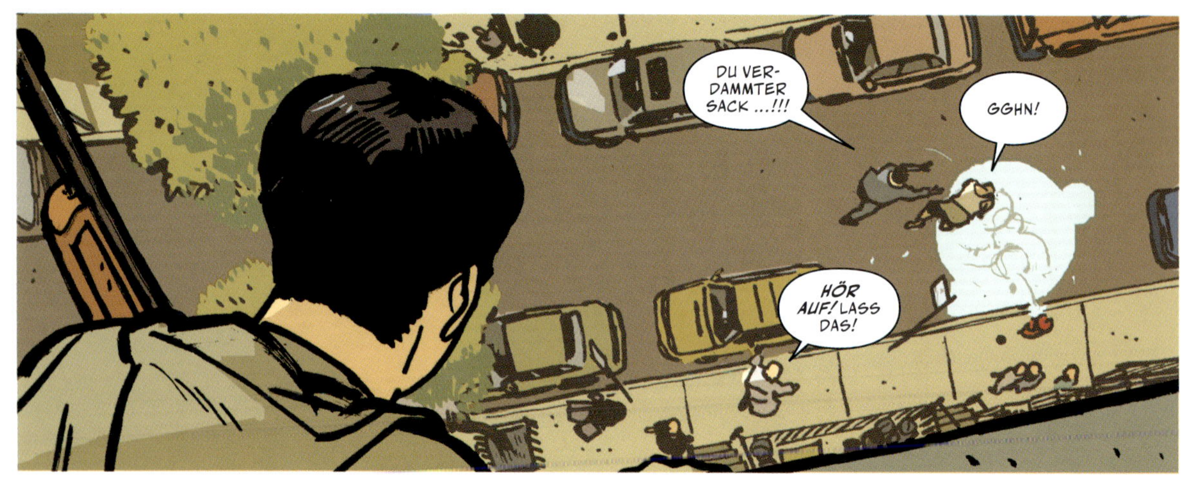
DU VERDAMMTER SACK ...!!!
GGHN!
HÖR AUF! LASS DAS!

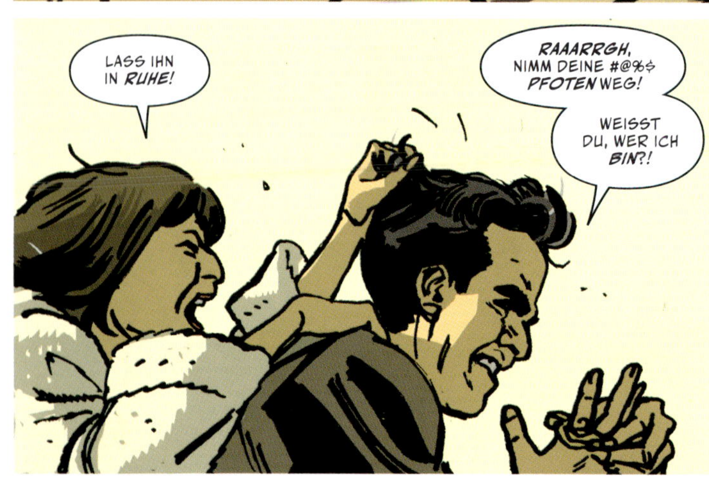
LASS IHN IN RUHE!
RAAARRGH, NIMM DEINE #@%$ PFOTEN WEG!
WEISST DU, WER ICH BIN?!

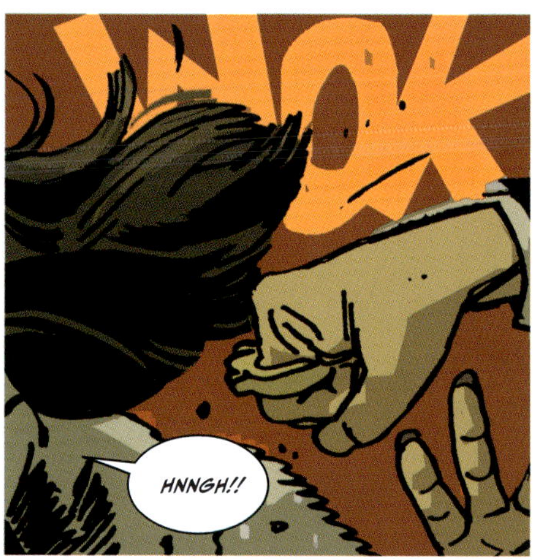
WOK
HNNGH!!

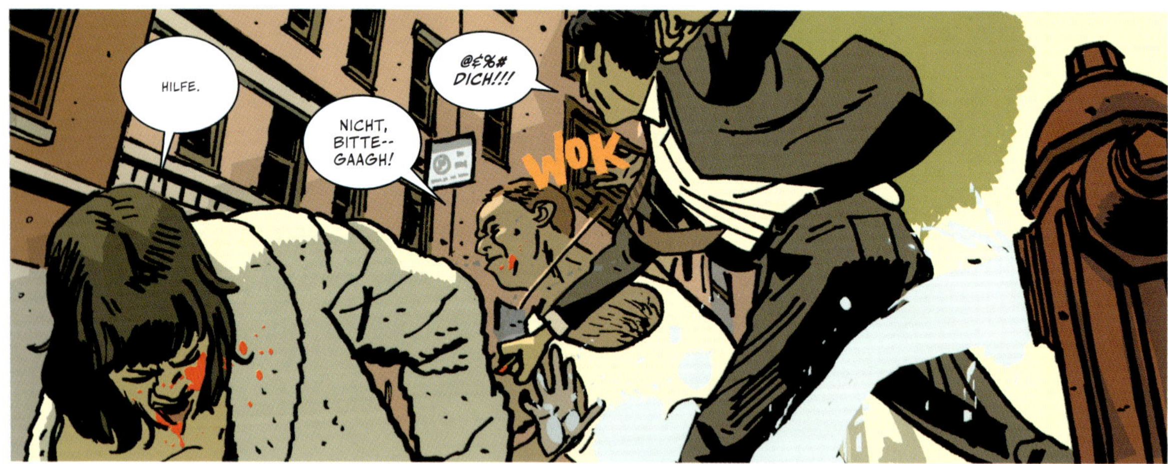
HILFE.
@¢%# DICH!!!
NICHT, BITTE--GAAGH!
WOK

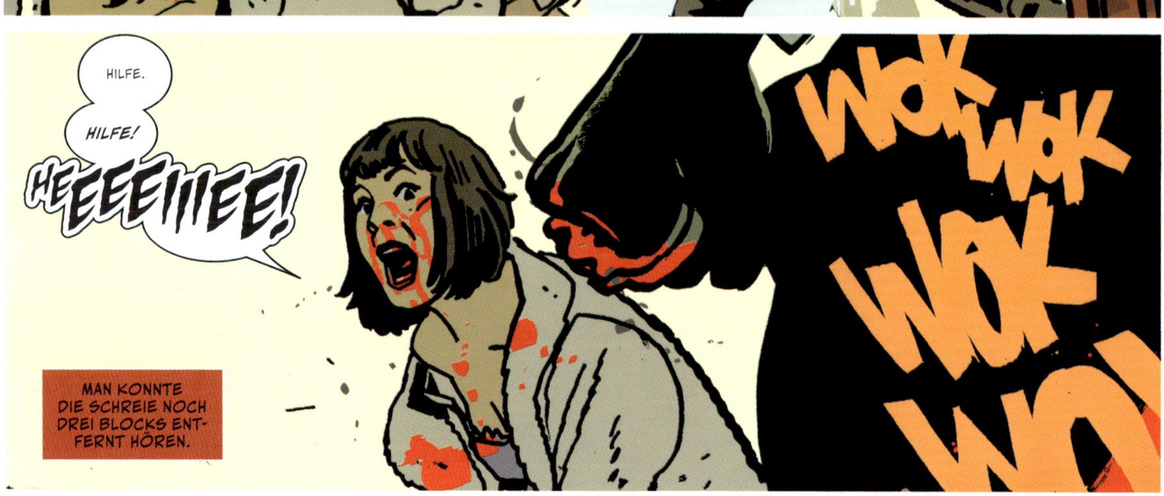
HILFE.
HILFE!
HEEEEIIIEE!
WOK WOK
WOK
MAN KONNTE DIE SCHREIE NOCH DREI BLOCKS ENTFERNT HÖREN.

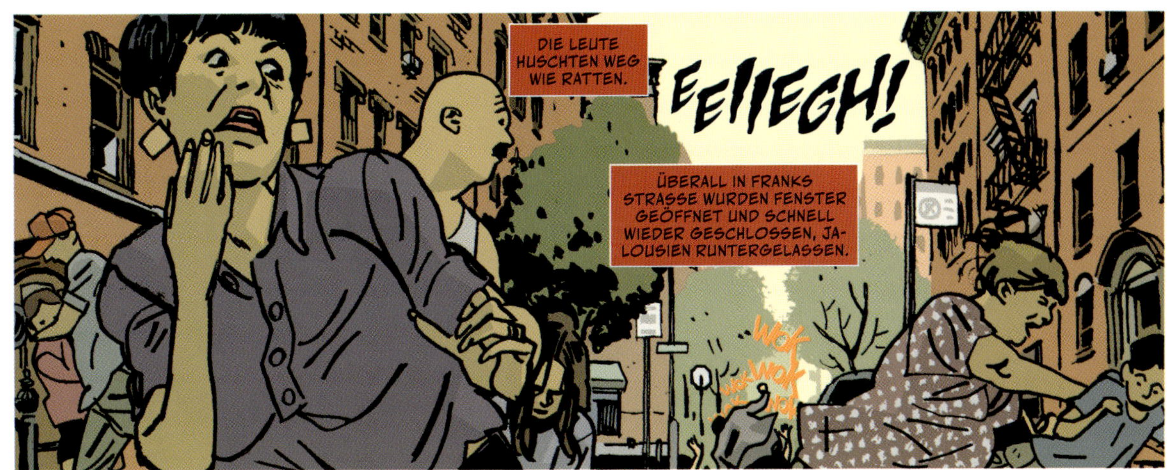
DIE LEUTE HUSCHTEN WEG WIE RATTEN.
EEIIEGH!
ÜBERALL IN FRANKS STRASSE WURDEN FENSTER GEÖFFNET UND SCHNELL WIEDER GESCHLOSSEN, JALOUSIEN RUNTERGELASSEN.
WOK WOK WOK WOK

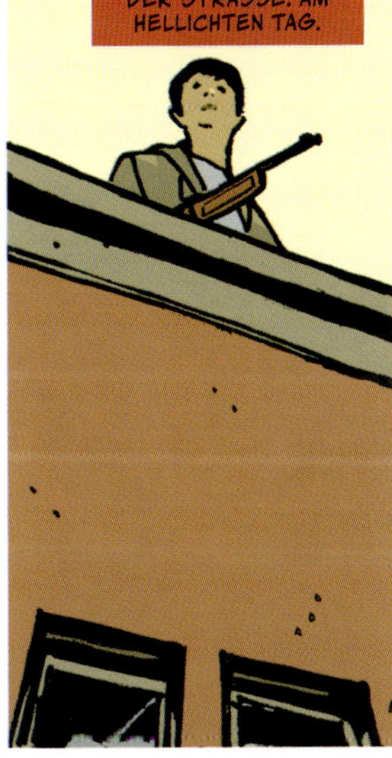
HHHRRGGGH!
ERST WAR ES NUR EIN STREIT GEWESEN. DANN WURDE ES ... ETWAS ANDERES.
ER SCHLUG BEIDE, DEN MANN UND DIE FRAU. IMMER ABWECHSELND.
MITTEN AUF DER STRASSE. AM HELLICHTEN TAG.

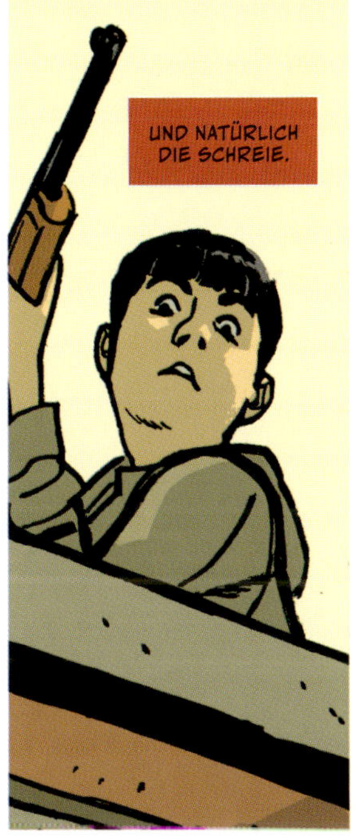
WWEIIEGH!
DER GANZE BLOCK WURDE STILL. MAN HÖRTE NUR NOCH DAS DUMPFE KLATSCHEN DER SCHLÄGE UND DAS KNACKEN DER KNOCHEN.
UND NATÜRLICH DIE SCHREIE.

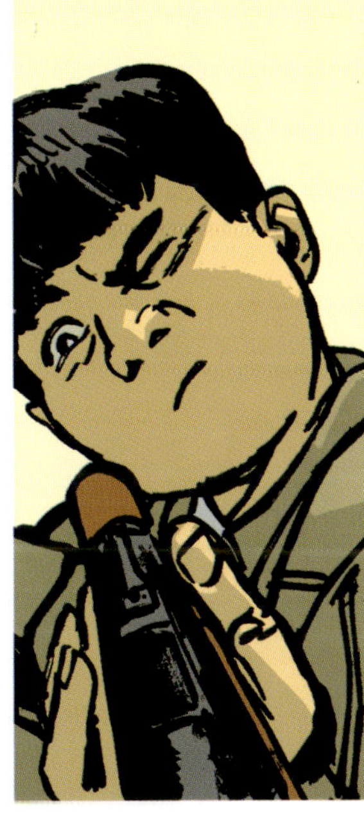
HRRRAAIIEE!
KEINER SAGTE EIN WORT. KEINER RIEF DIE POLIZEI. KEINER RÜHRTE AUCH NUR EINEN FINGER.

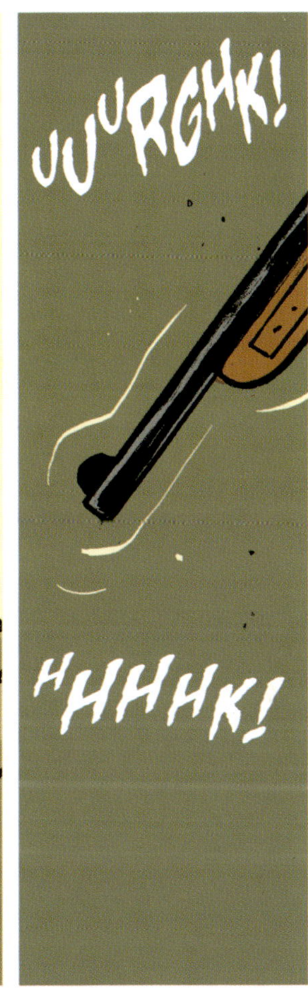
UUURGHK!
HHHHK!

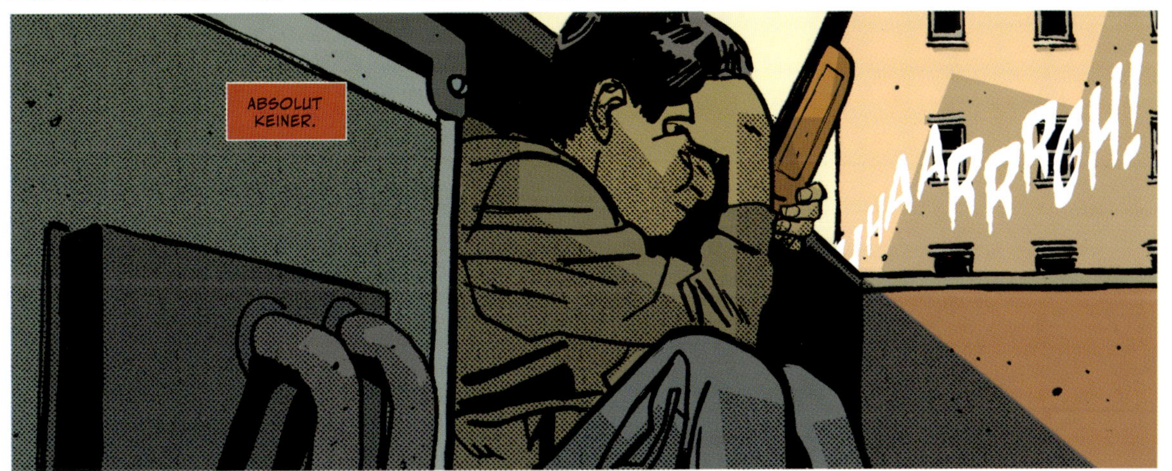
ABSOLUT KEINER.
HHAARRRGH!

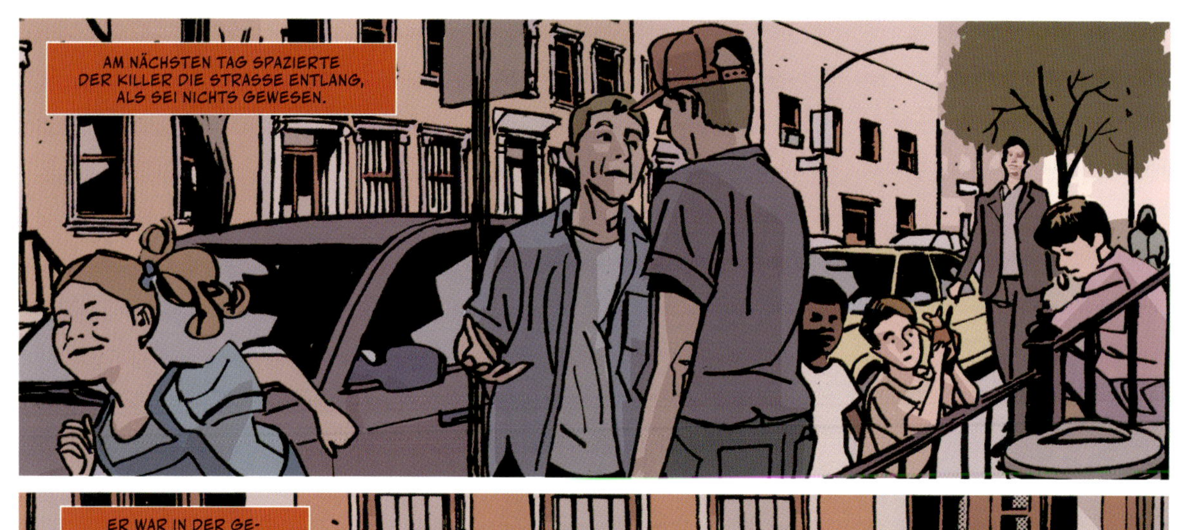
AM NÄCHSTEN TAG SPAZIERTE DER KILLER DIE STRASSE ENTLANG, ALS SEI NICHTS GEWESEN.

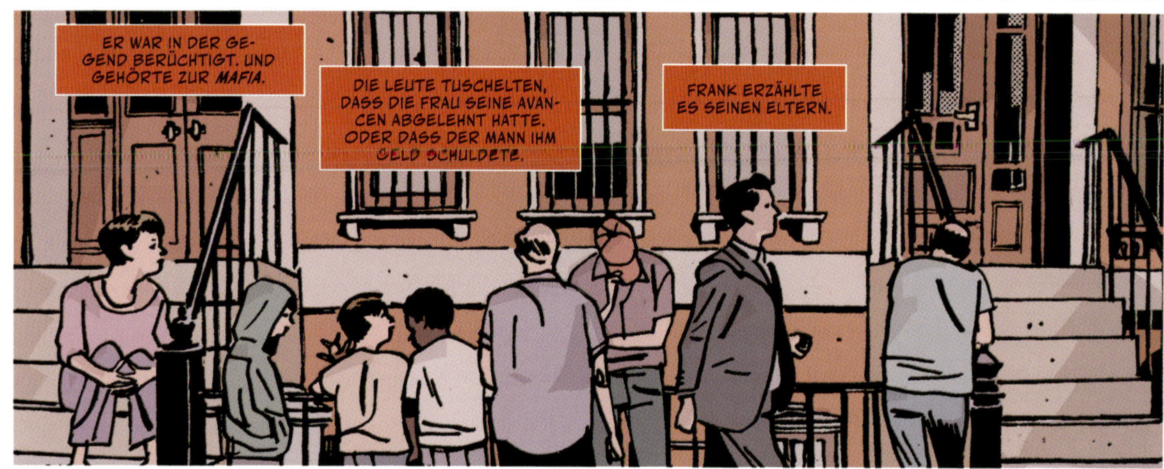
ER WAR IN DER GEGEND BERÜCHTIGT. UND GEHÖRTE ZUR *MAFIA*.
DIE LEUTE TUSCHELTEN, DASS DIE FRAU SEINE AVANCEN ABGELEHNT HATTE. ODER DASS DER MANN IHM GELD SCHULDETE.
FRANK ERZÄHLTE ES SEINEN ELTERN.

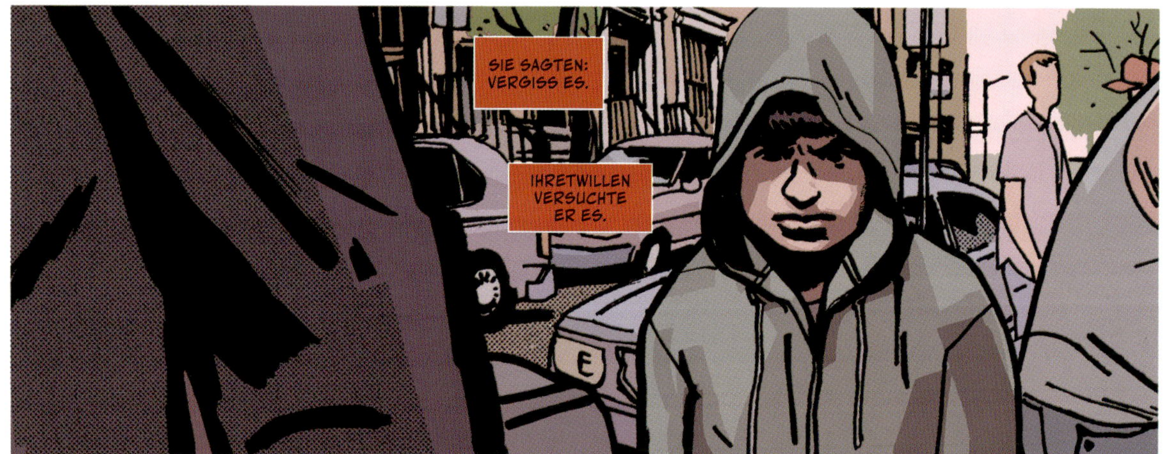
SIE SAGTEN: VERGISS ES.
IHRETWILLEN VERSUCHTE ER ES.

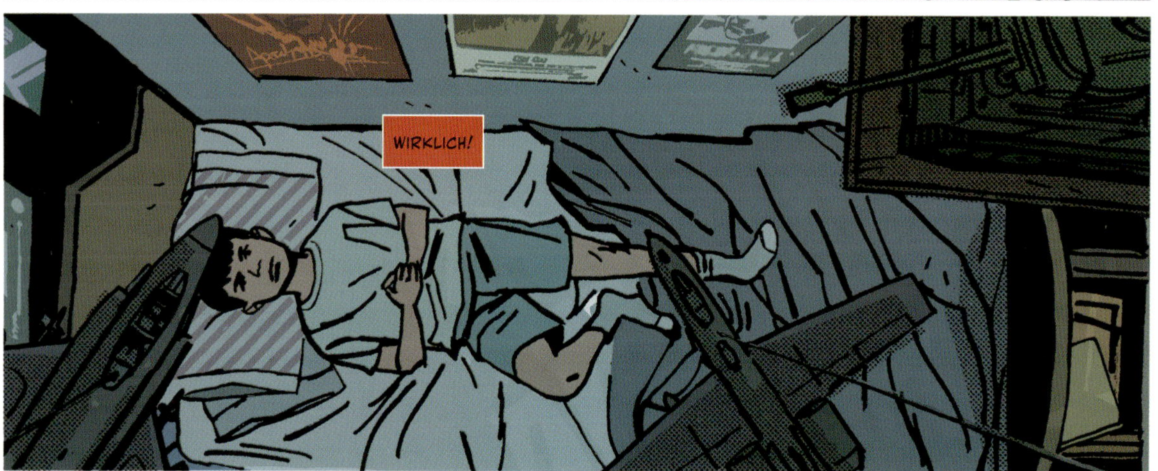
WIRKLICH!

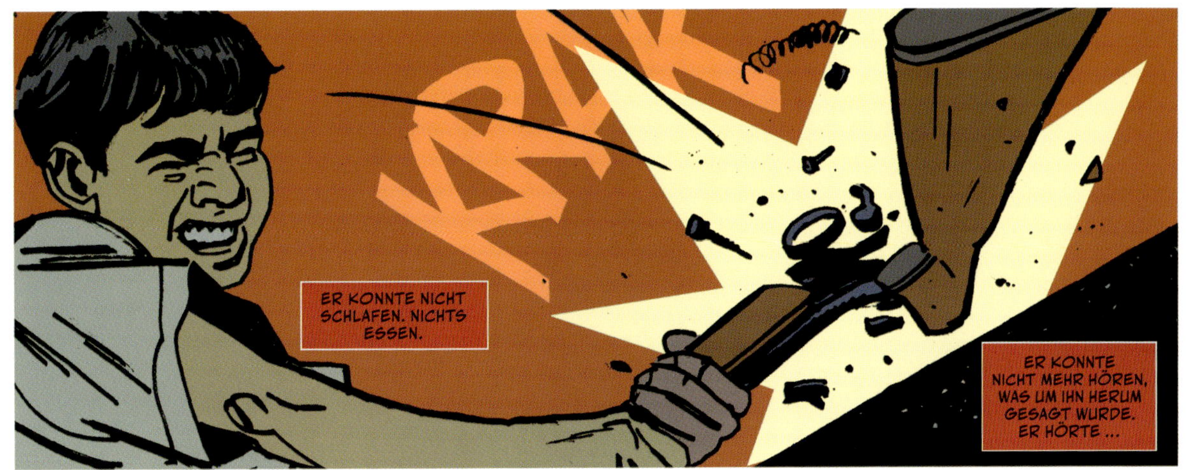
KRAK
ER KONNTE NICHT SCHLAFEN. NICHTS ESSEN.
ER KONNTE NICHT MEHR HÖREN, WAS UM IHN HERUM GESAGT WURDE. ER HÖRTE ...

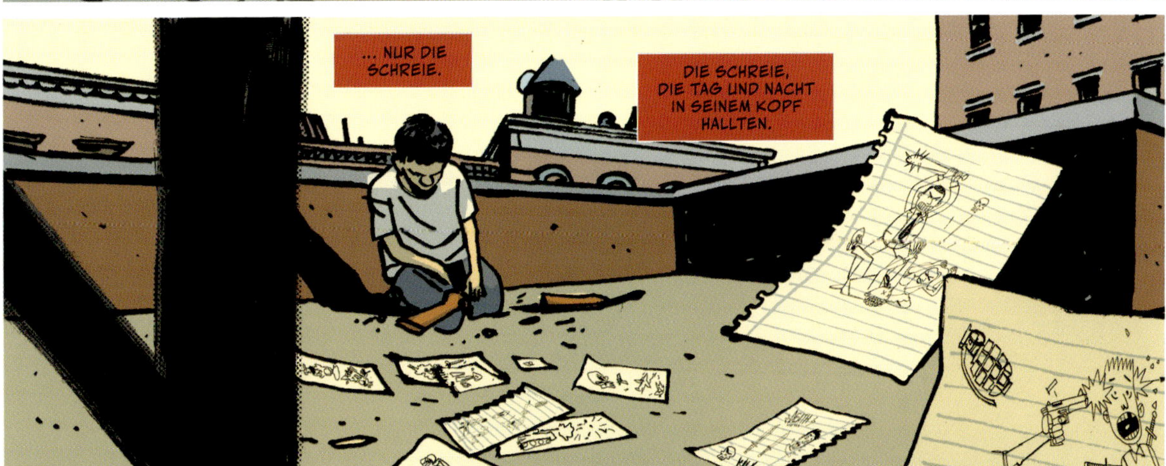
... NUR DIE SCHREIE.
DIE SCHREIE, DIE TAG UND NACHT IN SEINEM KOPF HALLTEN.

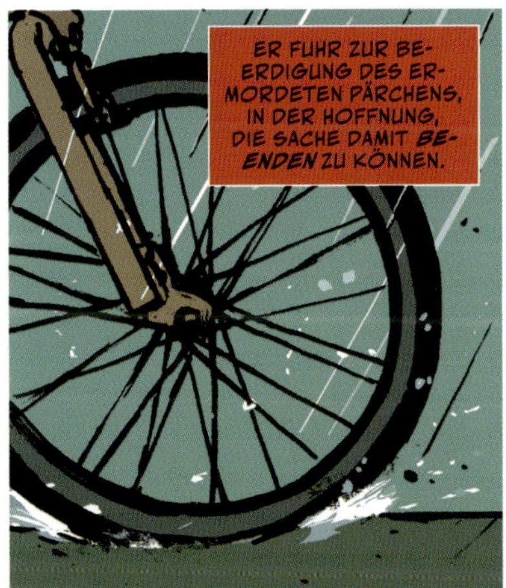
ER FUHR ZUR BEERDIGUNG DES ERMORDETEN PÄRCHENS, IN DER HOFFNUNG, DIE SACHE DAMIT *BEENDEN* ZU KÖNNEN.

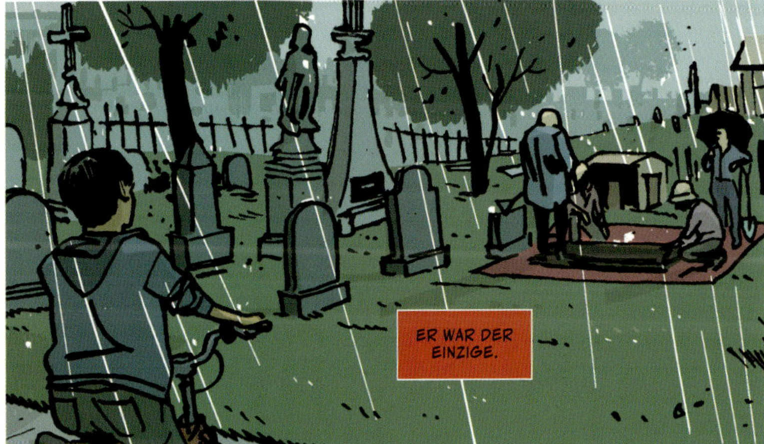
ER WAR DER EINZIGE.

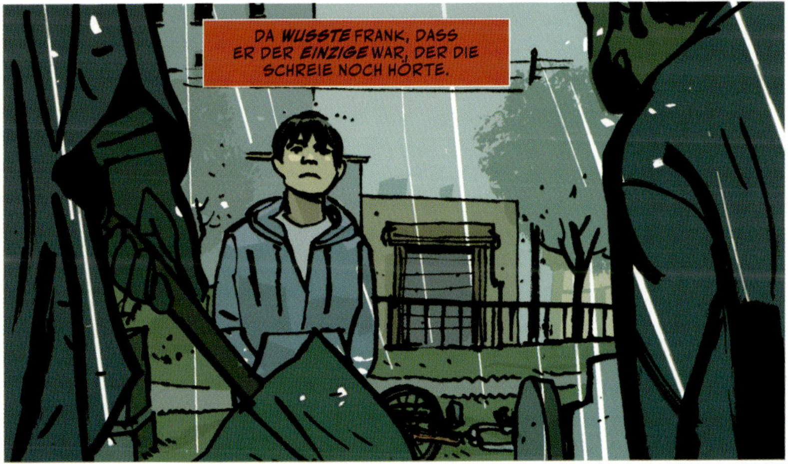
DA *WUSSTE* FRANK, DASS ER DER *EINZIGE* WAR, DER DIE SCHREIE NOCH HÖRTE.

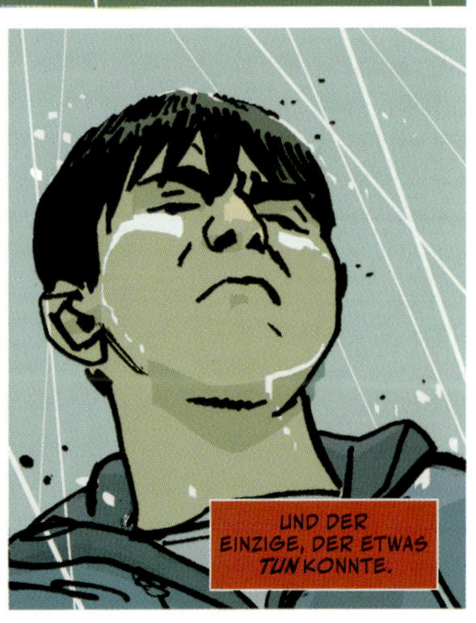
UND DER EINZIGE, DER ETWAS *TUN* KONNTE.

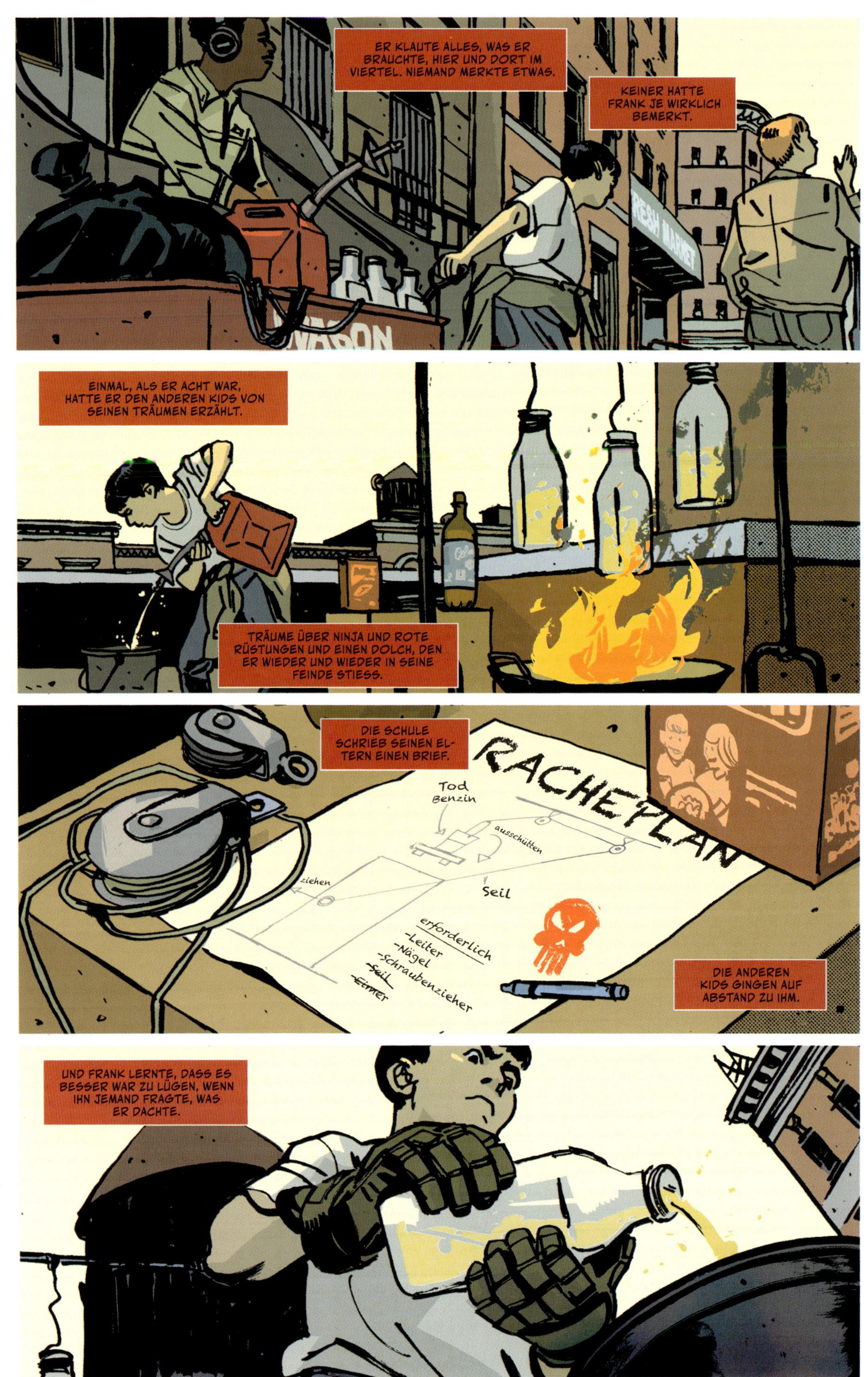
ER KLAUTE ALLES, WAS ER BRAUCHTE, HIER UND DORT IM VIERTEL. NIEMAND MERKTE ETWAS.
KEINER HATTE FRANK JE WIRKLICH BEMERKT.
FRESH MARKET
WAGON
EINMAL, ALS ER ACHT WAR, HATTE ER DEN ANDEREN KIDS VON SEINEN TRÄUMEN ERZÄHLT.
TRÄUME ÜBER NINJA UND ROTE RÜSTUNGEN UND EINEN DOLCH, DEN ER WIEDER UND WIEDER IN SEINE FEINDE STIESS.
DIE SCHULE SCHRIEB SEINEN EL-TERN EINEN BRIEF.
RACHEPLAN
Tod
Benzin
ausschütten
ziehen
Seil
erforderlich
-Leiter
-Nägel
-Schraubenzieher
-Seil
-Eimer
DIE ANDEREN KIDS GINGEN AUF ABSTAND ZU IHM.
UND FRANK LERNTE, DASS ES BESSER WAR ZU LÜGEN, WENN IHN JEMAND FRAGTE, WAS ER DACHTE.

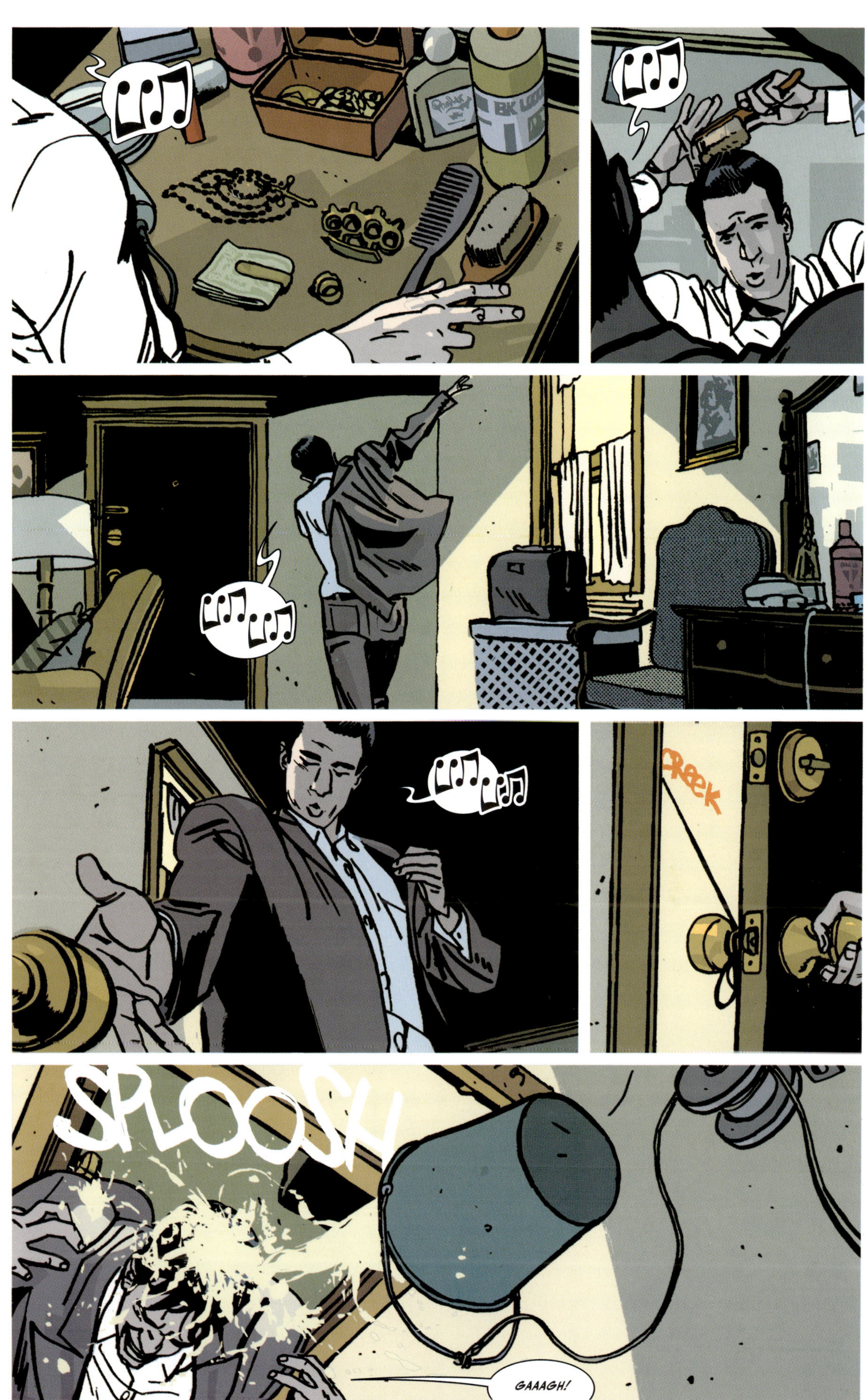
CREEK
SPLOOSH
GAAAGH!

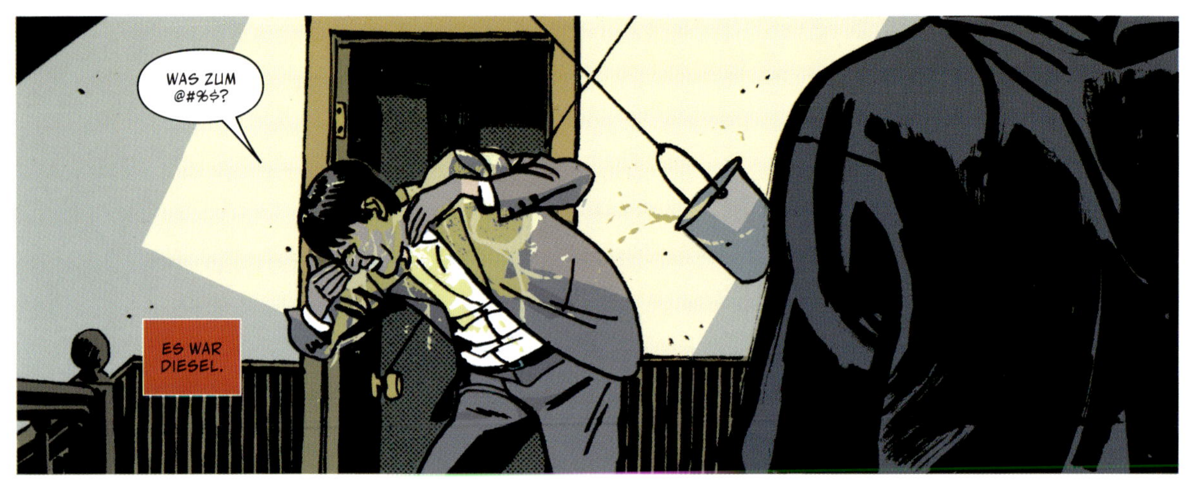

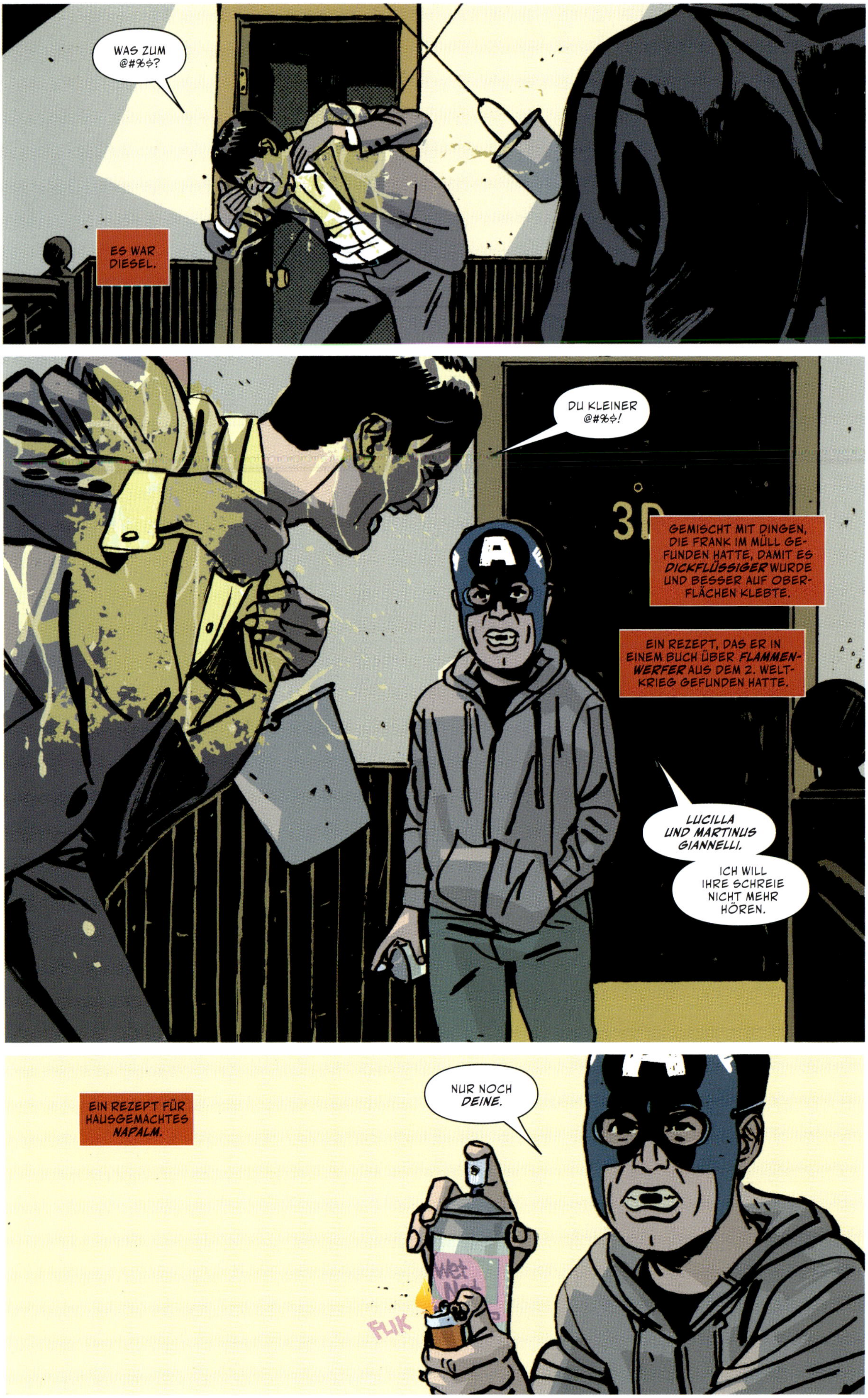

DU KLEINER @#%$!
GEMISCHT MIT DINGEN, DIE FRANK IM MÜLL GEFUNDEN HATTE, DAMIT ES *DICKFLÜSSIGER* WURDE UND BESSER AUF OBERFLÄCHEN KLEBTE.
EIN REZEPT, DAS ER IN EINEM BUCH ÜBER *FLAMMENWERFER* AUS DEM 2. WELTKRIEG GEFUNDEN HATTE.
LUCILLA UND MARTINUS GIANNELLI.
ICH WILL IHRE SCHREIE NICHT MEHR HÖREN.

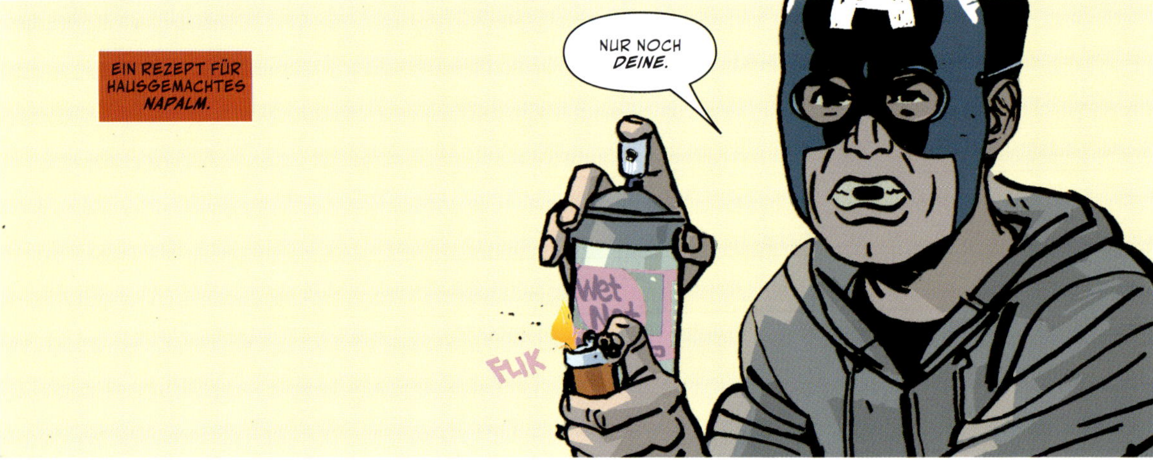

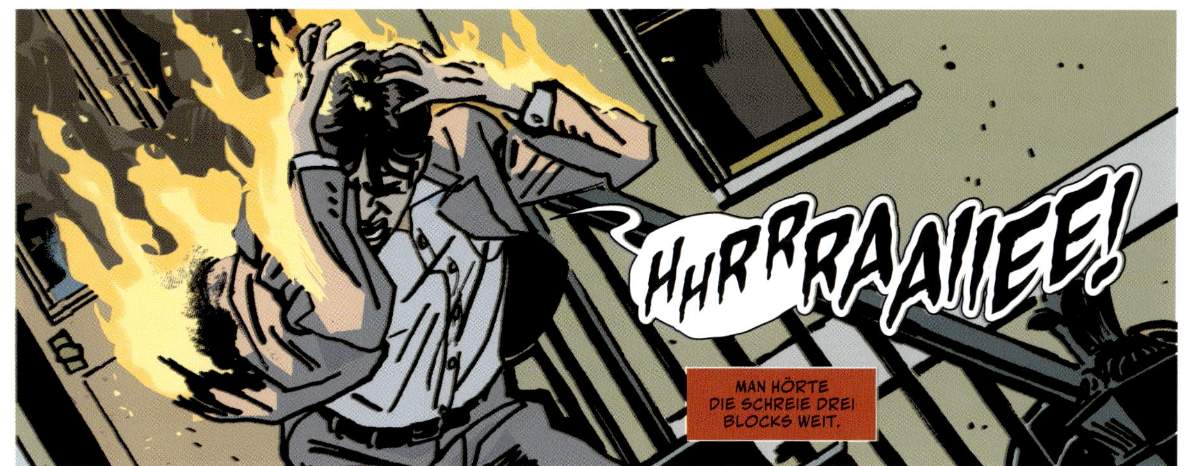
HHRRRAAIIEE!
MAN HÖRTE DIE SCHREIE DREI BLOCKS WEIT.

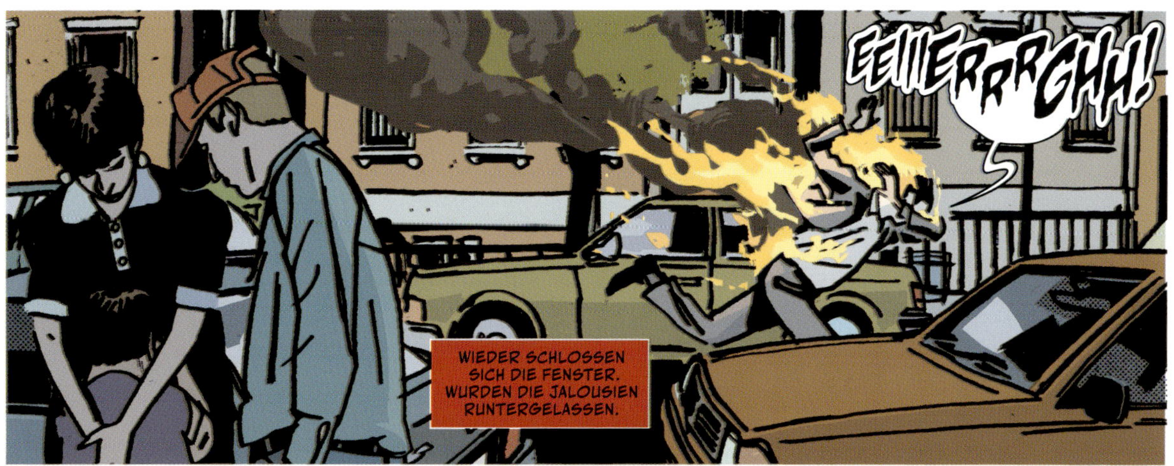
EEIIIERRRGHH!
WIEDER SCHLOSSEN SICH DIE FENSTER. WURDEN DIE JALOUSIEN RUNTERGELASSEN.

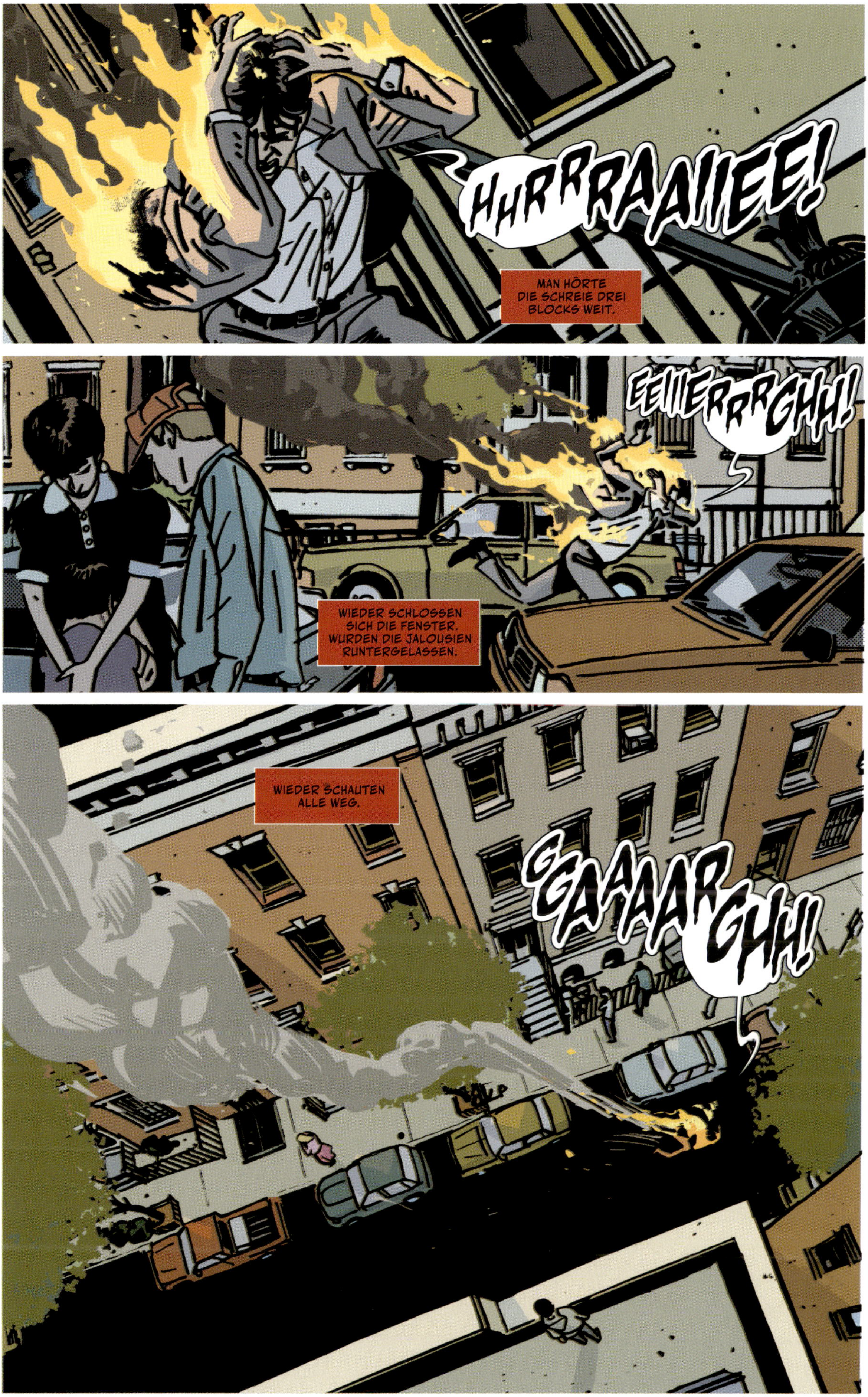

WIEDER SCHAUTEN ALLE WEG.
GGAAAARGHH!

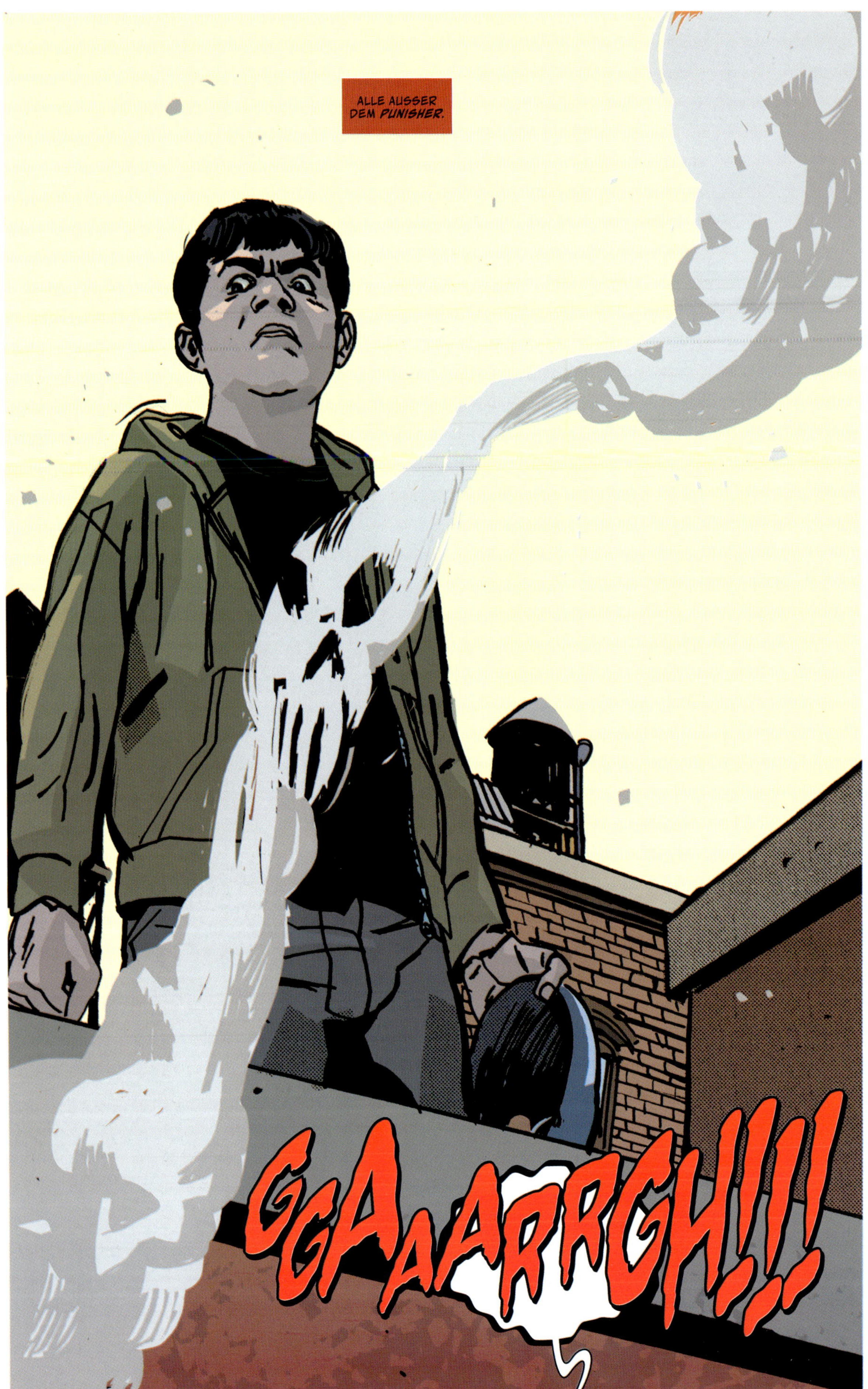
ALLE AUSSER DEM *PUNISHER*.
GGAAARRRGH!!!

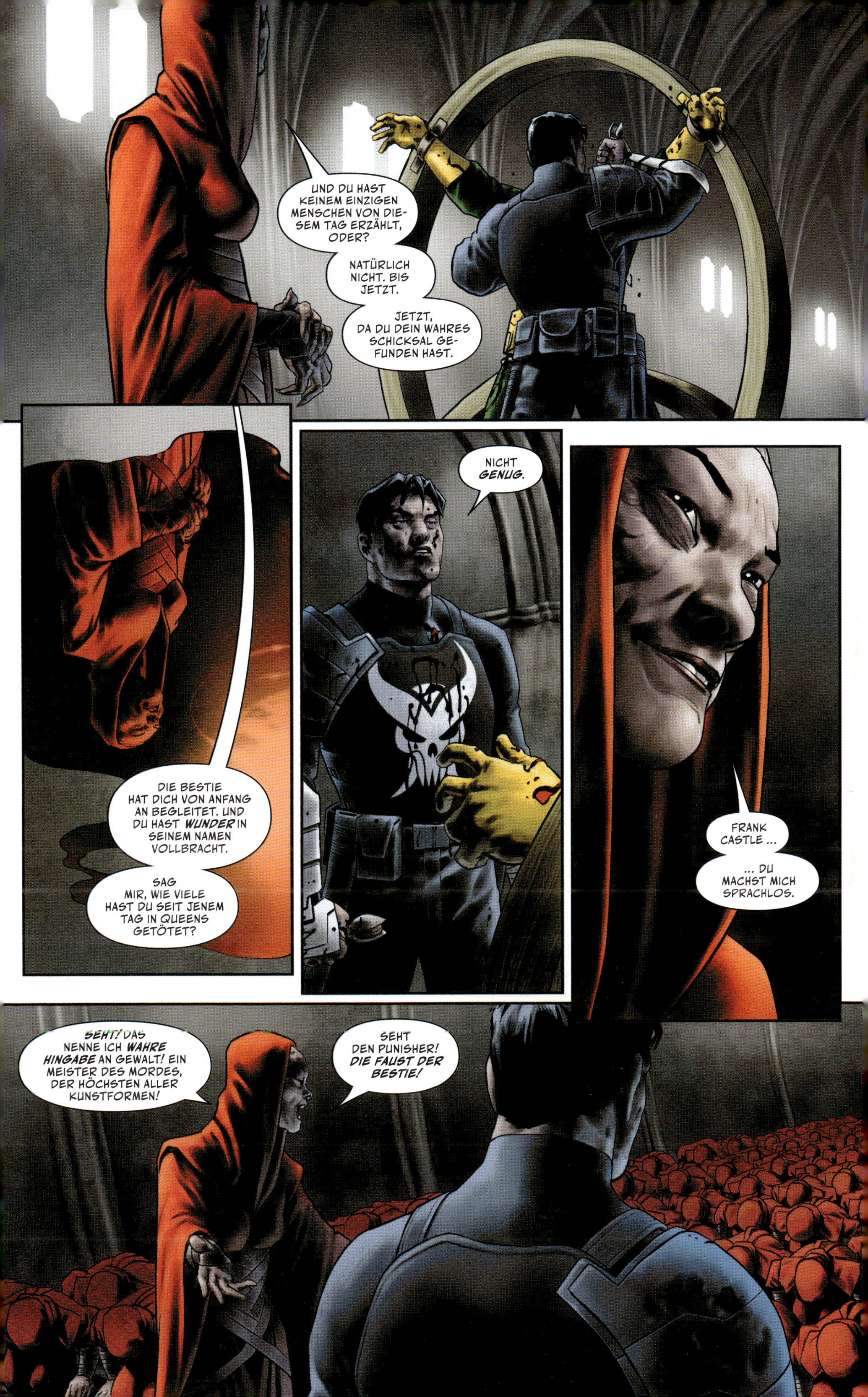
UND DU HAST KEINEM EINZIGEN MENSCHEN VON DIESEM TAG ERZÄHLT, ODER?
NATÜRLICH NICHT. BIS JETZT.
JETZT, DA DU DEIN WAHRES SCHICKSAL GEFUNDEN HAST.
DIE BESTIE HAT DICH VON ANFANG AN BEGLEITET. UND DU HAST WUNDER IN SEINEM NAMEN VOLLBRACHT.
SAG MIR, WIE VIELE HAST DU SEIT JENEM TAG IN QUEENS GETÖTET?
NICHT GENUG.
FRANK CASTLE ...
... DU MACHST MICH SPRACHLOS.
SEHT! DAS NENNE ICH WAHRE HINGABE AN GEWALT! EIN MEISTER DES MORDES, DER HÖCHSTEN ALLER KUNSTFORMEN!
SEHT DEN PUNISHER! DIE FAUST DER BESTIE!

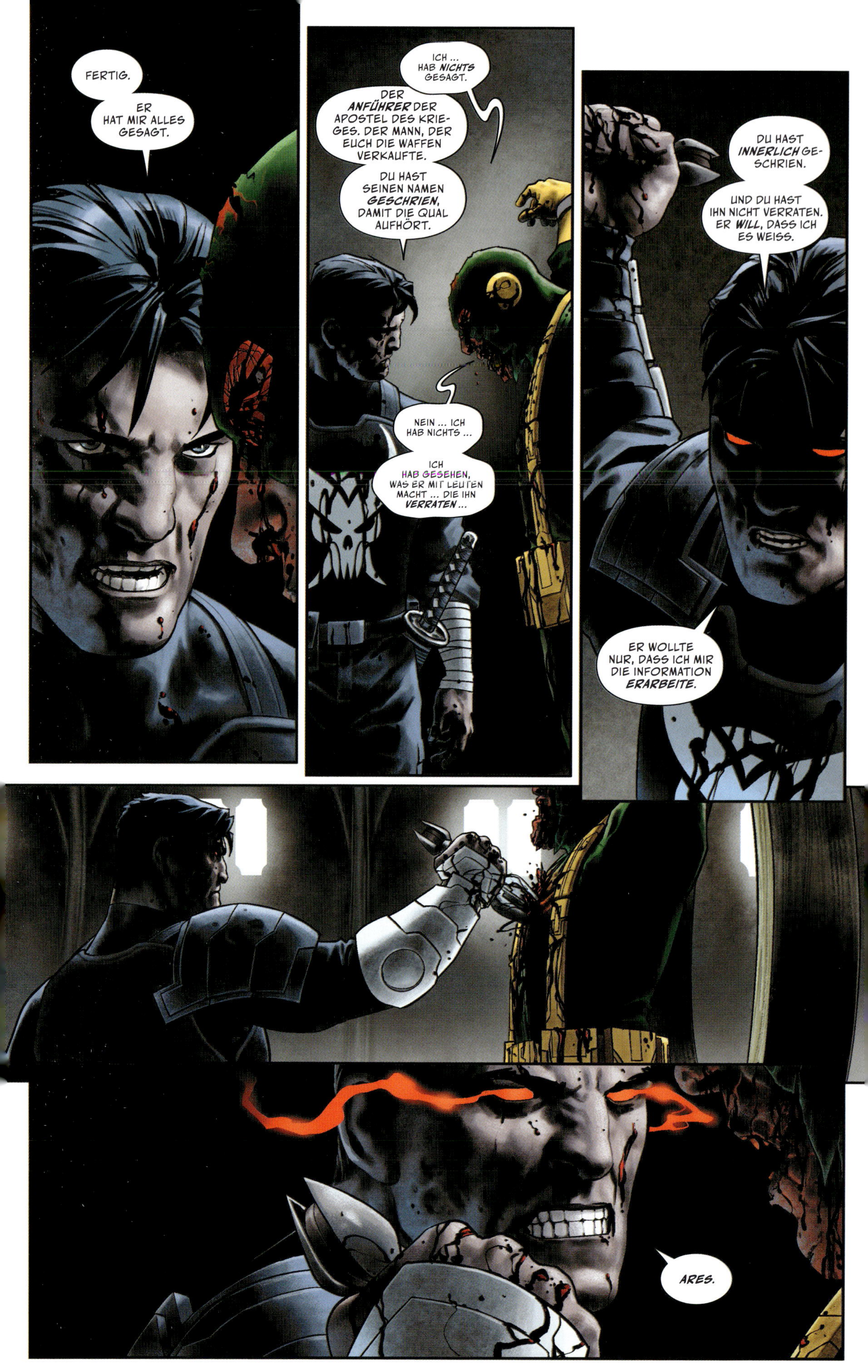

FERTIG.
ER HAT MIR ALLES GESAGT.
ICH ... HAB *NICHTS* GESAGT.
DER *ANFÜHRER* DER APOSTEL DES KRIEGES. DER MANN, DER EUCH DIE WAFFEN VERKAUFTE.
DU HAST SEINEN NAMEN *GESCHRIEN*, DAMIT DIE QUAL AUFHÖRT.
NEIN ... ICH HAB NICHTS ...
ICH HAB GESEHEN, WAS ER MIT LEUTEN MACHT ... DIE IHN *VERRATEN* ...

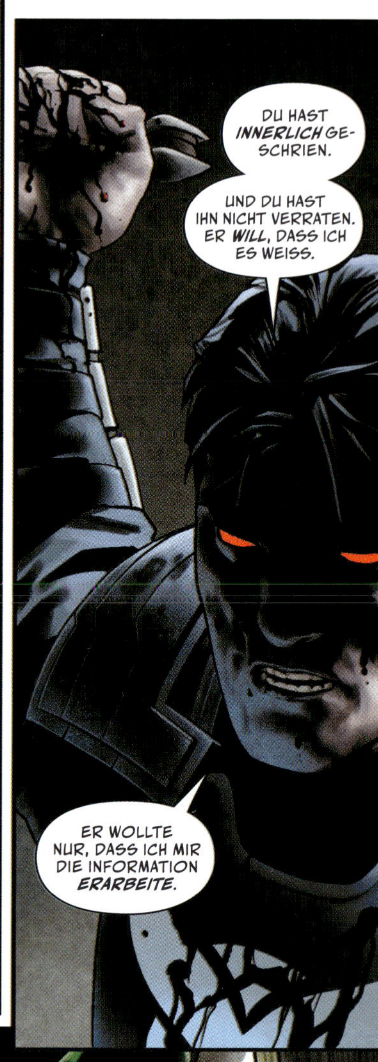

ARES.

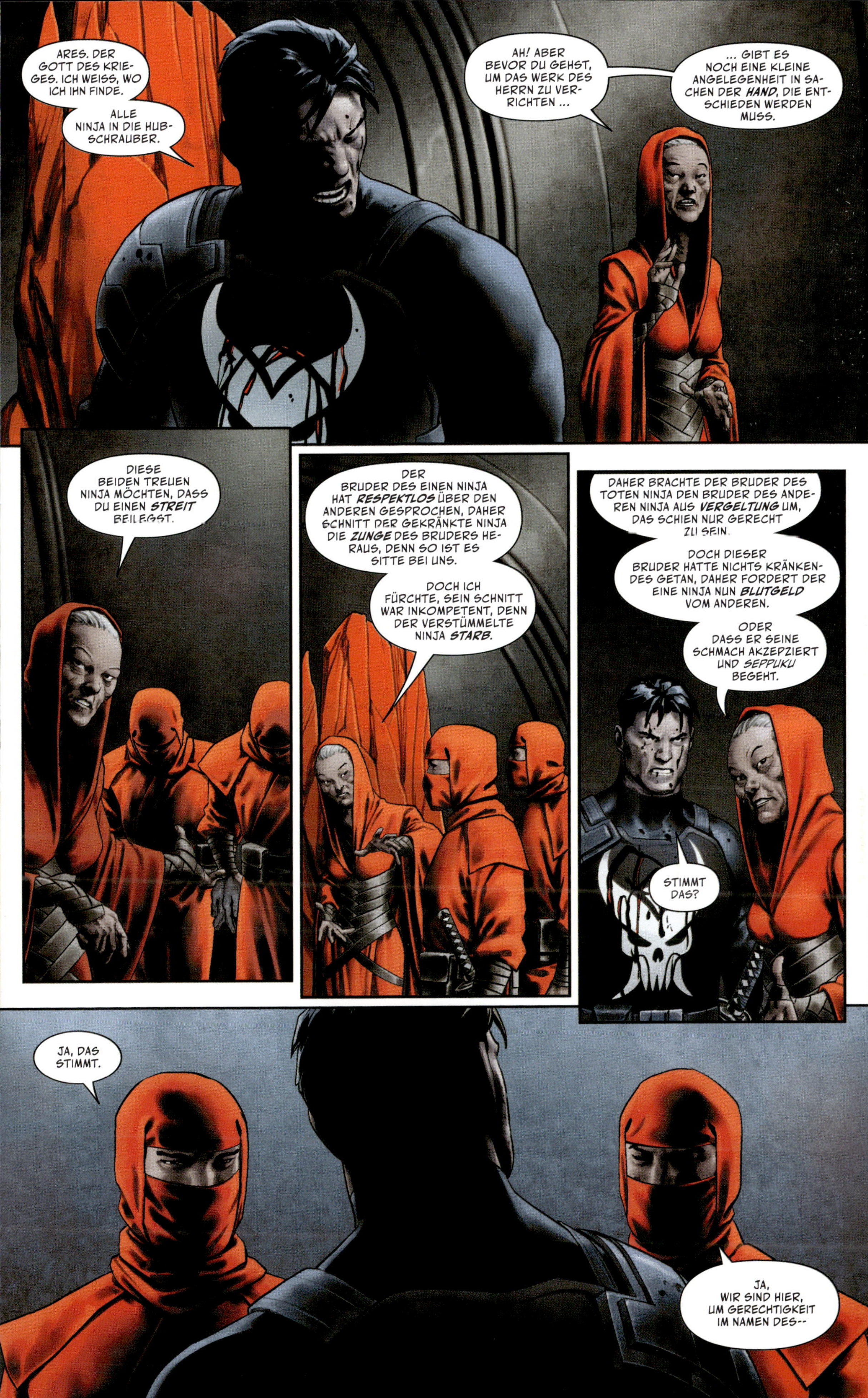
ARES. DER GOTT DES KRIEGES. ICH WEISS, WO ICH IHN FINDE.
ALLE NINJA IN DIE HUBSCHRAUBER.
AH! ABER BEVOR DU GEHST, UM DAS WERK DES HERRN ZU VERRICHTEN ...
... GIBT ES NOCH EINE KLEINE ANGELEGENHEIT IN SACHEN DER *HAND*, DIE ENTSCHIEDEN WERDEN MUSS.
DIESE BEIDEN TREUEN NINJA MÖCHTEN, DASS DU EINEN *STREIT* BEILEGST.
DER BRUDER DES EINEN NINJA HAT *RESPEKTLOS* ÜBER DEN ANDEREN GESPROCHEN, DAHER SCHNITT DER GEKRÄNKTE NINJA DIE *ZUNGE* DES BRUDERS HERAUS, DENN SO IST ES SITTE BEI UNS.
DOCH ICH FÜRCHTE, SEIN SCHNITT WAR INKOMPETENT, DENN DER VERSTÜMMELTE NINJA *STARB*.
DAHER BRACHTE DER BRUDER DES TOTEN NINJA DEN BRUDER DES ANDEREN NINJA AUS *VERGELTUNG* UM, DAS SCHIEN NUR GERECHT ZU SEIN.
DOCH DIESER BRUDER HATTE NICHTS KRÄNKENDES GETAN, DAHER FORDERT DER EINE NINJA NUN *BLUTGELD* VOM ANDEREN.
ODER DASS ER SEINE SCHMACH AKZEPZIERT UND *SEPPUKU* BEGEHT.
STIMMT DAS?
JA, DAS STIMMT.
JA, WIR SIND HIER, UM GERECHTIGKEIT IM NAMEN DES--

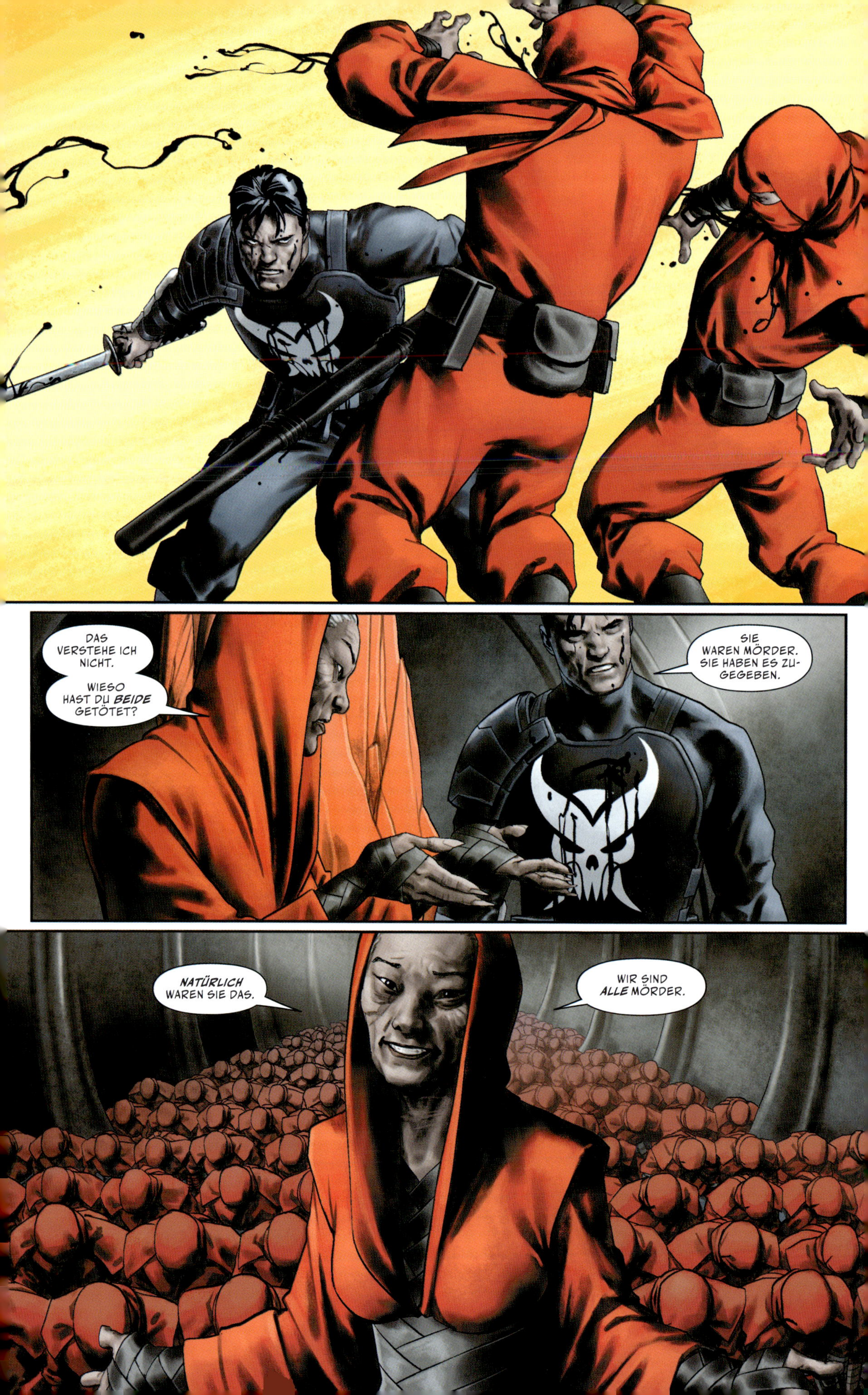

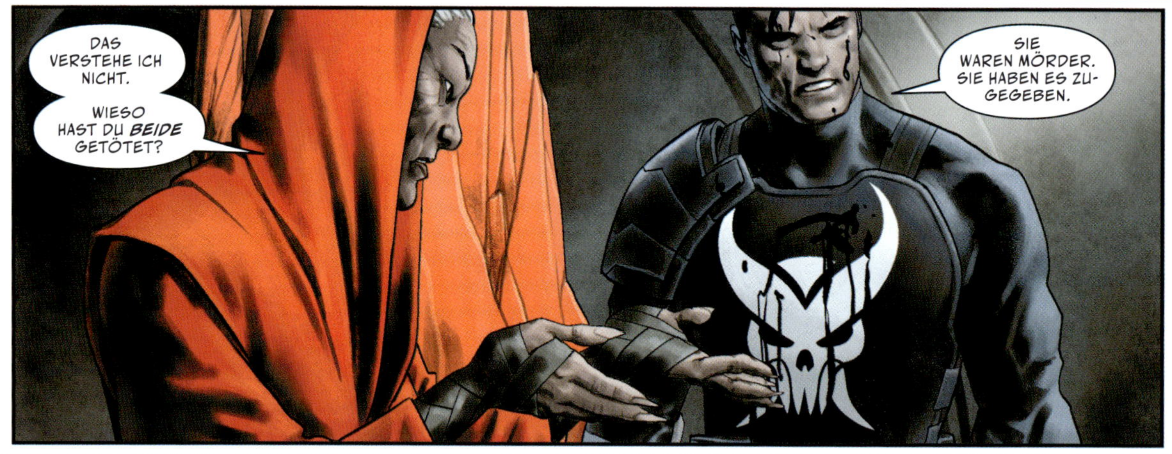
DAS VERSTEHE ICH NICHT.
WIESO HAST DU *BEIDE* GETÖTET?
SIE WAREN MÖRDER. SIE HABEN ES ZUGEGEBEN.

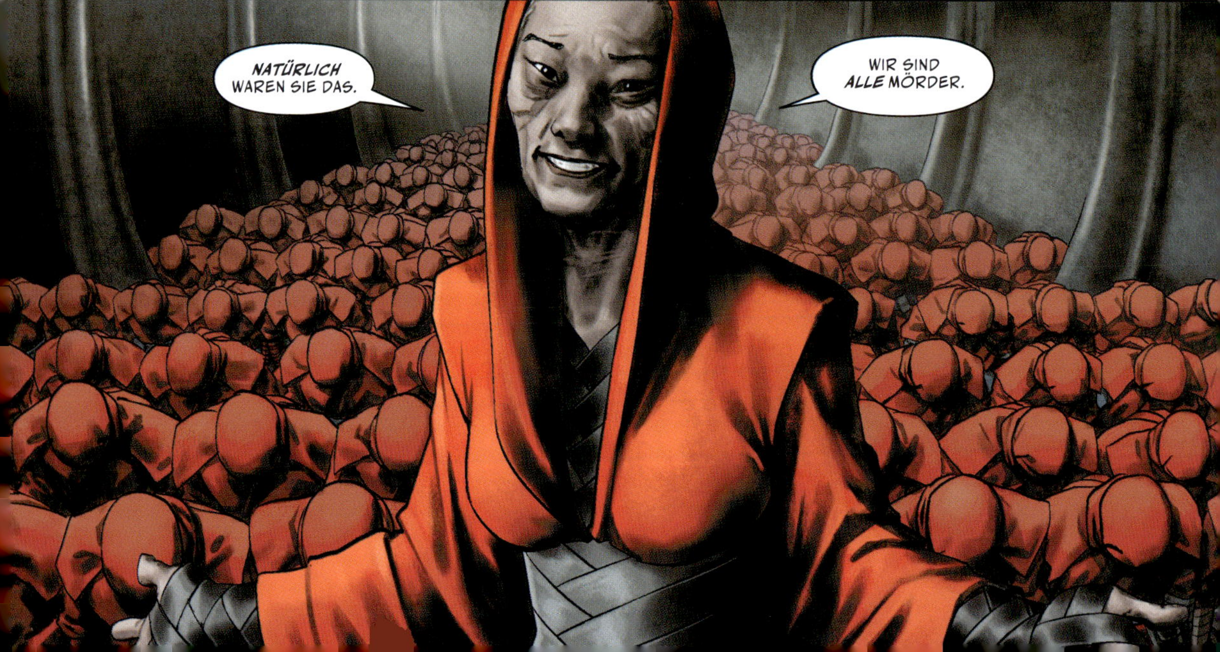
NATÜRLICH WAREN SIE DAS.
WIR SIND *ALLE* MÖRDER.

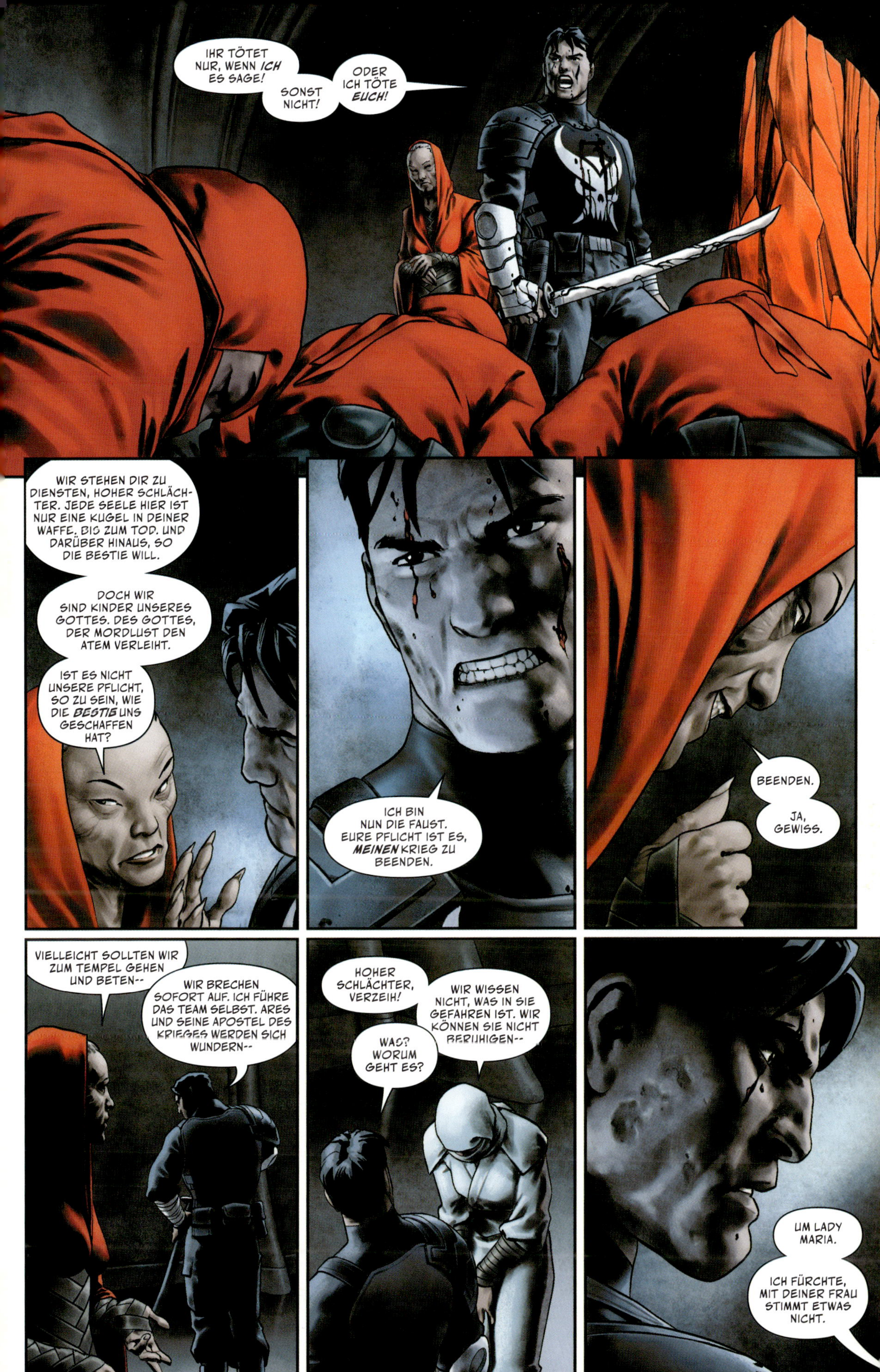
IHR TÖTET NUR, WENN *ICH* ES SAGE!
SONST NICHT!
ODER ICH TÖTE *EUCH!*
WIR STEHEN DIR ZU DIENSTEN, HOHER SCHLÄCHTER. JEDE SEELE HIER IST NUR EINE KUGEL IN DEINER WAFFE. BIS ZUM TOD. UND DARÜBER HINAUS, SO DIE BESTIE WILL.
DOCH WIR SIND KINDER UNSERES GOTTES. DES GOTTES, DER MORDLUST DEN ATEM VERLEIHT.
IST ES NICHT UNSERE PFLICHT, SO ZU SEIN, WIE DIE *BESTIE* UNS GESCHAFFEN HAT?
ICH BIN NUN DIE FAUST. EURE PFLICHT IST ES, *MEINEN* KRIEG ZU BEENDEN.
BEENDEN.
JA, GEWISS.
VIELLEICHT SOLLTEN WIR ZUM TEMPEL GEHEN UND BETEN--
WIR BRECHEN SOFORT AUF. ICH FÜHRE DAS TEAM SELBST. ARES UND SEINE APOSTEL DES KRIEGES WERDEN SICH WUNDERN--
HOHER SCHLÄCHTER, VERZEIH!
WIR WISSEN NICHT, WAS IN SIE GEFAHREN IST. WIR KÖNNEN SIE NICHT BERUHIGEN--
WAS? WORUM GEHT ES?
UM LADY MARIA.
ICH FÜRCHTE, MIT DEINER FRAU STIMMT ETWAS NICHT.

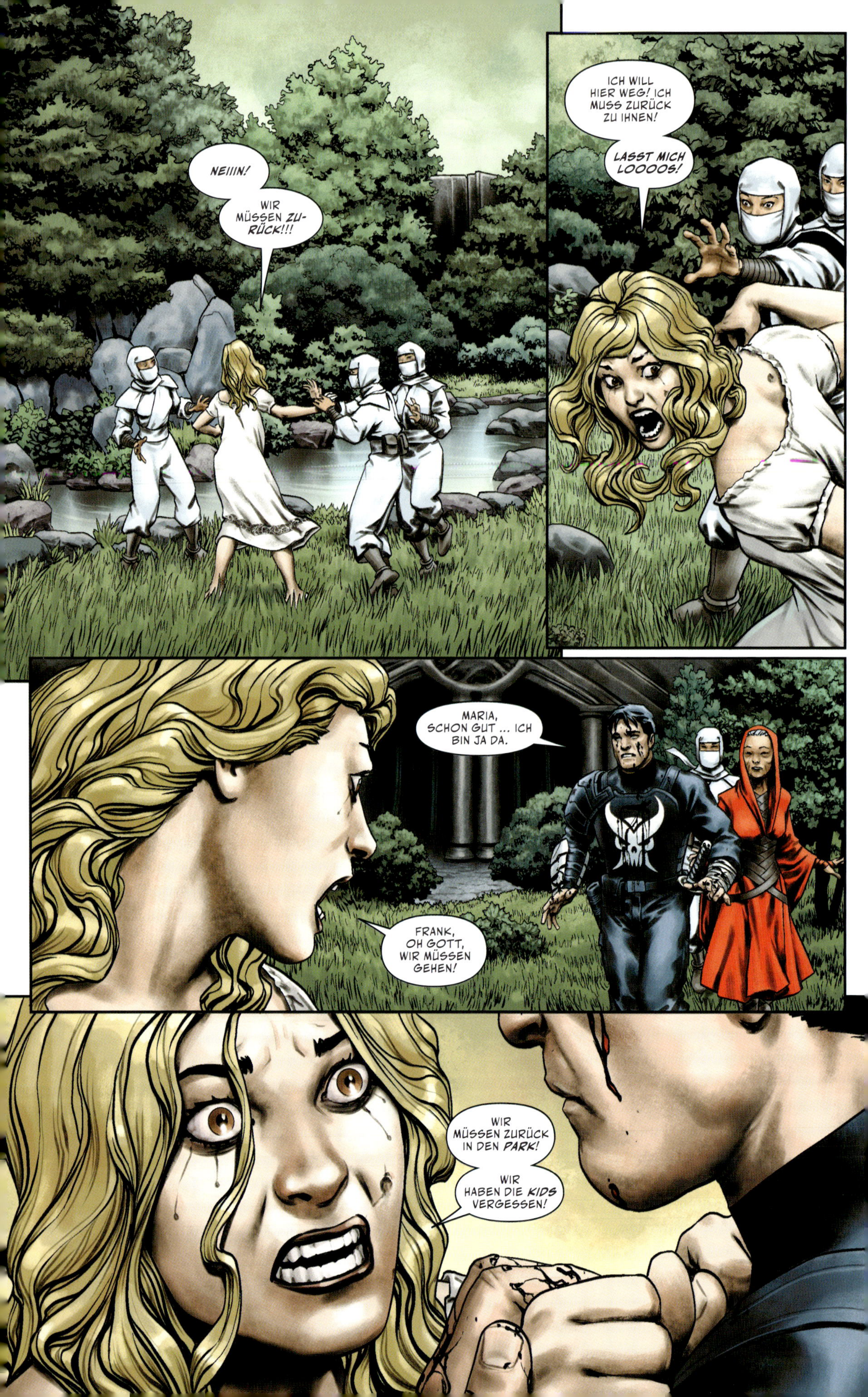
NEIIIN!
WIR MÜSSEN ZURÜCK!!!
ICH WILL HIER WEG! ICH MUSS ZURÜCK ZU IHNEN!
LASST MICH LOOOOS!
MARIA, SCHON GUT ... ICH BIN JA DA.
FRANK, OH GOTT, WIR MÜSSEN GEHEN!
WIR MÜSSEN ZURÜCK IN DEN PARK!
WIR HABEN DIE KIDS VERGESSEN!

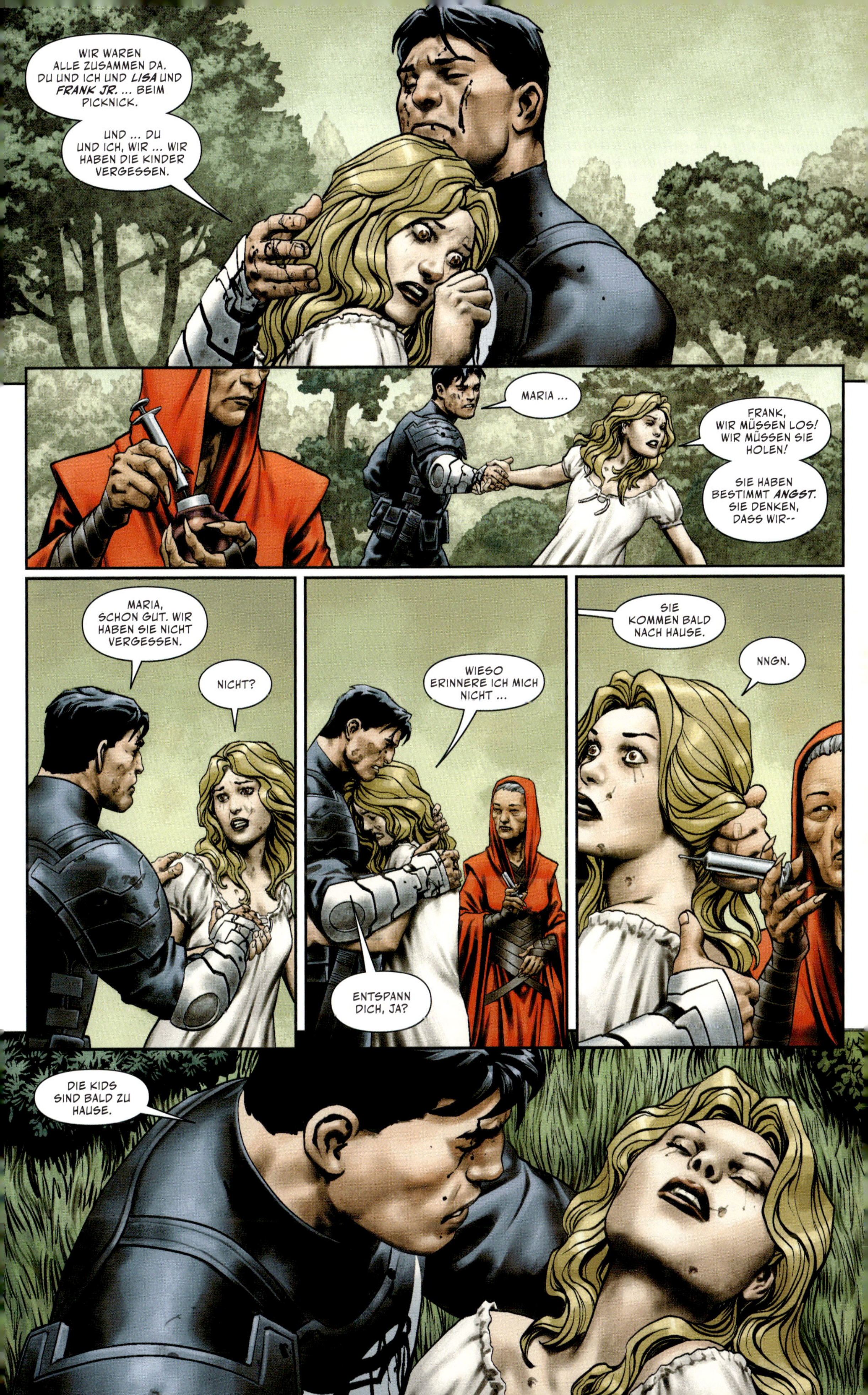
WIR WAREN ALLE ZUSAMMEN DA. DU UND ICH UND *LISA* UND *FRANK JR.* ... BEIM PICKNICK.
UND ... DU UND ICH, WIR ... WIR HABEN DIE KINDER VERGESSEN.
MARIA ...
FRANK, WIR MÜSSEN LOS! WIR MÜSSEN SIE HOLEN!
SIE HABEN BESTIMMT *ANGST*. SIE DENKEN, DASS WIR--
MARIA, SCHON GUT. WIR HABEN SIE NICHT VERGESSEN.
NICHT?
WIESO ERINNERE ICH MICH NICHT ...
ENTSPANN DICH, JA?
SIE KOMMEN BALD NACH HAUSE.
NNGN.
DIE KIDS SIND BALD ZU HAUSE.

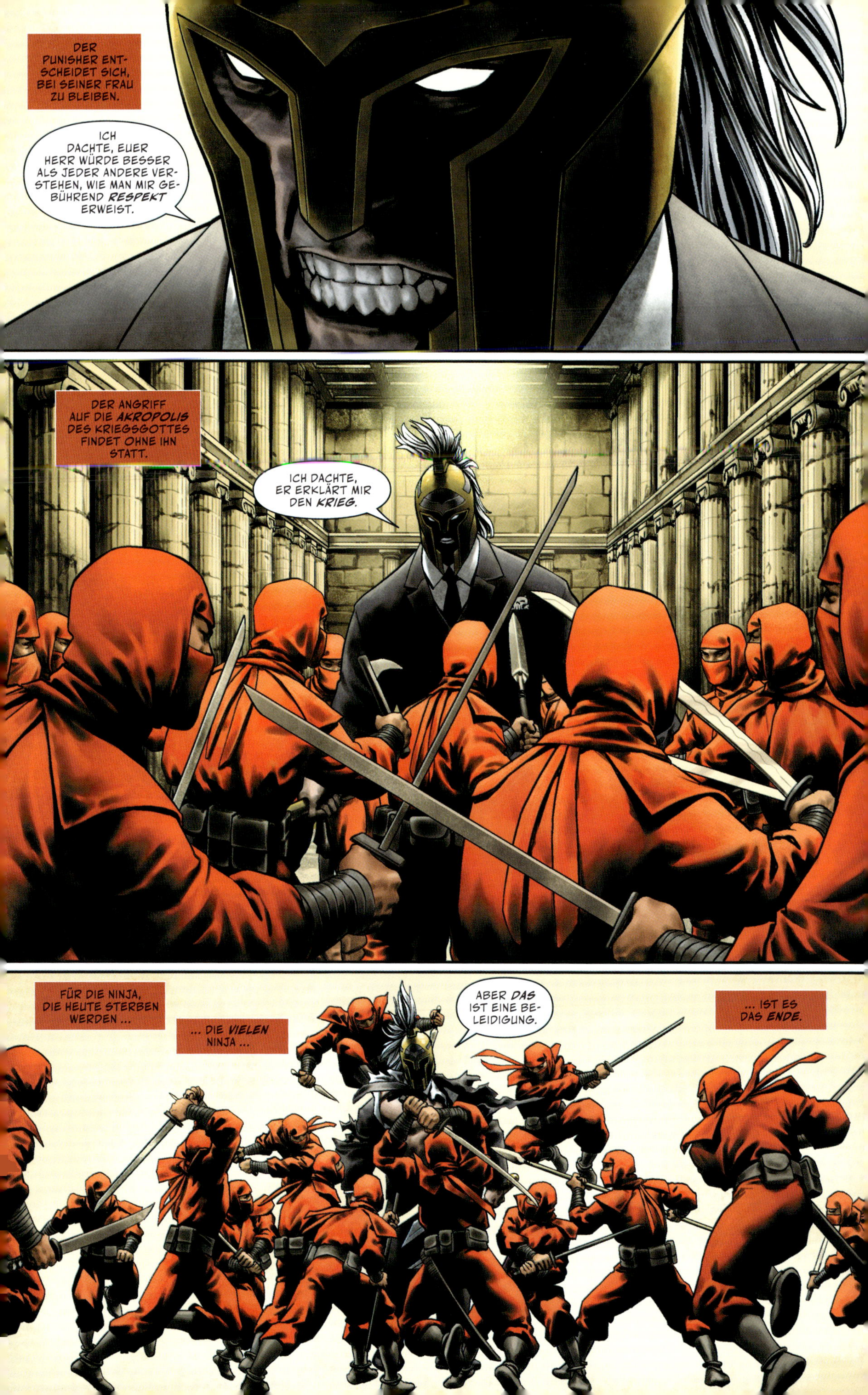

DER PUNISHER ENTSCHEIDET SICH, BEI SEINER FRAU ZU BLEIBEN.
ICH DACHTE, EUER HERR WÜRDE BESSER ALS JEDER ANDERE VERSTEHEN, WIE MAN MIR GEBÜHREND *RESPEKT* ERWEIST.
DER ANGRIFF AUF DIE *AKROPOLIS* DES KRIEGSGOTTES FINDET OHNE IHN STATT.
ICH DACHTE, ER ERKLÄRT MIR DEN *KRIEG*.
FÜR DIE NINJA, DIE HEUTE STERBEN WERDEN ...
... DIE *VIELEN* NINJA ...
ABER *DAS* IST EINE BELEIDIGUNG.
... IST ES DAS *ENDE*.

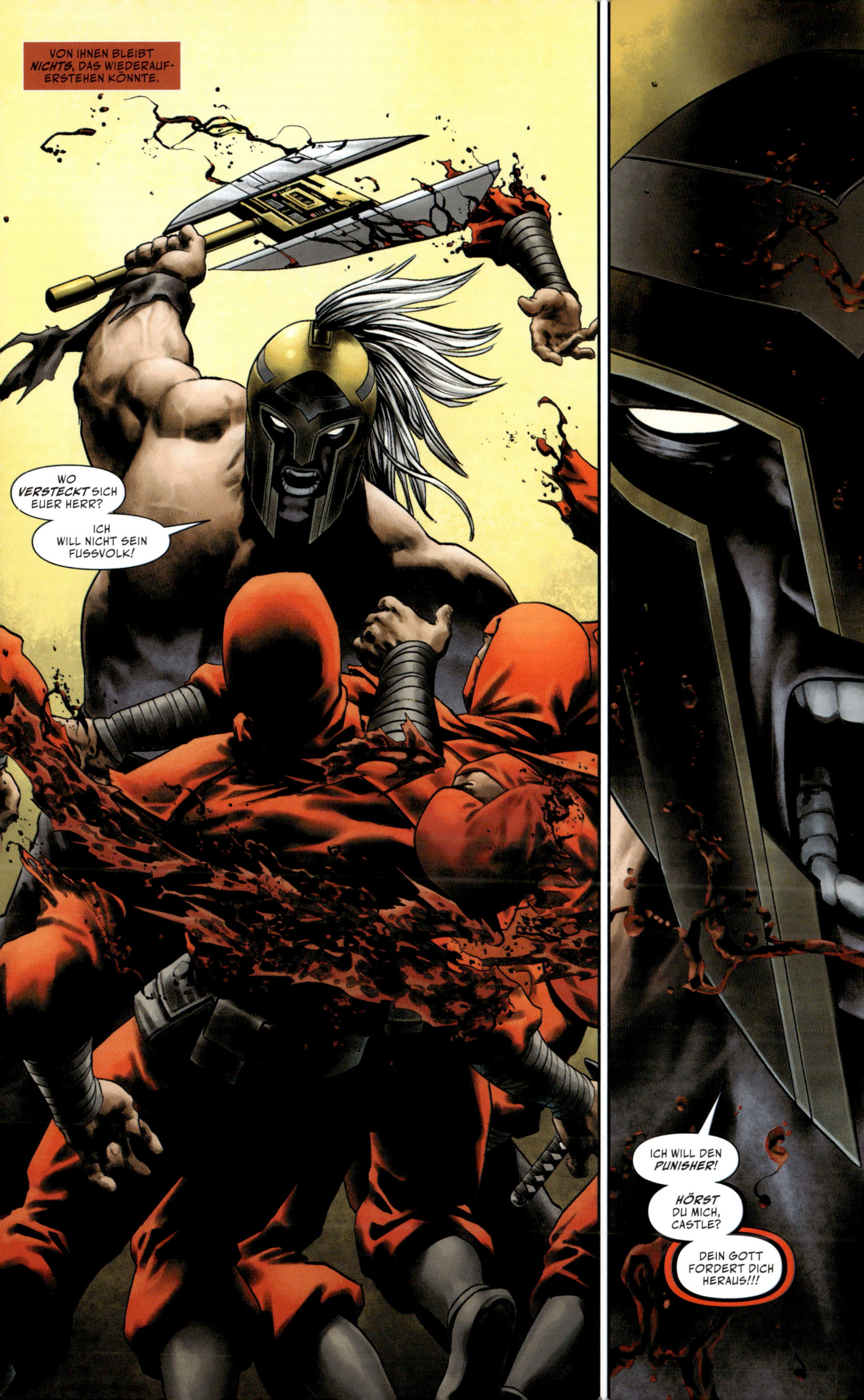
VON IHNEN BLEIBT NICHTS, DAS WIEDERAUF- ERSTEHEN KÖNNTE.
WO VERSTECKT SICH EUER HERR?
ICH WILL NICHT SEIN FUSSVOLK!
ICH WILL DEN PUNISHER!
HÖRST DU MICH, CASTLE?
DEIN GOTT FORDERT DICH HERAUS!!!

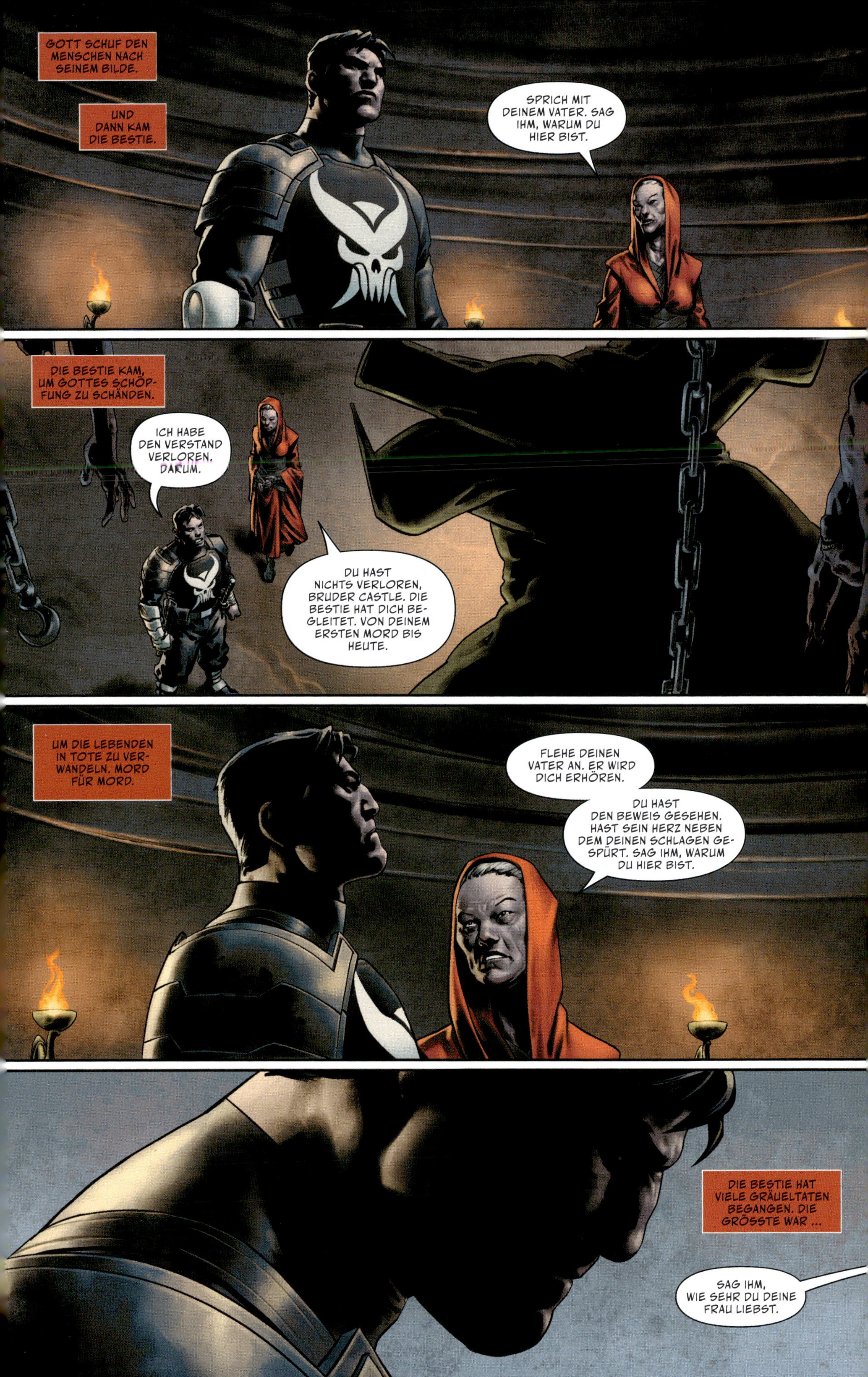
GOTT SCHUF DEN MENSCHEN NACH SEINEM BILDE.
UND DANN KAM DIE BESTIE.
SPRICH MIT DEINEM VATER. SAG IHM, WARUM DU HIER BIST.
DIE BESTIE KAM, UM GOTTES SCHÖPFUNG ZU SCHÄNDEN.
ICH HABE DEN VERSTAND VERLOREN. DARUM.
DU HAST NICHTS VERLOREN, BRUDER CASTLE. DIE BESTIE HAT DICH BEGLEITET. VON DEINEM ERSTEN MORD BIS HEUTE.
UM DIE LEBENDEN IN TOTE ZU VERWANDELN. MORD FÜR MORD.
FLEHE DEINEN VATER AN. ER WIRD DICH ERHÖREN.
DU HAST DEN BEWEIS GESEHEN. HAST SEIN HERZ NEBEN DEM DEINEN SCHLAGEN GESPÜRT. SAG IHM, WARUM DU HIER BIST.
DIE BESTIE HAT VIELE GRÄUELTATEN BEGANGEN. DIE GRÖSSTE WAR ...
SAG IHM, WIE SEHR DU DEINE FRAU LIEBST.

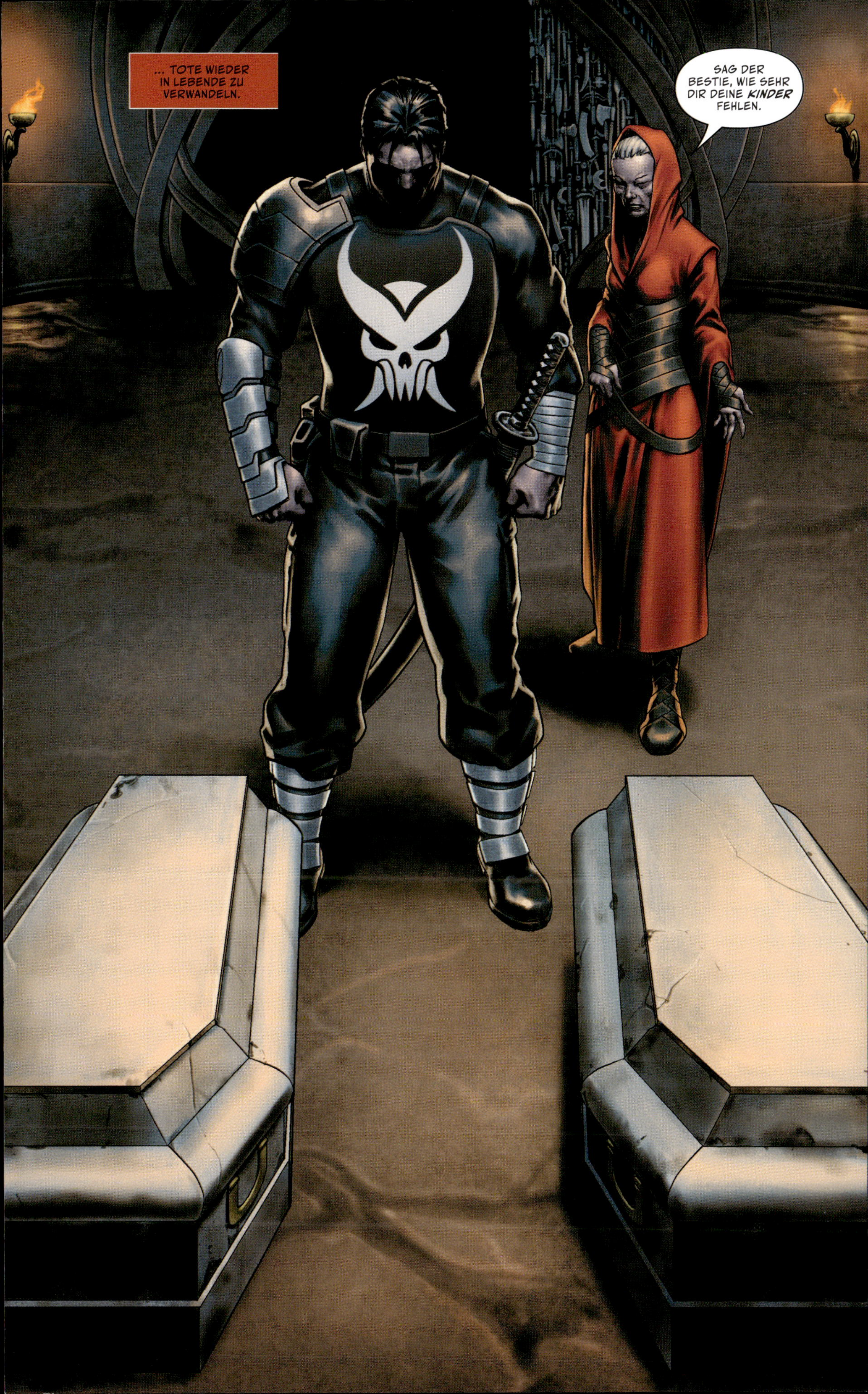
... TOTE WIEDER IN LEBENDE ZU VERWANDELN.
SAG DER BESTIE, WIE SEHR DIR DEINE *KINDER* FEHLEN.

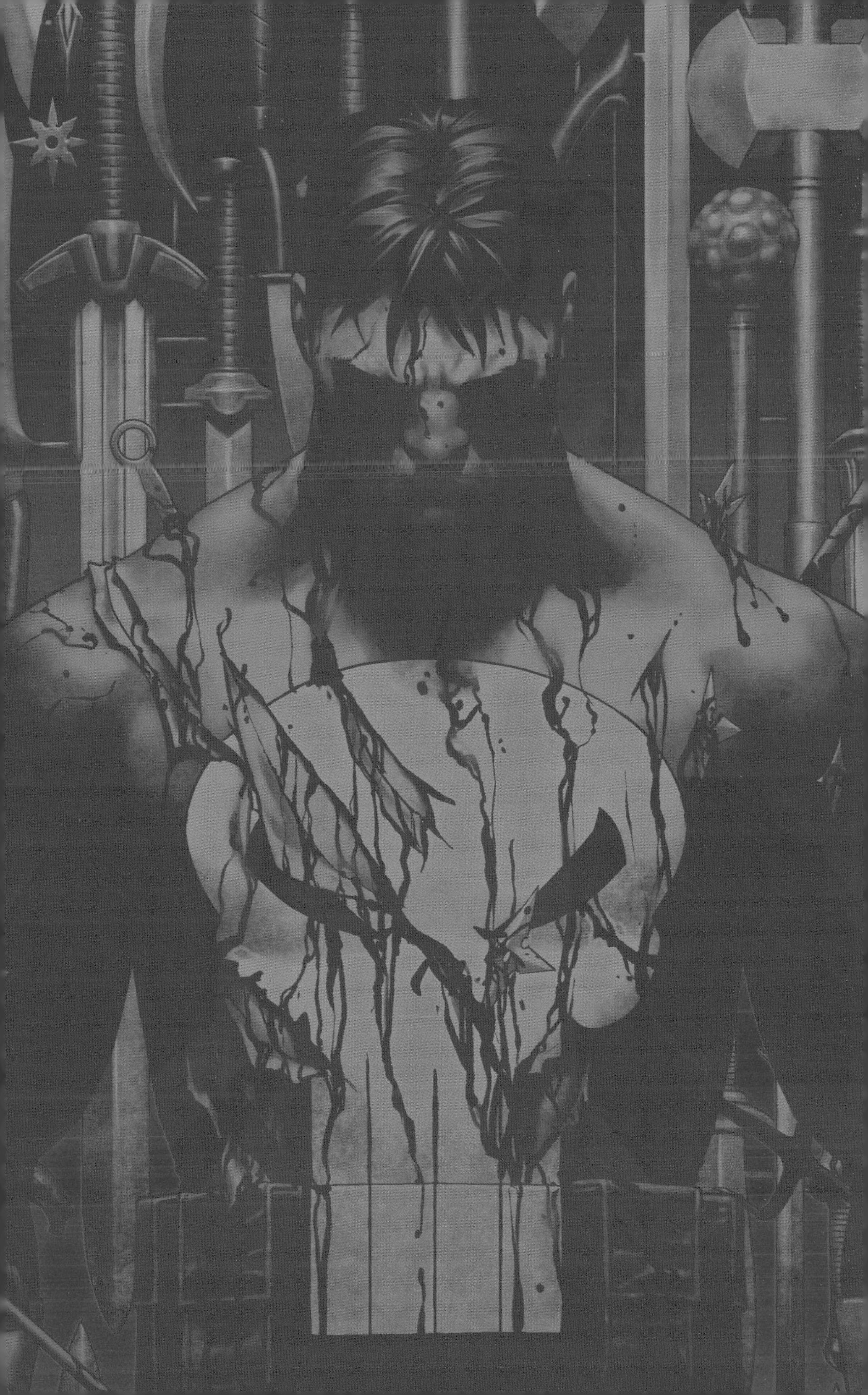

DER KÖNIG DER KILLER, BUCH 1, KAPITEL 4: DER WEG DES BESTRAFERS

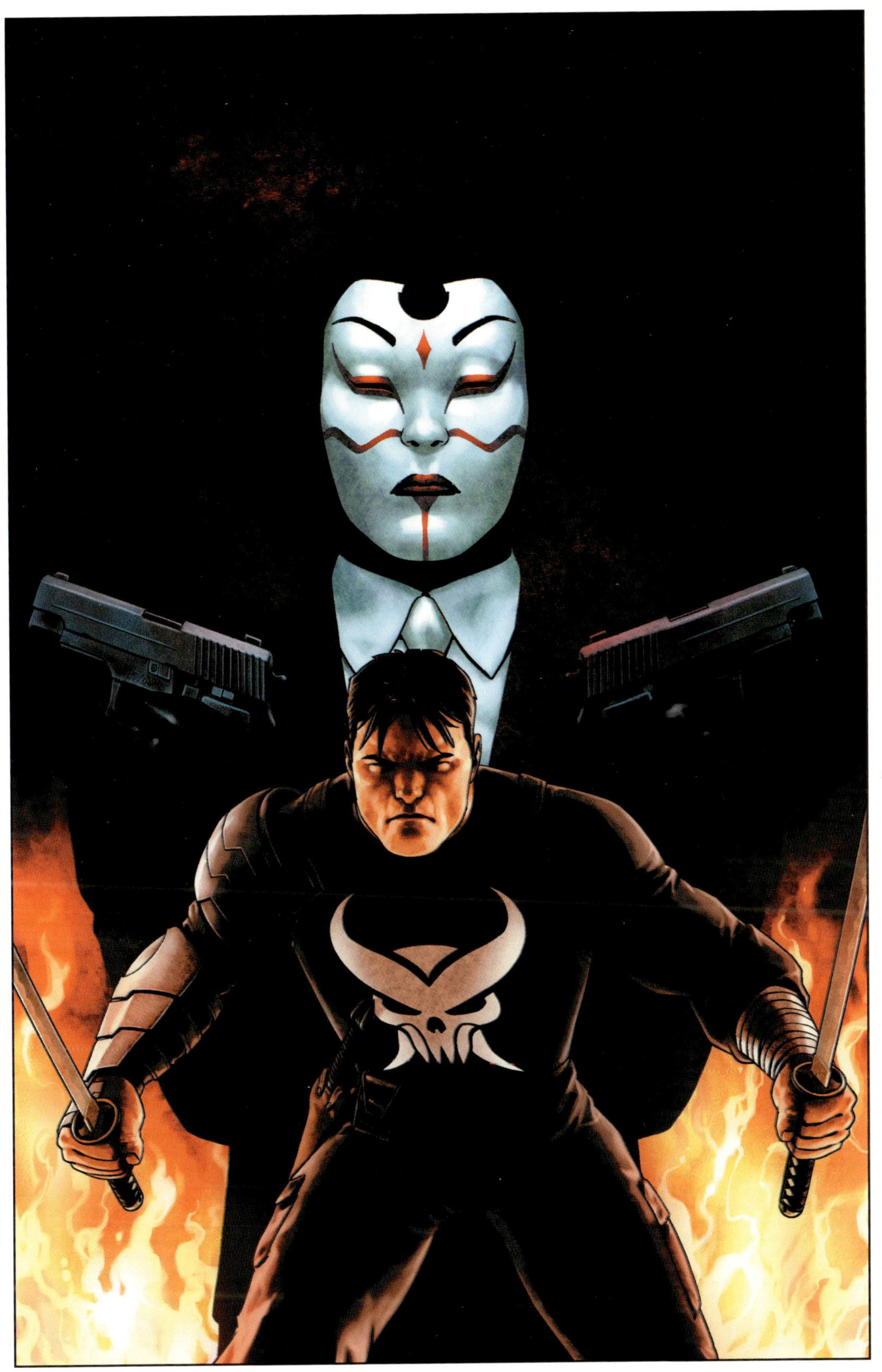

Punisher (2022) 4
Cover von **JESÚS SAIZ**

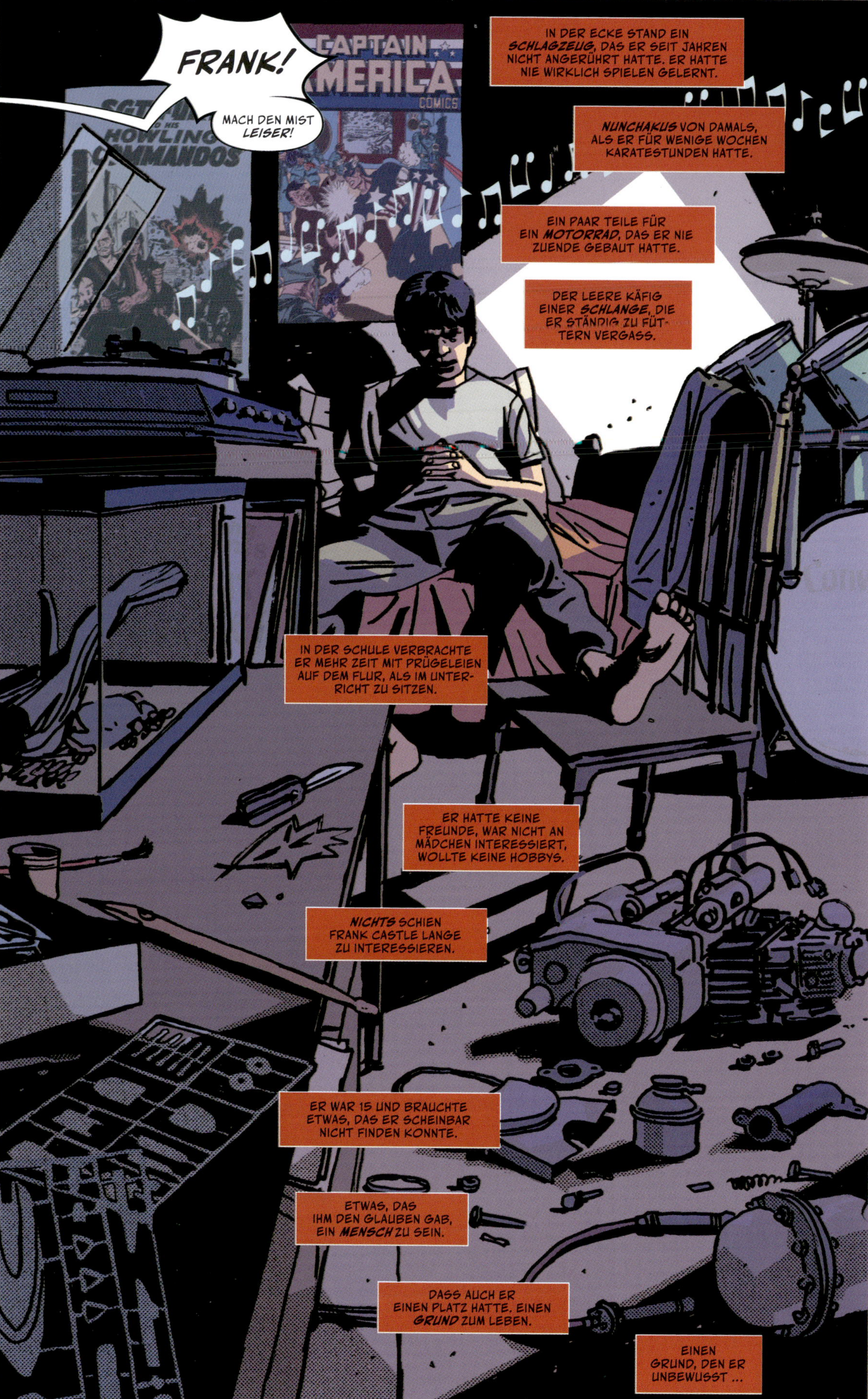
FRANK!
MACH DEN MIST LEISER!
CAPTAIN AMERICA COMICS
SGT. FURY AND HIS HOWLING COMMANDOS
IN DER ECKE STAND EIN SCHLAGZEUG, DAS ER SEIT JAHREN NICHT ANGERÜHRT HATTE. ER HATTE NIE WIRKLICH SPIELEN GELERNT.
NUNCHAKUS VON DAMALS, ALS ER FÜR WENIGE WOCHEN KARATESTUNDEN HATTE.
EIN PAAR TEILE FÜR EIN MOTORRAD, DAS ER NIE ZUENDE GEBAUT HATTE.
DER LEERE KÄFIG EINER SCHLANGE, DIE ER STÄNDIG ZU FÜTTERN VERGASS.
IN DER SCHULE VERBRACHTE ER MEHR ZEIT MIT PRÜGELEIEN AUF DEM FLUR, ALS IM UNTERRICHT ZU SITZEN.
ER HATTE KEINE FREUNDE, WAR NICHT AN MÄDCHEN INTERESSIERT, WOLLTE KEINE HOBBYS.
NICHTS SCHIEN FRANK CASTLE LANGE ZU INTERESSIEREN.
ER WAR 15 UND BRAUCHTE ETWAS, DAS ER SCHEINBAR NICHT FINDEN KONNTE.
ETWAS, DAS IHM DEN GLAUBEN GAB, EIN MENSCH ZU SEIN.
DASS AUCH ER EINEN PLATZ HATTE. EINEN GRUND ZUM LEBEN.
EINEN GRUND, DEN ER UNBEWUSST ...

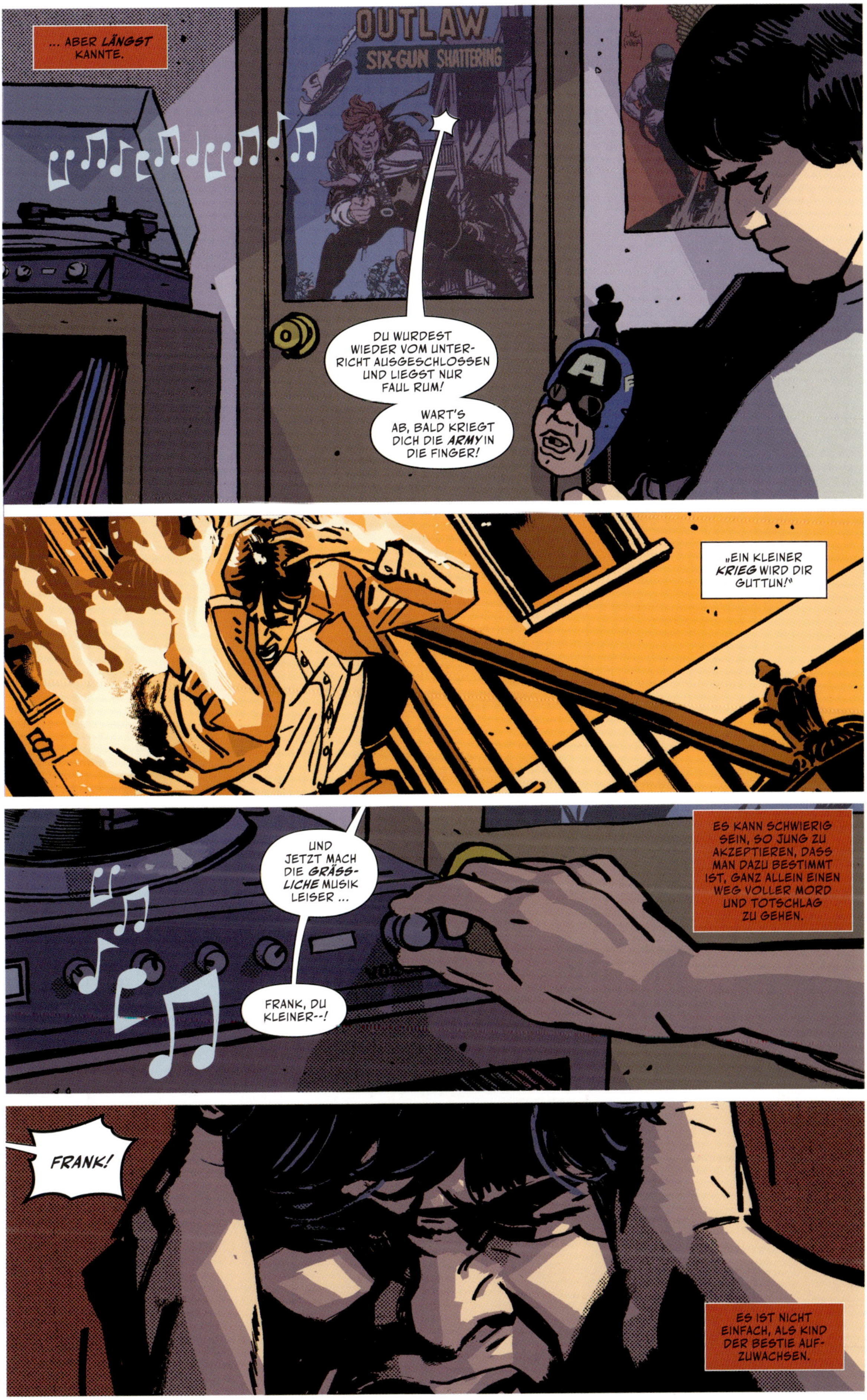

... ABER ***LÄNGST*** KANNTE.

OUTLAW
SIX-GUN SHATTERING

DU WURDEST WIEDER VOM UNTERRICHT AUSGESCHLOSSEN UND LIEGST NUR FAUL RUM!

WART'S AB, BALD KRIEGT DICH DIE ***ARMY*** IN DIE FINGER!

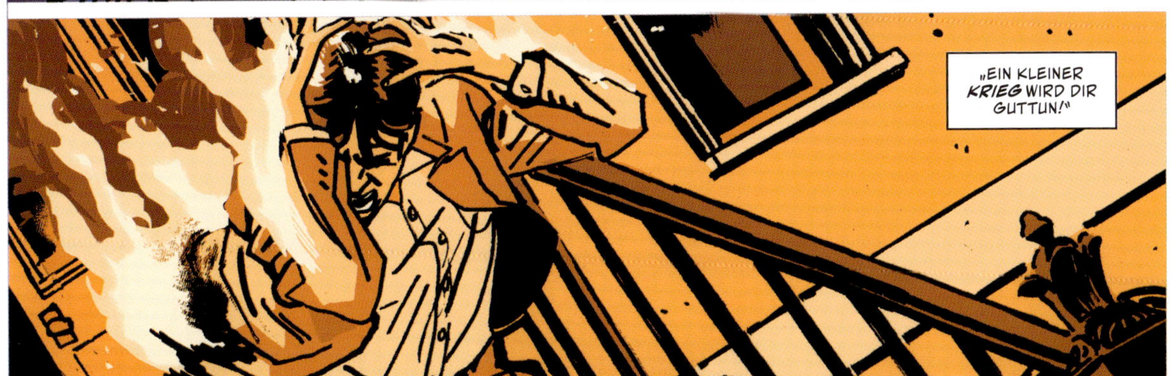

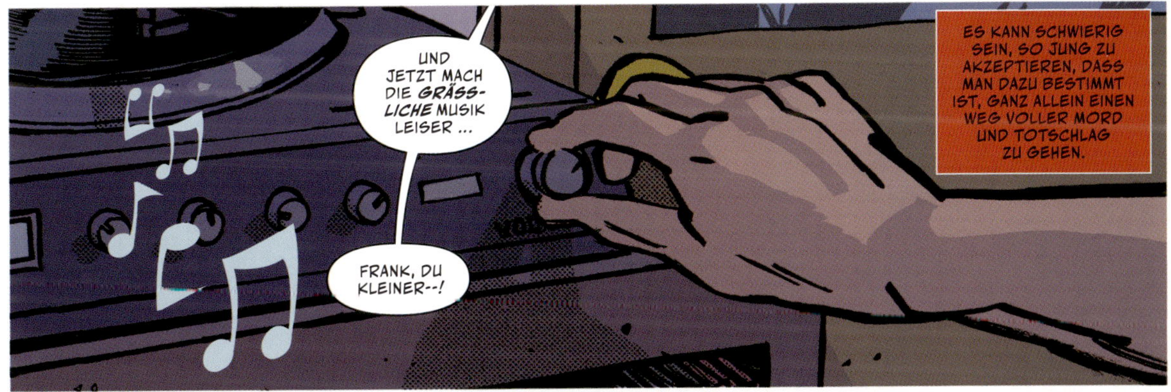

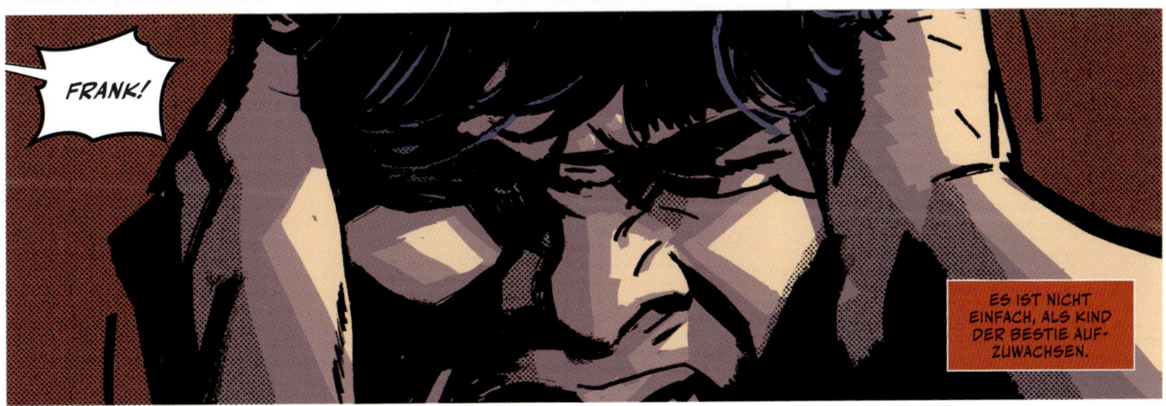

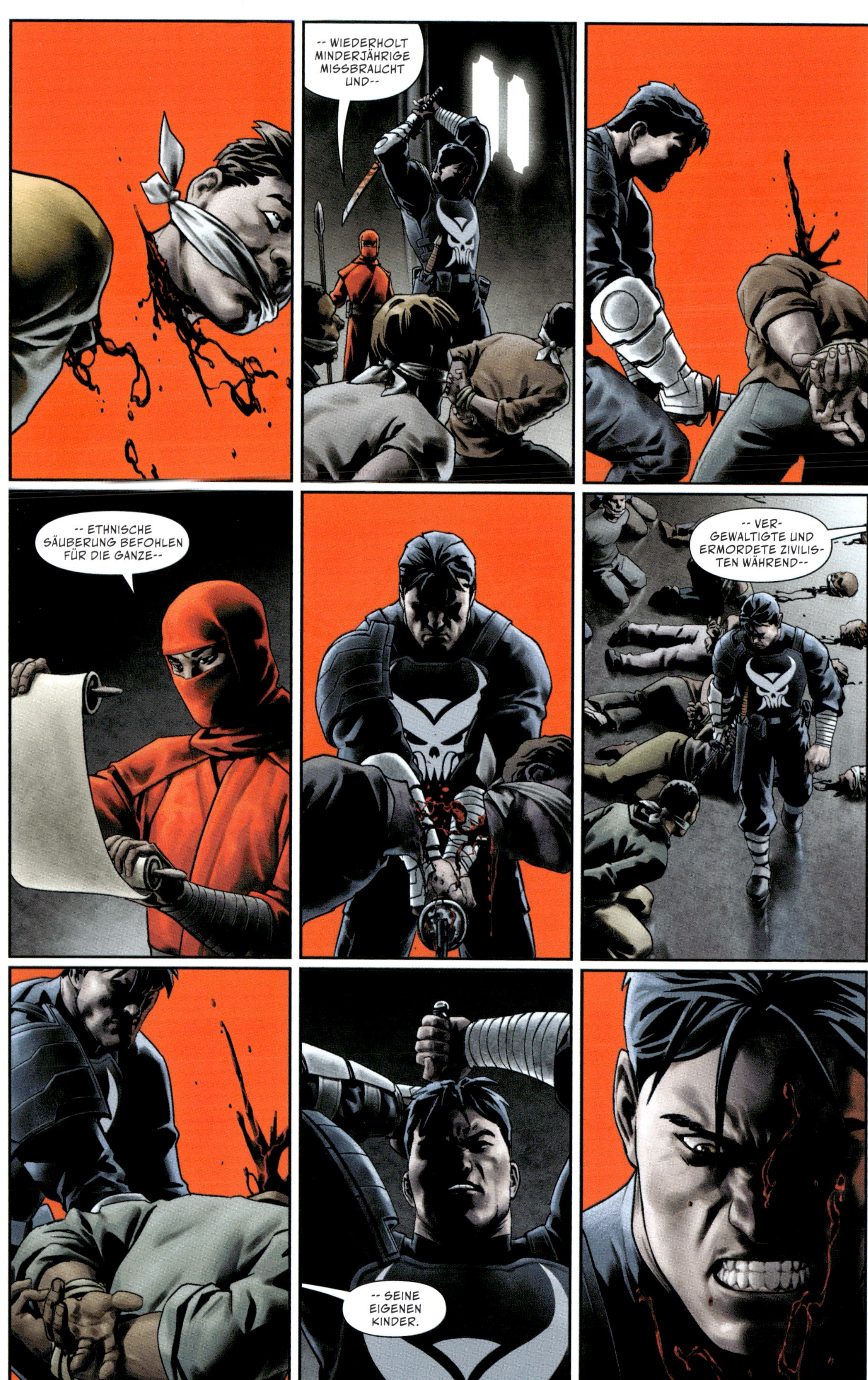
-- WIEDERHOLT MINDERJÄHRIGE MISSBRAUCHT UND--
-- ETHNISCHE SÄUBERUNG BEFOHLEN FÜR DIE GANZE--
-- VERGEWALTIGTE UND ERMORDETE ZIVILISTEN WÄHREND--
-- SEINE EIGENEN KINDER.

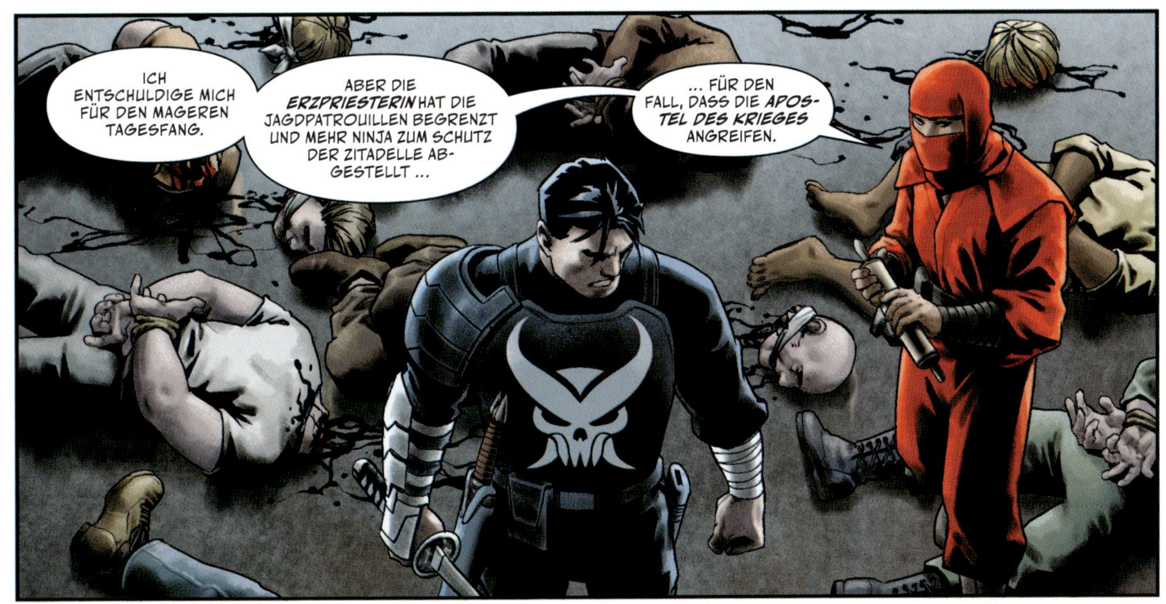
ICH ENTSCHULDIGE MICH FÜR DEN MAGEREN TAGESFANG.
ABER DIE ERZPRIESTERIN HAT DIE JAGDPATROUILLEN BEGRENZT UND MEHR NINJA ZUM SCHUTZ DER ZITADELLE ABGESTELLT ...
... FÜR DEN FALL, DASS DIE APOSTEL DES KRIEGES ANGREIFEN.

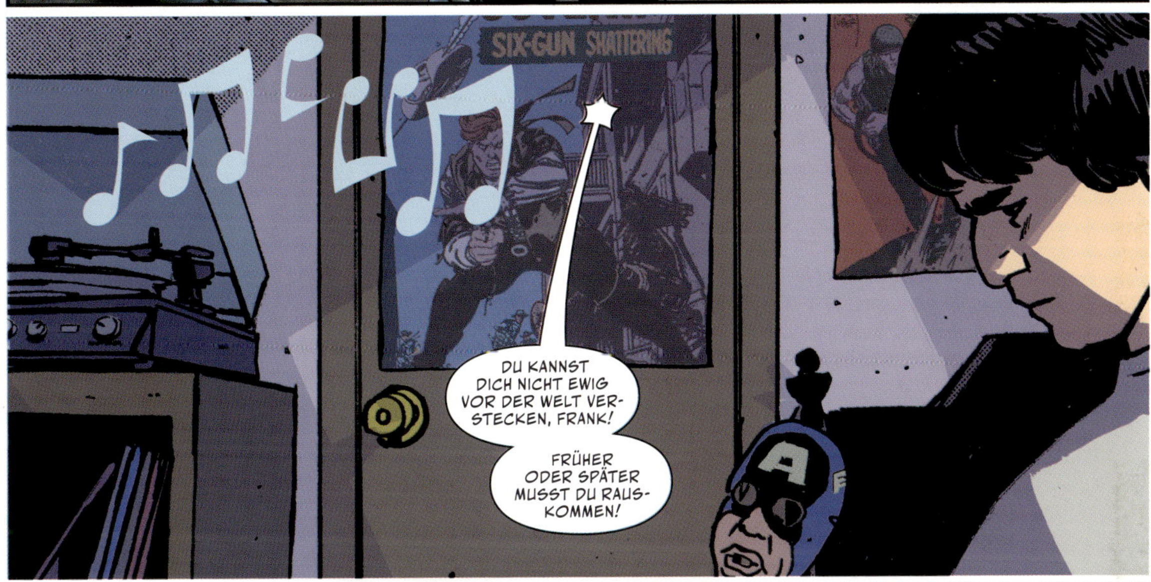
SIX-GUN SHATTERING
DU KANNST DICH NICHT EWIG VOR DER WELT VERSTECKEN, FRANK!
FRÜHER ODER SPÄTER MUSST DU RAUSKOMMEN!

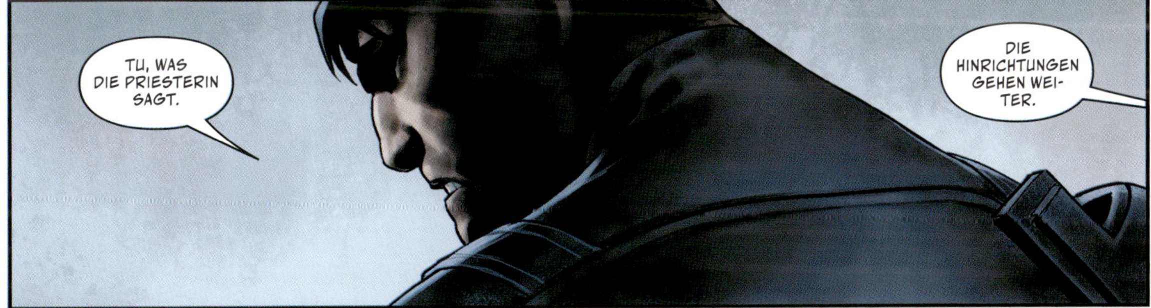
TU, WAS DIE PRIESTERIN SAGT.
DIE HINRICHTUNGEN GEHEN WEITER.

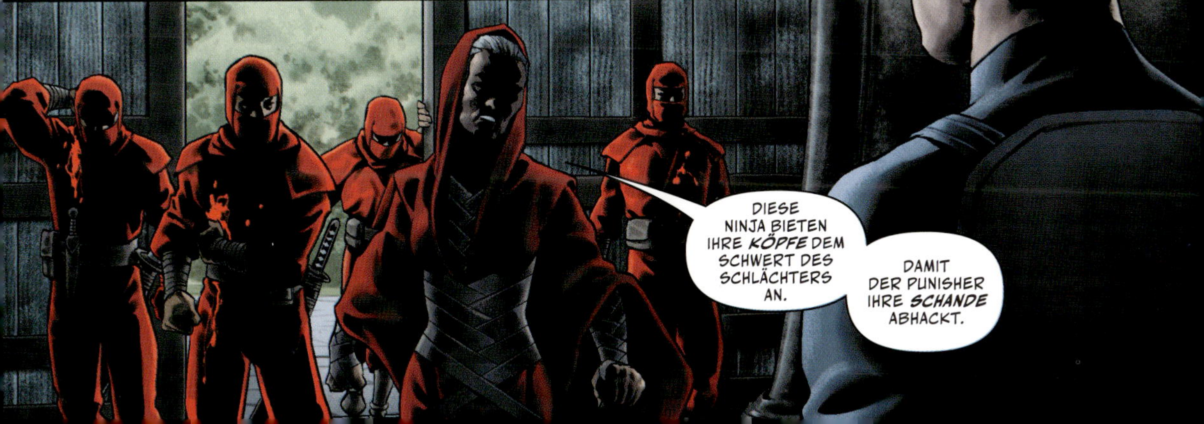
DIESE NINJA BIETEN IHRE KÖPFE DEM SCHWERT DES SCHLÄCHTERS AN.
DAMIT DER PUNISHER IHRE SCHANDE ABHACKT.

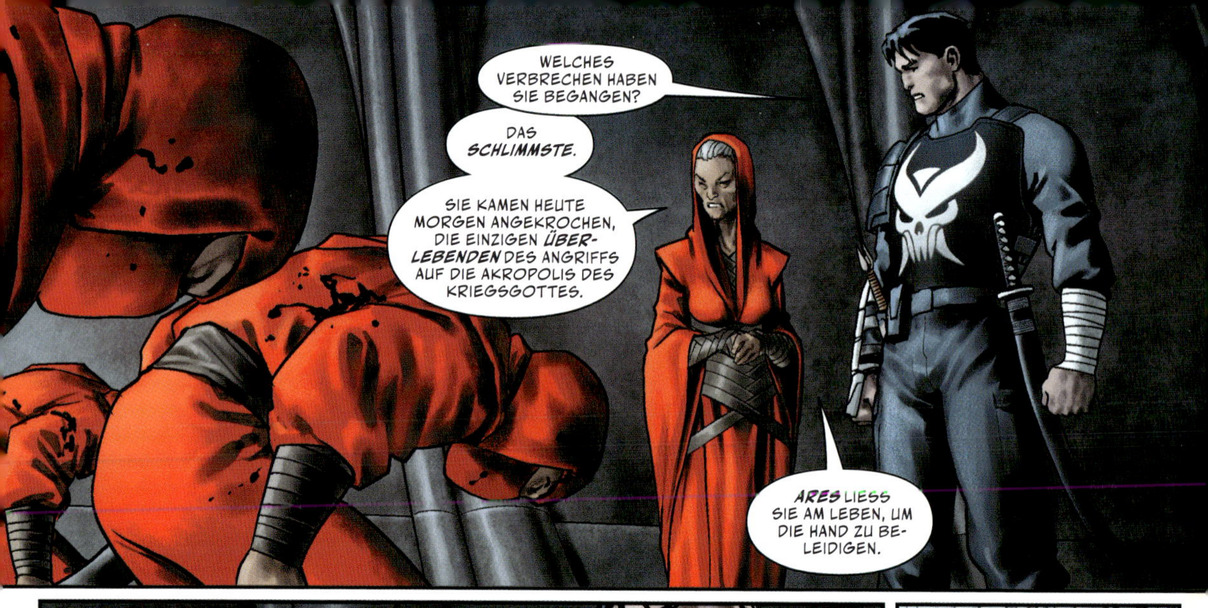
WELCHES VERBRECHEN HABEN SIE BEGANGEN?
DAS SCHLIMMSTE.
SIE KAMEN HEUTE MORGEN ANGEKROCHEN, DIE EINZIGEN ÜBER-LEBENDEN DES ANGRIFFS AUF DIE AKROPOLIS DES KRIEGSGOTTES.
ARES LIESS SIE AM LEBEN, UM DIE HAND ZU BE-LEIDIGEN.

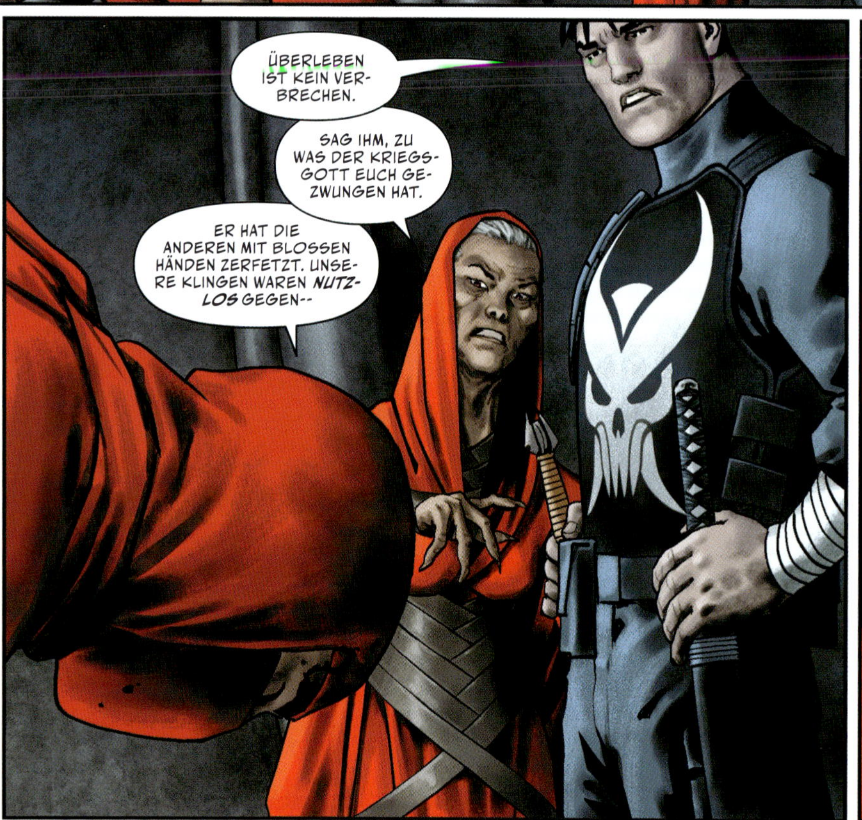
ÜBERLEBEN IST KEIN VER-BRECHEN.
SAG IHM, ZU WAS DER KRIEGS-GOTT EUCH GE-ZWUNGEN HAT.
ER HAT DIE ANDEREN MIT BLOSSEN HÄNDEN ZERFETZT. UNSE-RE KLINGEN WAREN NUTZ-LOS GEGEN--

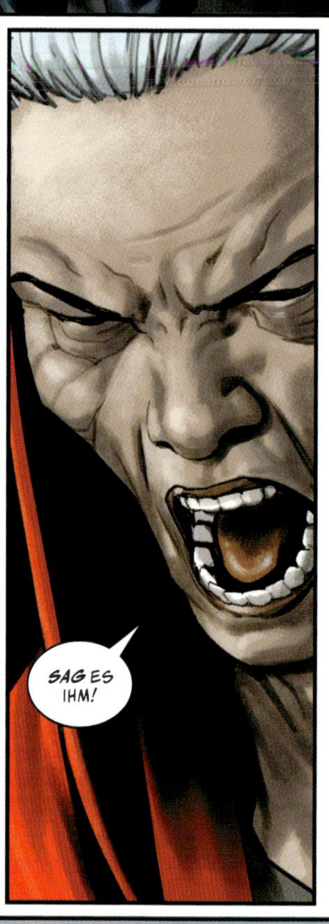
SAG ES IHM!

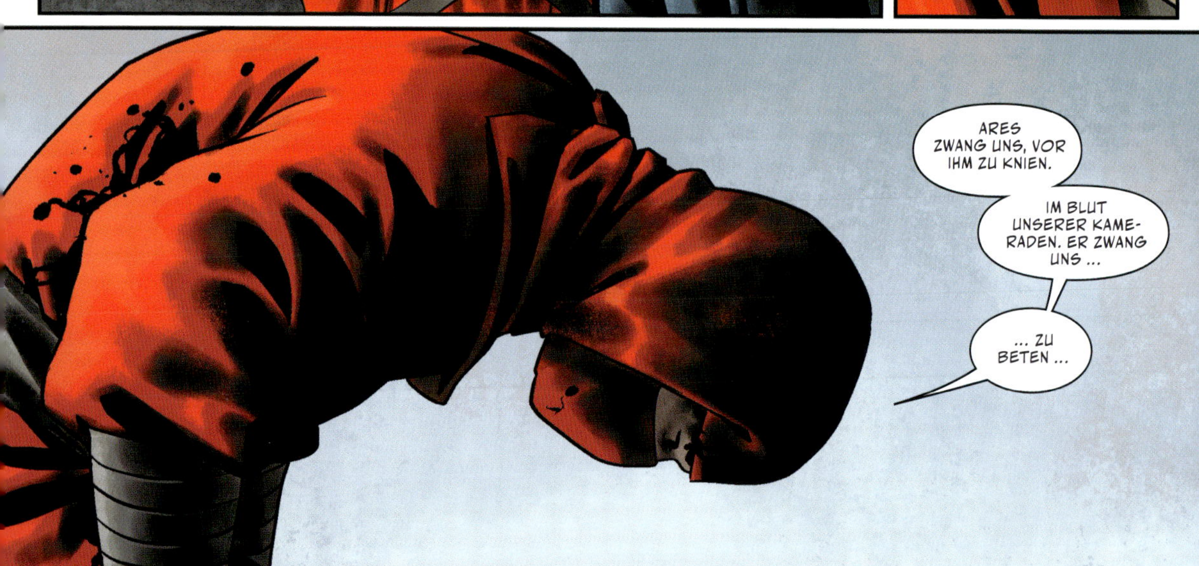
ARES ZWANG UNS, VOR IHM ZU KNIEN.
IM BLUT UNSERER KAME-RADEN. ER ZWANG UNS ...
... ZU BETEN ...

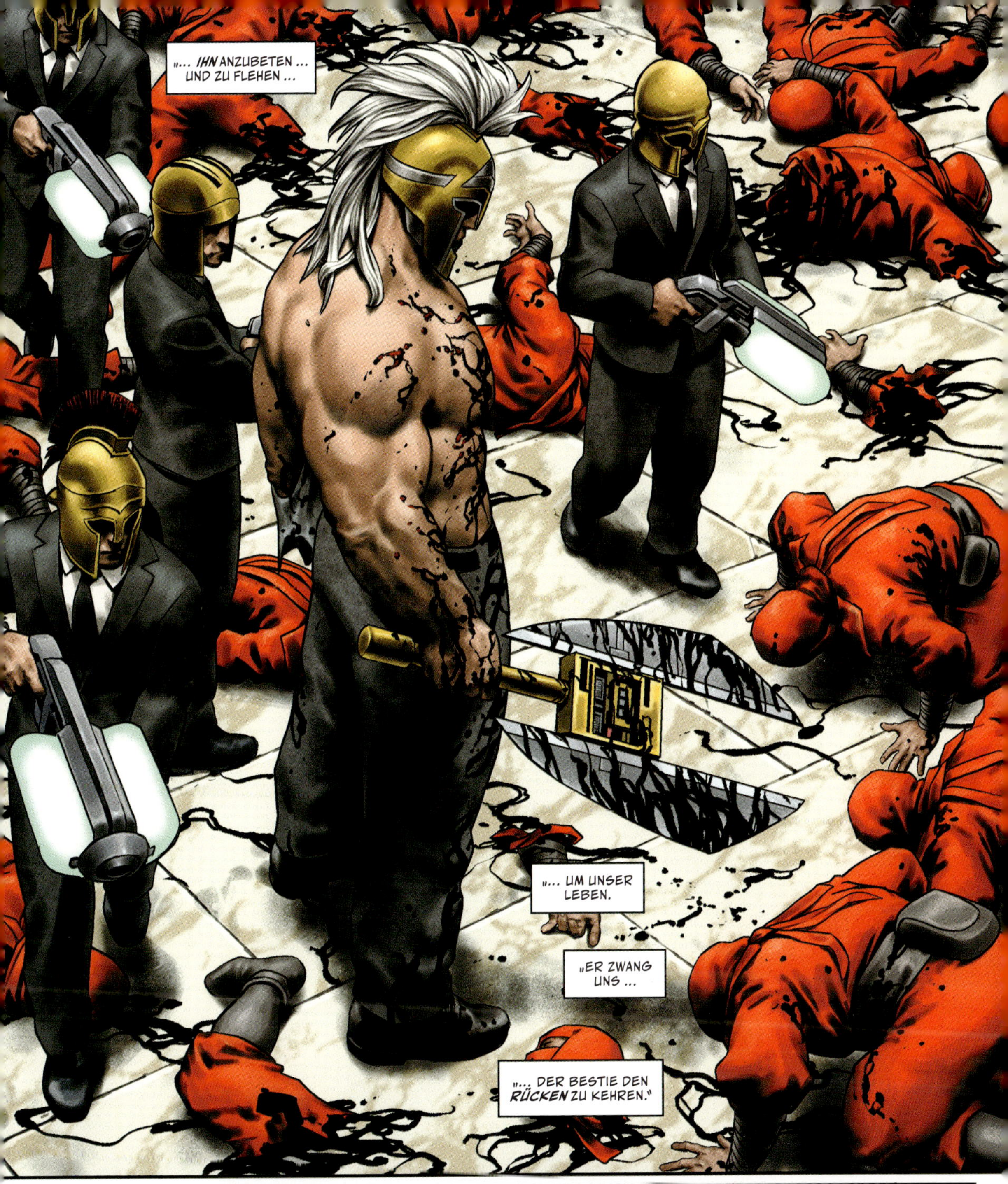

„... *IHN* ANZUBETEN ... UND ZU FLEHEN ...

„... UM UNSER LEBEN.

„ER ZWANG UNS ...

„... DER BESTIE DEN *RÜCKEN* ZU KEHREN."

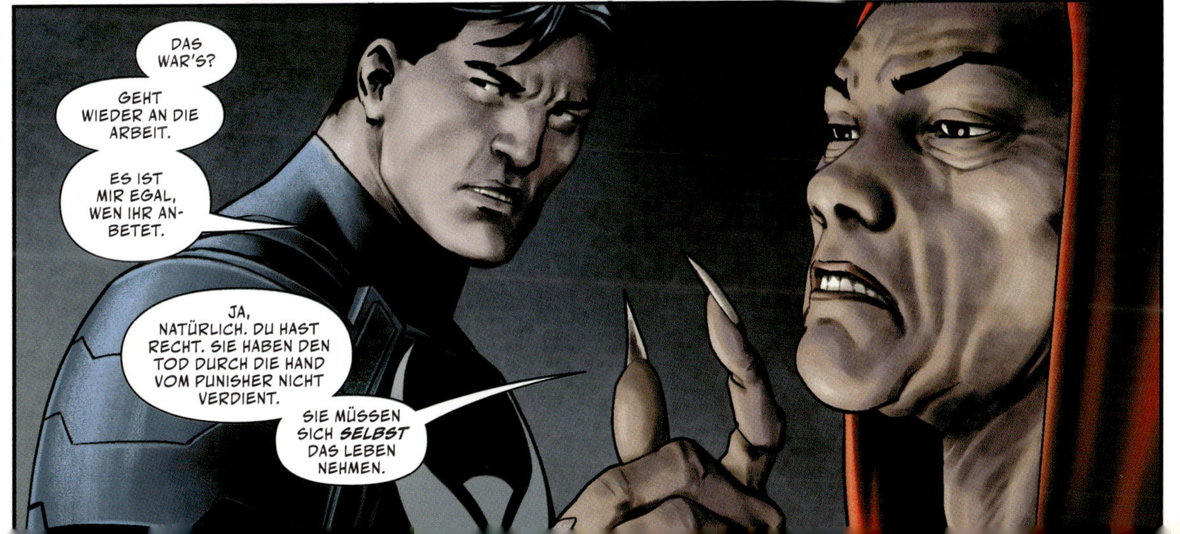

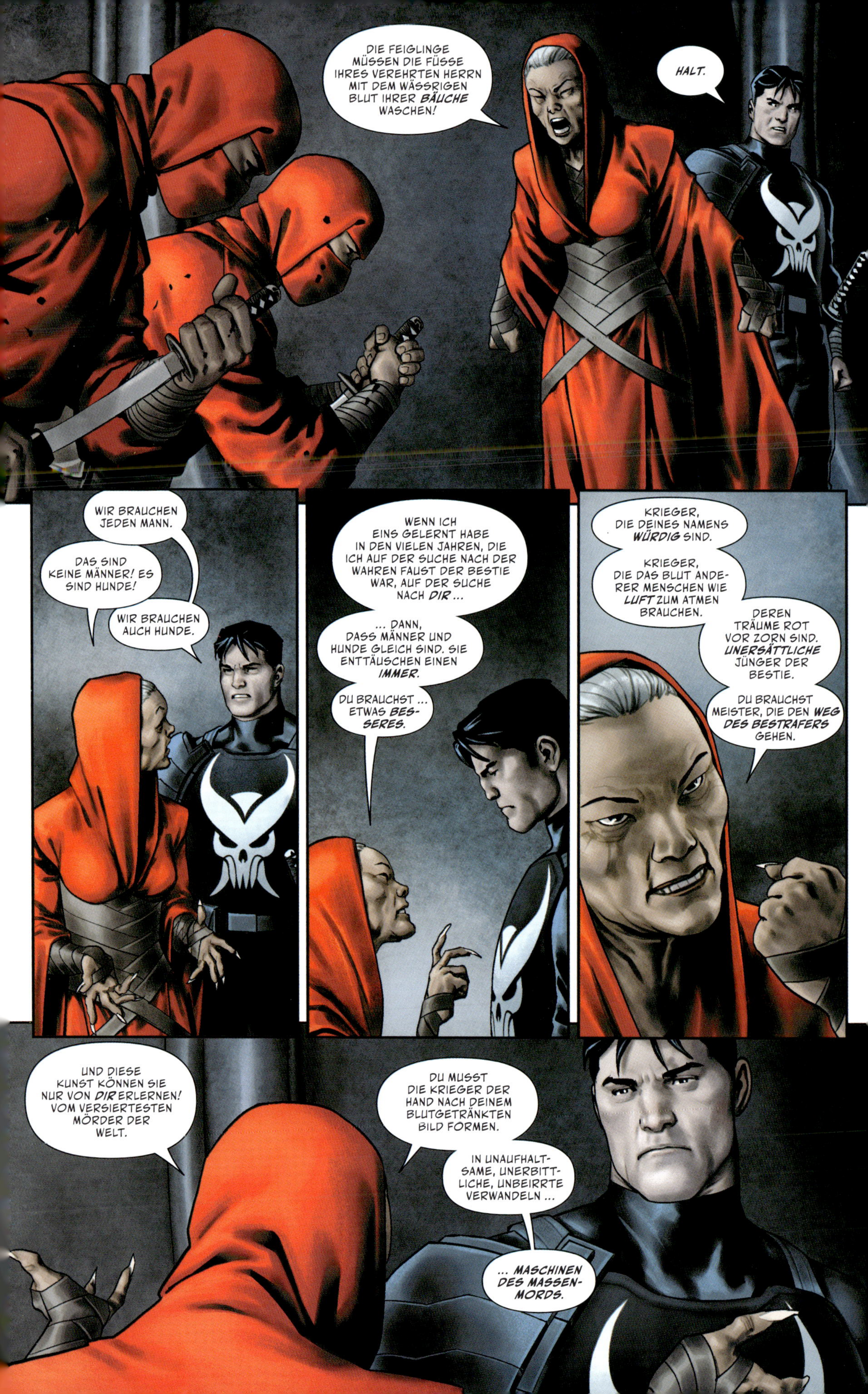
DIE FEIGLINGE MÜSSEN DIE FÜSSE IHRES VEREHRTEN HERRN MIT DEM WÄSSRIGEN BLUT IHRER BÄUCHE WASCHEN!
HALT.
WIR BRAUCHEN JEDEN MANN.
DAS SIND KEINE MÄNNER! ES SIND HUNDE!
WIR BRAUCHEN AUCH HUNDE.
WENN ICH EINS GELERNT HABE IN DEN VIELEN JAHREN, DIE ICH AUF DER SUCHE NACH DER WAHREN FAUST DER BESTIE WAR, AUF DER SUCHE NACH DIR ...
... DANN, DASS MÄNNER UND HUNDE GLEICH SIND. SIE ENTTÄUSCHEN EINEN IMMER.
DU BRAUCHST ... ETWAS BESSERES.
KRIEGER, DIE DEINES NAMENS WÜRDIG SIND.
KRIEGER, DIE DAS BLUT ANDERER MENSCHEN WIE LUFT ZUM ATMEN BRAUCHEN.
DEREN TRÄUME ROT VOR ZORN SIND. UNERSÄTTLICHE JÜNGER DER BESTIE.
DU BRAUCHST MEISTER, DIE DEN WEG DES BESTRAFERS GEHEN.
UND DIESE KUNST KÖNNEN SIE NUR VON DIR ERLERNEN! VOM VERSIERTESTEN MÖRDER DER WELT.
DU MUSST DIE KRIEGER DER HAND NACH DEINEM BLUTGETRÄNKTEN BILD FORMEN.
IN UNAUFHALTSAME, UNERBITTLICHE, UNBEIRRTE VERWANDELN ...
... MASCHINEN DES MASSENMORDS.

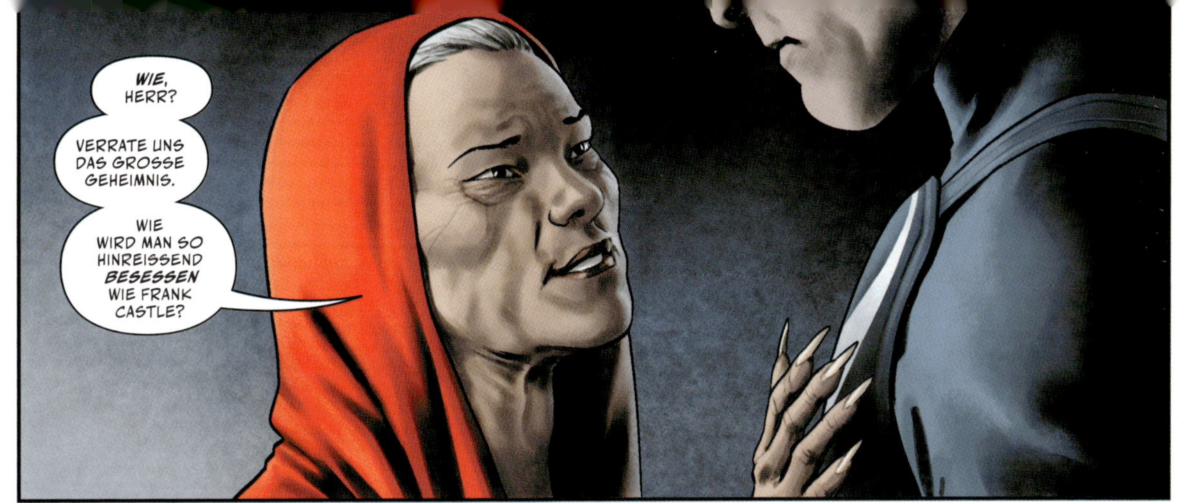
WIE, HERR?
VERRATE UNS DAS GROSSE GEHEIMNIS.
WIE WIRD MAN SO HINREISSEND BESESSEN WIE FRANK CASTLE?

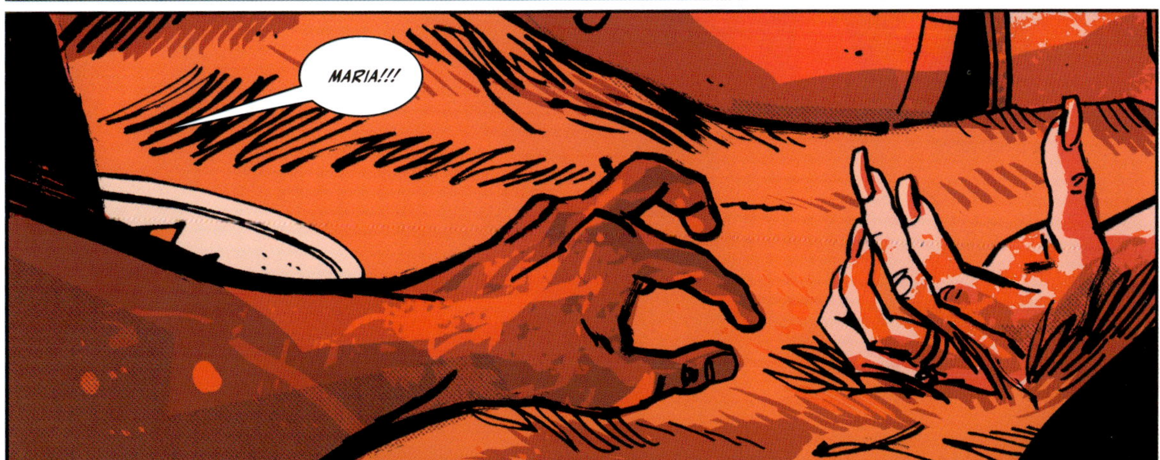
MARIA!!!

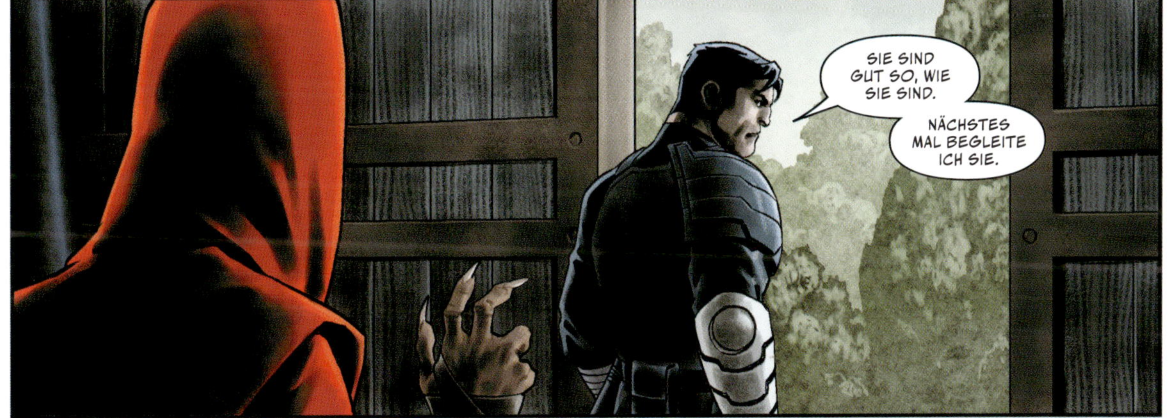
SIE SIND GUT SO, WIE SIE SIND.
NÄCHSTES MAL BEGLEITE ICH SIE.

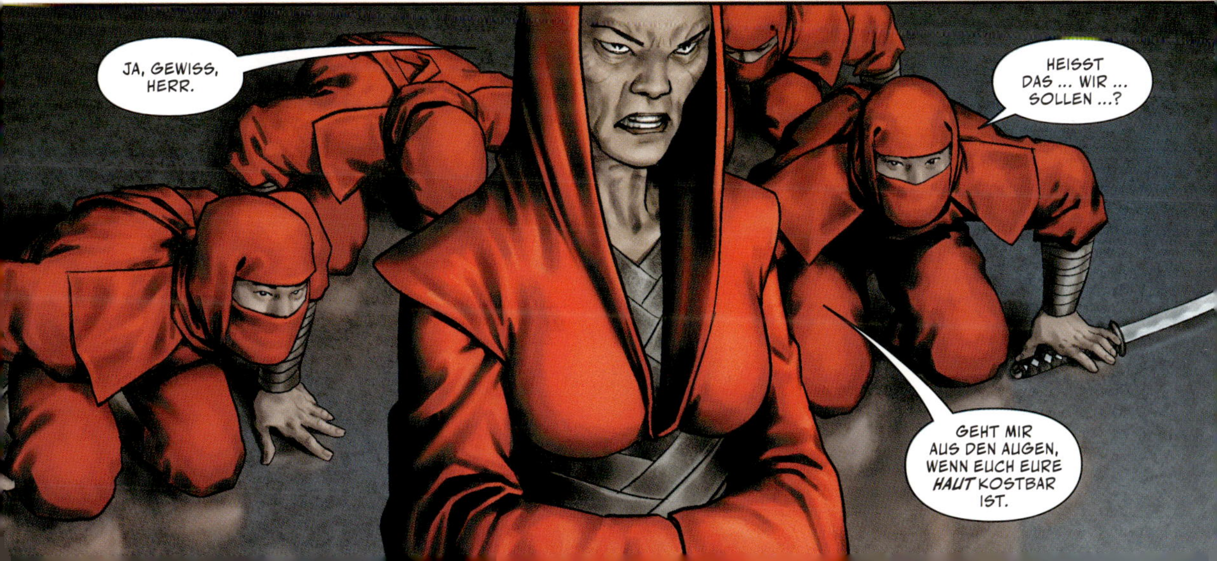
JA, GEWISS, HERR.
HEISST DAS ... WIR ... SOLLEN ...?
GEHT MIR AUS DEN AUGEN, WENN EUCH EURE HAUT KOSTBAR IST.

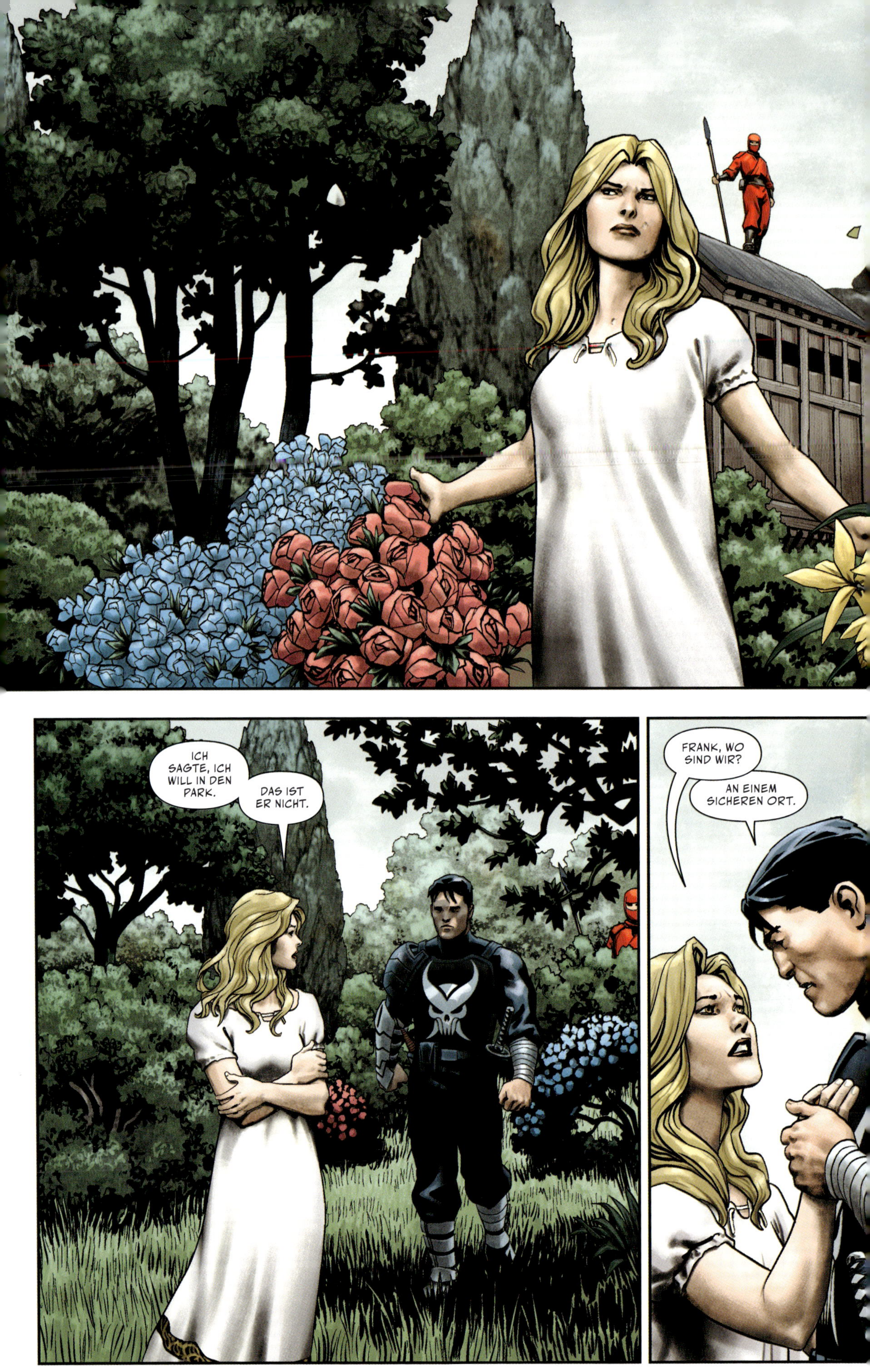

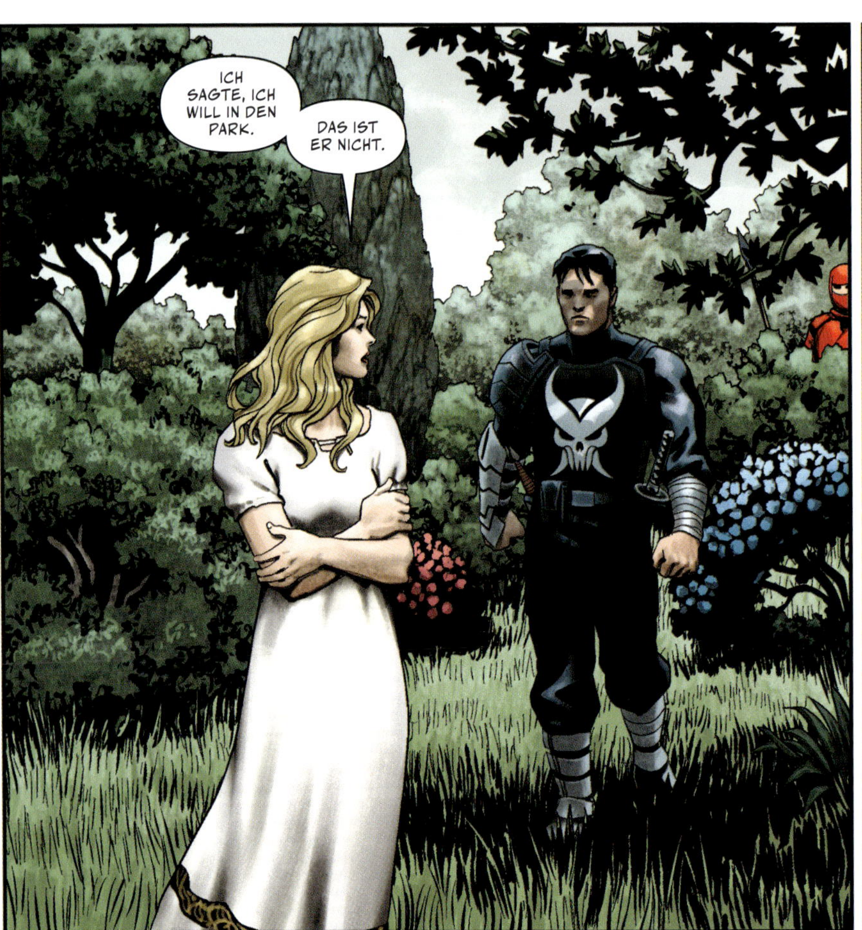
ICH SAGTE, ICH WILL IN DEN PARK.
DAS IST ER NICHT.

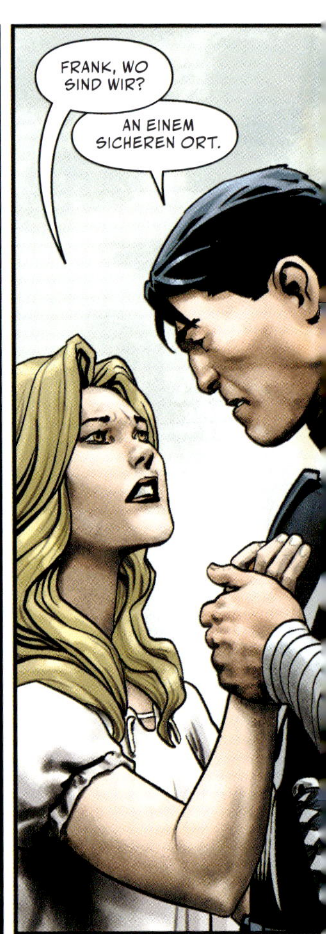
FRANK, WO SIND WIR?
AN EINEM SICHEREN ORT.

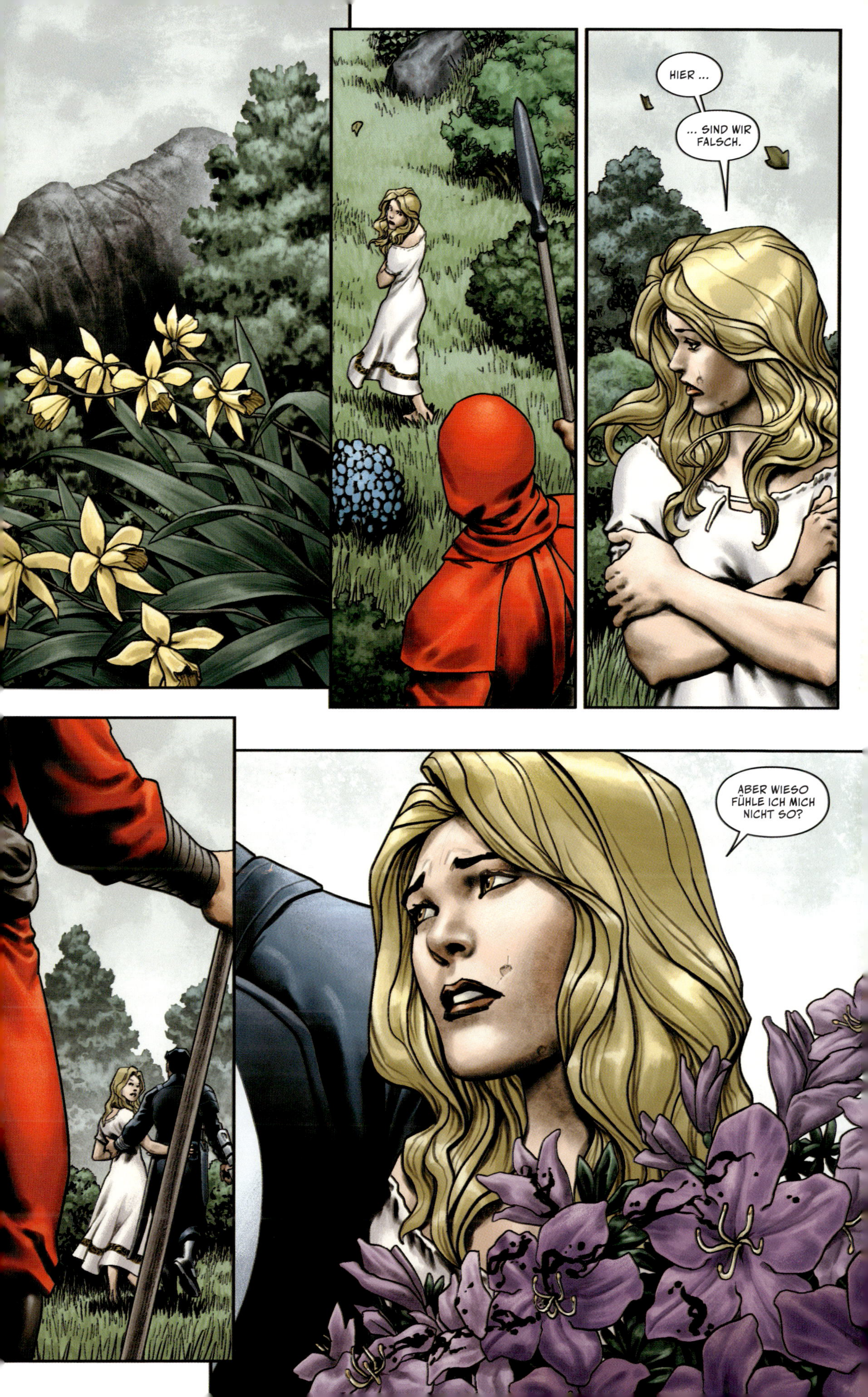

HIER ...
... SIND WIR FALSCH.
ABER WIESO FÜHLE ICH MICH NICHT SO?

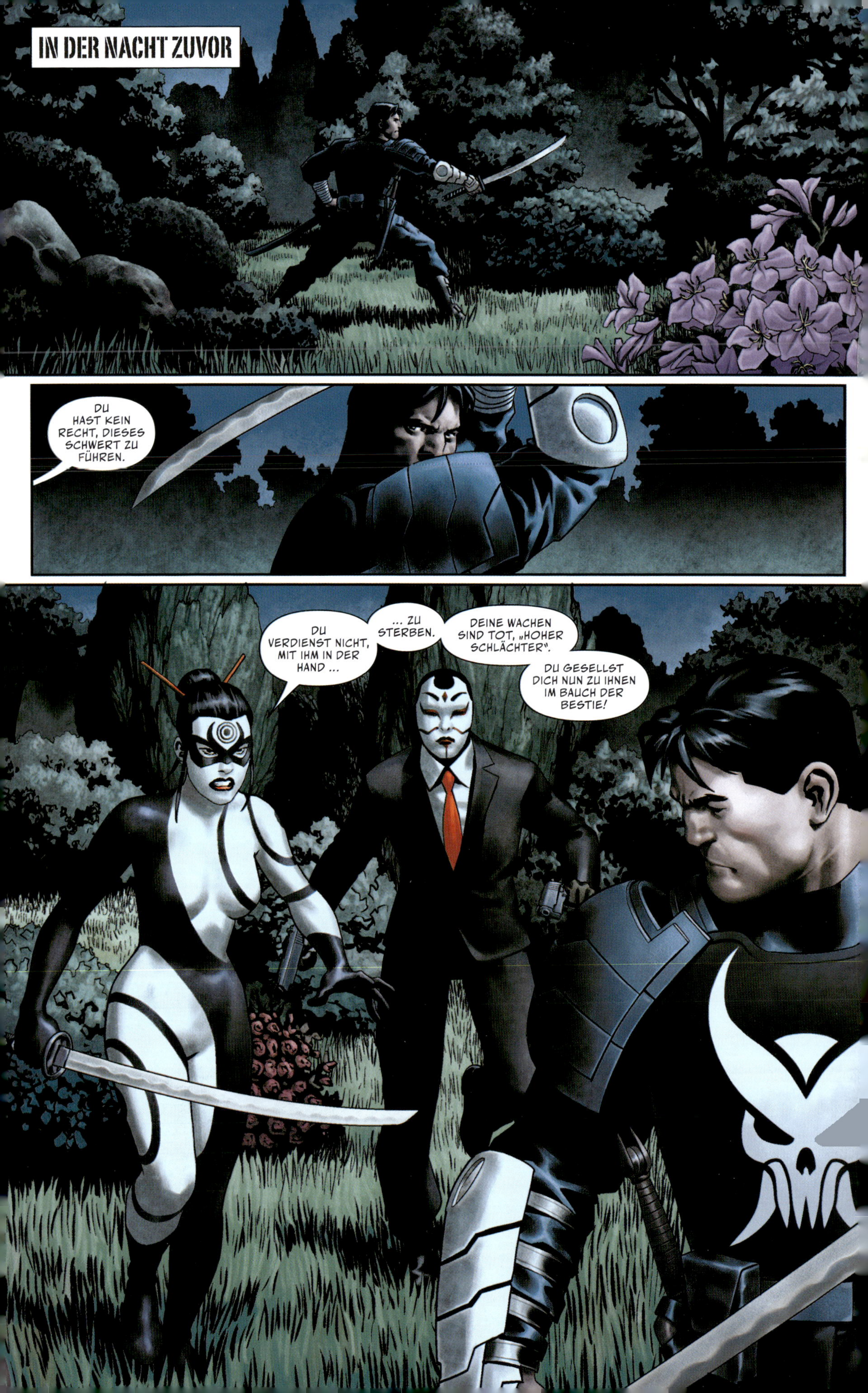

IN DER NACHT ZUVOR

DU HAST KEIN RECHT, DIESES SCHWERT ZU FÜHREN.

DU VERDIENST NICHT, MIT IHM IN DER HAND ...

... ZU STERBEN.

DEINE WACHEN SIND TOT, „HOHER SCHLÄCHTER“.

DU GESELLST DICH NUN ZU IHNEN IM BAUCH DER BESTIE!

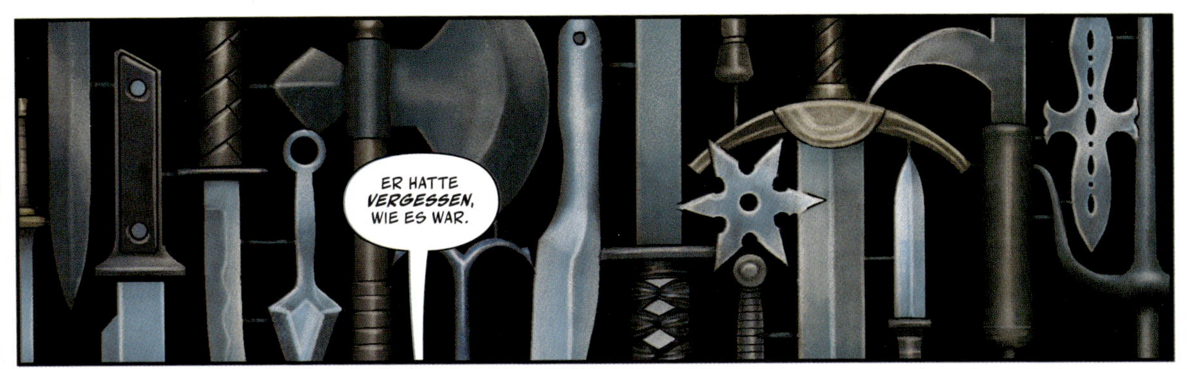
ER HATTE VERGESSEN, WIE ES WAR.
ABER INDEM ICH IHM GEGEBEN HABE, WAS ER BRAUCHTE, UM AUF UNSERE SEITE ZU KOMMEN, HABE ICH FRANK CASTLE UNGEWOLLT DARAN ERINNERT ... WAS ES HEISST, ANGST ZU HABEN.
ER IST WIEDER EIN KIND UND FÜRCHTET SICH VOR DEM, WAS ER SEIN KÖNNTE ... WAS ER SEIN MUSS.
IM VERGLEICH ZU DIR IST ARES EIN JUNGER GOTT, ALLMÄCHTIGER VERSCHLINGER. DOCH MÄCHTIG GENUG, UM DAS BLUTIGE WERK ZU ZERSTÖREN, DAS WIR IN DEINEM NAMEN VERRICHTEN.
NUR DEINE FAUST KANN DEN WEG WEISEN. UNBELASTET VON ANGST. GEWEIHT MIT DEN GABEN DEINES GOTTLOSEN GEISTES.
UND DIE HAND MUSS BEREIT DAFÜR SEIN.
SIE MUSS FÄHIG SEIN, WUNDER DER VERDORBENHEIT ZU VERBRINGEN.
ZEIG MIR, UNHEILIGER, HÖLLISCHER VATER ...
ZEIG MIR, WIE ICH DIE STRASSEN DER WELT IN EIN UNVORSTELLBARES MEER AUS BLUT VERWANDELN KANN. ZEIG MIR ...
... DEN WEG IN DEIN BLUTIGES HIMMELREICH.

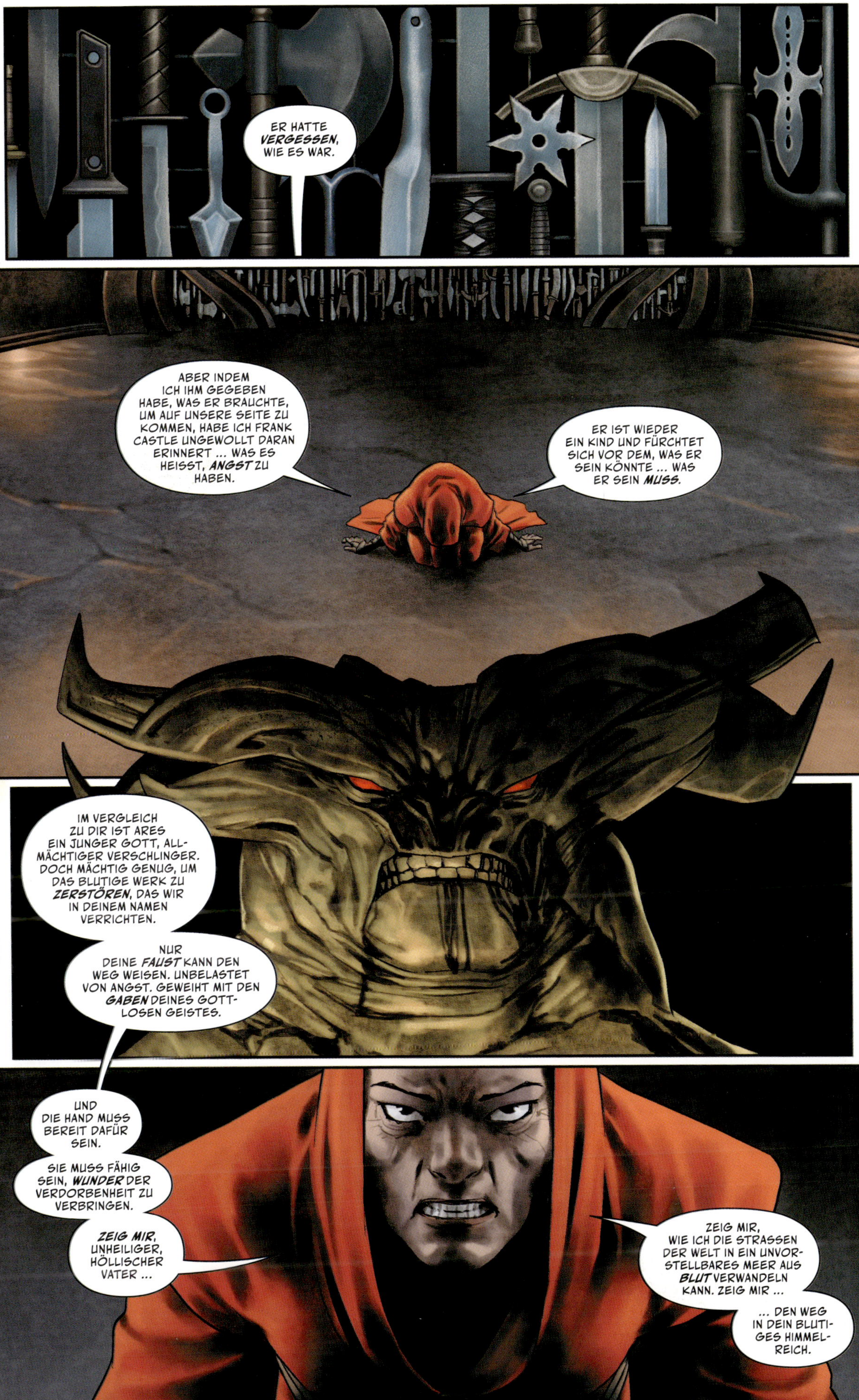

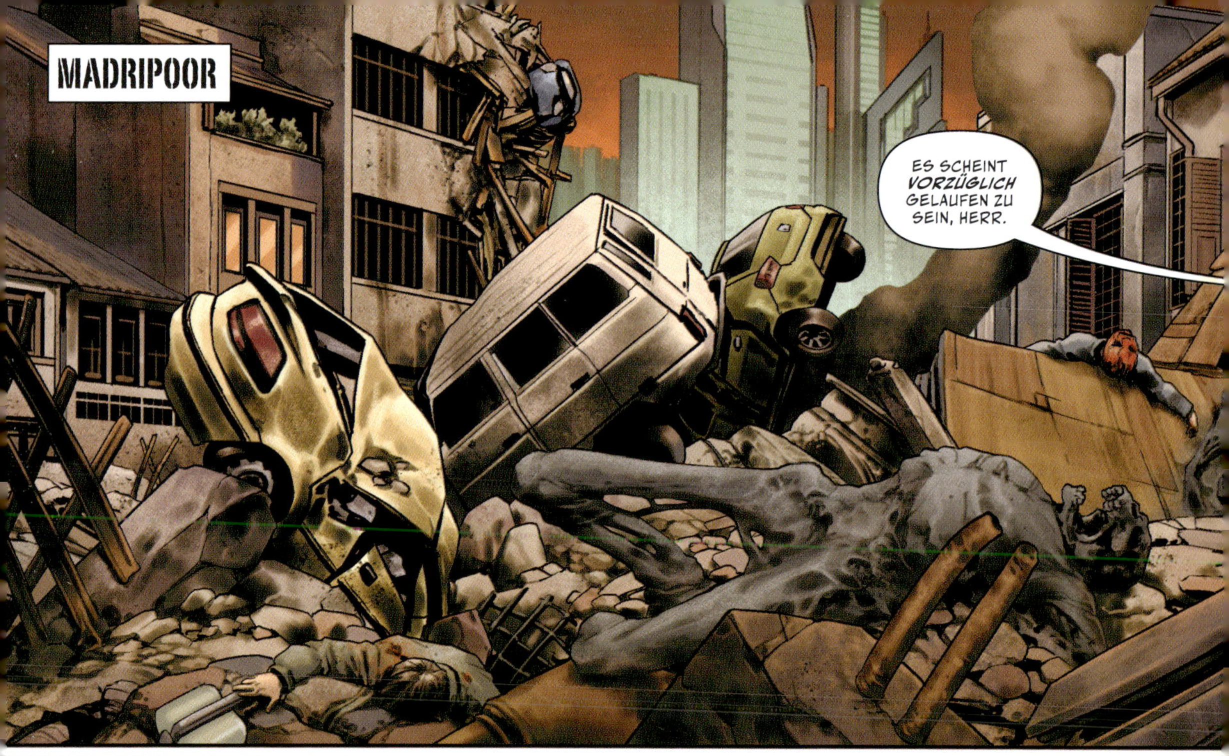

MADRIPOOR
ES SCHEINT *VORZÜGLICH* GELAUFEN ZU SEIN, HERR.
BEIDE GRUPPIERUNGEN HABEN DIE WAFFEN, DIE WIR IHNEN AUF KREDIT GEGEBEN HABEN, EFFEKTIV EINGESETZT. 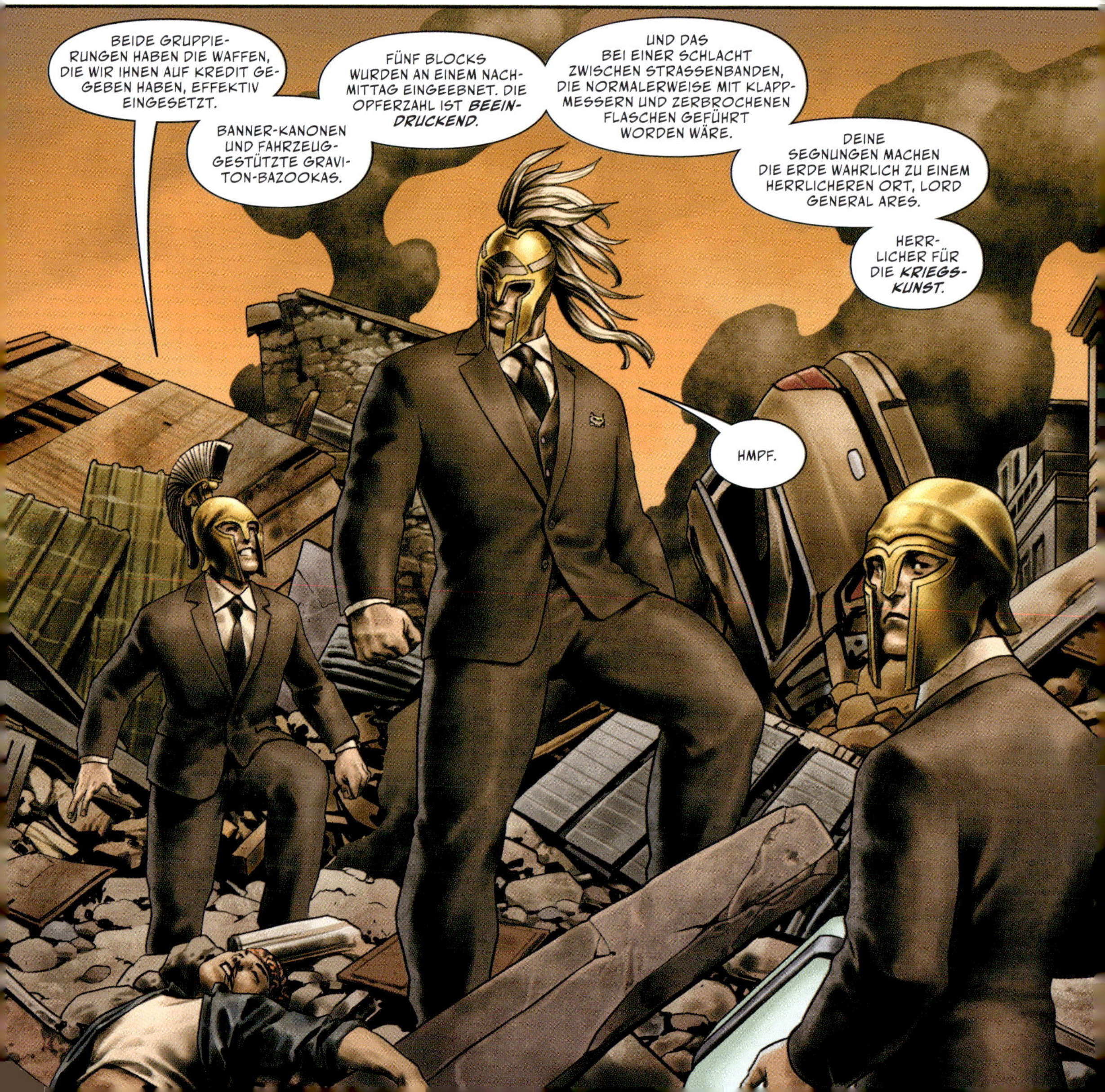
BANNER-KANONEN UND FAHRZEUGGESTÜTZTE GRAVITON-BAZOOKAS.
FÜNF BLOCKS WURDEN AN EINEM NACHMITTAG EINGEEBNET. DIE OPFERZAHL IST *BEEINDRUCKEND*.
UND DAS BEI EINER SCHLACHT ZWISCHEN STRASSENBANDEN, DIE NORMALERWEISE MIT KLAPPMESSERN UND ZERBROCHENEN FLASCHEN GEFÜHRT WORDEN WÄRE.
DEINE SEGNUNGEN MACHEN DIE ERDE WAHRLICH ZU EINEM HERRLICHEREN ORT, LORD GENERAL ARES.
HERRLICHER FÜR DIE *KRIEGSKUNST*.
HMPF.

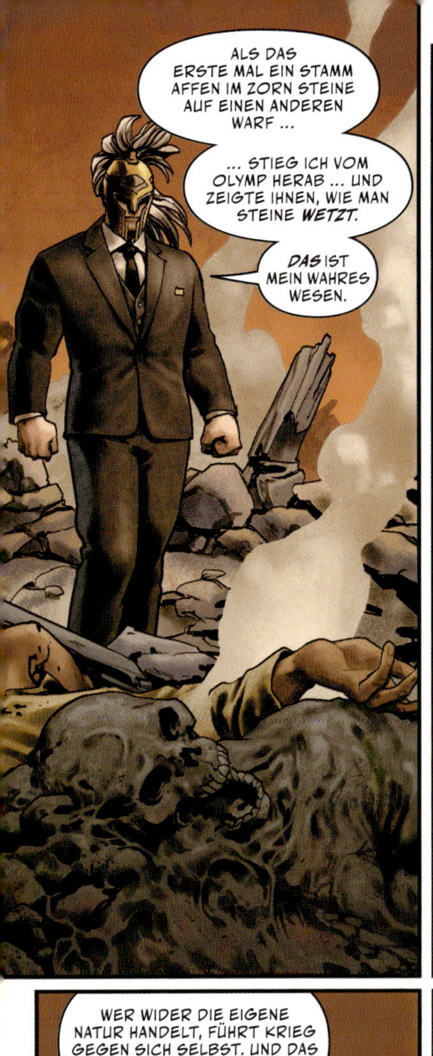
ALS DAS ERSTE MAL EIN STAMM AFFEN IM ZORN STEINE AUF EINEN ANDEREN WARF ...
... STIEG ICH VOM OLYMP HERAB ... UND ZEIGTE IHNEN, WIE MAN STEINE WETZT.
DAS IST MEIN WAHRES WESEN.

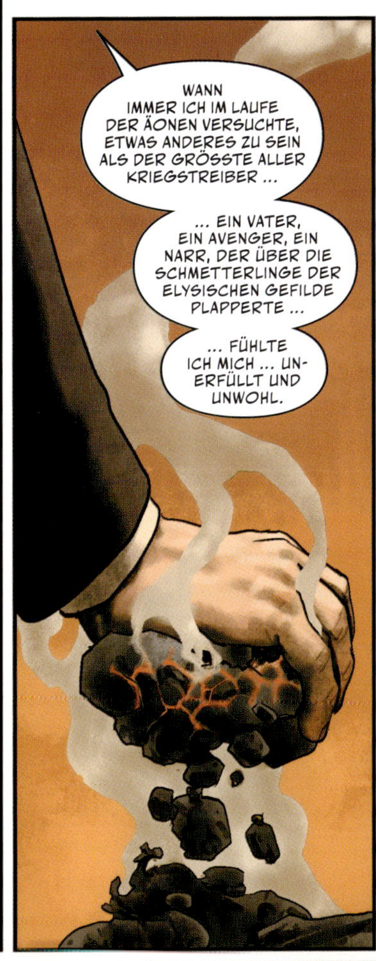
WANN IMMER ICH IM LAUFE DER ÄONEN VERSUCHTE, ETWAS ANDERES ZU SEIN ALS DER GRÖSSTE ALLER KRIEGSTREIBER ...
... EIN VATER, EIN AVENGER, EIN NARR, DER ÜBER DIE SCHMETTERLINGE DER ELYSISCHEN GEFILDE PLAPPERTE ...
... FÜHLTE ICH MICH ... UNERFÜLLT UND UNWOHL.

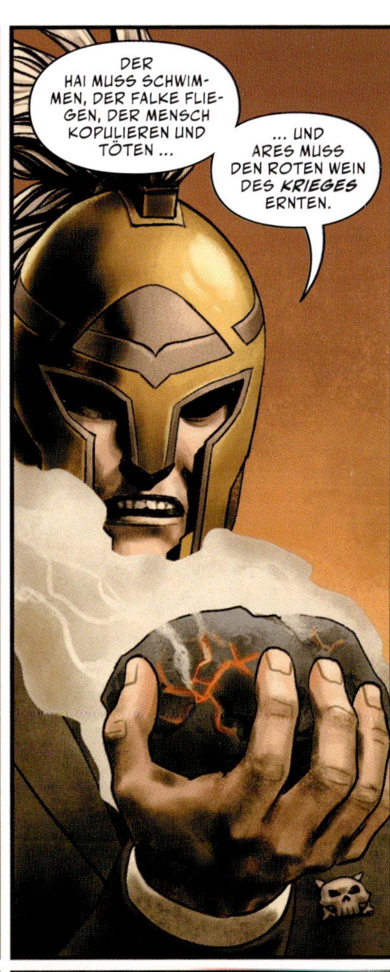
DER HAI MUSS SCHWIMMEN, DER FALKE FLIEGEN, DER MENSCH KOPULIEREN UND TÖTEN ...
... UND ARES MUSS DEN ROTEN WEIN DES KRIEGES ERNTEN.

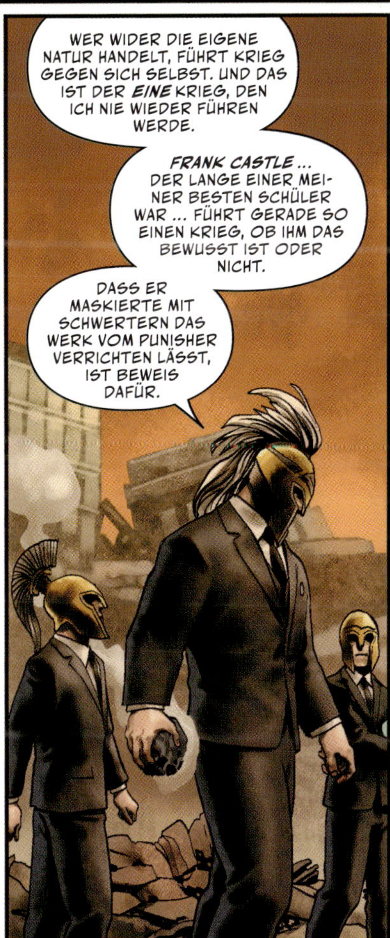
WER WIDER DIE EIGENE NATUR HANDELT, FÜHRT KRIEG GEGEN SICH SELBST. UND DAS IST DER EINE KRIEG, DEN ICH NIE WIEDER FÜHREN WERDE.
FRANK CASTLE ... DER LANGE EINER MEINER BESTEN SCHÜLER WAR ... FÜHRT GERADE SO EINEN KRIEG, OB IHM DAS BEWUSST IST ODER NICHT.
DASS ER MASKIERTE MIT SCHWERTERN DAS WERK VOM PUNISHER VERRICHTEN LÄSST, IST BEWEIS DAFÜR.

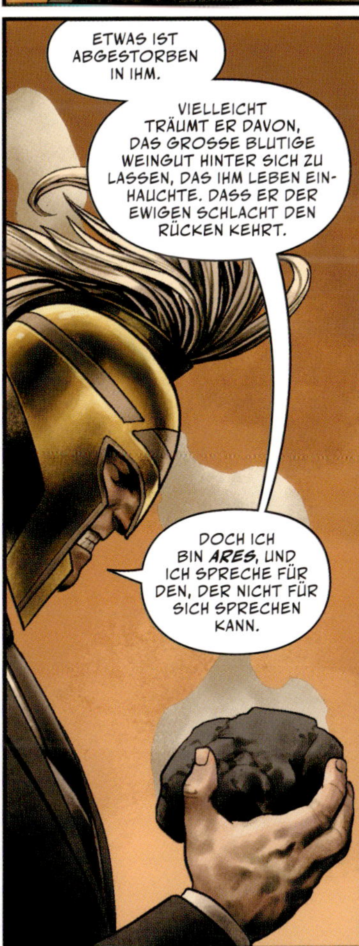
ETWAS IST ABGESTORBEN IN IHM.
VIELLEICHT TRÄUMT ER DAVON, DAS GROSSE BLUTIGE WEINGUT HINTER SICH ZU LASSEN, DAS IHM LEBEN EINHAUCHTE. DASS ER DER EWIGEN SCHLACHT DEN RÜCKEN KEHRT.
DOCH ICH BIN ARES, UND ICH SPRECHE FÜR DEN, DER NICHT FÜR SICH SPRECHEN KANN.

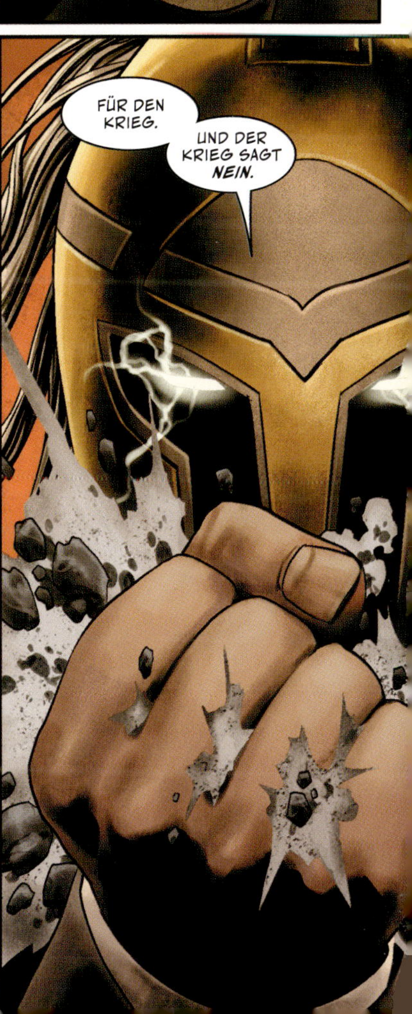
FÜR DEN KRIEG.
UND DER KRIEG SAGT NEIN.

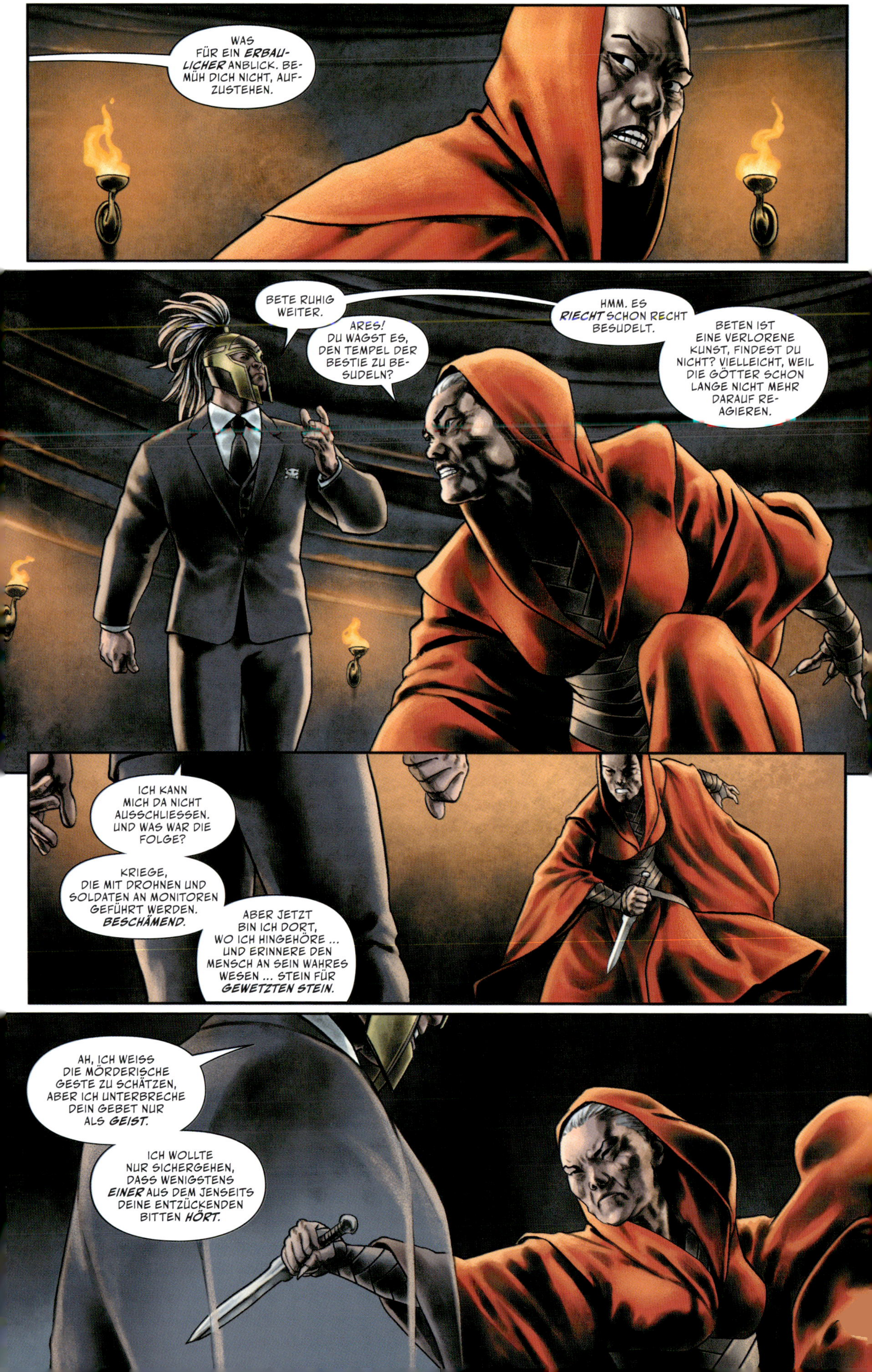

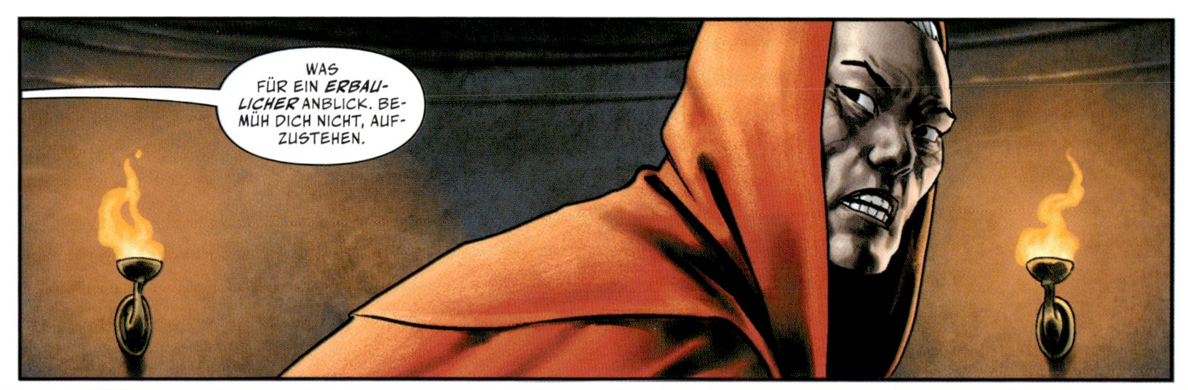
WAS FÜR EIN *ERBAU-LICHER* ANBLICK. BE-MÜH DICH NICHT, AUF-ZUSTEHEN.

BETE RUHIG WEITER.
ARES! DU WAGST ES, DEN TEMPEL DER BESTIE ZU BE-SUDELN?
HMM. ES *RIECHT* SCHON RECHT BESUDELT.
BETEN IST EINE VERLORENE KUNST, FINDEST DU NICHT? VIELLEICHT, WEIL DIE GÖTTER SCHON LANGE NICHT MEHR DARAUF RE-AGIEREN.
ICH KANN MICH DA NICHT AUSSCHLIESSEN. UND WAS WAR DIE FOLGE?
KRIEGE, DIE MIT DROHNEN UND SOLDATEN AN MONITOREN GEFÜHRT WERDEN. ***BESCHÄMEND***.
ABER JETZT BIN ICH DORT, WO ICH HINGEHÖRE ... UND ERINNERE DEN MENSCH AN SEIN WAHRES WESEN ... STEIN FÜR ***GEWETZTEN STEIN***.

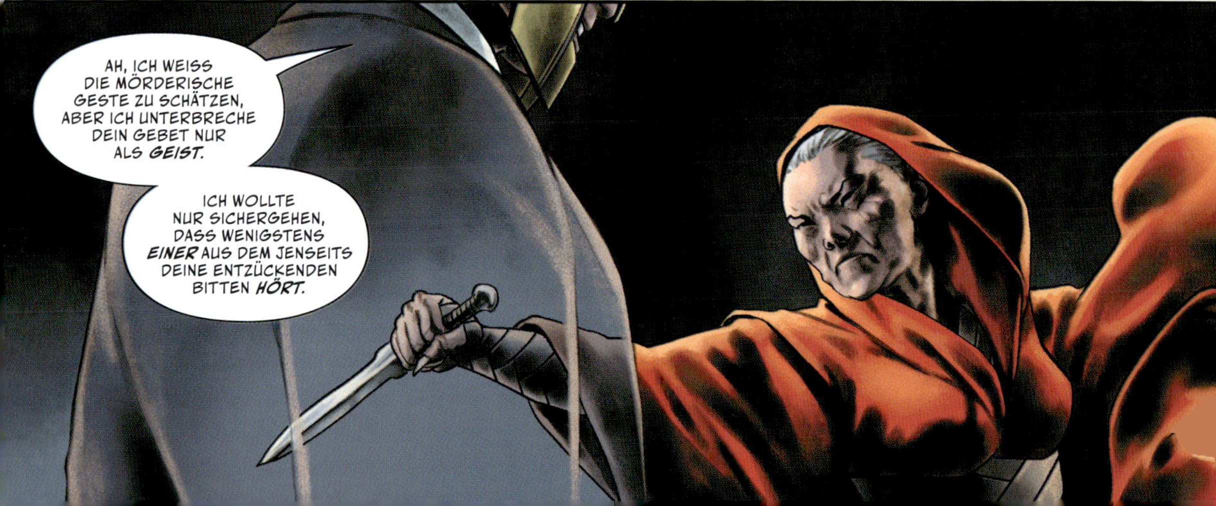
AH, ICH WEISS DIE MÖRDERISCHE GESTE ZU SCHÄTZEN, ABER ICH UNTERBRECHE DEIN GEBET NUR ALS *GEIST*.
ICH WOLLTE NUR SICHERGEHEN, DASS WENIGSTENS *EINER* AUS DEM JENSEITS DEINE ENTZÜCKENDEN BITTEN *HÖRT*.

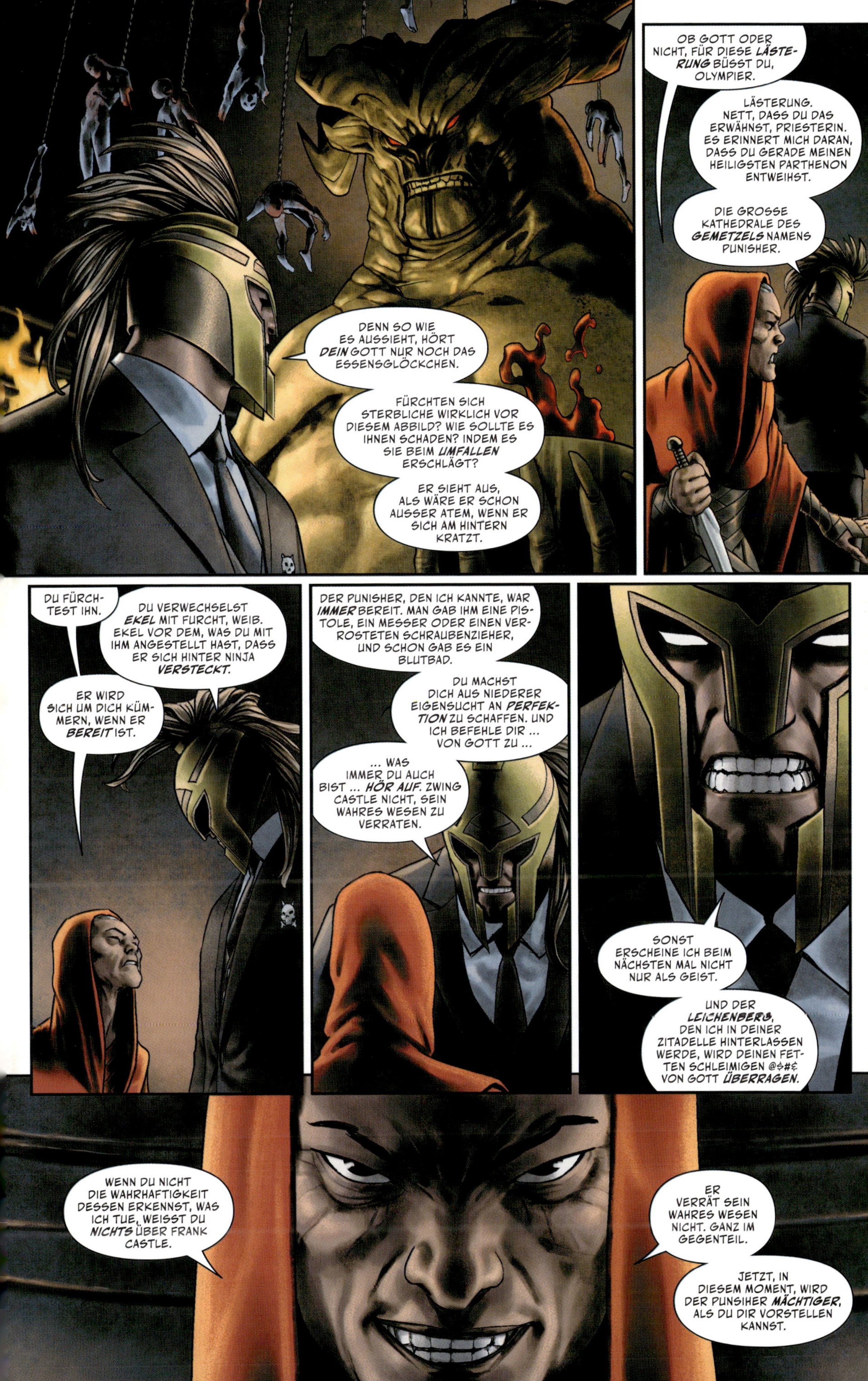
DENN SO WIE ES AUSSIEHT, HÖRT DEIN GOTT NUR NOCH DAS ESSENSGLÖCKCHEN.
FÜRCHTEN SICH STERBLICHE WIRKLICH VOR DIESEM ABBILD? WIE SOLLTE ES IHNEN SCHADEN? INDEM ES SIE BEIM UMFALLEN ERSCHLÄGT?
ER SIEHT AUS, ALS WÄRE ER SCHON AUSSER ATEM, WENN ER SICH AM HINTERN KRATZT.
OB GOTT ODER NICHT, FÜR DIESE LÄSTERUNG BÜSST DU, OLYMPIER.
LÄSTERUNG. NETT, DASS DU DAS ERWÄHNST, PRIESTERIN. ES ERINNERT MICH DARAN, DASS DU GERADE MEINEN HEILIGSTEN PARTHENON ENTWEIHST.
DIE GROSSE KATHEDRALE DES GEMETZELS NAMENS PUNISHER.
DU FÜRCHTEST IHN.
DU VERWECHSELST EKEL MIT FURCHT, WEIB. EKEL VOR DEM, WAS DU MIT IHM ANGESTELLT HAST, DASS ER SICH HINTER NINJA VERSTECKT.
ER WIRD SICH UM DICH KÜMMERN, WENN ER BEREIT IST.
DER PUNISHER, DEN ICH KANNTE, WAR IMMER BEREIT. MAN GAB IHM EINE PISTOLE, EIN MESSER ODER EINEN VERROSTETEN SCHRAUBENZIEHER, UND SCHON GAB ES EIN BLUTBAD.
DU MACHST DICH AUS NIEDERER EIGENSUCHT AN PERFEKTION ZU SCHAFFEN. UND ICH BEFEHLE DIR ... VON GOTT ZU ...
... WAS IMMER DU AUCH BIST ... HÖR AUF. ZWING CASTLE NICHT, SEIN WAHRES WESEN ZU VERRATEN.
SONST ERSCHEINE ICH BEIM NÄCHSTEN MAL NICHT NUR ALS GEIST.
UND DER LEICHENBERG, DEN ICH IN DEINER ZITADELLE HINTERLASSEN WERDE, WIRD DEINEN FETTEN SCHLEIMIGEN @$#$ VON GOTT ÜBERRAGEN.
WENN DU NICHT DIE WAHRHAFTIGKEIT DESSEN ERKENNST, WAS ICH TUE, WEISST DU NICHTS ÜBER FRANK CASTLE.
ER VERRÄT SEIN WAHRES WESEN NICHT. GANZ IM GEGENTEIL.
JETZT, IN DIESEM MOMENT, WIRD DER PUNISHER MÄCHTIGER, ALS DU DIR VORSTELLEN KANNST.

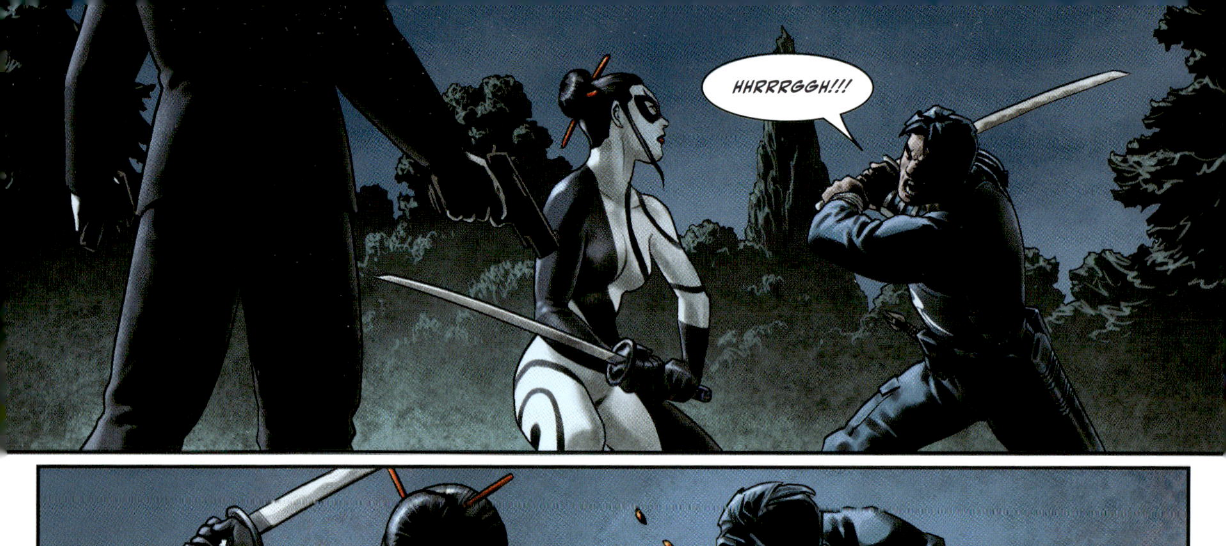
HHRRRGGH!!!
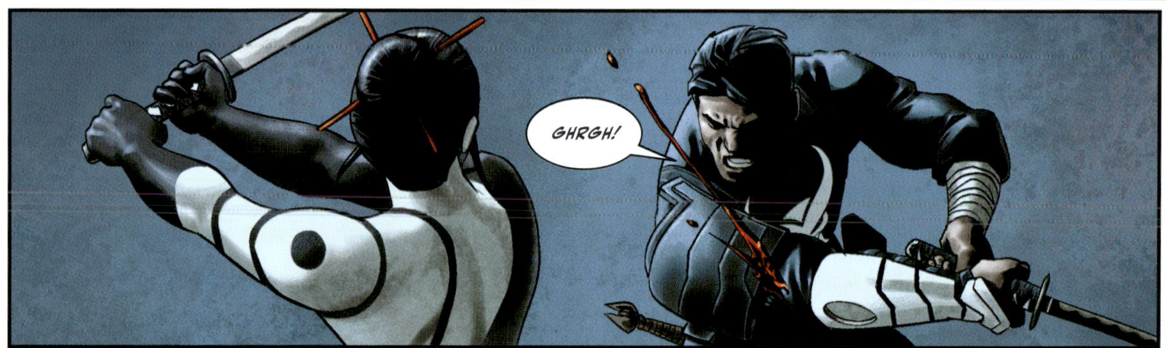
GHRGH!
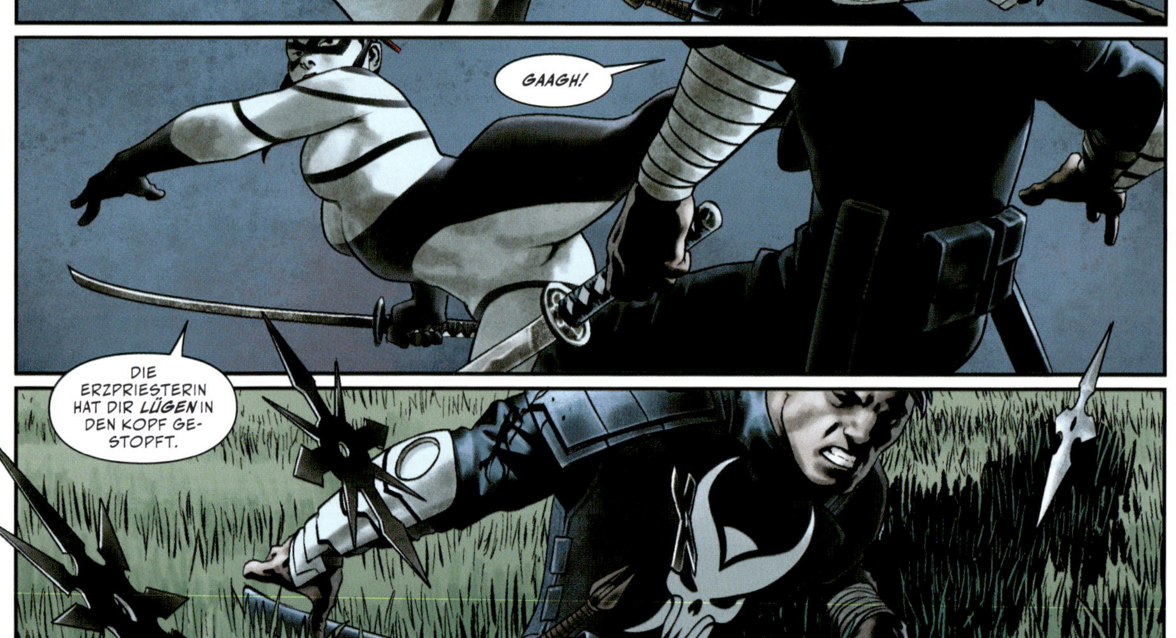
GAAGH!
DIE ERZPRIESTERIN HAT DIR LÜGEN IN DEN KOPF GESTOPFT.
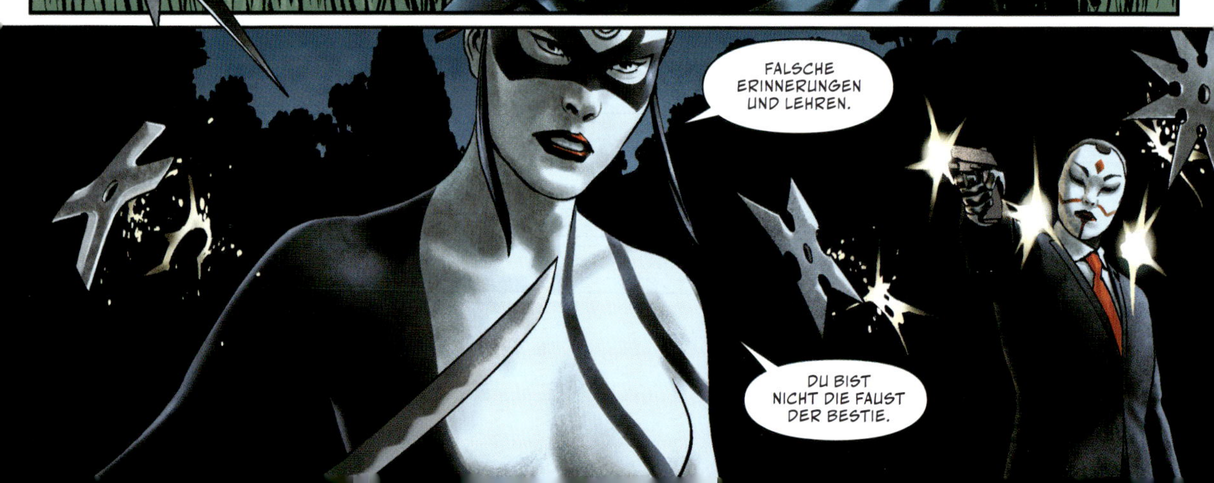
FALSCHE ERINNERUNGEN UND LEHREN.
DU BIST NICHT DIE FAUST DER BESTIE.

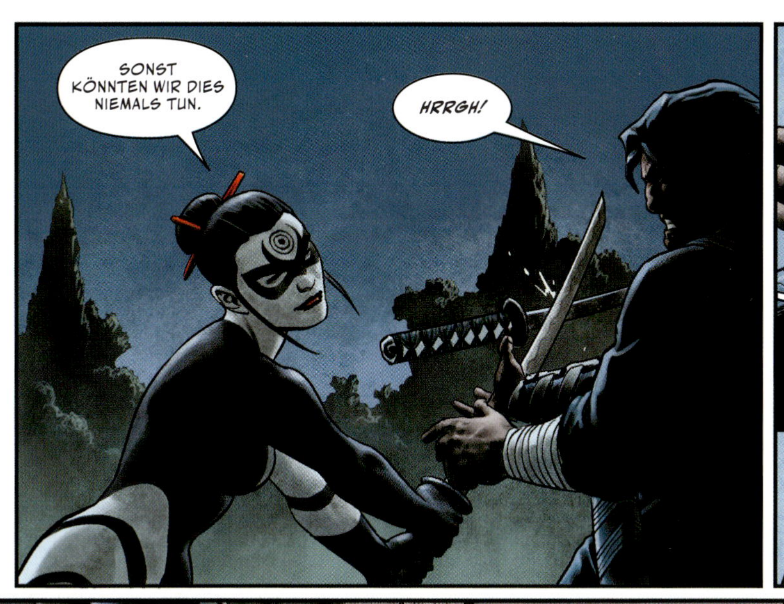
SONST KÖNNTEN WIR DIES NIEMALS TUN.
HRRGH!

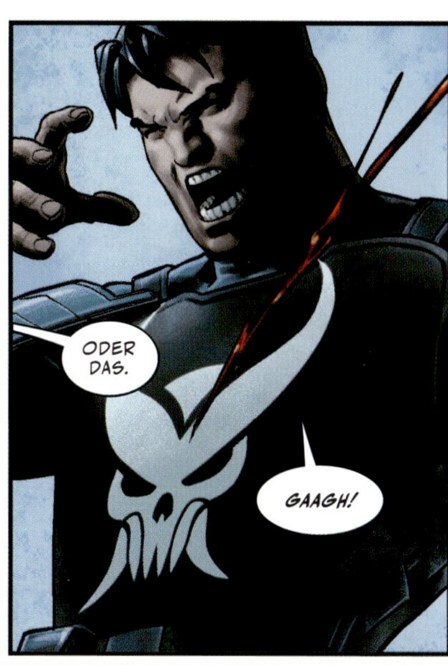
ODER DAS.
GAAGH!

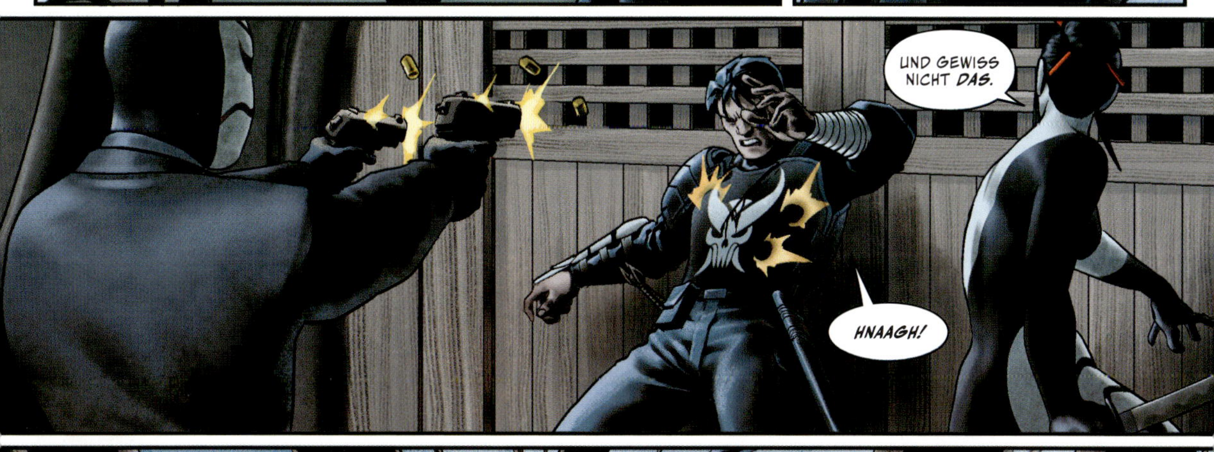
UND GEWISS NICHT DAS.
HNAAGH!

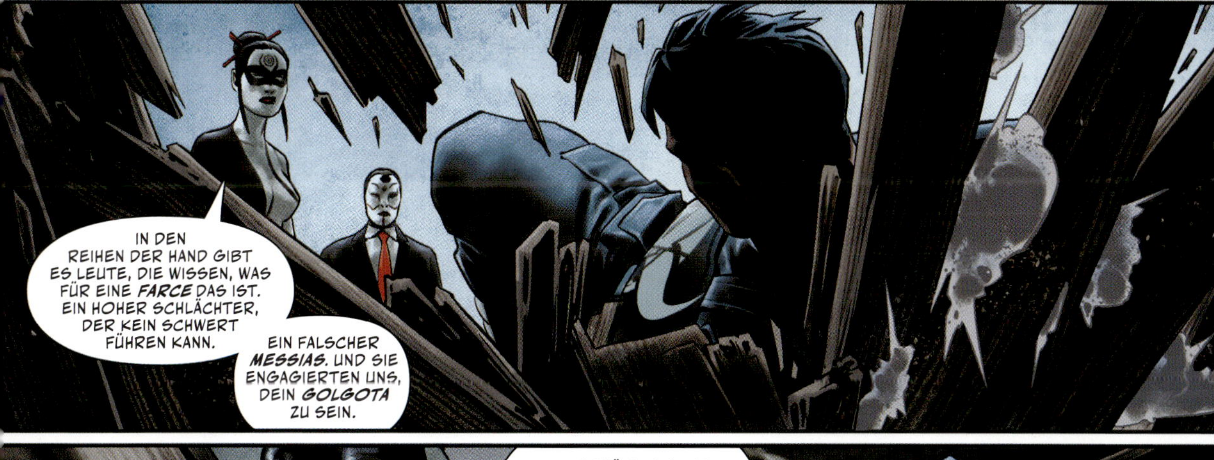
IN DEN REIHEN DER HAND GIBT ES LEUTE, DIE WISSEN, WAS FÜR EINE FARCE DAS IST. EIN HOHER SCHLÄCHTER, DER KEIN SCHWERT FÜHREN KANN.
EIN FALSCHER MESSIAS. UND SIE ENGAGIERTEN UNS, DEIN GOLGOTA ZU SEIN.

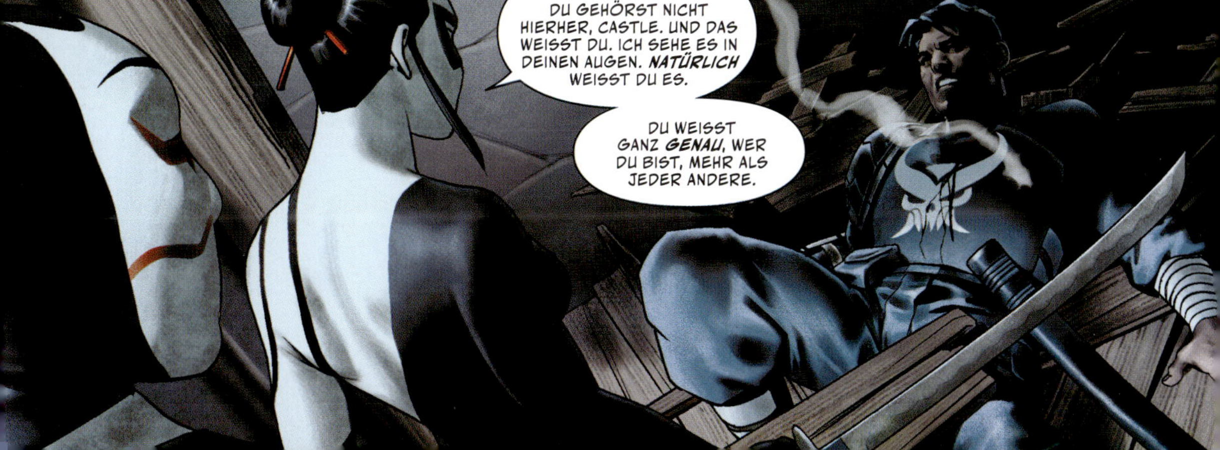
DU GEHÖRST NICHT HIERHER, CASTLE. UND DAS WEISST DU. ICH SEHE ES IN DEINEN AUGEN. NATÜRLICH WEISST DU ES.
DU WEISST GANZ GENAU, WER DU BIST, MEHR ALS JEDER ANDERE.

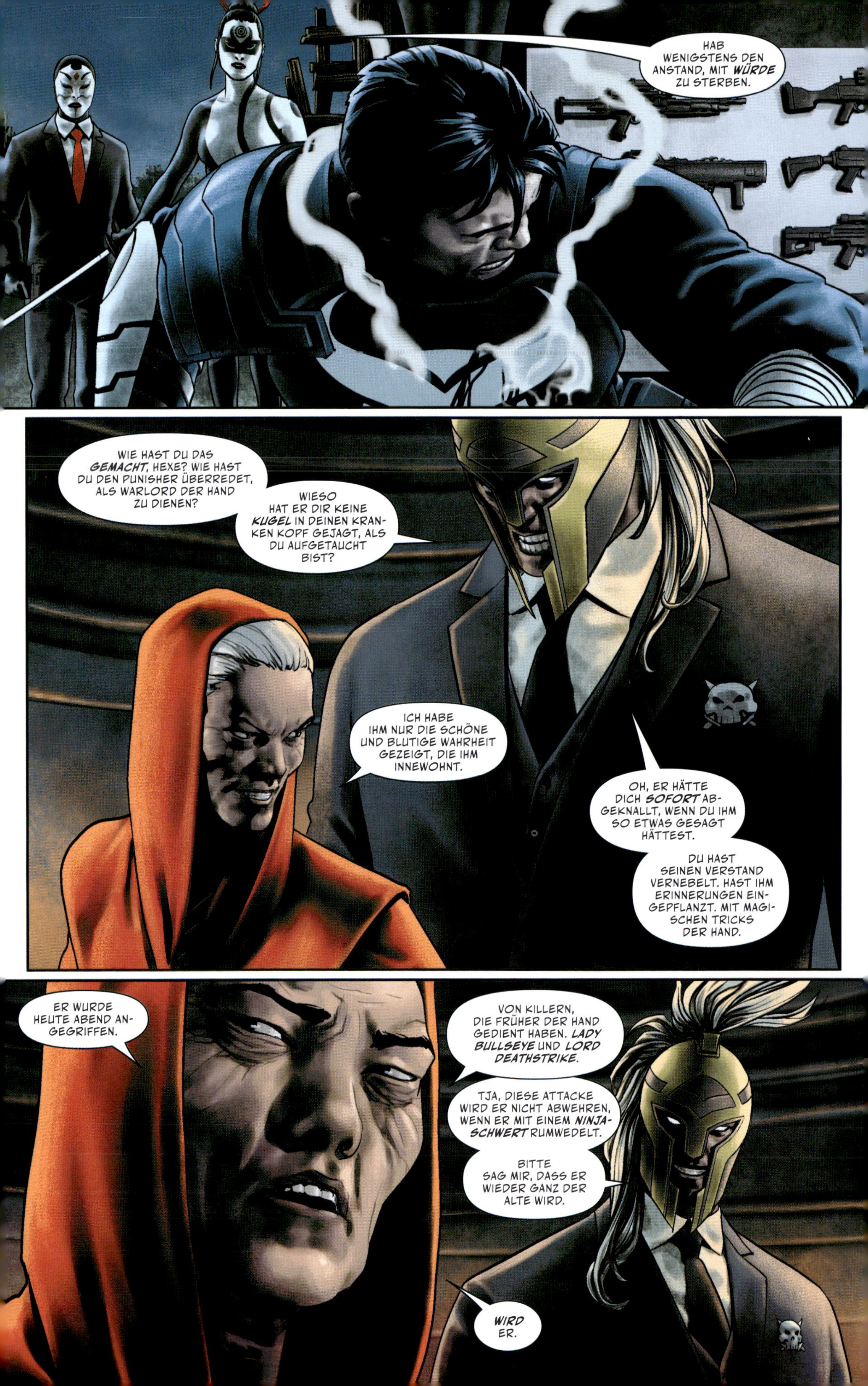

HAB WENIGSTENS DEN ANSTAND, MIT *WÜRDE* ZU STERBEN.

WIE HAST DU DAS *GEMACHT*, HEXE? WIE HAST DU DEN PUNISHER ÜBERREDET, ALS WARLORD DER HAND ZU DIENEN?

WIESO HAT ER DIR KEINE *KUGEL* IN DEINEN KRANKEN KOPF GEJAGT, ALS DU AUFGETAUCHT BIST?

ICH HABE IHM NUR DIE SCHÖNE UND BLUTIGE WAHRHEIT GEZEIGT, DIE IHM INNEWOHNT.

OH, ER HÄTTE DICH *SOFORT* ABGEKNALLT, WENN DU IHM SO ETWAS GESAGT HÄTTEST.

DU HAST SEINEN VERSTAND VERNEBELT. HAST IHM ERINNERUNGEN EINGEPFLANZT. MIT MAGISCHEN TRICKS DER HAND.

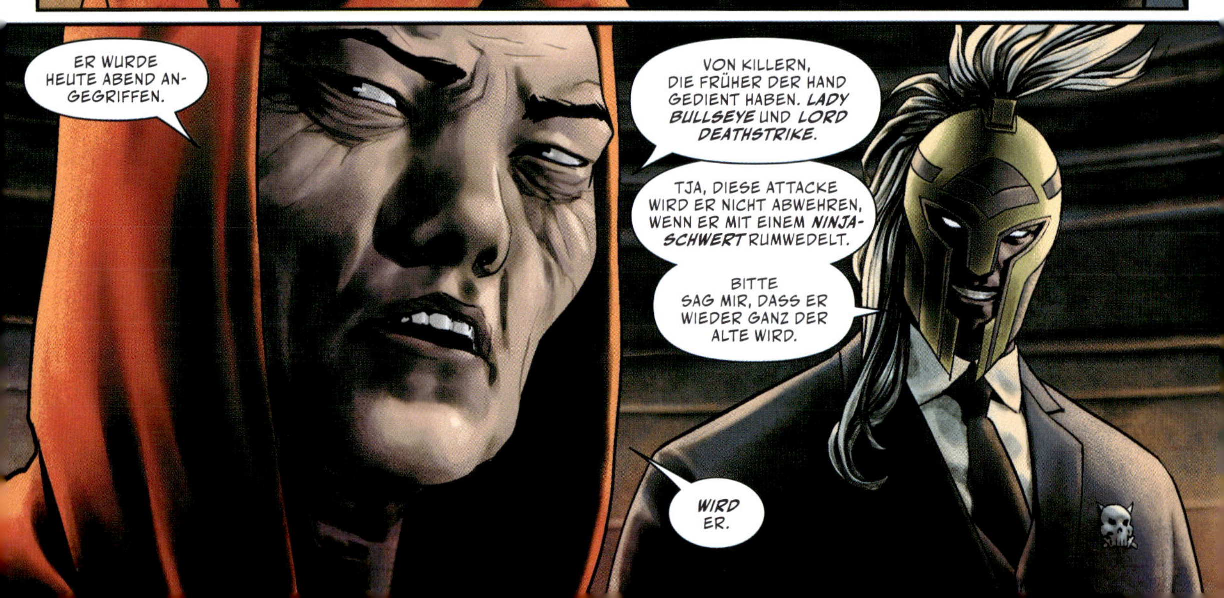

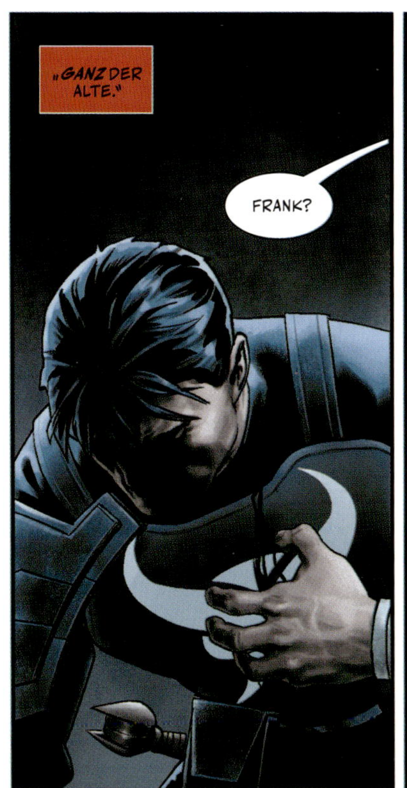
„GANZ DER ALTE."
FRANK?

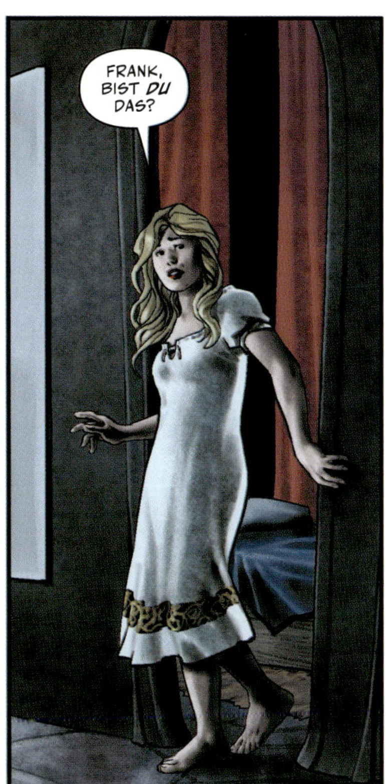
FRANK, BIST DU DAS?

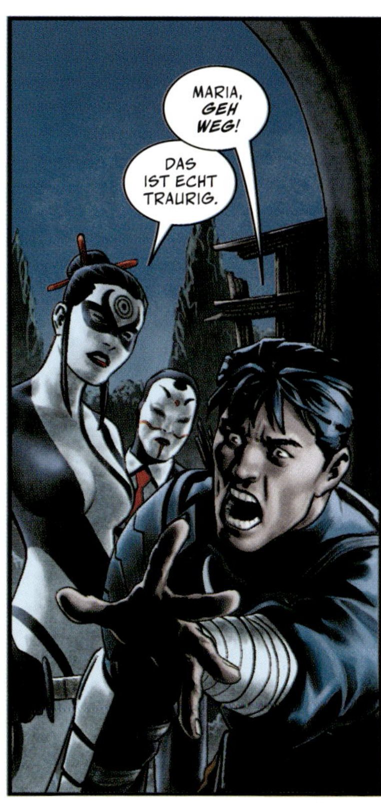
MARIA, GEH WEG!
DAS IST ECHT TRAURIG.

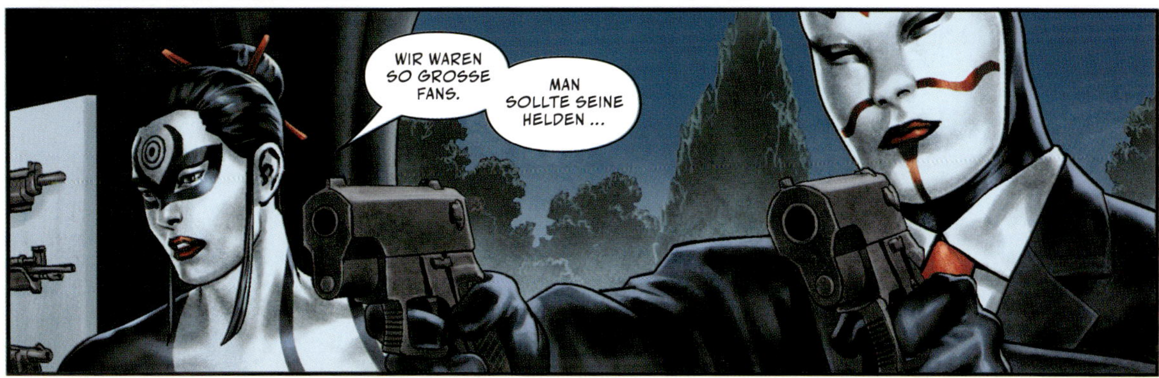
WIR WAREN SO GROSSE FANS.
MAN SOLLTE SEINE HELDEN ...

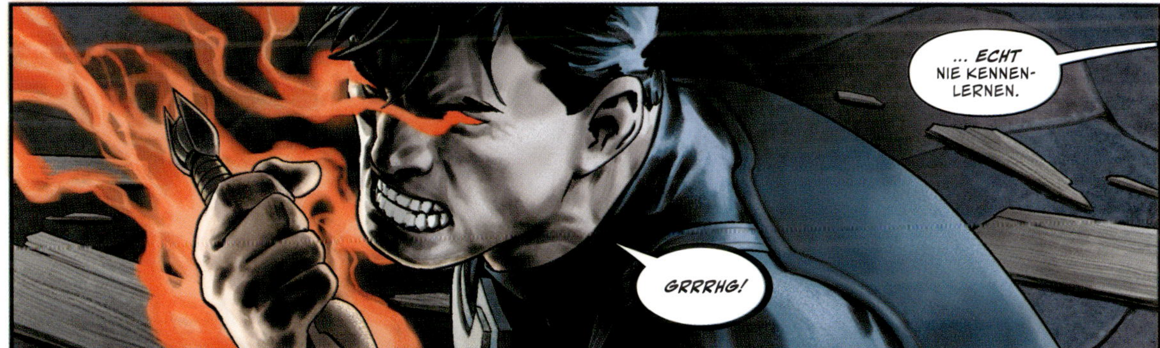
... ECHT NIE KENNEN-LERNEN.
GRRRHG!

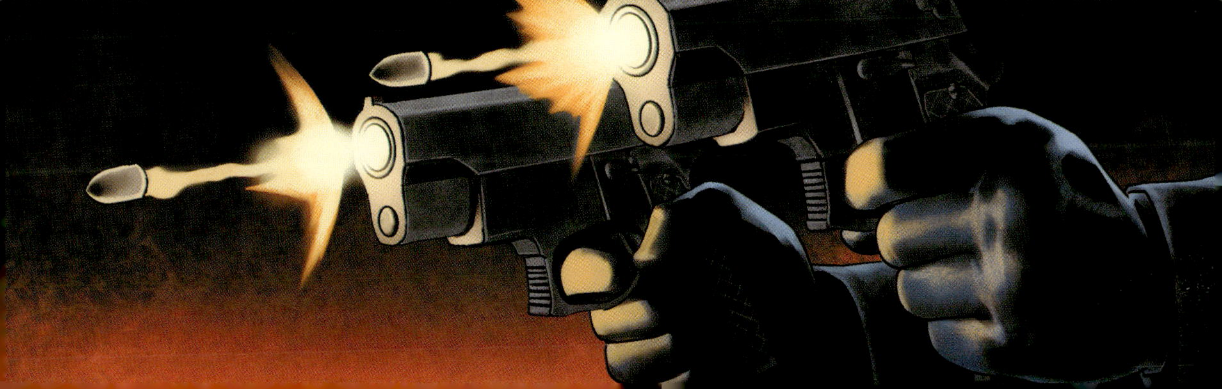

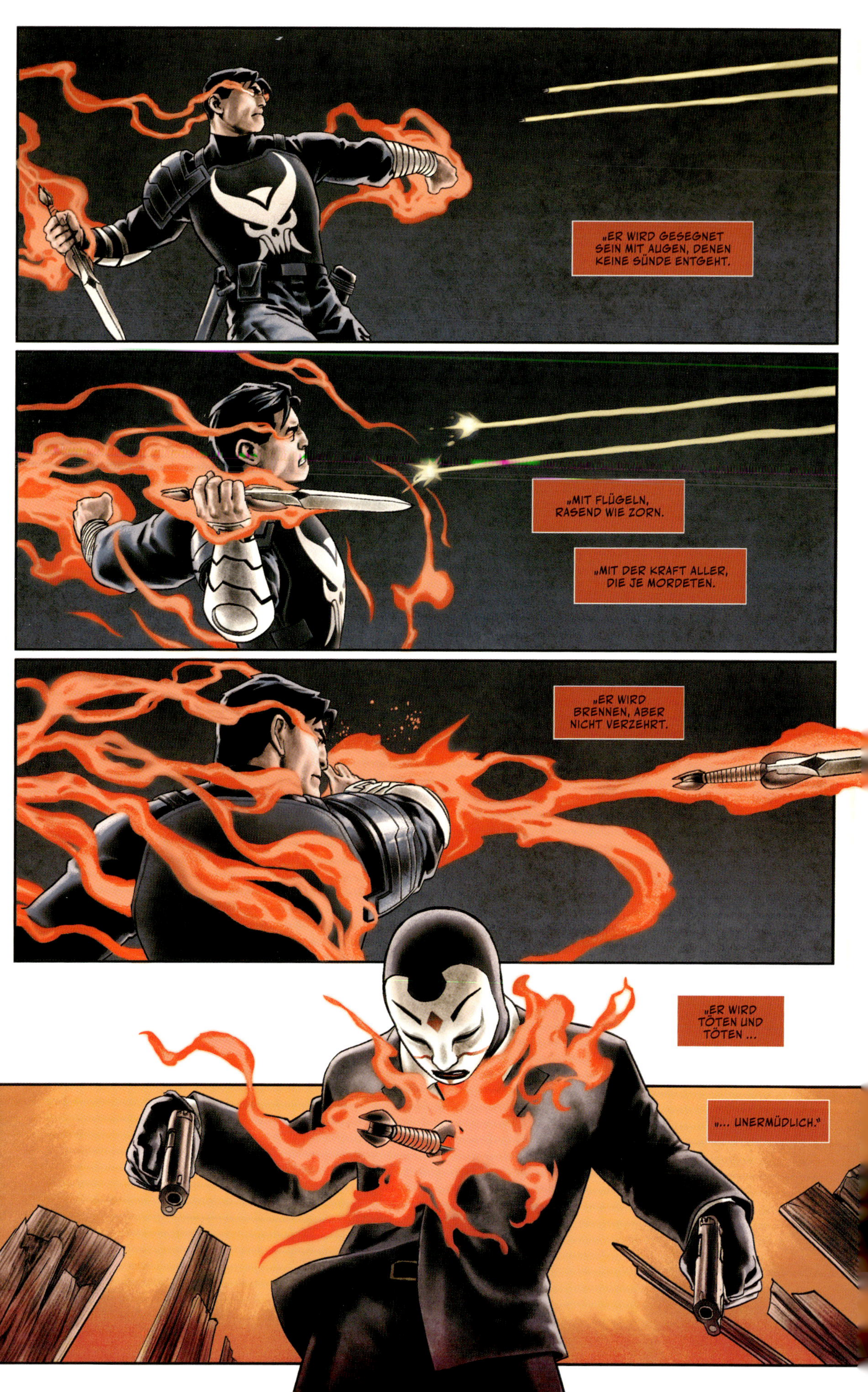
„ER WIRD GESEGNET SEIN MIT AUGEN, DENEN KEINE SÜNDE ENTGEHT.
„MIT FLÜGELN, RASEND WIE ZORN.
„MIT DER KRAFT ALLER, DIE JE MORDETEN.
„ER WIRD BRENNEN, ABER NICHT VERZEHRT.
„ER WIRD TÖTEN UND TÖTEN ...
„... UNERMÜDLICH."

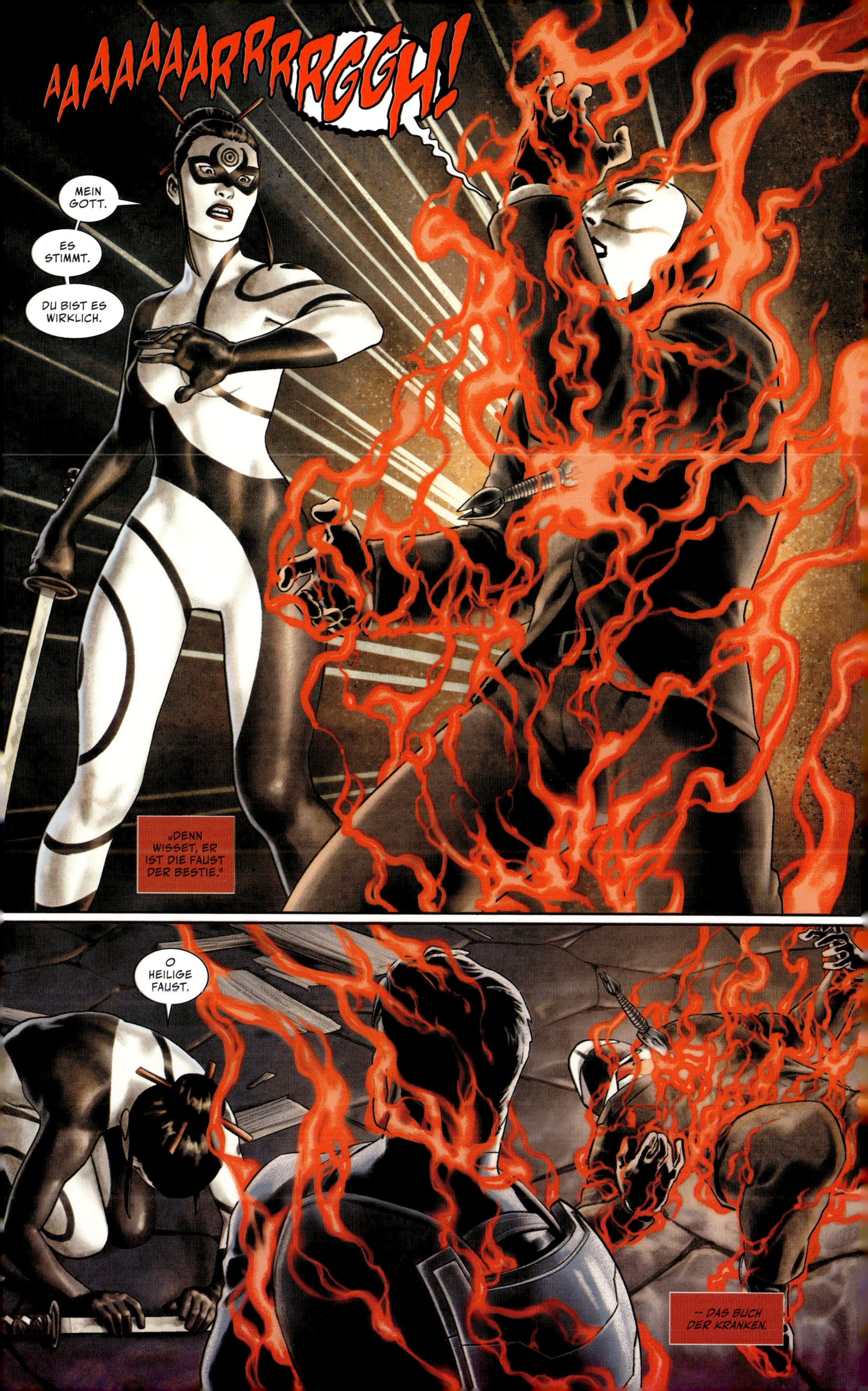

AAAAAAARRRRGGH!

MEIN GOTT.

ES STIMMT.

DU BIST ES WIRKLICH.

„DENN WISSET, ER IST DIE FAUST DER BESTIE."

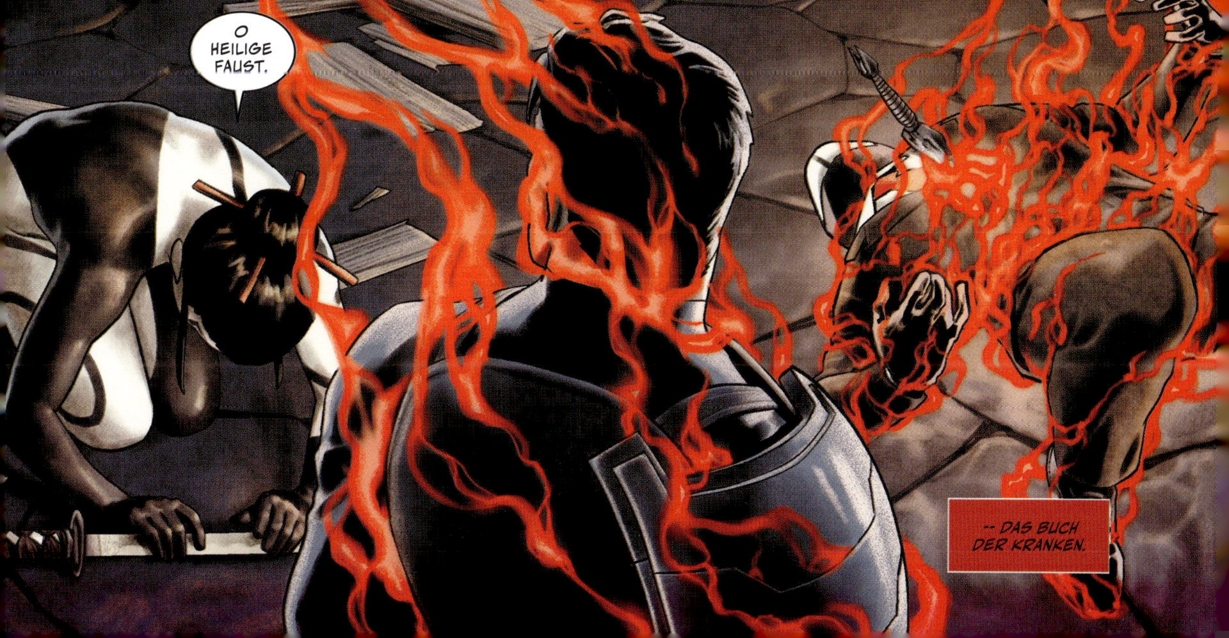

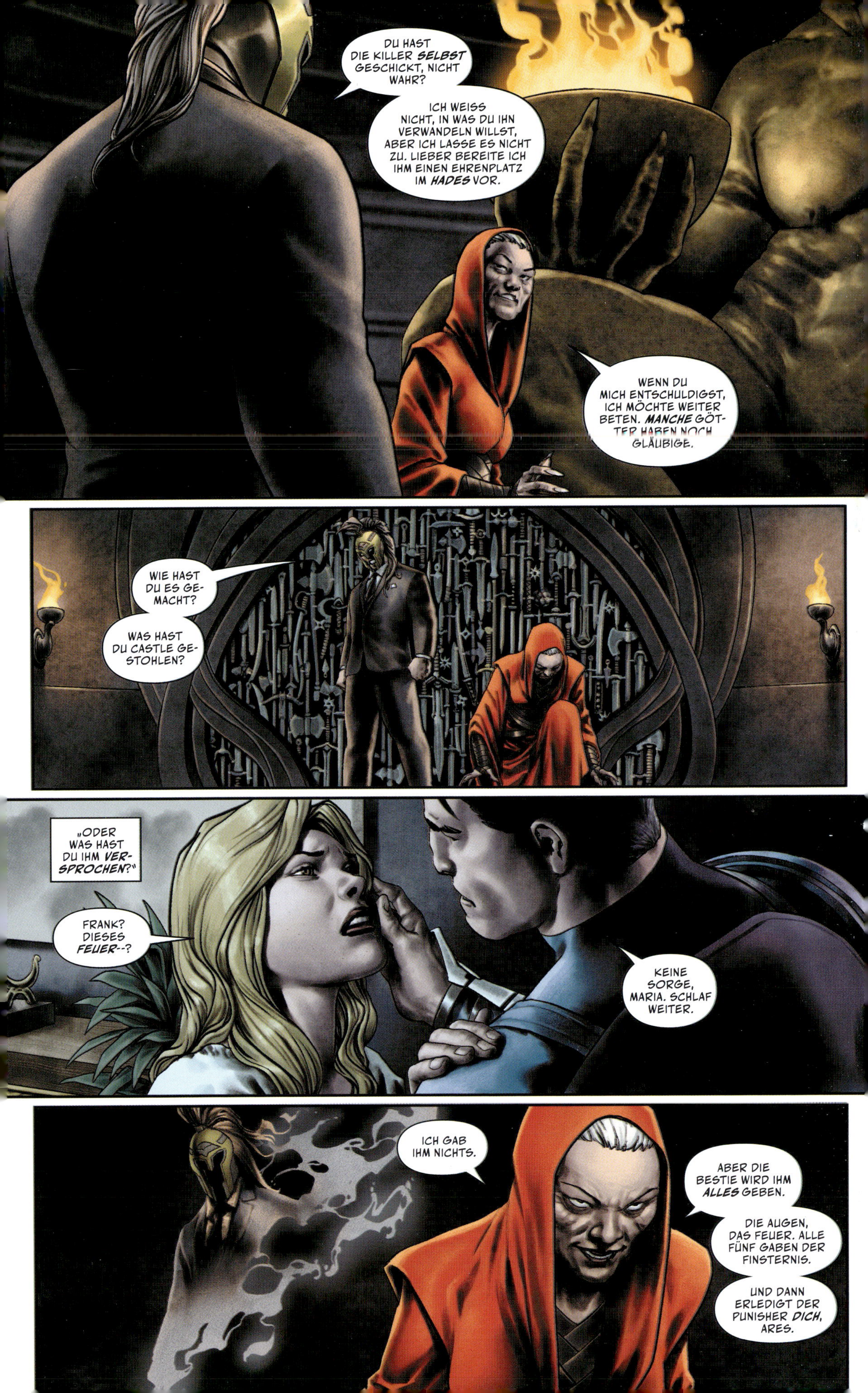

DU HAST DIE KILLER *SELBST* GESCHICKT, NICHT WAHR?

ICH WEISS NICHT, IN WAS DU IHN VERWANDELN WILLST, ABER ICH LASSE ES NICHT ZU. LIEBER BEREITE ICH IHM EINEN EHRENPLATZ IM *HADES* VOR.

WENN DU MICH ENTSCHULDIGST, ICH MÖCHTE WEITER BETEN. *MANCHE* GÖTTER HABEN NOCH GLÄUBIGE.

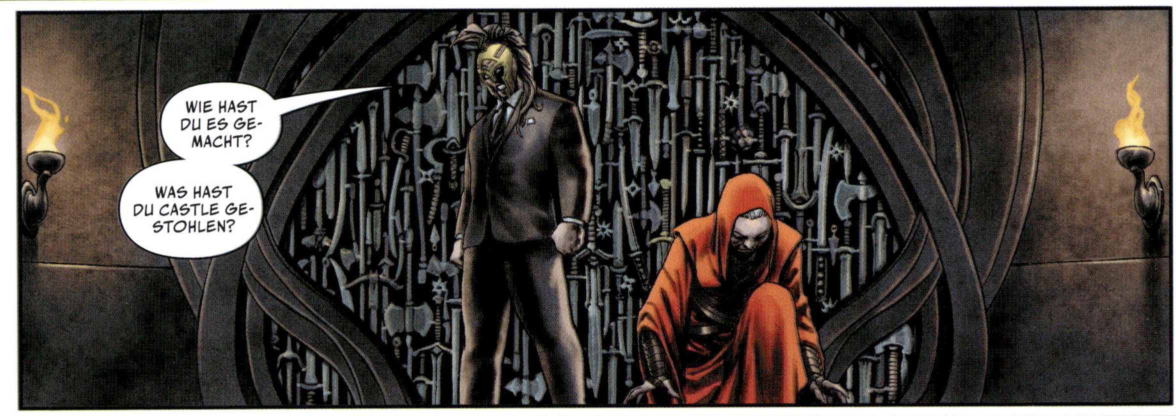

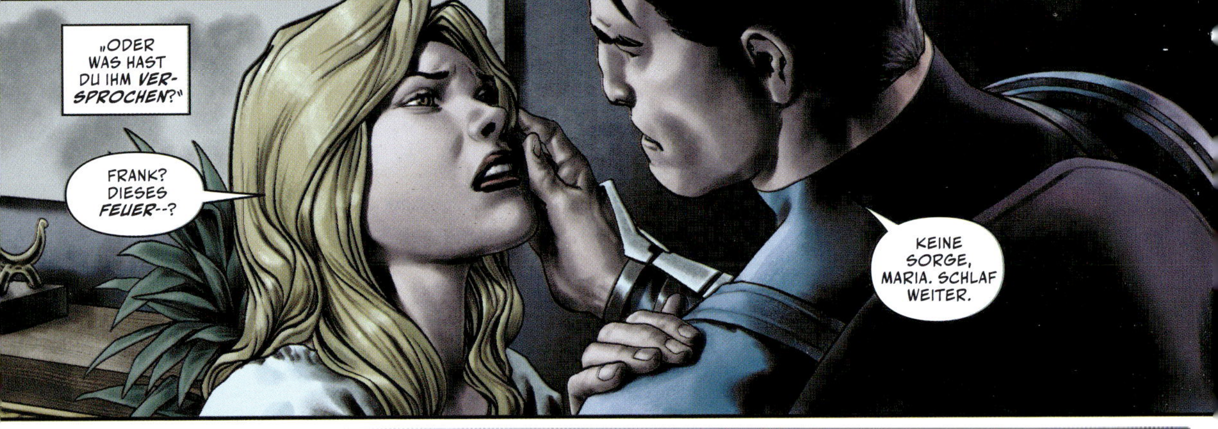

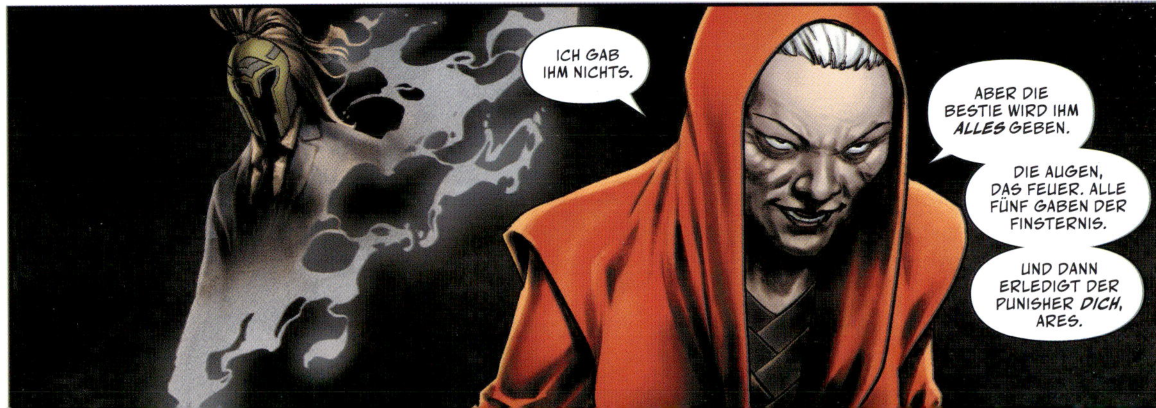

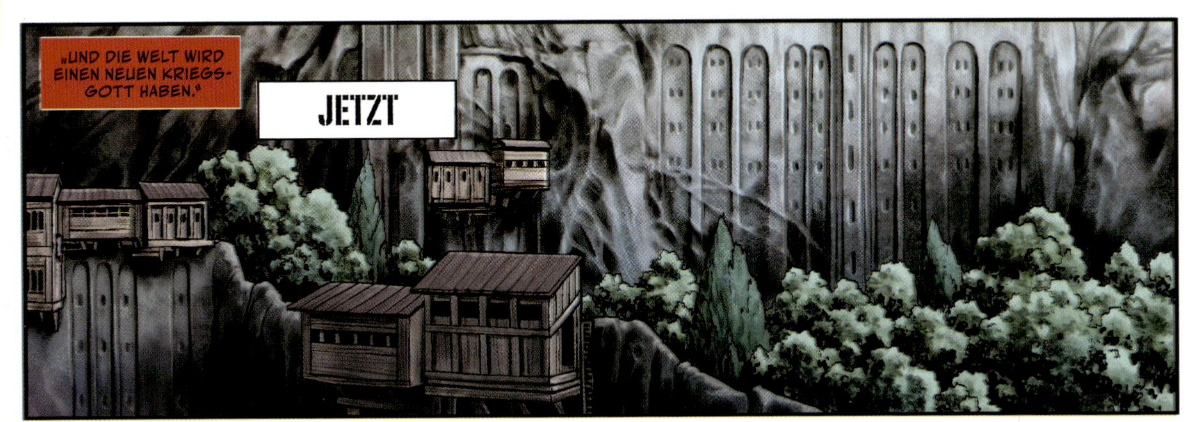
„UND DIE WELT WIRD EINEN NEUEN KRIEGS-GOTT HABEN."
JETZT

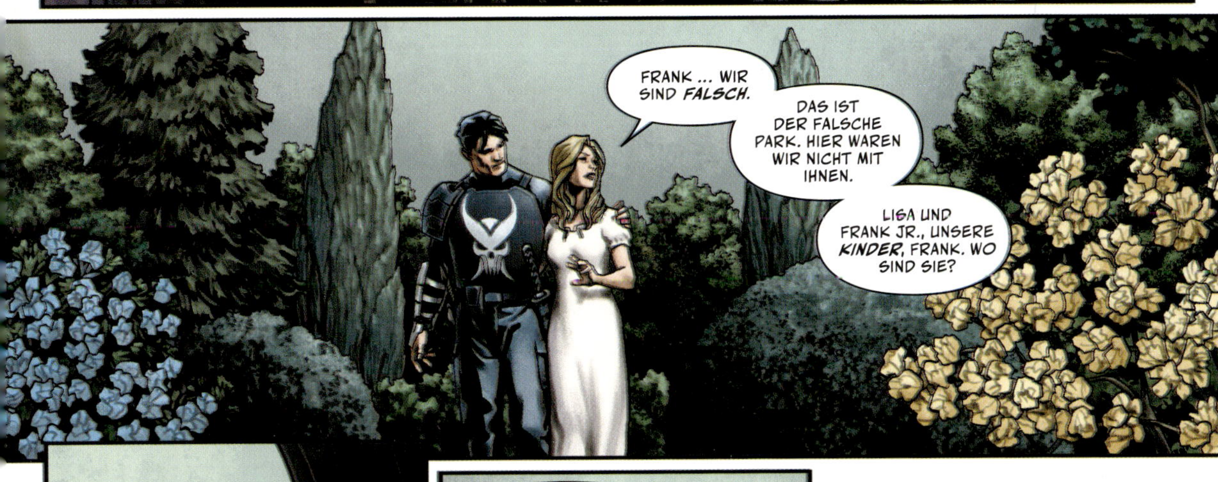
FRANK ... WIR SIND *FALSCH.*
DAS IST DER FALSCHE PARK. HIER WAREN WIR NICHT MIT IHNEN.
LISA UND FRANK JR., UNSERE *KINDER*, FRANK. WO SIND SIE?

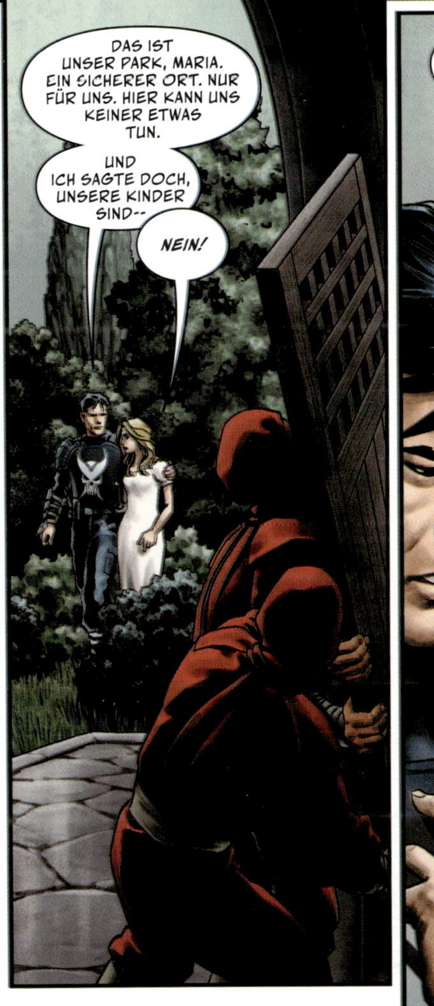
DAS IST UNSER PARK, MARIA. EIN SICHERER ORT. NUR FÜR UNS. HIER KANN UNS KEINER ETWAS TUN.
UND ICH SAGTE DOCH, UNSERE KINDER SIND--
NEIN!

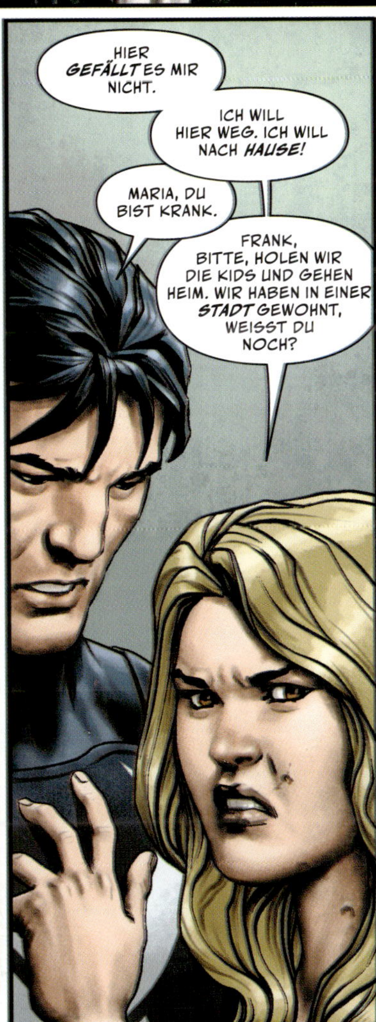
HIER *GEFÄLLT* ES MIR NICHT.
ICH WILL HIER WEG. ICH WILL NACH *HAUSE!*
MARIA, DU BIST KRANK.
FRANK, BITTE, HOLEN WIR DIE KIDS UND GEHEN HEIM. WIR HABEN IN EINER *STADT* GEWOHNT, WEISST DU NOCH?

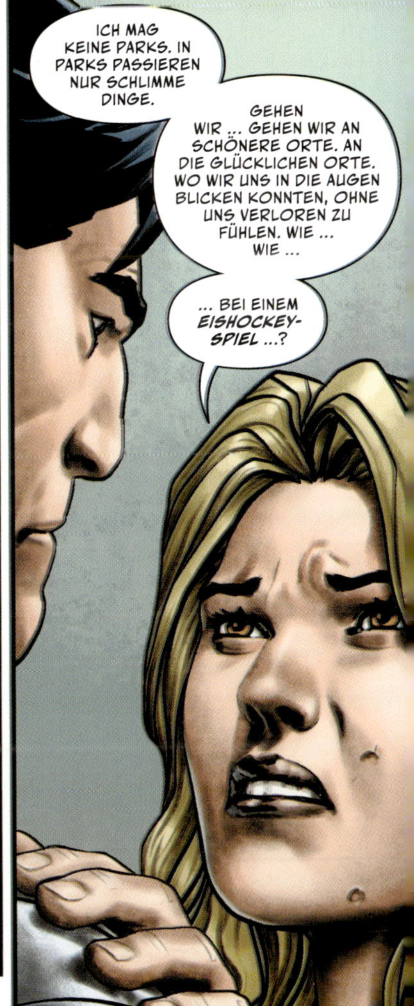
ICH MAG KEINE PARKS. IN PARKS PASSIEREN NUR SCHLIMME DINGE.
GEHEN WIR ... GEHEN WIR AN SCHÖNERE ORTE. AN DIE GLÜCKLICHEN ORTE. WO WIR UNS IN DIE AUGEN BLICKEN KONNTEN, OHNE UNS VERLOREN ZU FÜHLEN. WIE ... WIE ...
... BEI EINEM *EISHOCKEY-SPIEL* ...?

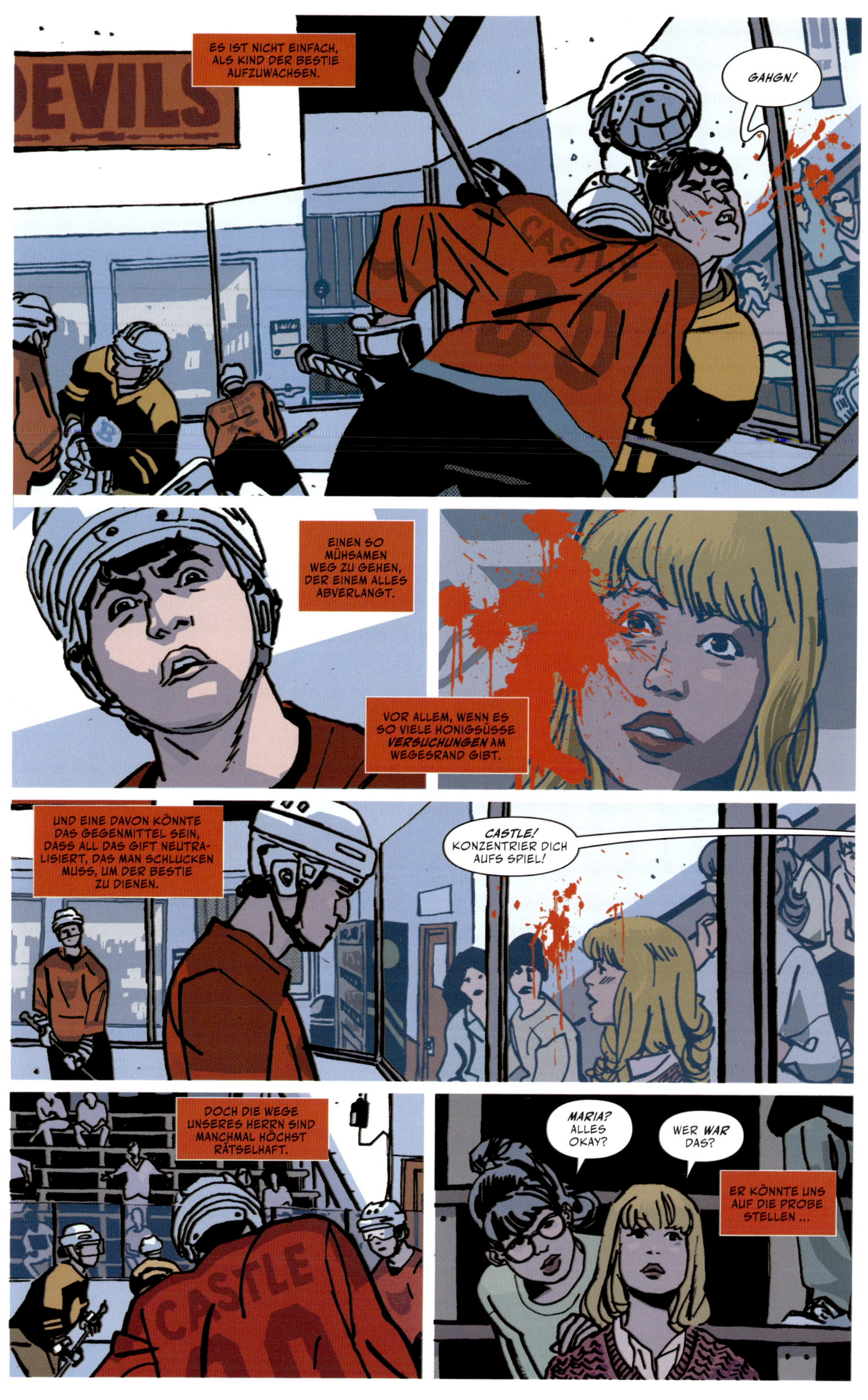
DEVILS
ES IST NICHT EINFACH, ALS KIND DER BESTIE AUFZUWACHSEN.
GAHGN!
CASTLE
EINEN SO MÜHSAMEN WEG ZU GEHEN, DER EINEM ALLES ABVERLANGT.
VOR ALLEM, WENN ES SO VIELE HONIGSÜSSE VERSUCHUNGEN AM WEGESRAND GIBT.
UND EINE DAVON KÖNNTE DAS GEGENMITTEL SEIN, DASS ALL DAS GIFT NEUTRALISIERT, DAS MAN SCHLUCKEN MUSS, UM DER BESTIE ZU DIENEN.
CASTLE! KONZENTRIER DICH AUFS SPIEL!
DOCH DIE WEGE UNSERES HERRN SIND MANCHMAL HÖCHST RÄTSELHAFT.
CASTLE
MARIA? ALLES OKAY?
WER WAR DAS?
ER KÖNNTE UNS AUF DIE PROBE STELLEN ...

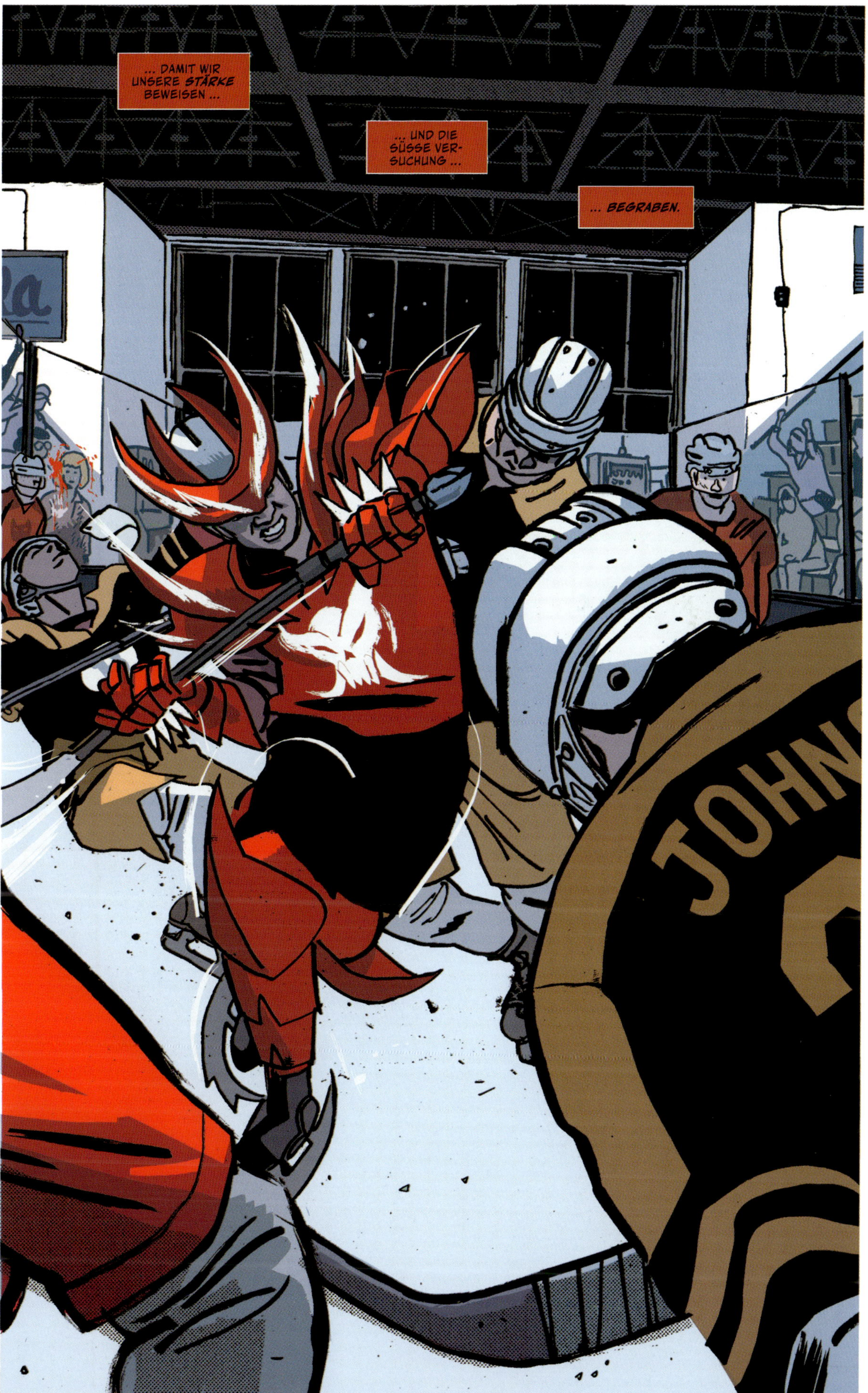
... DAMIT WIR UNSERE STÄRKE BEWEISEN ...
... UND DIE SÜSSE VERSUCHUNG ...
... BEGRABEN.
JOHNS

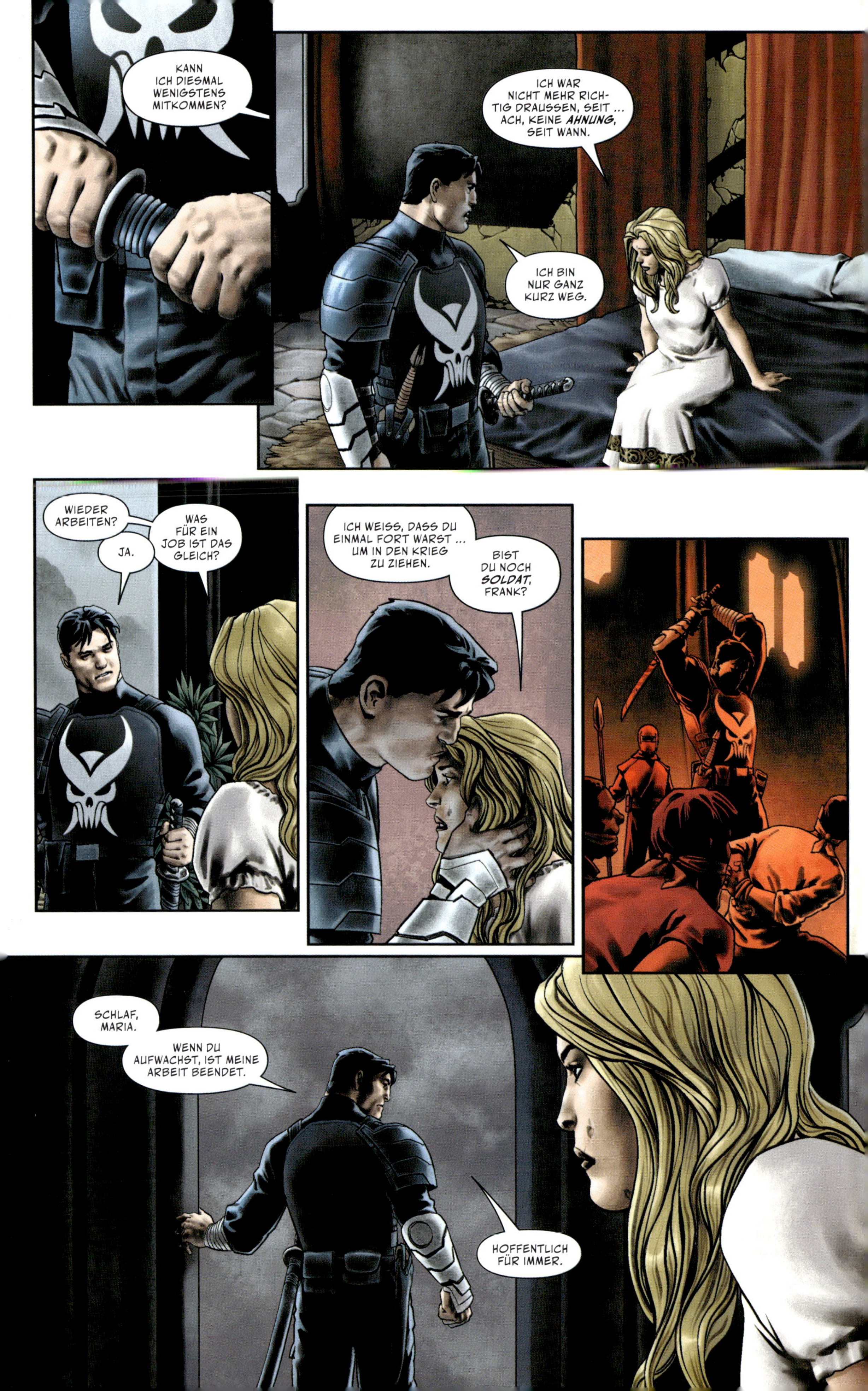

KANN ICH DIESMAL WENIGSTENS MITKOMMEN?

ICH WAR NICHT MEHR RICHTIG DRAUSSEN, SEIT ... ACH, KEINE *AHNUNG*, SEIT WANN.

ICH BIN NUR GANZ KURZ WEG.

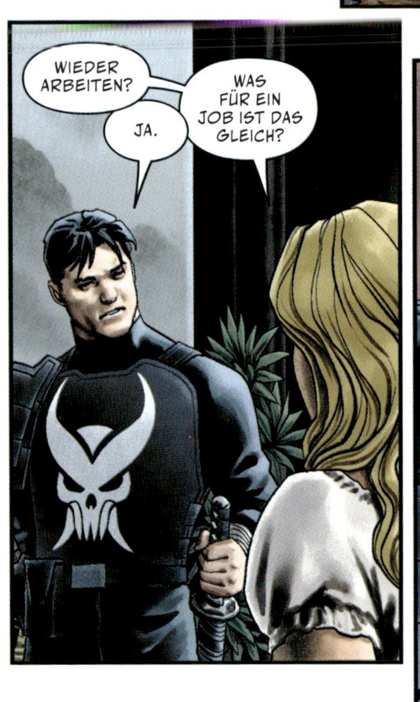

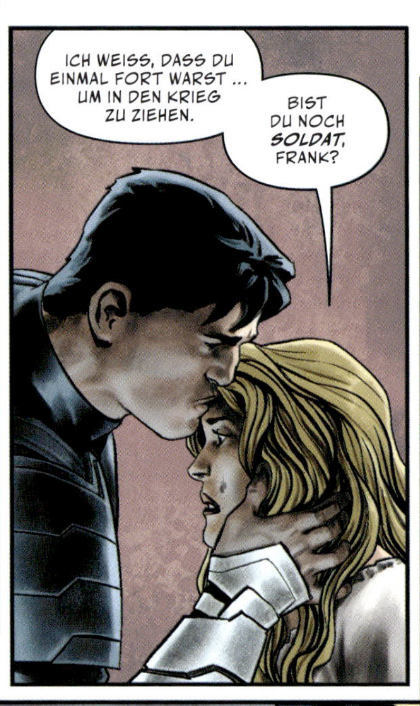

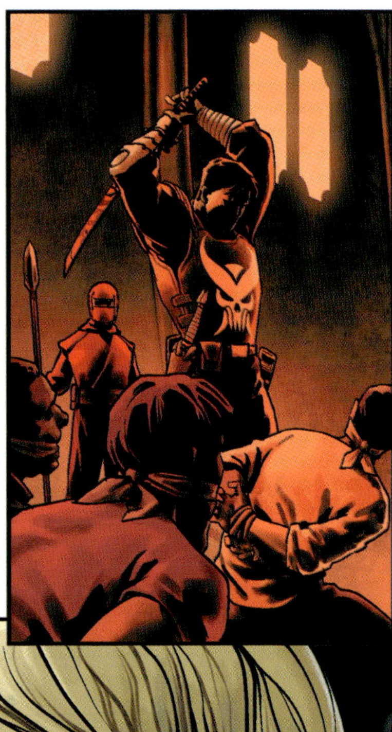

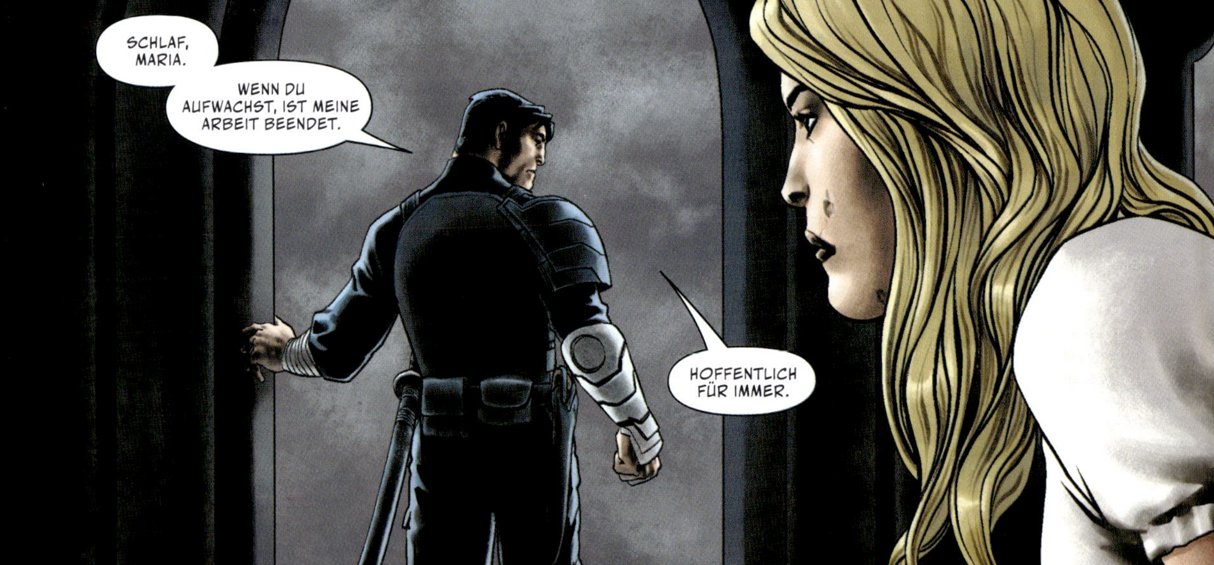

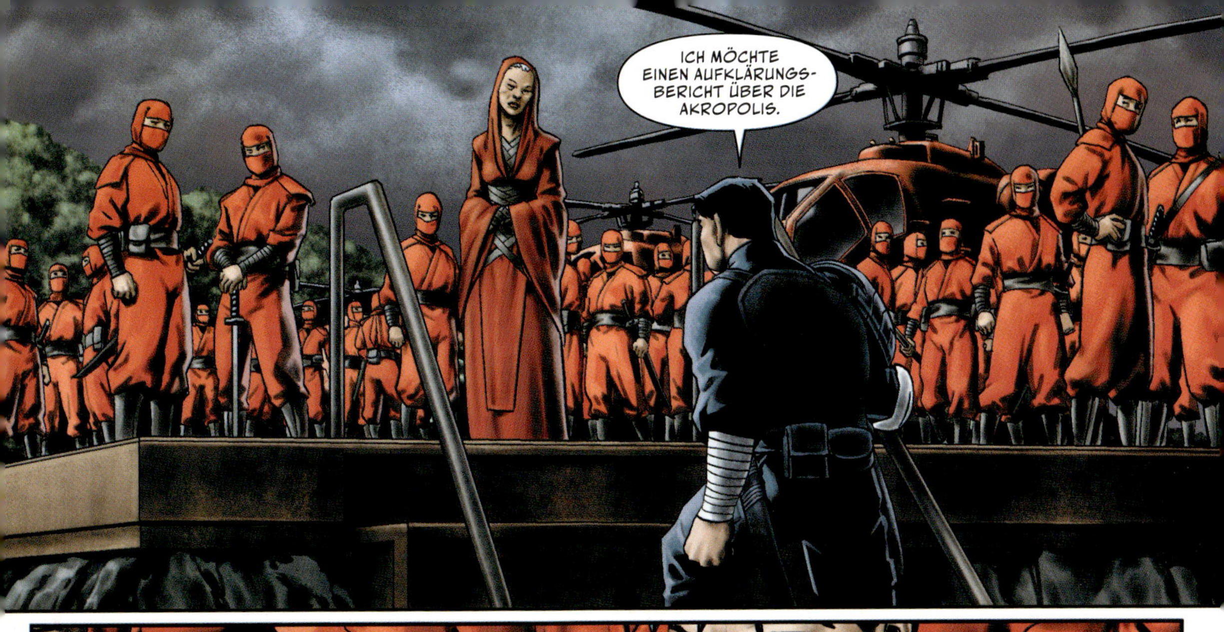
ICH MÖCHTE EINEN AUFKLÄRUNGS-BERICHT ÜBER DIE AKROPOLIS.

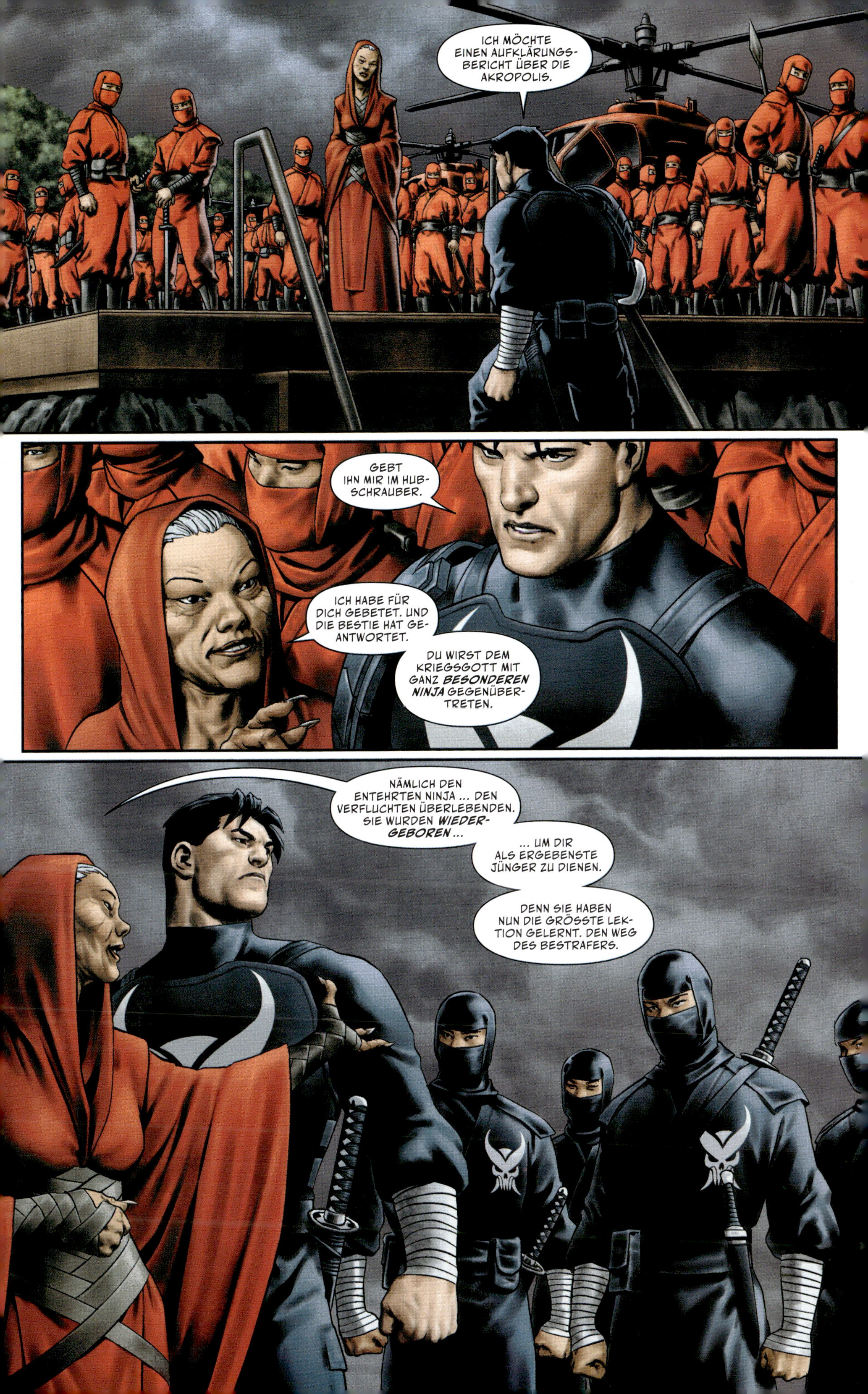

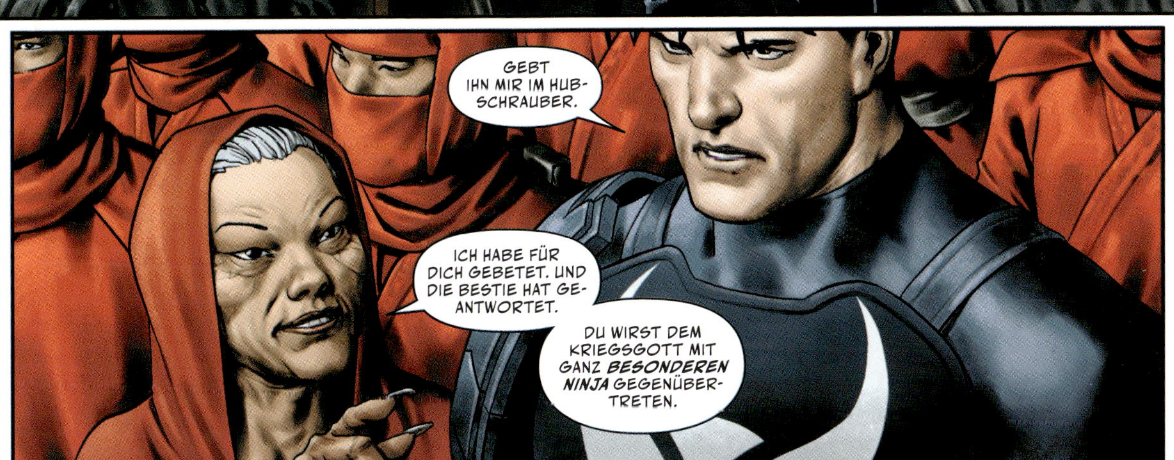
GEBT IHN MIR IM HUB-SCHRAUBER.
ICH HABE FÜR DICH GEBETET. UND DIE BESTIE HAT GE-ANTWORTET.
DU WIRST DEM KRIEGSGOTT MIT GANZ ***BESONDEREN NINJA*** GEGENÜBER-TRETEN.

NÄMLICH DEN ENTEHRTEN NINJA ... DEN VERFLUCHTEN ÜBERLEBENDEN. SIE WURDEN ***WIEDER-GEBOREN*** ...
... UM DIR ALS ERGEBENSTE JÜNGER ZU DIENEN.
DENN SIE HABEN NUN DIE GRÖSSTE LEK-TION GELERNT. DEN WEG DES BESTRAFERS.

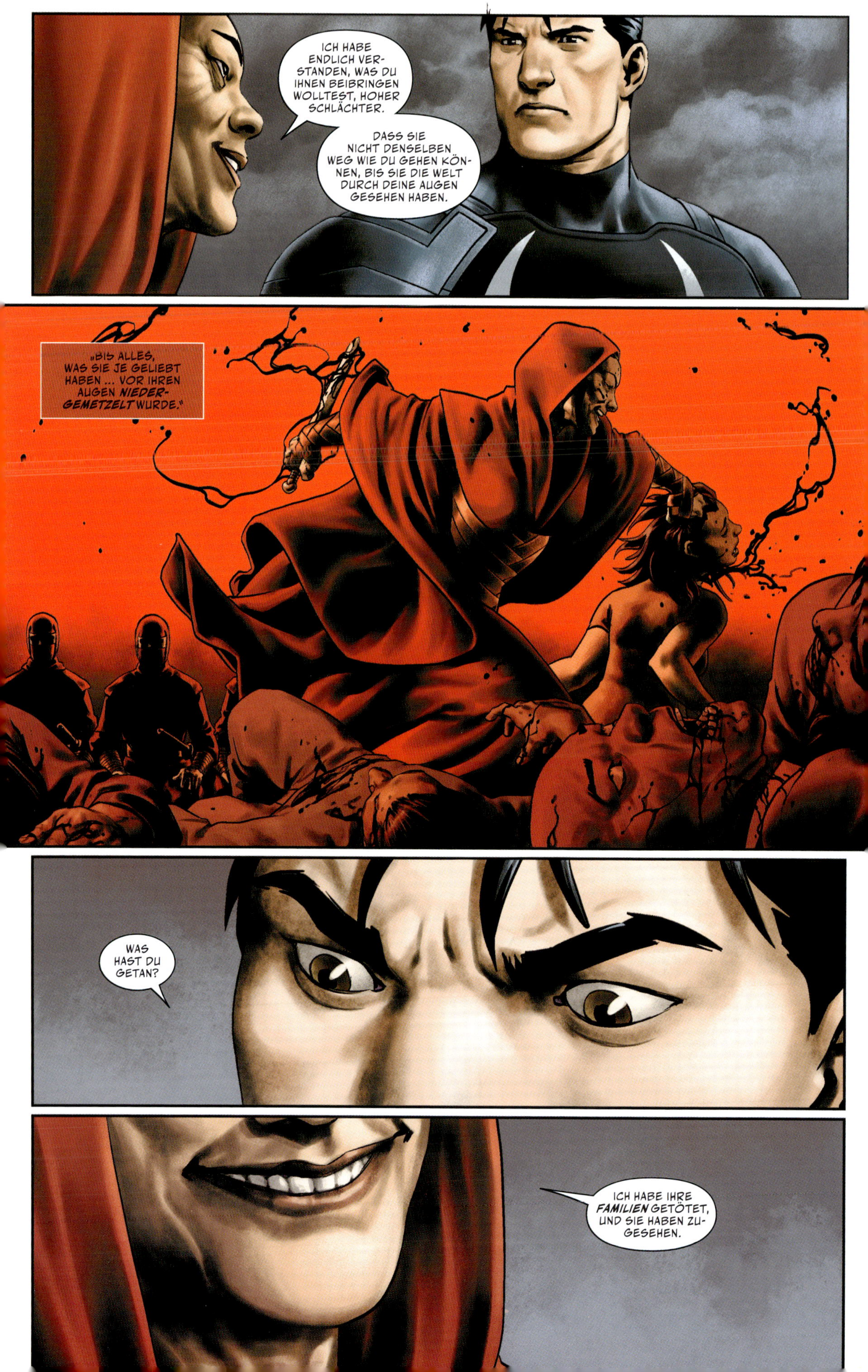

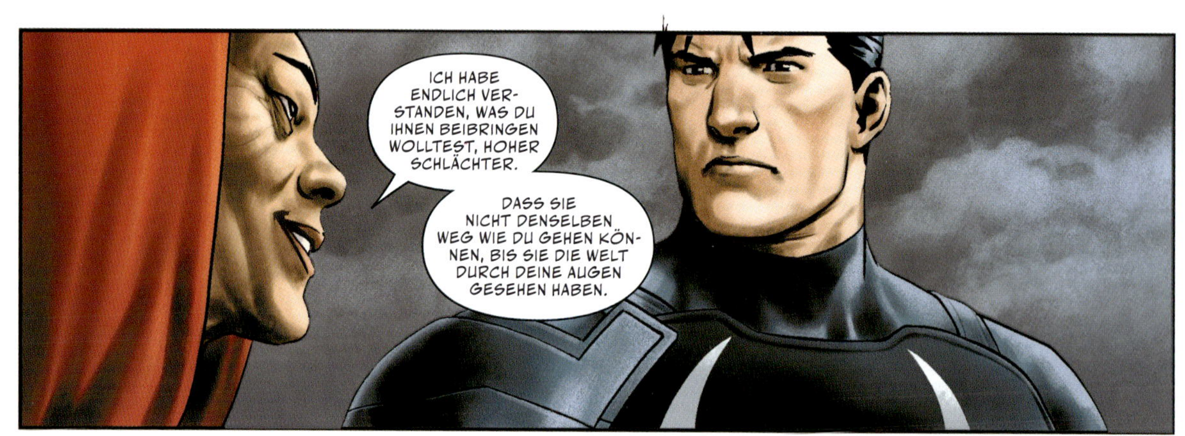

»BIS ALLES, WAS SIE JE GELIEBT HABEN ... VOR IHREN AUGEN ***NIEDERGEMETZELT*** WURDE.«

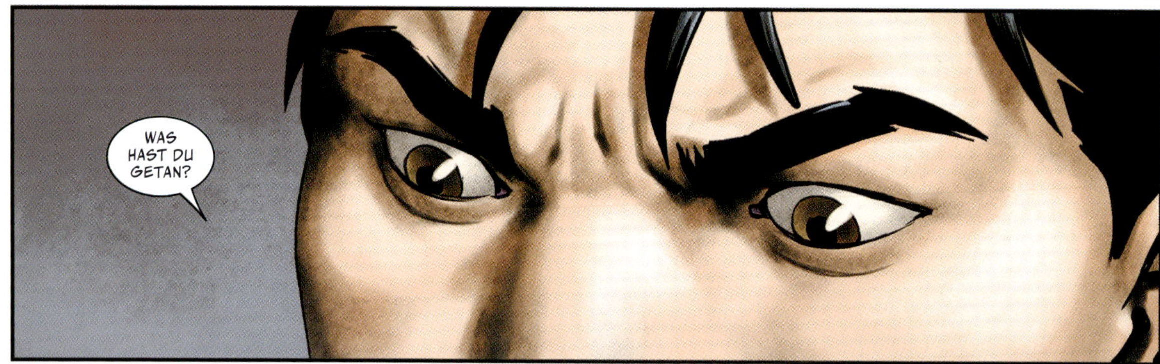

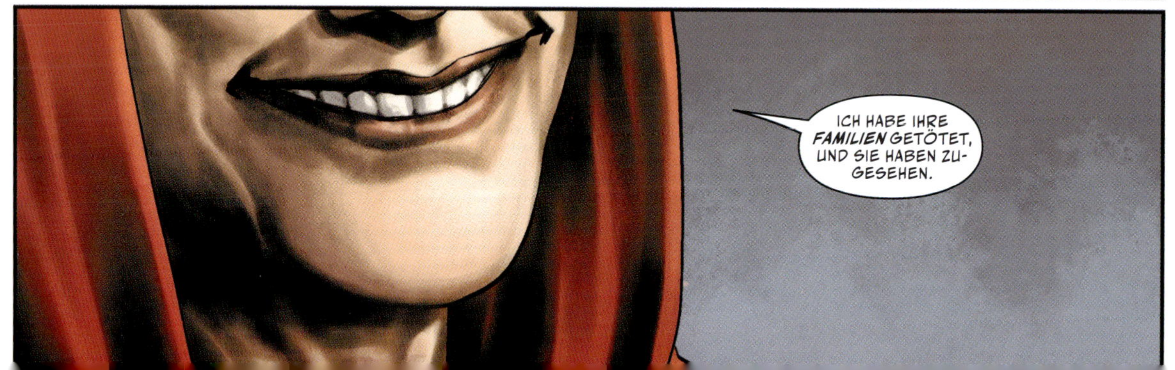

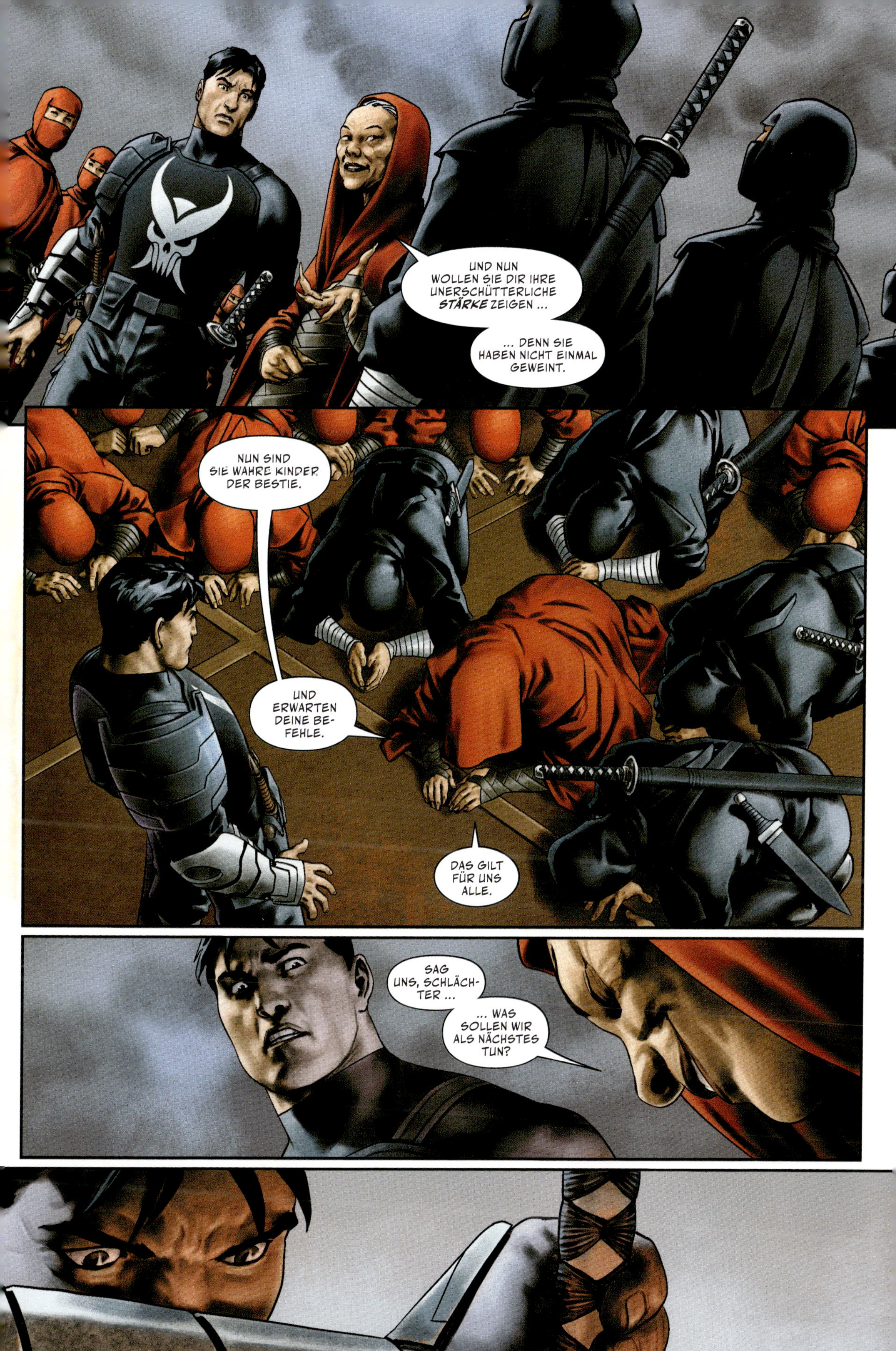
UND NUN WOLLEN SIE DIR IHRE UNERSCHÜTTERLICHE STÄRKE ZEIGEN ...
... DENN SIE HABEN NICHT EINMAL GEWEINT.
NUN SIND SIE WAHRE KINDER DER BESTIE.
UND ERWARTEN DEINE BEFEHLE.
DAS GILT FÜR UNS ALLE.
SAG UNS, SCHLÄCHTER ...
... WAS SOLLEN WIR ALS NÄCHSTES TUN?

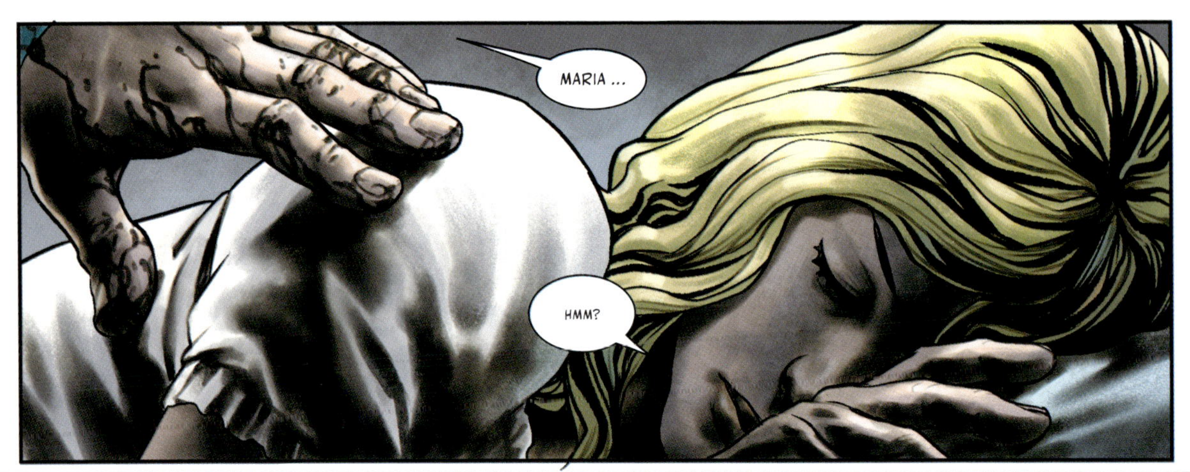
MARIA ...
HMM?

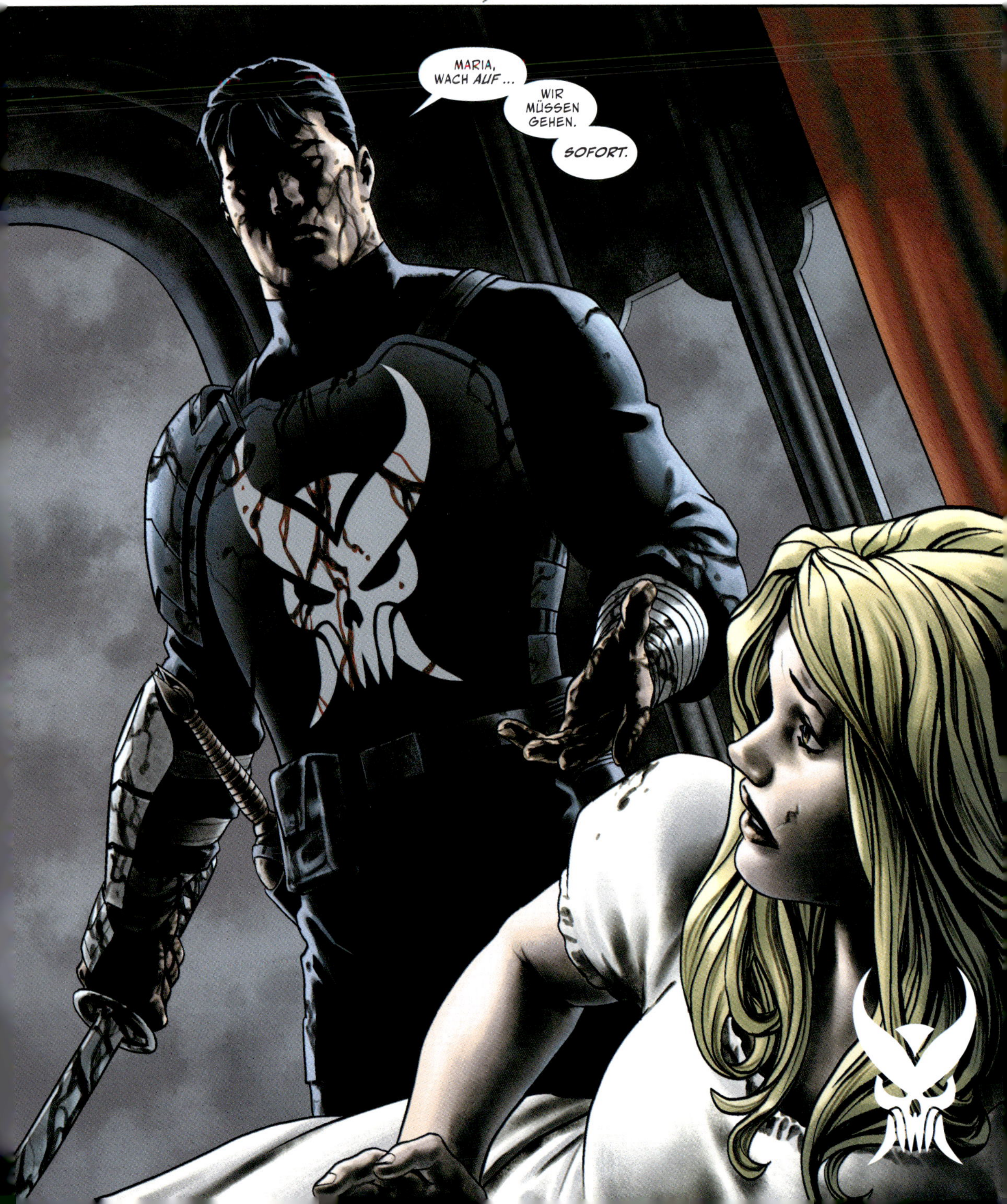

MARIA, WACH *AUF* ...
WIR MÜSSEN GEHEN.
SOFORT.

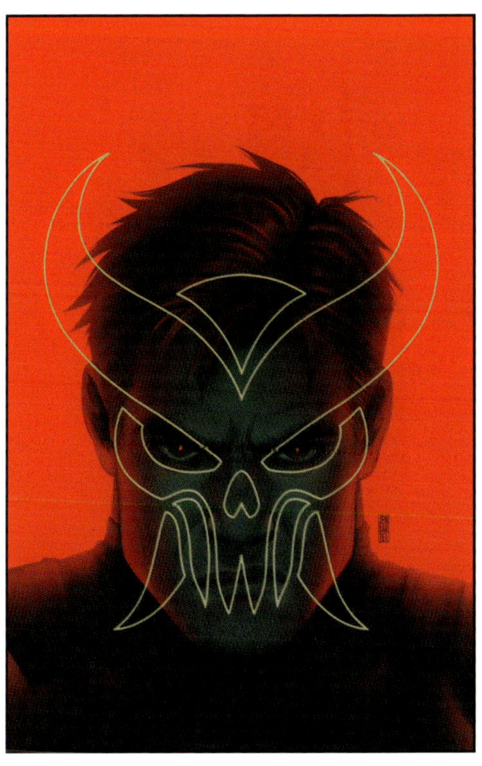

Punisher (2022) 1
Variant-Cover von **JEN BARTEL**

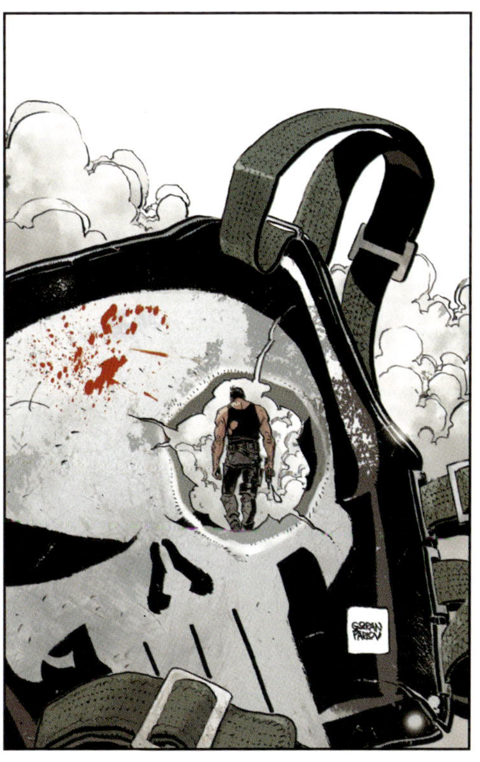

Punisher (2022) 1
Variant-Cover von **GORAN PARLOV**

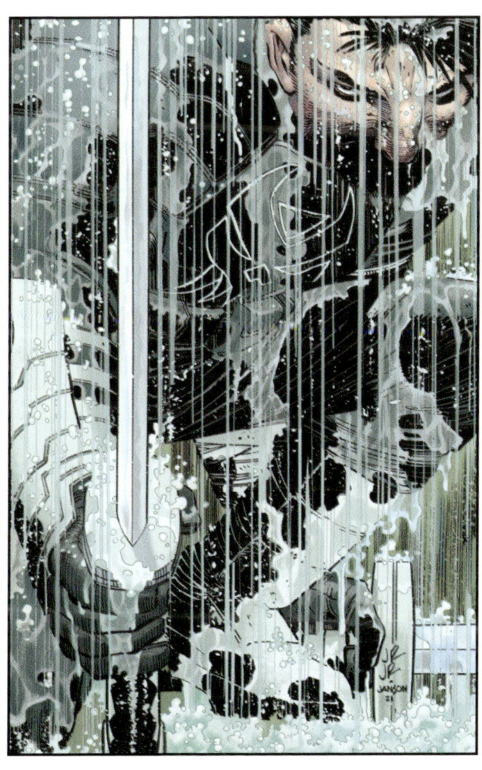

Punisher (2022) 1
Variant-Cover von **JOHN ROMITA JR.**

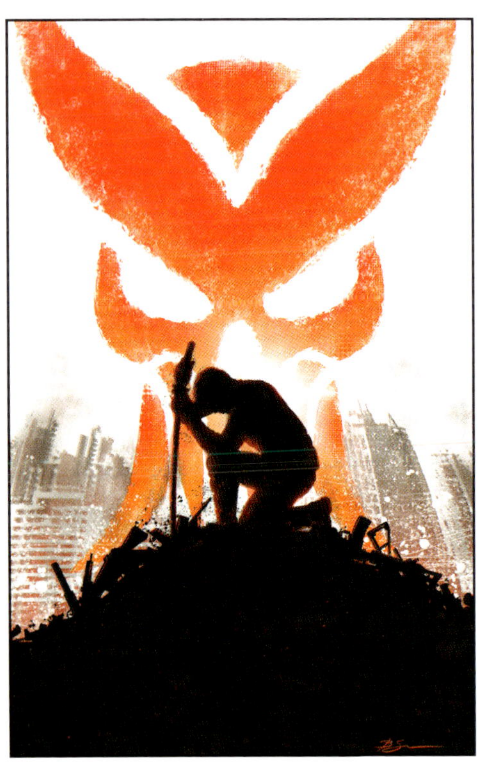

Punisher (2022) 1
Variant-Cover von **BENJAMIN SU**

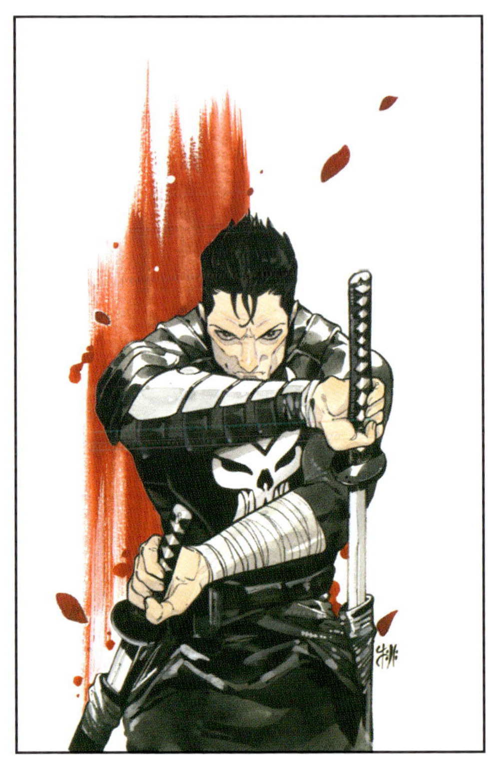

Punisher (2022) 1
Variant-Cover von **PEACH MOMOKO**

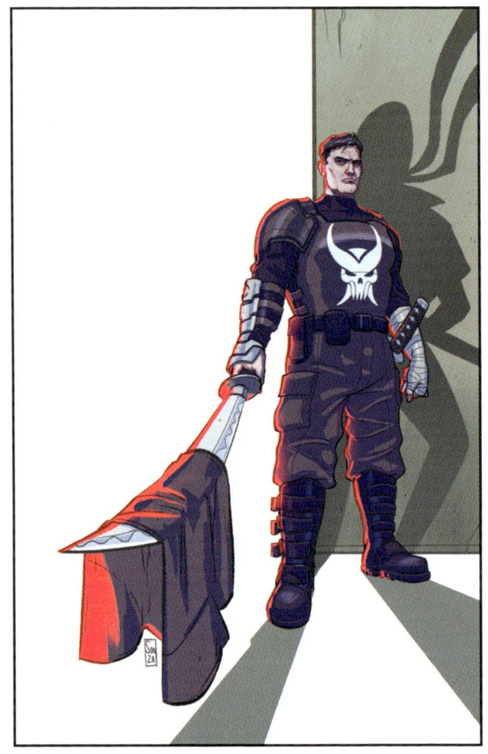

Punisher (2022) 1
Variant-Cover von **ERNANDA SOUZA**

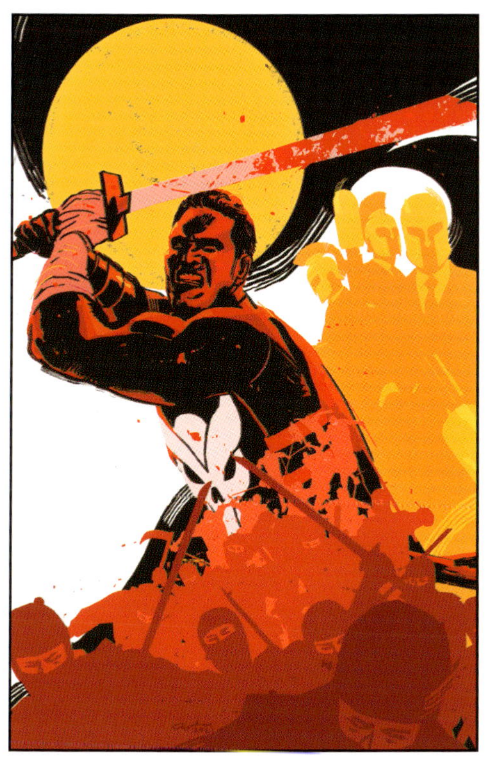

Punisher (2022) 2
Variant-Cover von **PAUL AZACETA**

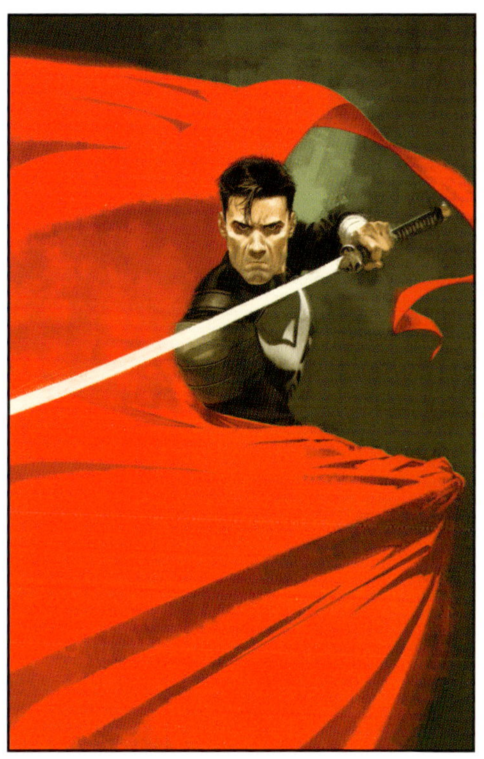

Punisher (2022) 2
Variant-Cover von **MARC ASPINALL**

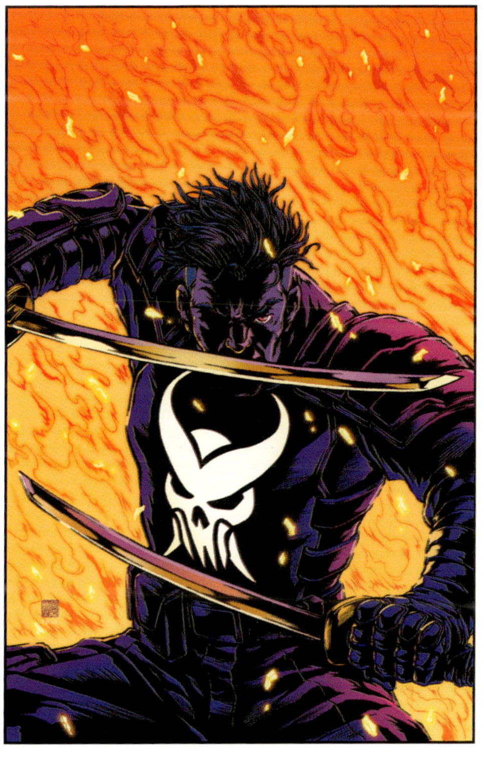

Punisher (2022) 3
Variant-Cover von **TAKASHI OKAZAKI**

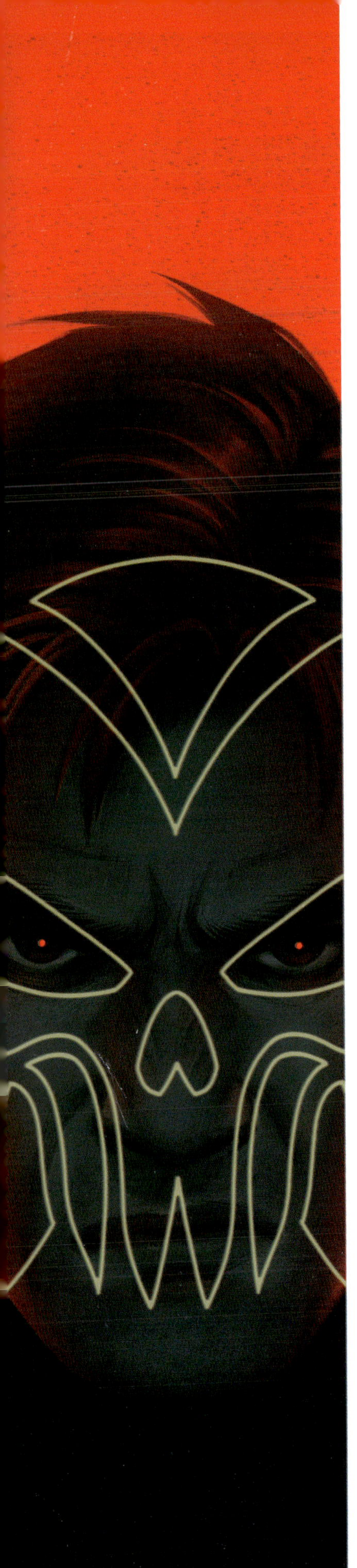

WAR JOURNAL

DIE NINJAS DER HAND

In den 1980ern legte Comic-Legende **Frank Miller** als Autor und Zeichner (mit **Klaus Janson** als Tuscher) eine große, einflussreiche **Daredevil**-Saga vor. In *Daredevil* 174 führte Miller 1981 die Ninjas vom Clan der **Hand** ein, die über viele Jahre hinweg eine wichtige Rolle in **Matt Murdocks** Leben spielen sollten – unter anderem, da sie seine Geliebte **Elektra** von den Toten zurückbrachten. 1986 enthüllten Miller und **Bill Sienkiewicz** in einer Elektra-Serie erstmals, dass die Ninjas einem Dämon mit Namen **die Bestie** huldigen. 2005 machten **Mark Millar** und **John Romita Jr.** den **Hydra**-Krieger **Gorgon** vorübergehend zum Anführer der Hand, 2010 drehte sich das Event **Shadowland** von **Andy Diggle**, **Billy Tan** u. a. darum, dass Daredevil temporär den Ninjas vorstand. Nach **Civil War II** holte die Hand 2017 den **Hulk** von den Toten zurück. Zuletzt hatten die Ninjas es in der Serie SAVAGE AVENGERS mit Frank, **Conan** und Co. im Wilden Land zu tun – in dieser Serie stahlen sie übrigens die Leichname von Franks Familie.

DER GOTT DES KRIEGES

1942, also rund 20 Jahre bevor Timely Comics über den Umweg Atlas Comics zu Marvel Comics werden sollte, inszenierte **Ramona Patenaude** für *Comedy Comics* 10 eine erste Story mit dem olympischen Gott **Mars**, der später **Ares** genannt wird. 1966 holten **Stan Lee** und **Jack Kirby** den kriegerischen Sohn von **Zeus** und **Hera** in *Thor* 129 in die Marvel-Moderne. Nach Kämpfen gegen z. B. **Namor** (1972) und die **Avengers** (1992) ging Ares' Stern so richtig auf, als ab Mitte der 2000er **Michael Avon Oeming**, **Travel Foreman**, **Kieron Gillen** und **Manuel Garcia** zwei starke Miniserien um den Gott des Krieges inszenierten. Nach dem ersten **Civil War** wurde er 2007 neben **Iron Man**, **Ms. Marvel** und **Black Widow** ein **Mighty Avenger**; 2009 schloss er sich in der Ära **Dark Reign** den **Dark Avengers** von **Norman Osborn** an. Im Event **The Siege – Die Belagerung** von **Brian Michael Bendis** und **Olivier Coipel** tötete **Sentry** 2010 Ares. Der kosmische **Collector** holte den Axt schwingenden Gott 2016 in einer neuen Runde von **Contest of Champions** zurück.

Christian Endres